〈3판〉

교수설계 이론과 모형

임철일, 김근재, 이다연, 홍수민

교육과학사

2025년, 생성형 인공지능을 필두로 하는 급격한 기술 혁신과 그에 따른 대규모의 교육 환경 변화가 나타나고 있습니다. 이러한 변화는 교수설계 분야의 이론적, 실제적 지형에도 큰 영향을 끼치고 있습니다. 인공지능을 활용하거나 융합하는 교수설계 모형과 원리의 개발에 관한 연구와 실천 노력은 그중의 하나입니다. 본 개정판은 이러한 변화를 반영하는 것과 함께 교수설계 고유의 기초적인 지식 체계를 강조하는 목적으로 출간되었습니다.

제3판은 제2판의 기본적인 구성을 그대로 유지하고 있습니다. 제1부는 교수설계 지식의 체계성과 처방성의 특성을 학습과제 기반 접근과 디지털 기술 기반 접근을 중심으로 안내합니다. 제2부는 학습과제의 유형에 따른 특정화된 교수설계 모형을 소개하고 있습니다. 정보의 기억, 개념의 적용, 원리의 적용, 절차의 적용, 관계의 이해, 문제해결능력과 같은 학습 과제 종류에 따라서 어떻게 다른 설계 원리나 전략이 적절한가를 보여주고 있습니다. 이 접근은 종합적인(Grand) 설계 모형과 원리와는 다르게 특정한 교수설계 상황과 조건에 따라서 처방적인 모형과 원리가 필요하다는 관점을 보여주고 있습니다. 이 관점은 Gagné의 학습의 조건의 저서에서 규명된 이 후, Merrill과 Reigeluth에 의하여 구체화되었으며, 지금까지 다양한 학습과제 종류에 따른 설계 모형과 원리 지식 형태로 발전되고 있습니다. 따라서 제3판은 각 학습과제 유형에 따른 설명 방식은 그대로 두면서 변화된 현실을 반영하여 사례로 제시되고 있는 교안을 수정함으로써 기본적 관점을 지속하려고 하였습니다.

제3부는 디지털 기술과 교수설계 모형을 담고 있습니다. 인공지능을 포함한 다양한 디지털 기술이 발전하고 있으며, 최근에는 에듀테크(EduTech)라는 용어로 교육 현실에서 지대한 영향을 끼치고 있습니다. 이러한 변화를 본 서에서 제대로 반영하기는 현실적으로 어렵기 때문에 기존의 장을 그대로 유지하면서 세 가지

분야의 연구 결과를 추가하였습니다. 프레젠테이션 도구, 개인 교수형 이러닝, 상호작용적 이러닝, 절차적 시뮬레이션을 위한 교수설계 모형은 그대로 3판에도 유지하였습니다. 변화된 기술 환경을 고려하여 각 설계 모형과 원리를 적절하게 활용할 수 있으리라 생각합니다. 기존 교수설계 모형 이외에 세 가지 교수설계 모형을 추가하였습니다. 제13장은 피지컬 컴퓨팅을 기반으로 메이커 교육을 실행하는 데 참고할 수 있는 교수설계 모형을 안내하고 있습니다. 초등학교 학생들을 대상으로 다양한 에듀테크를 통합적으로 활용하는 상황을 반영하는 처방적 지식입니다. 제14장과 제15장은 인공지능의 발전을 고려한 교수설계 모형입니다. 제14장은 언어 교육을 위한 인공지능 스피커를 활용하는 교수설계 모형을 보여주고 있습니다. 생성형 인공지능을 포함하여 다양한 인공지능 기술을 활용할 수 있는 상황에서 인공지능 기술 그 자체보다는 교수자와 학습자들이 어떻게 이러한 인공지능 기술을 교육적으로 활용할 수 있는가를 보여주는 전형적인 모형으로 볼 수 있습니다. 제15장은 여기서 한 걸음 더 나아가서 인공지능 그 자체를 교육 목표와 내용으로 파악하는 인공지능 융합 교육을 위한 교수설계 모형을 보여주고 있습니다. 창의적 문제해결력을 위하여 인공지능과 다른 교과 지식을 융합하는 수업을 설계할 때 안내할 수 있는 모형과 원리를 소개하고 있습니다. 이번에 추가된 세 개의 장은 새로운 디지털 기술의 발전이 어떻게 교수설계 모형과 원리에 의하여 교육적으로 통합될 수 있는가를 보여주고 있습니다.

제4부는 교수설계 이론 및 모형의 연구를 위한 방법론과 미래 전망을 다루고 있습니다. 제16장은 교수설계 이론 및 모형의 개발을 위한 연구방법론을 소개하고 있는데, 형성적 연구방법론의 특성과 함께 설계개발 연구방법론의 활용 가능성을 중심으로 설명하고 있습니다. 제17장은 교수설계 이론 및 모형 연구의 미래 전망을 논의하고 있습니다. 문제해결능력, 창의적 사고와 관련된 다양한 교수설계 지식이 개발되면서, 교수설계 수준이 교수자를 벗어나서 전체 학습 환경을 대

상으로 하며 학습자 학습 활동에 초점을 맞춘 교수설계가 이루어질 것을 전망하고 있습니다.

이번 제3판 개정 작업은 김근재 교수, 이다연 교수, 홍수민 선생이 공동 저자로 참여하면서 보다 풍부해질 수 있었습니다. 본 서의 취지에 동감하면서 흔쾌히 3판 작업에 참여하는 결정을 내려 준 세 분에게 감사를 표합니다. 또한 개정판의 원고를 검토하는 작업에 참여하여 준 임은선, 채지윤, 박주현, 정경욱, 이은서, 권혜성, 박성경 서울대학교 대학원 교육공학 전공 박사과정 연구원들에게 감사합니다. 어려운 출판 환경에도 불구하고 개정판 작업을 맡아 준 교육과학사 여러분에게도 감사함을 드립니다.

포스트 코로나 시대의 학습 환경 변화, 인공지능(AI) 기술의 보편화, 그리고 학습자 개인화에 대한 사회적 요구 등으로 인하여 그 어느 때보다도 교수설계 분야의 새로운 지식 체계에 대한 기대가 높아져 가고 있습니다. 『교수설계 이론과 모형』 제3판이 이러한 기대에 부응하는 데 있어서 일조하기를 바랍니다. 교수설계를 공부하는 연구자들에게는 튼튼한 학문적 기반을 제공하고, 현장에서 교육적 문제를 해결하려는 실무자들에게는 강력하고 실용적인 도구가 되기를 희망합니다.

끝으로 이 책의 출간에 도움을 주신 모든 분들께 깊이 감사드리며, 독자 여러분의 많은 관심과 조언을 기대하여 봅니다.

2026년 1월

저자 일동 드림

차 례

제2부 학습과제와 교수설계 모형

제3부 디지털 기술과 교수설계 모형

제4부 교수설계 이론 및 모형의 연구

PART

제1부

교수설계 이론 및 모형의 개요

제 1 장

교수설계 이론 및 모형의 배경

1. 교수설계 이론 및 모형의 필요성
2. 학습이론의 영향과 차이

제1장은 교수설계 이론 및 모형의 필요성과 교수설계 이론의 성립에 기초를 제공한 학습이론과의 차이를 개괄적으로 살펴본다. 교수이론 혹은 교수방법과 관련된 다양한 아이디어들이 소개되고 있음에도 불구하고 교수설계 이론이라는 별도의 학문적 접근이 왜 요구되는지를 이해할 필요가 있다. 교수설계 이론 및 모형의 구체적인 접근들은 제2장에서 다루게 된다.

1. 교수설계 이론 및 모형의 필요성

교수설계 이론 및 모형(教授設計 理論 및 模型, Instructional Design Theories and Models)의 필요성과 등장 배경을 이해하기 위하여 다음과 같은 김 교사의 수업 준비 상황을 생각하여 보자.

김 교사의 고민은?

김 교사는 중학교에서 사회 과목을 가르치면서 어떻게 하면 학생들이 수업에 흥미를 가지고 적극적으로 참여할 수 있을지를 모색 중이다. 얼마 전부터는 새롭게 도입된 '교과교실제' 환경을 고려하여 수업에 흥미가 낮은 학생들의 적극적 참여를 이끌 수 있는 방법에 관해 고민하고 있다. 그러던 어느 날 대학 동창 모임에서 교수설계 분야의 박 교수를 만나게 되어서 자신의 고민을 이야기하게 되었다.

김 교사: 학생들이 내 수업이 좋다며 잘 따라주기도 하고, 나름대로 열심히 하고 있다고 생각하기도 하지만, 조금 더 학생들이 흥미를 느끼고 적극적으로 참여할 수 있는 수업을 하고 싶은데, 어떻게 해야 할지 정말 고민이야.

박 교수: 수업 준비는 어떻게 하고 있지?

김 교사: 교과서를 검토하고, 교사용 지도서도 참고하고, 때로는 정말 오랜 시간을 들여 인터넷을 검색해 자료를 모아 수업을 하기도 하는데, 여전히 흥미를 갖지 못하는 학생들이 있단 말이지, 어떻게 수업 준비를 해야 좋을까? 사회 시간이 정말 즐겁고 기다려지는 수업이 되게 하고 싶은데….

박 교수: 음…. 수업은 어떻게 진행하고 있지? 학생들의 참여 기회는 충분한 것 같아?

김 교사: 내 설명이 주가 되고 있지. 학생들이 참여하는 것에는 아무래도 한계가 있어. 학교 행사 등으로 수업을 빠지게 되는 일도 있고, 정해진 시간 내에 진도를 다 마치려면 아무래도 나 혼자 말하게 될 때가 많지.

박 교수: 사회과의 여러 가지 수업 모형들은 고려해 보았어? 예를 들어 사회과 탐구수업을 잘 안내하는 모형 같은 것을 참고해 본 적 있어?

김 교사: 살펴보긴 했었는데, 내 수업 상황과는 다른 것 같아서 말이야.

박 교수: 한번 시도해 보는 게 어때? 학생들의 관심도 불러일으키고, 참여도도 높일 수 있을 것 같은데, 그럼 혹시 사회과에서 탐구모형을 가지고 수업하는 사회 선생님들의 온라인 커뮤니티 같은 곳에서 정보를 얻을 순 없을까?

김 교사: 나도 설명형에서 벗어나 탐구형 수업을 해보고 싶어서 여러 가지 사회과 수업모형도 살펴보고, 학습 주제와 관련해서 어떤 식으로 가르치면 좋을지 자료도 많이 찾아보고는 있어. 마침 우리 학교가 '교과교실제'를 시행하고 있어서 사회과 교실에 이것저것 다양한 자료도 갖추어 놓긴 하였는데 이걸 어떻게 수업에 반영해야 할지 막막해. 아무래도 교과교실 환경이 일반수업 상황과는 조금 다르고, 학생들의 수준도 다양하다 보니 내가 고려해야 할 다른 측면들이 있을 것 같은데 어떤 것을 고려해야 할지, 어떤 것을 잘 적용해야 하는지, 어떻게 시작해야 하는지 영감이 안 와. 정말 열심히 해보고는 싶은데 말이야. 가령, 탐구수업을 준비하려고 해도 교과교실이라는 상황이 일반수업 상황과는 어떻게 물리적으로 다르게 작용할 수 있을지, 또 탐구문제는 어떻게 학생들의 수준에 맞추어서 개발해야 할지 등등. 이와 관련하여서 도움을 받았으면 좋겠는데….

위의 상황에서 김 교사는 자신의 수업을 어떻게 계획(計劃, planning)할 것인가를 고민하고 있다. 이처럼 교수설계 이론 및 모형[1)]은 일반적인 의미에서 수업을 어떻게 계획할 것인가를 검토하는 과정을 안내하여 주는 지식이다. 김 교사의 경

1) 이론과 모형을 같이 사용하는 것에 대하여 혼란스러울 수가 있다. 이후 논의 전개의 이해를 돕기 위하여 간단하게 이론과 모형의 의미를 여기서 제시한다. 먼저, 교수설계 분야의 특징을 일반적인 차원에서 규정하거나, 핵심적인 요소를 개념화하는 지식 체계를 교수설계 이론으로 본다. 학습 이론에 행동주의, 인지주의, 구성주의나 혹은 정보처리이론, 인지부하이론이 있듯이 교수설계 이론에도 학습 과제 유형에 따른 조건 기반 이론(condition-based theory)(Smith & Ragan, 1993), 동기화를 위한 ARCS 이론(Keller, 1983), 학습 과제의 순서에 관한 정교화(elaboration theory) 이론(Reigeluth, 1983) 등이 있다. 한편, 모형은 위의 이론 등을 바탕으로 보다 구체적으로 특정의 수업 상황에서 적용될 수 있는 교수설계 전략과 방법 등을 구조화하여 제시한 것을 의미한다. 예컨대, 조건 기반 이론에 바탕을 두고 개념 이해를 위한 수업을 설계할 때 활용하는 개별 교수설계 전략과 방법들을 구조화한 것은 개념 이해를 위한 교수설계 모형이라고 할 수 있다. 앞의 김 교사의 예에서는 교과교실 기반의 탐구형 수업을 운영할 때 사용할 수 있는 교수설계 모형이 개발될 수 있는데, 이를 위해서는 몇 가지 모종의 교수설계 이론들이 복합적으로 바탕을 이룬다고 할 수 있다. 상황에 따라서 하나의 교수설계 이론에 영향을 받아 교수설계 모형이 도출될 수 있고, 또 여러 가지의 교수설계 이론들의 영향을 받을 수도 있다.

우 학생들의 적극적 참여를 유도하여 의미 있는 수업을 운영하기 위해서는 어떤 지식을 활용할 수 있을까? 경력 있는 교사로서 자신의 경험적 지식을 활용할 수도 있지만, 학습 과정을 체계적으로 도와줄 수 있는 방법, 전략, 모형과 같은 지식을 참고할 수도 있을 것이다. 예컨대, 이미 소개되어 있는 다양한 탐구수업(Inquiry Teaching) 모형을 활용할 수도 있고, 유용한 인터넷 기반 학습 자료를 활용하는 방법이나 학생들의 학습과정을 최적화하여 도와줄 수 있는 교실의 물리적 환경에 관한 지식을 검토할 수도 있을 것이다. 문제는 이러한 개별적 지식들을 현재의 문제 상황과 분리된 상태에서 그대로 적용할 수 없다는 데 있다. 예컨대, 기존의 탐구수업 모형뿐만 아니라 학생들의 수준별 차이를 어떻게 다룰지, 교사의 설명식 수업은 어떻게 이루어져야 하는지, 교과교실의 독특한 물리적 환경을 어떻게 고려하여야 하는지를 모두 포함하고 고려해야 하는 것이다. 주어진 조건과 상황을 고려하여 기존의 개별적이고 단편적 지식들을 모종의 형태로 종합화한 지식, 즉 교수설계 이론이나 모형을 참고하면서 수업 상황의 문제를 해결하는 것이 요구된다. 교수설계 이론 및 모형의 필요성이 바로 여기에 있다.

교수설계 이론 및 모형은 수업의 계획 과정에서 활용될 수 있는 다양한 형태의 지식을 대상으로 하고 있다. 그런데 문제는 앞에서 언급한 바와 같이 이러한 개별적이고 단편적인 지식들 그 자체가 교수설계 이론이나 모형이 아니라는 점에 있다. 교수설계 이론과 모형이 되기 위해서는 이러한 지식들을 체계적으로 활용하여 최적의 문제 해결 방법을 안내하는 또 하나의 지식 형태로 변화되어야 한다. 예컨대, 최적의 학습을 위한 교실의 물리적 환경에 관한 지식 그 자체가 바로 교수설계 이론이나 모형이 될 수 없으며, 이를 활용하여 학습자의 참여를 이끌어내는 방법을 체계적으로 포함하게 될 때 하나의 교수설계 이론이나 모형이 될 수 있는 것이다. 요컨대, **교수설계 이론 및 모형은 효과적인 학습과 교육을 위한 다양한 지식들을 체계적으로 종합하여 수업을 계획하는 데 활용할 수 있는 형태의 지식**인 것이다(임철일, 1996).

교수설계 이론 및 모형에 관한 이러한 관점, 즉 학습과 교육에 관한 단편적 지식들을 수업 문제 해결을 위해 **종합적이며 체계적인 최적의 지식으로 변환한 형태**라는 관점은 일찍이 듀이(Dewey)로부터 유래된다. 교수설계 이론을 학문적으로 정립하는 데 큰 공헌을 한 롸이겔루스(Reigeluth, 1983)에 의하면 교수설계 이론의 필요성은 교육학자 듀이에 의하여 본격적으로 제기되었다. 1899년 미국 심리학회 연설에서 듀이는 학습 이론과 교육 실제 간의 '연계 과학(linking science)'의 필요성을 주창하였다. 듀이가 보기에 당시 실험실을 중심으로 부흥하고 있는 학습 현상에 관한 과학적 심리학은 학교 교육의 실제에는 그다지 큰 영향을 주지 못했다.[2] 학습의 원인에 대한 실험실 내의 지식이라는 한계를 지니고 있었으며, 실제 학교교육, 교실 수업과 관련해서는 적절한 안내를 하지 못했다. 교사들은 여전히 이론적 지식은 그 자체로 배우고, 실제 수업은 자신들 나름의 경험과 지식을 토대로 실행하고 있었다. 이런 상황에서 교사의 실제 수업 행동을 안내하여 줄 수 있는 혹은 수업 상황의 문제와 개선을 위한 과학적이면서도 구체적인 지식을 개발할 필요성이 강조되었던 것이다.

듀이(J. Dewey)

교수설계 이론 및 모형의 원론적인 필요성을 언급한 듀이의 관점은 이후 학습에 관한 과학적 설명이 계속 이루어지면서 몇몇 학자들에 의하여 구체화되기 시작하였다. 먼저, 가네(Gagné, 1970)는 학습 현상에 대한 체계적인 설명과 처방적(prescriptive) 관점에서 수업을 어떻게 설계할 것인지를 본격적으로 규명하였다. 당시 행동주의 학습이론의 대가인 스키너(B. F. Skinner)와는 다르게 그는 행동주의

2) 이러한 현상은 2000년 이후 '학습과학(learning science)'에 대한 관심의 증가로 다시 재연되었다. 교육학 분야에서 학습과학에 대한 관심은 학습현상에 대한 과학적이며 다양한 규명(예컨대, 구성주의적 관점, 뇌 과학의 발전)이 활발하여지면서 이 분야를 하나의 학문 분야로 발전시키려는 노력으로 나타났다. 이 과정에서 교육, 교육공학, 교수설계에 대한 관심이 줄어드는 현상이 나타나기도 하였는데, 이는 1900년 초기 듀이의 관찰에서 알 수 있듯이 학습 현상에 대한 과학적 규명 그 자체가 바로 교육이나 수업의 실제 개선에 바로 연결될 수 없음을 고려할 때 교수설계 분야의 중요성은 여전하다고 볼 수 있다.

가네(R. Gagné)

와 함께 대안적 학습이론으로 규명되기 시작한 인지주의적 관점의 정보처리이론(Information Processing Theory)을 절충하여 학습에 관한 독자적인 이론을 정립하였다. 변별적 자극(discriminative stimulus)과 피드백 혹은 강화(reinforcement)로 학습의 원인을 설명하는 행동주의적 관점을 받아들이기는 하지만, 여전히 학습의 내적 현상을 설명하는 다른 인지주의적 요인들에 대해서도 동시에 인정하는 입장을 취한다.

가네(1970)에 따르면 학습은 단일한 하나의 유형으로 구성되지 않으며, 다섯 가지의 유형으로 구분될 수 있다. 사실의 학습에 해당하는 '언어적 정보', 개념의 획득과 적용을 할 수 있는 능력을 포함하는 '지적 기능', 분석과 종합의 능력을 포함하는 '고차적 사고 기능', 신체 부위를 능숙하게 다루는 '심체적 기능' 그리고 특정 대상에 대한 가치를 부여하는 '태도'로 구분된다. 이러한 구분이 의미가 있는 이유는 각 유형별로 어떻게 학습이 발생하는가의 기제가 다르다는 점이다. 개념을 학습하는 것과 태도를 학습하는 것은 공통된 측면도 있지만, 상이한 요소들이 관여하고 있다고 보아야 한다는 것이다.

학습 유형의 차이는 결국 어떻게 학습이 발생하는가 혹은 어떤 요인 때문에 학습이 발생하는가를 다르게 설명한다. 가네는 이런 관점을 '어떤 조건일 때 학습이 발생할 할 수 있는 가능성이 증가하는가'에 대한 답으로 연결시켜서 '학습의 조건(The condition of learning)'이라는 책을 저술하게 된다(Gagné, 1970).[3] 이 저서에서 가네는 학습의 내적 조건(intrinsic condition)과 학습의 외적 조건(extrinsic condition)을 구분하며, 특히 학습의 내적 조건을 다시 본질적 조건(essential

3) 가네의 관점은 미국뿐 아니라 국내에도 매우 큰 영향을 주었다. 가네의 저서 '학습의 조건'은 국내에서도 두 차례에 걸쳐서 번역이 이루어지는 등 학계에서 꾸준한 관심을 받아 오고 있다. 1996년 서울대의 박성익 교수가 최영수와 함께 '학습의 조건'으로 번역하였고, 1998년에는 고려대의 전성연 교수가 김수동과 함께 '교수-학습이론'으로 번역하였다.

condition)과 보조적 조건(supportive condition)으로 나눈다. 예컨대, 학생이 현재 2차 방정식을 푸는 것을 학습하려고 한다고 하자. 이 경우 제일 중요한 것은 학습자가 2차 방정식 학습을 가능하게 하는 전 단계의 능력을 획득하고 있는가라는 점이다. 2차 방정식을 잘 풀기 위해서는 무엇보다도 그 전 단계의 능력인 인수분해를 할 수 있어야 한다. 이런 측면에서 전 단계의 능력, 즉 선수 학습을 학습자가 지니고 있는 내적 조건 중 특별히 본질적 조건으로 규정할 수 있다. 한편, 선수 학습 이외에 학습자가 학습을 하려는 동기가 있는가의 여부도 중요한데, 이는 앞의 선수학습과는 다르게 보조적 조건으로 개념화할 수 있다. 이런 두 가지의 학습자의 내적 조건인 선수 학습과 동기가 있을 때 비로소 외부에서 주어지는 수업과 같은 외적 조건이 의미가 있을 수 있다. 어떻게 수업하는가에 따라서 학습이 발생하기도 하고, 그렇지 않기도 하다. 비슷한 수준의 학생들이 있음에도 불구하고 어떻게 수업하는가에 따라서 다른 결과가 나타나는 경우를 보면 학습의 외적 조건도 매우 중요한 요인이 된다.

가네의 교수설계 이론에 대한 공헌은 바로 이러한 종합적인 학습 이론에 바탕을 두고, 수업 설계를 어떻게 할 것인가에 대하여 처방적인 지식 혹은 이론을 제안하였다는 점에 있다. 가네의 대표적인 교수설계 모형인 '수업의 사태(events of instruction)'는 주의집중(attention)의 단계 혹은 사태에서부터 파지와 전이(retention and transfer)의 마지막 사태에 이르기까지 모두 아홉 단계를 포함하며, 수업을 어떻게 계획할 것인가에 관한 처방성을 보여주었다(〈표 1-1〉 참조).

교사 혹은 수업설계자가 수업의 시작 단계에 활용할 수 있는 방법에서부터 마지막 끝날 때 사용하는 방법을 모두 포함하여 나름대로의 처방성(예컨대, '… 조건에서는 … 방법을 사용하라'와 같은 지식의 형태)을 구현하였던 것이다. 이 처방성은 그의 '학습의 조건' 저서에서 밝힌 선수 학습과 동기와 같은 학습의 내적 조건을 반영하는 것은 물론이고, 당시 행동주의 학습 이론에서 강력하게 지지를 받고 있는 강화 혹은 피드백을 포함하고 있다. 학습 이론을 전체적으로 고려하면서 수업을 어떻게 설계할 것인가에 관한 처방적 지식의 형태의 전형을 보여준 것이다.

〈표 1-1〉 가네의 수업의 사태

단계	학습의 내적과정	수업의 사태
1	학습자가 자극을 수용할 있도록 민감화	주의 집중
2	학습결과에 대한 기대함감 형성	수업목표 제시
3	장기기억 항목들을 활동 기억 상태로 회복	선수학습 상기
4	학습하게 되는 자극들의 선택적 지각	자극자료 제시
5	장기 저장 및 회상을 쉽게 할 수 있도록 제시된 자료를 의미 있게 부호화	보조자료 제시
6	학습결과를 나타내기 위한 행동적 반응	연습
7	학습결과에 대한 자신감을 주기 위한 강화	피드백
8	재생 시 사용될 단서 제공	평가
9	새로운 상황에 행동을 일반화하기	파지와 전이

메릴(D. Merrill)

가네가 보여준 교수설계 이론 및 모형의 처방성에 관한 전형은 이후 메릴(D. Merrill)과 롸이겔루스(C. Reigeluth)에 의하여 보다 발전되고 구체화되었다. 먼저 메릴은 교수설계 이론의 처방성의 개념적 특성을 매우 상세하고 체계적으로 규명하면서 구인전시 이론(構因展示理論, Component Display Theory)을 개발하였다(나일주, 정인성, 1992; Merrill, 1983). 이 이론은 기본적으로 가네의 학습 결과 유형 접근의 연장선에 있다. 가네의 다섯 가지 학습 유형을 보다 발전시켜서, 학습의 유형을 두 가지 기준, 즉 내용과 수행으로 구분하여 조합한 결과에 따라서 구분하였다. 사실, 개념, 원리, 절차의 내용 영역과 기억, 적용, 생성의 수행의 수준 영역의 조합에 따른 구인(component)들을 밝힌 후 각 구인에 적합한 교수설계 전략들을 제안하고 있다. 일견 복잡한 형태를 취하고 있는 구인전시이론은 매우 상세하고 구체적으로 각 학습 유형에 따른 처방적 교수설계 전략을 제시하였다. 이 이론은 교사들에게는 너무 복잡하게 보여서 당시와 현재에 이르기까지도 교사의 교실 수업 상황에 그대로 적용하는 데에는 어려움이 있지만, 컴퓨터보조수업 등에는 적용 가능성을 보여주고 있다(왕경수, 2000).[4)]

메릴과 함께 교수설계 이론 및 모형의 처방성의 특성을 발전시킨 학자로 롸이겔루스를 들 수 있다. 그는 본격적으로 교수설계 이론 및 모형 관련 연구들을 정리하고, 조직화하면서 교수설계 이론 분야를 하나의 학문 분야로 정립하는 데 매우 중요한 공헌을 하였다. 그의 편저 '교수설계 이론과 모형'은 당시까지 논의되었던 교수이론의 연구결과들을 교수설계의 처방적 측면을 강조하면서 재구조화한 것으로 볼 수 있다. 제1권(Reigeluth, 1983)에서 그는 교수설계 이론이 여타의 학습 이론, 교육과정, 그리고 전통적인 교수모형과 어떤 차이가 있는가를 최적성(optimality), 처방성(prescriptiveness), 체계성(systems) 개념을 활용하여 설명하고 있다. 이 저서는 이후 교수설계 분야를 하나의 학문 분야로 설정하는 데 큰 역할을 하였으며, 추가적인 교수설계 이론과 모형의 연구결과들을 제2권(Reigeluth, 1999), 제3권(Reigeluth & Carr-Chellmen, 2009), 제4권(Reigeluth, Beatty, & Myers, 2017)으로 묶어냄으로써 이 분야에 대한 관심을 지속적으로 이끌고 있다.

롸이겔루스(C. Reigeluth)

롸이겔루스가 교수설계 이론 및 모형 정립에 미친 영향은 다음과 같이 몇 가지로 정리될 수 있다. 첫째, 교수설계 이론은 처방성을 분명히 드러내야 한다는 점

4) 메릴은 교수설계이론 분야를 하나의 학문 분야로 정립하는 데 매우 중요한 공헌을 하였다. 수십 년간의 연구 결과와 논문을 종합하여 '교수설계 이론'이라는 독자적인 책을 저술하기도 하였으며, 자신의 이론을 바탕으로 교수설계의 자동화를 도와주는 소프트웨어를 개발하기도 하고, 'First principles of instruction(Merrill, 2002)'이라는 보다 간단하면서도 강력한 모형을 제공하는 등 활발한 활동을 하고 있다.

이다. 그의 교수설계 이론은 기술적 설명 단계에서 머무르지 않으며, 어떤 조건과 상황일 때 어떤 방법을 사용하는 것이 최적인가라는 질문에 대답을 하려고 한다. 처방적인 성격을 분명히 하는 것이다. 둘째, 그의 교수설계 이론은 기본적으로 가네의 학습 유형 접근의 연장선에 있다. 학습의 유형 혹은 학습과제(learning task)[5]의 유형을 구분하고, 각 유형에 따라 교수방법이 달라야 한다는 접근을 취한다. 예컨대, '정보의 기억' 학습과제를 가르칠 때와 '관계의 이해' 학습과제를 가르칠 때 다른 방법과 전략을 활용하는 것이다(제3장과 제7장 참조). 셋째, 그는 교수설계 이론이 학습 이론의 발전 혹은 사회의 변화 등을 반영하면서 지속적으로 발전될 수 있음을 연속적인 책 저술을 통하여 보여주고 있다. 구성주의의 발전, 지식정보 사회의 발전 등을 고려한 교수설계 이론과 모형 제2권, 제3권이 일정한 간격을 두고 편저 형태로 출판되었다. 넷째, 교수설계 이론이 포함하는 영역을 포괄적으로 설정하여 이후 관련 연구들을 촉진했다. 하나의 아이디어를 다루는 미시적 교수설계 전략(Leshin, Pollock, & Reigeluth, 1992)뿐만 아니라, 여러 아이디어의 가르치는 순서를 다루는 거시적 교수설계 전략의 필요성을 지적하면서, 본인 스스로는 학습 과제의 순서를 위한 '정교화 이론(elaboration theory)'을 발전시키고 있다.

교수설계 이론 및 모형의 성립과 발전 배경에 중요한 공헌을 한 또 하나의 학자는 구성주의적 접근을 분명히 하면서 문제해결(problem solving), 비판적 사고 등 고차적 사고 분야 연구의 활성화에 기여한 조나센(D. Jonassen)을 들 수 있다. 그는 학습에 있어서 객관주의적 관점과 구성주의 관점을 비교하면서 구성주의 관

5) 교수설계 이론에 있어서 '학습과제(learning task)'는 매우 중요한 의미를 지니고 있다. 일반적으로 교육 실제 에 있어서 학습을 언급할 때 대체로 학습내용을 생각하게 된다. 예컨대. '광합성 작용' 이라는 학습내용을 학습하는 상황을 떠 올린다. 그러나 학습내용을 어떤 수준으로 학습할 것인가를 고려할 때 학습내용 만을 다루어서는 안 된다는 점이 드러난다. 이때 제안된 개념이 학습과제(learning task)이다. 학습 과제는 학습 내용을 가지고 어떤 행동을 할 것인가를 포함하게 된다. 즉 학습과제라고 할 때는 어떤 학습내용을 가지고 어떤 행동을 하는가를 동시에 포함하게 되는 것이다(학습과제 = 학습 내용 + 행동 수준). 예컨대, '광합성 작용'을 학습하는 경우, 광합성의 작용 자체는 학습 내용이 되며, 이를 '적용의 행동 수준'에서 학습할 수도 있고, '이해의 행동 수준'에서 학습할 수 있는데, 이 각각을 구분되는 학습 과제로 볼 수 있다.

점에 바탕을 둔 학습 환경의 필요성을 여러 연구 형태로 발표하고(Jonassen, 1991, 1999), 구성주의 관점의 교수설계 이론과 모형의 연구를 촉발시켰다. 특히 하이퍼텍스트 이후 웹과 다양한 형태의 정보통신기술을 하나의 인지적 도구(cognitive tool)로 간주하면서 이런 도구들을 활용하는 교수설계 이론과 모형의 발전에 관한 연구를 자극하는 공헌을 하였다. 조나센의 교수설계 이론 및 모형에 대한 이런 접근은 교수(instruction) 혹은 교수설계(instructional design) 대신에 학습환경(learning environment) 혹은 학습환경설계(learning environment design)의 가능성을 탐색하는 연구의 등장을 가져오기도 하였다.

조나센(D. Jonassen)

지금까지 교수설계 이론 및 모형의 등장 배경을 **학습과 교육을 위한 다양한 지식들을 체계적으로 종합하여 수업을 계획하는 데 활용할 수 있는 형태의 지식**으로서 규정하는 관점을 지닌 주요 학자들을 중심으로 살펴보았다. 처방성의 관점을 여러 방식으로 제시한 듀이, 가네, 메릴, 롸이겔루스와 함께 구성주의 접근을 도입하면서 교수설계 이론 및 모형의 범주와 가능성을 확대시킨 조나센의 아이디어를 간략하게 검토하였다. 이 과정에서 한 가지 조금 더 분명하게 탐색할 필요가 있는 영역을 확인할 수 있었는데, 바로 학습 이론과 교수설계 이론의 연관성 및 차이이다. 학습이론이 교수설계 이론 및 모형의 정립에 매우 중요한 공헌을 하면서도 어떤 특성이 있기에 교수설계 이론 및 모형이 독자적으로 필요한가와 같은 문제를 조금 더 상세히 다루어 볼 필요가 있다.

2. 학습이론의 영향과 차이

교수설계 이론 및 모형의 정립에 기초를 제공하는 지식 체계 중 하나로 학습이론을 들 수 있다. 학습이론은 인간의 학습이 어떠한 심리적 기제를 통하여 발생하는가를 다룬다. 그러나 지난 세기 이러한 심리학적인 학습에 관한 이론과 모형을 실제 수업 장면에 적용하려는 시도들을 볼 때, 학습이론을 수업에 어떻게 적용할 것인가에 관한 연계의 문제는 그리 간단하지 않음을 알 수 있다. 듀이에 의하여 학습이론을 바탕으로 하는 연계과학의 필요성이 주창된 이후 이 연계의 문제는 교수설계 이론 및 모형의 개발로 다루어지고는 있지만, 그리 쉽게 해결되고 있지 않다. 이 문제의 이해를 위하여 주요 학습이론의 특징과 함께 학습이론을 어떻게 수업 및 교육 장면에 적용하려고 하였는가를 비판적으로 살펴본다.

1) 학습이론과 교육에의 시사점 접근

효과적인 수업을 위해서는 학습에 관한 과학적인 설명에 의존해야 한다는 접근이 있다. 교육 혹은 보다 구체적으로는 수업 행위가 일종의 문제해결 활동이라면 문제와 관련된 현상에 대한 이해가 선행될 필요가 있다는 것은 논리적으로 타당하다. 학교교육에서 수업을 어떻게 할 것인가의 문제에 대답하려는 초기 교육학자들이 의존했던 심리학적 접근은 바로 학습에 관한 과학적 설명이다. 특히 이들은 행동주의 학습이론과 초기 인지주의적 관점의 정보처리이론을 참고하였다. 두 가지 이론의 주요 특징과 어떻게 이 이론들이 수업 행위에 활용되었는가를 시사점(implication) 접근[6] 차원에서 살펴본다.

6) 시사점(implication) 접근은 문제 해결의 답을 관련된 다른 현상의 설명으로부터 도출하려는 관점을 말한다. 예컨대, 학습 현상이 이러이러한 원인에 의하여 설명된다고 할 때 이 설명을 고려하여 수업은 어떻게 하는 것이 좋은가에 대한 시사점을 찾게 된다. 시사점 접근은 초기 지식의 탐색 단계에서는 나름대로 적절하다. 그러나 이 후 지식의 최적화, 종합화, 체계화를 이루고자 할 때는 시사점 접근으로는 부족하며, 모종의 독자적인 지식 구성이 요구된다.

행동주의 학습에 관한 행동주의적 접근에서는 학습된 행동을 일으키는 외부 환경으로서 '변별적 자극(discriminative stimulus)'과 '강화(reinforcement)'라는 두 가지 원인에 주목한다. 행동주의는 파블로프(Pavlov)의 '고전적 조건화(classical conditioning)'로 시작하여 1950년대 스키너(Skinner)의 '조작적 조건화(operant conditioning)'에 이르러 완성된 형태의 이론적 모습을 드러낸다. 행동주의에서는 객관적으로 관찰할 수 없는 내면적 학습과정을 탐구의 대상으로 설정하지 않는다. 마음은 이른바 검은 상자이므로 밝힐 수 없다는 것이다. 그 대신 겉으로 드러나는 혹은 관찰 가능한 자극과 반응 그리고 강화라는 요소들에 주목한다. 왜 학습이 발생하는가에 관한 행동주의적 대답은 간결하면서도 매우 강력하다. 무엇을 배워야 하는지를 분명히 하였을 때(변별적 자극), 그리고 행동이 나타날 경우 즉각적인 피드백(강화)이 제공될 때 기대하는 학습된 행동이 발생한다는 것이다.

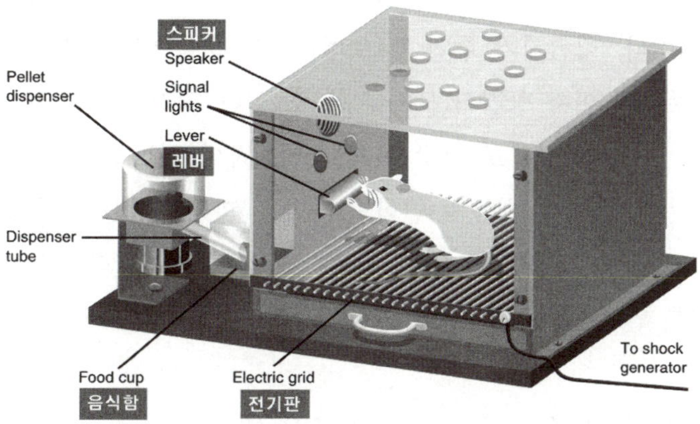

[그림 1-1] 스키너 상자

[그림 1-1]이 보여주는 동물 실험에서 상자 안의 레버를 쥐가 건드리면 음식이 나오게 되어 있다. 몇 번의 시도를 거치게 되면, 이 쥐는 상자 안에 들어간 후 곧바로 레버를 건드리게 된다. 이 실험은 쥐의 학습된 행동(레버를 건드리는)이

변별적 자극(상자 안의 여러 가지 상황)과 **강화**(음식물)에 의하여 나타남을 보여주고 있다.

행동주의적 학습 원리는 여러 가지 방식으로 수업의 실제에서 고려되어 왔다. 교수 기계(teaching machine)와 프로그램 수업(programmed instruction)의 개발, 행동적 교수 목표의 기술(behavioral instructional objectives), 학습 내용 분석, 평가 문항의 세분화, 다양한 형태의 보상 체계 등이 제안되었다(Driscoll, 2004). 교수 기계와 프로그램 수업은 1970년대 이전 당시 행동주의 적용 가능성을 가장 극적으로 보여 주었다. 행동주의적 관점에서 볼 때 학교교육이 제대로 이루어지지 않은 것은 일인 교사가 많은 수의 학생들에게 제대로 개별적인 강화를 제공하지 못하는 상황에 있었다. 따라서 개별 학생들에게 세분화된 자극의 형태로 설명을 하고, 그 설명과 연관된 질문에 대하여 학생들의 반응이 있으면 즉각적인 피드백을 제공하는 교수 기계 혹은 프로그램 수업이 효과적인 수업을 가능하게 하는 것으로 보았다. 행동적 교수 목표의 기술은 행동주의가 수업의 실제에 영향을 끼친 또 하나의 사례이다. 학습자가 수업 후 보여주어야 하는 구체적이고 관찰 가능한 행동, 예컨대 '주어진 이차 방정식 문제를 풀 수 있다' 혹은 '광합성의 주요 단계를 설명할 수 있다'와 같은 형태로 교수 목표를 설정해야 한다는 것이다. 학습의 결과로서 기대하는 학습자의 행동의 변화를 제대로 파악하여 기술하지 않으면, 적절하고 필요한 자극을 제공할 수 없다는 논리에 기반하고 있다. 교수자가 다루는 내용이나 주제를 일반적으로 제시하는 것은 수업을 분명하게 이끌어 가지 못하게 한다.

학습에 관한 행동주의적 설명은 교육 및 수업 현장에 많은 긍정적 변화를 가져왔다. 무엇보다 칭찬이나 피드백과 같은 강화를 교육 및 수업 실천에 포함하는데 큰 공헌을 하였다. 초등학교 수업 장면에서 쉽게 관찰할 수 있는 '별표'나 '참 잘했어요'와 같은 도장 등은 학생들의 학습 행동을 발생시키는 효과적인 교육 방법으로 인정받고 있다. 또한 성적 향상과 관련된 각종 상장 제도 등은 지나칠 정도로 교육 현장에서 활용되고 있다. 행동적 교수 목표는 비록 완벽하게 적용되지는 않더라도, 학습자의 변화된 행동을 교육 목표로 설정하여야 한다는 측면은 이제 교육적 상식이다.

한편, 학습에 관한 행동주의적 설명은 몇 가지 큰 한계를 지니는 것으로 비판받고 있다. 첫째, 무엇보다도 학습 현상을 너무 지나치게 단순화하여 보고 있으며, 동물의 학습 현상과 크게 다르지 않은 수준으로 인간의 학습을 파악한다. 행동주의에서는 학습을 행동의 변화로 보고, 교육은 따라서 이러한 인간의 행동 변화를 계획적으로 이끄는 활동으로 간주한다(정범모, 1968). 이런 관점은 당시의 사변적인 심리학의 설명 체계와는 다르게 인간의 심리적 현상을 관찰 가능한 행동을 통해서 과학적으로 설명한다는 점에서 강력한 반향을 일으켰다. 철학적인 논의의 대상이거나 주관적인 실천의 대상이었던 인간의 심리 현상, 특히 학습 현상에 대하여 과학적 설명이 가능해졌다. 이 설명은 그대로 앞에서 언급한 바와 같이 교육 실천에 강력하게 영향을 미쳤다. 그러나 학습 현상은 행동주의가 전제하는 것처럼 관찰 가능한 행동으로만 제한하기에는 너무 복잡하다. 예컨대, 복잡한 논리를 포함하고 있는 '상관관계 지수(corelation coefficient)'를 학습하는 과정을 자극과 강화의 요소로 설명하기에는 너무 제한적이다. 왜 어떤 교사는 이것을 잘 가르친다고 하는지, 그리고 왜 어떤 학생은 교사의 설명을 잘 이해하지 못하는가를 행동주의는 제대로 설명하지 못한다.

둘째, 앞의 한계의 연장선에서 행동주의는 교육, 구체적으로 수업 실천과 관련하여 상세한 방법을 제대로 제공하지 못하였다. 행동주의의 수업에 관한 영향은 단편적이며 제한적이었다. 교사는 수업 행위를 하면서 행동주의가 제시하는 강화의 제공, 행동적 교수 목표의 제시 등을 활용할 수 있었다. 그러나 실제 수업 행위는 이 이상의 복잡한 의사 결정을 요구한다. 무엇을 먼저 가르칠 것인가? 어떤 시청각적 자료를 활용할 것인가? 학습자들의 참여를 어떻게 일으킬 것인가? 특정 개념을 설명할 때 어떤 사례를 먼저 제시할 것인가 등 수많은 의사 결정을 내려야 한다. 이 부분과 관련하여 행동주의는 뚜렷한 대답을 할 수가 없다. 이는 행동주의 자체가 가지는 특성을 고려할 때 예견할 수 있는 문제점이다. 행동주의는 이런 부분에 대하여 관심을 보이지 않기 때문이다. 이는 마치 캄캄한 밤에 자동차 키를 숲 속에서 잃어버린 후, 숲 속으로 가지 않고 훤한 가로등이 켜져 있는 길가에서 키를 찾는 것과 비슷한 경우로 볼 수 있다. 복잡한 학습 현상은 우리가 관찰할 수 없는 검은 상자라는 논리를 내세워 아예 탐구의 대상으로 삼지 않은 것이다. 따라서 행동주의가 제시하는 수업 실천과 관련된 방법은 강화의 제시 혹은 행동적 교수 목표의 기술과 같은 단편적인 수준에서 머무를 수밖에 없었다.

셋째, 행동주의는 학습 현상의 복잡성을 가장 많이 포함하고 있는 학습자의 특성 대신에 외부 환경에만 관심을 가짐으로써 학습자의 주도적 참여와 같은 학습 과정의 역동성을 제대로 드러내지 못하였다. 지난 1990년대 이후 관심을 받고 있는 구성주의 관점에서는 학습자의 능동적인 지식 구성 과정을 학습 현상의 핵심으로 파악하고 있다. 구성주의에서는 학습자가 외부 환경과 상호작용을 하면서 자신의 지식을 구성하게 되는 과정을 어떻게 지원할 것인가를 다룬다. 이 과정에서 예컨대, 비계(scaffolding) 혹은 도움주기와 같은 현상이 나타나게 된다. 여기서 학습자는 학습의 과정에서 처음에는 외부의 도움을 받다가 어느 정도 이후에는 더 이상의 도움을 받지 않으면서 스스로 학습의 과정을 이끌어 가게 된다. 이처럼 학습자의 학습 과정에 있어서 주도성은 학습 현상에서 매우 중요한 기능을 담당하게 되는데, 행동주의에서는 이 부분이 제대로 다루어지지 않을 뿐 아니라, 오히려 학습자의 수동성을 전제하는 특성을 보이는 것으로 비판받기도 한다.

이러한 행동주의의 한계점은 행동주의를 바탕으로 수업을 계획하고, 준비하는 실천 과정이 제한적일 수밖에 없다는 비판을 면하기 어렵게 만든다. 학습에 관한 행동주의적 설명을 바탕으로 수업에 변화를 가져왔지만, 매우 단편적인 수준에 머물러 있다. 행동주의적 설명이 교육 및 수업 실천에 제시하는 시사점(implications)이 무엇인가를 찾아보는 접근은 복잡한 의사 결정이 이루어지는 수업 실제에 여전히 충분한 대답을 하지 못한다. 이러한 문제들은 실험실 등에서 단편적인 변인들을 중심으로 학습 및 교육과 관련하여 이루어지는 많은 유형의 실증적 연구들에서도 동일하게 발견된다. 예컨대, '간헐적 피드백이 지속적 피드백보다 학습 결과에 보다 긍정적 효과를 가져온다'는 실증적 연구 결과가 있다고 하자. 실제로는 이 결과만을 가지고 전체 수업을 설계할 수 없으며, 이 변인 이외에 다른 수많은 변인들을 종합적으로 고려하여 수업을 설계하여야 한다.

인지주의 학습 현상에 관한 행동주의적 접근은 그것이 제공한 강력한 영향력에도 불구하고 복잡한 학습 현상을 단순화하는 오류를 범하고 있음을 앞에서 밝혔다. 따라서 행동주의에 의하여 검은 상자로 간주된 인간의 심리적 현상 혹은 학습 현상은 대안적 접근에 의하여 직간접적으로 규명되기 시작하였다. 인지주의적 접근(cognitive approach)에서 인간의 학습 현상은 학습자가 자신의 내면 과정에서 무엇인가를 알아가는(know, appreciate), 이해하는(understand) 혹은 인지하는(cognize) 것으로 파악된다. 인지주의적 접근 중 교육 및 수업의 실제에 구체적인 영향을 끼친 것 중의 하나가 '정보처리이론(information processing theory)'이다(Gredler, 2004). 이하 정보처리이론의 주요 특성과 이 이론이 수업의 설계에 관련하여 제공한 시사점 차원의 지식을 비판적으로 검토한다.

컴퓨터의 정보처리 과정을 학습의 모형으로 파악하는 정보처리이론에서 학습은 새로운 지식이 학습자의 장기 기억 속에 저장되는 과정을 의미한다. 정보처리이론에 의하면 외부에서 부과되는 새로운 정보는 학습자의 감각에 등록되어, 단기 기억(short-term memory) 혹은 작동 기억(working memory)을 통과한 후 장기 기억(long-term memory) 내부에 저장되는 단계를 거치게 된다([그림 1-2] 참조). 단기 기억은 인간의 학습과정에서 매주 중요한 위치를 차지하는데, 감각 기관을 통하여 등록된 정보들은 이 단기 기억 내에서 일정한 기간(특별한 기억 노력을 하지 않으면, 대략 20초 내외에 사라진다) 및 일정한 양(마찬가지로 특별한 노력을 하지 않는다면, 대략 7+/-2만큼만 저장된다는 점을 밝혔다.[7]

7) Cowan(2000) 연구에서는 단기 기억의 양이 3~5개라는 주장도 제기되었다. 복잡한 대상에 대하여 효과적인 강의나 연설을 할 때 학습자들이 주의집중하면서 쉽게 정보를 처리하는 현상을 살펴보면 단기 기억의 양이 3개라는 주장도 나름대로 설득력이 있다.

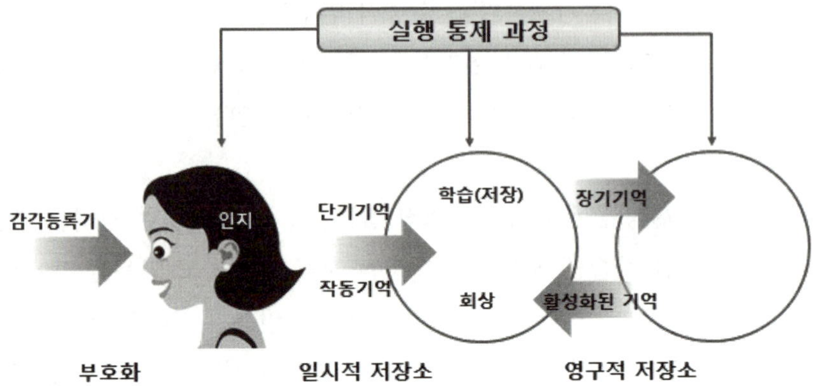

[그림 1-2] 학습에 관한 정보처리이론의 학습과정 모형

출처: 박성익, 임철일, 이재경, 최정임(2010). 교육방법의 교육공학적 이해, p. 81.

정보처리이론이 제시하는 학습 현상에 대한 보다 구체적인 설명 중 하나는 장기 기억의 작동 방식에 관한 것이다. 정보처리이론에서 학습 현상은 기본적으로 장기 기억에 새로운 지식이 연결되어 저장되는 것이다. 연결 및 저장 과정은 몇 가지 주요한 하위 과정을 포함하게 되는데, 그중 주목할 만한 것이 바로 **활성화**(activation)이다. 활성화는 특정의 새로운 정보를 받아들여서 자신의 기억으로 변화시킬 때 발생한다. 새로운 정보 그 자체를 기억하기 어려울 때, 자신의 장기 기억 속에 있는 정보 중에서 새로운 정보와 관련성이 높은 것을 미리 꺼내어서 준비할 수 있다. 이 과정이 바로 활성화이다. 예컨대, 물리학적 개념으로 관성을 학습하게 될 때, 버스 안에서 방향을 급하게 바꾸는 경우에 자신의 몸이 차의 움직이는 방향과 반대로 움직이는 구체적인 경험적 지식을 생각하게 된다. 이 과정, 즉 자신의 기존 지식을 떠올리는 활성화 과정을 거치면서 새로운 지식을 쉽게 자신의 장기 기억에 저장하게 되는 것이다. 정보처리이론에서는 이러한 활성화 과정을 잘 활용하는 학습자는 그렇지 않은 학습자들에 비하여 기억을 효과적으로 한다는 것을 밝힌 것이다.

이상에서 살펴본 단기 기억과 장기 기억의 특성은 시사점 차원에서 교육 및 수업의 실제에 적지 않은 영향을 끼쳤다. 먼저, 단기 기억의 용량을 고려하여 한 번에 설명하는 양을 제한하는 것은 이른바 분할(chunking)은 기본적인 교수 전략으로 널리 알려져 있다(Leshin et al., 1992). 설명하여야 하는 양이 많을 때는 일정한 단위(예컨대, 5-7개 하위 요소로 구성되는 단위)로 구분하여 내용을 나눈 다음 설명하는 것이 효과적이라는 것이다. 이 점은 각종 발표 자료를 만들 때 한 화면에 포함되는 내용을 몇 가지로 제한하려는 원칙과도 연관된다.

장기 기억의 사전 지식 활성화(activation)와 관련하여서는 초기에 학습자의 사전 지식을 활성화할 수 있는 질문이나 도입 활동의 제안으로 발전하였다. 학습 초반부에 학습 내용 자체를 바로 제시하기보다는, 학습자가 질문에 대답하는 과정을 거치면서 관련된 자신의 사전 지식을 준비하게 되며, 이후 다른 설명 등을 통하여 이미 활성화된 자신의 기존 지식에 새로운 지식을 연결하게 되는 것이다. 사전 지식의 활성화는 오수벨(Ausubel)의 선행 조직자(advanced organizer)와 유사한 기능을 가진다(Ausubel, 1963). 오수벨은 본 수업 내용을 포괄할 수 있는 지식을 선행 조직자 형태로 준비시키는 과정을 제안하고 있는데, 이 점은 활성화 과정과 동일한 것으로 볼 수 있다. 이 외에도 효과적인 수업과 관련하여 주의집중의 원리, 부호화(encoding) 전략, 정교화 전략 등이 정보처리이론에서 제시되고 있다.

정보처리이론으로 대표되는 학습에 관한 인지주의적 설명은 행동주의와는 다르게 구체적인 수준에서 학습을 가능하게 하는 교수전략의 확인에 긍정적인 영향을 주었다. 인지부하이론(cognitive load theory)에서는 단기 기억 혹은 작동 기억 용량의 한계를 고려하는 근접성의 원리(principle of contiguity)[8]와 같은 교수 전략이 계속 제안되고 있다(Moreno & Mayer, 1999). 또한 뇌 과학의 발전은 실증적

8) 근접성의 원리란 그림 자료와 내용정보가 서로 밀접하도록 설계함으로써 학습자의 인지적 부담을 줄일 수 있도록 하는 것이다. 그림 자료와 텍스트의 내용정보가 물리적으로 가깝게 위치해 있거나 내용적으로 관련성을 갖고 있지 않으면 자료를 통합하기 위하여 많은 인지적 노력을 들이기 때문이다.

연구 결과를 바탕으로 학습의 효율성을 증가할 수 있는 전략, 예컨대 뇌의 긴장을 완화하는 환경을 통하여 뇌의 특정 부위가 작동을 잘 하게 하는 방법 등이 제안되었다.

그렇지만 인지주의적 설명과 시사점 제시 차원에서 교육 방법 혹은 교수 전략을 고려하는 접근은 행동주의적 관점과 유사한 한계를 여전히 지니고 있다. 무엇보다도 시사점 접근이 가지고 있는 단편성의 문제이다. 앞의 활성화 과정의 예를 볼 때, 활성화를 위한 질문의 제기와 같은 전략은 그것 자체로 효과를 가지고 있지만, 전체 수업 설계의 일부분에 그친다는 문제가 있다. 예컨대, 교수 목표가 창의적 문제해결 능력을 기르는 데 초점을 맞춘다면, 초기 단계 활성화를 위한 질문의 제기는 수많은 관련된 교수 전략 중 극히 일부분에 불과한 것이다(임철일 외, 2009). 이후에 많은 자원들을 활용하여 다양한 형태의 교수 전략들이 어떻게 전개될 것인가에 대한 답은 이루어지지 않은 것이다. 인지주의적 설명에 기반하여 도출된 교수 전략과 관련된 지식들은 제한적이며, 전체적인 수업 혹은 학습환경의 설계를 위한 지식은 여전히 별개로 요구된다.

인지주의적 접근의 또 하나의 제한점은 학습 현상을 학습자 내부에서 발생하는 과정으로 파악하는 것이다. 학습자 내부의 학습 과정을 다양한 측면에서 세밀하게 기술하고, 이것을 가능하게 하고 지원할 수 있는 외부의 인지적 자극이 어떻게 되어야 하는가에 초점을 맞추고 있다. 따라서 이 과정에는 학습자가 주변의 학습 환경, 예컨대 누구와 어떤 상호작용을 하면서 학습을 하는가와 같은 측면은 포함되지 않는다. 학습은 인지적 과정만을 포함하지 않는다. 학습은 학습자가 어떤 사회에 속하여 있으며, 어떤 사회 혹은 공동체 구성원과 상호작용을 하는가와 같은 사회적 측면을 또한 포함하고 있다(Vygotsky, 1977). 예컨대, 학습의 실질적 과정으로 탐색되었던 관찰 학습(observation learning)이나 도제 학습(apprentice learning)은 모두 학습자가 영향력 있는 타인과의 상호작용하는 측면을 강조하고 있다. 학습의 이런 사회적 측면은 지난 1990년대 이후 구성주의적 관점의 학습 이론에 의하여 탐색되고 있다.

피아제(J. Piaget)

구성주의 구성주의는 학습에 관한 행동주의적 접근이나 인지주의적 접근이 모두 지식의 객관적 존재라는 객관주의적 인식론적 토대에 기반을 두고 있다는 전제에서 출발한다. 구성주의는 지식의 주관성을 전제로 하는 인식론적 입장인데, 이런 인식론적 입장을 토대로 학습 현상을 바라볼 때 앞의 두 가지 접근과는 전혀 다르게 학습의 과정을 설명하게 된다. 초기 구성주의적 관점은 피아제(Piaget, 1980)의 인식론적 발달론에 기반을 두고 있다. 피아제에 따르면 인간의 지능 혹은 지식은 주변 환경과 상호작용을 거치면서 일종의 발달 단계를 보여준다. 동화와 조절의 두 과정을 번갈아 가면서 학습자의 인지 구조(cognitive structure, schemata)가 평형을 유지하는 것으로 학습 현상을 설명한다. 따라서 여기에서는 학습자의 인지 발달 수준을 고려하여 이에 적합한 형태로 외부 자극을 제공하는 것이 중요하다. 예컨대, 초등학교 저학년의 경우 구체적 조작기(concrete operation) 단계에 있으므로 추상적인 내용을 그대로 설명하여서는 안 되며 매우 구체적인 예를 들어가면서 직접 체험할 수 있는 형태로 자료 혹은 자극을 제시하는 것이 적절하다.

비고츠키(L. Vygotsky)

구성주의에 대한 관심은 비고츠키(Vygotsky)에 의하여 실질적으로 확대되었다. 비고츠키는 피아제와 달리 학습 현상을 학습자가 외부 환경과 인지적으로만 상호작용하는 것으로 제한을 두지 않았다. 대신 학습자가 주변에 있는 사람 혹은 사회, 문화와 상호작용을 하는 사회적 측면을 학습의 핵심으로 파악하였다. 이른바 사회적 구성주의의 이론적 관점을 발전시킨 것이다. 이 이론에서 학습자는 이른바 '근접 발달 영역(zone of proximal development)'이라는 일정한 수준의 인지적 가능성을 가지고 있는데, 외부의 조언을 받아 가면서 근접 발달 영역의 상위 단계까지 진전을 이룰 수가 있다. 따라서 학습의 핵심은 외부의 사회, 문화적 환경이 어떤 조건을 제시하는가와 학습자 자신이 어떤 수준에 이르고 있는가의 두 가지 요인의 상호작용으로 파악된다.

구성주의의 이러한 관점은 매우 추상적인 수준에서 학습을 안내하는 원칙을 제시하는 것에서부터 시작하여 조금 더 구체적인 수준의 교수 전략, 예컨대 스캐폴딩(scaffolding) 전략의 개발, 그리고 매우 포괄적인 학습환경 설계 모형, 예컨대 의과대학을 위한 문제중심학습(Problem Based Learning) 모형의 개발에 이르기까지 교수설계 이론과 모형에 많은 영향을 주었다(박성익, 임철일, 이재경, 최정임, 2010). 특별히 디지털 기술의 발달과 함께 첨단의 기술을 활용하여 학습자 상호 간의 그리고 학습자와 교수자 간의 상호작용이 시공간을 초월하여 가능해진 점과 보다 고차적인 사고 기능, 예컨대, 문제해결능력, 비판적 사고 능력, 논리적 추론 능력 등이 강조되면서 구성주의를 기반으로 하는 구체적인 교육 방법에 대한 관심이 증가하고 있다.

그러나 구성주의적 관점을 기반으로 교육 방법을 안내하려는 입장 또한 여전히 한계점을 보여주고 있다. 예컨대, 학습자의 인지적 발달 수준을 고려하여 적절한 동화와 조절이 가능하게 하는 환경을 제공하라는 피아제의 주장을 학교 교육의 현실에 적용하기 위해서는 또 한 번의 구체화 작업이 필요하다. 수업을 어떻게 설계하고 운영할 것인가와 같은 질문에 대해서는 제대로 답을 하고 있지 못하기 때문이다. 마찬가지로 비고츠키가 말하는 근접발달영역의 아이디어만을 가지고는 수업을 구체화할 수 없으며, 이를 적극적으로 해석하고 이해하여 세밀한 교수 방법들을 도출해 내는 것이 필요하다. 그렇지만 구성주의 관점이 여타의 두 가지 관점에 비하여 발전되었다고 볼 수 있는 것은 구체적인 수준의 독자적인 교수설계 이론과 모형, 예컨대 문제중심학습(Problem Based Learning)이나 목표중심시나리오(Goal Based Scenario)와 같은 발전된 형태의 모형의 제안이 이루어지고 있다는 점이다. 이런 특징은 기존의 학습 이론과 그에 따른 시사점 차원의 제시에서 벗어나서 보다 포괄적이며 구체적인 방법을 제시하고 있다는 점에서 발전적인 형태로 볼 수 있다.

2) 학습이론과 교수설계 이론의 차이

앞에서 학습 이론으로서 행동주의, 인지주의, 그리고 구성주의적 접근의 주요 특징과 이러한 접근들이 교육 방법이나 교수설계에 제시하는 시사점이 무엇인가를 검토하였다. [그림 1-3]은 이러한 접근들이 가질 수 있는 문제를 다소간 과장되게 보여주고 있다. 이 그림은 관찰 학습 이론의 한 가지 측면에만 지나치게 의존할 때 교사가 어떤 행동을 보여주는가를 재미있게 나타내고 있다.

[그림 1-3] 관찰 학습이론을 지나치게 적용한 교사 시도의 문제

위의 미국식 만화는 '관찰학습' 이론(학습은 무엇을 관찰하는가에 따라서 영향을 받는다는 입장)을 교육 현장에 "그대로" 적용하려는 교사의 행동이 때로는 실제적이지 않으며, 다른 문제들을 유발할 수 있다는 것을 재미있게 보여주고 있다. 이 경우는 아마도 학생의 주의가 오히려 산만해져서 학습에 집중하기 어려운 사태가 올 수도 있음을 나타낸다.

교육 실제에서 수업을 계획하고 준비하는 일은 특정의 학습 이론 혹은 하나의 변인을 고려하는 것 이상의 복잡성을 포함하고 있다. 따라서 이러한 복잡한 의사결정 혹은 문제해결을 위한 지식으로 특정 변인을 고려한 실험 연구 결과를 토대로 시사점을 고려하는 것은 제한적인 효과를 가져온다. 주어진 문제 상황에 적합한 최적의 처방적 지식, 즉 교수설계 이론과 모형이 요구되는 것이다. 이하 앞의 논의를 바탕으로 학습 이론과 다르게 교수설계 이론과 모형은 어떤 특징을 지니고 있는가를 간략하게 설명한다.

교수 이론 학습 이론과 구분되는 교수설계 이론에 대한 관심은 개별화 수업, 집단 학습 기법의 수업, 설명식 수업, 탐구식 수업의 구분(변영계, 1999), 강의식 교수법, 탐구 수업의 구분(박성익, 1997a), 강의식, 지시적 교수법, 개별화 교수법, 발문교수법, 시네틱스, 도제, 대화 교수법, 토의식, 회의식 교수법의 구분(이성호, 1999)과 같은 교수이론으로부터 시작하였다(임철일, 이동주, 임정훈, 2010). 초기 교수 이론은 학습 이론으로부터 개별적인 시사점을 찾아서 수업 진행의 원리로 활용하려는 단편성을 극복할 수 있다는 점에서 큰 발전을 이룬 것으로 볼 수 있다. 그렇지만 대체적으로 초기 교수 이론들은 성격상 일반적이어서 기대하는 효과를 위해서는 어떤 요인들이 영향을 주었는가를 확인하기 어려웠다. 예컨대, 토론식 수업을 보여주는 두 가지 모형의 효과 차이가 토론식 수업과 강의식 수업의 효과 차이보다 큰 문제가 여전히 발생한 것이다(Reigeluth, 1987).

교수설계 이론 한편, 이러한 교수 이론의 발전 과정과 병행하여 교수설계이론 성립의 필요성이 제기되기 시작하였다(Gagné, 1970; Merrill, 1983; Reigeluth, 1983). 교수설계이론은 교수 이론의 한 가지 개념적 측면을 보다 명료화하여 발전시킨 용어로 볼 수 있다. 기존의 교수 이론과 전혀 별개의 지적 영역이기보다는 교수 이론에서 다루고 있는 특정의 측면을 구체화하고 정교화한 것으로 볼 수 있다. 교수설계 이론은 교수 이론이 대상으로 삼는 현실이 결국 '최적의 해결안을 요구하는 교육적 문제 상황'이라는 점에 주목하면서 **설계**의 개념을 강조한다.

문제 상황에 대한 지식이라는 점에서 교수설계 이론은 기존 학습이론의 기술적(記述的, descriptive) 특성과는 구분되는 처방적(處方的, prescriptive) 특성을 보여 준다. 이 점은 앞에서 언급한 연계 과학 필요성을 새롭게 강조하는 입장이라고 볼 수 있다. 학습 현상에 대한 최선의 설명이 구체적인 상황에서 벌어지는 수업을 어떻게 진행할 것인가에 대한 답변을 바로 제안하지 못한다면, 별개의 이론이 성립될 필요가 있는 것이다. 특정 상황에 따라서 최적의 적용이 가능한 방법들이 있어야 한다. 이른바 처방적 지식이 필요한 것이다(Reigeluth, 1983).

란다(Landa, 1983)는 기술적 지식과 처방적 지식의 차이점을 설명하면서 기술적 지식의 대표적인 형태인 학습 이론으로부터 바로 처방적 지식이 구축될 수 없음을 보여 주고 있다([그림 1-4] 참조). 그에 의하면 기술적 이론의 명제들은 '만약… 이면, … 이다'라는 논리적 구조를 갖는다. 한편, 처방적 지식은 '… 을 하기 위해서는, … 한 것을 수행하라'라는 구조를 갖는다. 여기서 기술적인 지식을 처방적인 지식으로 전환할 때 주어진 성분을 재구성하는 것만으로는 충분하지가 않다. 예를 들면, '만약에 학생이 어떤 진술을 여러 번 반복하면, 그것을 더 잘 기억하게 된다'라는 기술적 지식은 타당하다. 그러나 이 지식을 처방적 형태로 변환시킨 결과(즉, 어떤 진술을 더 잘 기억하기 위해서는 그것을 여러 번 반복해야 한다)가 최적의 지식 혹은 효과적인 결과를 가져올 수 있다고는 볼 수 없다. 왜냐하면 기억을 잘하기 위해서는 반복 이외에도 다른 효과적인 방법들을 전체적으로 사용하는 것이 보다 적절하기 때문이다.

따라서 처방적 지식을 구성하기 위한 별도의 노력이 필요하다고 볼 수 있다. 처방적 지식은 학습에 관한 이론적 설명뿐만 아니라 수업을 구성하고 있는 일반적 요소나 방법(예를 들면, 도입, 전개, 발전, 정리, 종료 등 수업의 일반적 단계)들도 고려하여야 한다. 처방적 지식의 이러한 특징을 제대로 드러내는 개념적 용어가 바로 설계(design)이다. 설계는 그 의미상 문제해결과 같은 목적을 달성하기

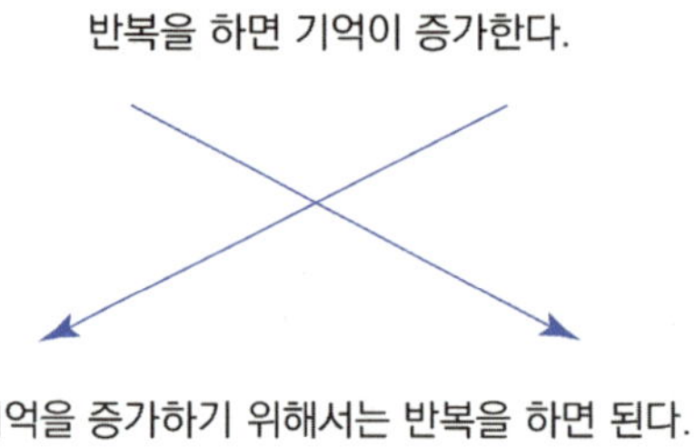

[그림 1-4] 기술적 지식과 처방적 지식의 차이

위의 진술문을 도치할 때 나올 수 있는 아래의 진술문이 적절하다고 볼 수 있는가? 최적의 해결안을 도출하기 위해서는 위의 진술문을 도치한 것 이외에도 여러 가지 효과적인 방법들을 종합한 것이어야 한다. 이 경우 기억술, 의미 있는 이해 등의 방법을 고려할 수 있다.

위한 활동을 말한다. '설계한다'라는 말은 목적을 달성하기 위한 일련의 계획적이고 창의적인 활동을 한다는 것을 의미하는 것이다. 예를 들면, '전원주택을 설계한다'고 할 때 고려하여야 하는 요소가 얼마나 많은지 그리고 그러한 설계 과정에 포함될 창의적 측면들을 생각하여 보면 설계의 특징을 이해할 수 있을 것이다. 주변 환경과의 조화, 실내 구조 및 장식, 상하수도, 독립적 공간 확보, 교육 여건, 그리고 안전성 확보를 위한 고려 등 도시 내에서 일반 주택을 설계하는 것과는 다르게 복잡한 요소들이 추가적으로 고려되어야 한다.

설계의 이러한 의미를 고려할 때 설계 활동을 안내하여 주는 설계 이론의 처방적 특성이 분명해진다. 설계 이론은 문제해결의 사태에서 필요한 지식을 체계적으로 제공하여 주는 지식의 집합체라고 볼 수 있다. 교수 이론이 개념적으로 대상으로 삼은 현실도 이러한 문제해결의 특성을 지니고 있다면, 교수 이론이 교수설계이론의 특성을 지녔다고 할 수 있다. 요컨대, 교수설계 이론은 교수 이론의 처방적 특성을 보다 분명히 드러내기 위하여 설계라는 개념적 용어를 빌려온 것이라고 볼 수 있다.

교수설계 이론의 처방적 성격의 지식이 효과성을 확보하기 위해서 지녀야 하는 또 하나의 특성이 있다. 처방적 지식이 체계적인 성격을 지녀야 한다는 점이다.

수업을 진행하는 상황은 여타의 다른 사회적 현실과 마찬가지로 매우 복잡하고 많은 요소들이 관련되어 있다. 그리고 이러한 요소들은 별개로 움직이기보다는 상호 간에 영향을 주고받고 있다. 예를 들면, 수업의 진행을 위하여 수행하는 '목표의 수립'과 '학습자 분석' 활동은 이후 관련 자료의 선정이나 매체의 활용에 많은 영향을 주게 된다(Dick, Carey, & Carey, 2009). 반대로, 교육 현실에서 사용될 수 있는 자료나 매체의 확보 여부는 거꾸로 목표의 수립 과정이나 학습자에게 기대하는 수준을 결정하기도 한다.

한 시간 단위의 수업을 진행하는 데 있어서도 고려하여야 하는 수업의 방법은 한두 가지가 아니다. 단순히 제시하고 설명하는 방법으로는 효과적이며 상호작용적인 수업이 이루어지지 못한다. 도입 시 어떠한 질문이나 주의 집중 기법을 사용할 것인가, 학습자에게 어떠한 사례를 제시할 것인가, 연습은 누구에게 어떻게 제공할 것인가, 피드백은 어떠한 방식으로 제공할 것인가, 다양한 매체는 어떠한 방식으로 사용할 것인가, 시험이나 평가는 언제 어떻게 실시할 것인가 등 많은 요소들이 서로 영향을 미치면서 효과적인 수업을 구성하게 되는 것이다([그림 1-5] 참조).

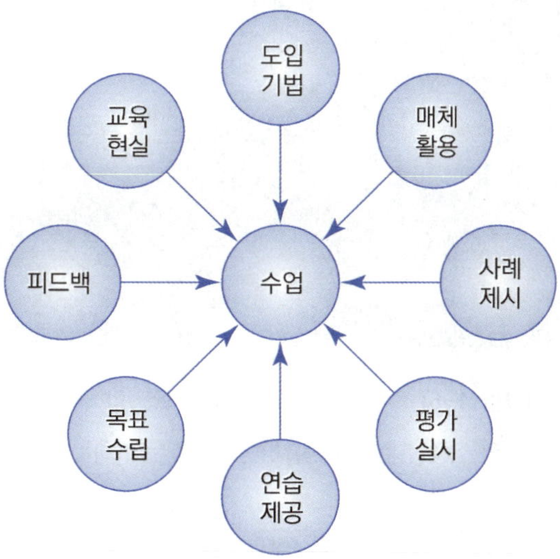

[그림 1-5] 효과적인 수업을 위한 요소들의 연관성

이처럼 효과적인 수업을 구성하는 데 있어서 관련된 요소들이 많이 있고, 그것이 상호의존적이라면, 수업을 구성하는 데 안내를 하여 주는 지식 또한 이러한 종합적이며 상호의존적인 측면을 반영하는 이론이어야 한다. 즉, 체계적인 지식이어야 한다. 실제로 이전의 많은 학습 이론이 수업의 진행 과정에 제시하여 주었던 시사점 혹은 함의점은 그것 자체의 높은 타당성에도 불구하고, 단편적이라는 비판을 받아 왔다. 예를 들면, 행동주의는 변별적 자극과 강화라는 두 가지의 행동 유발 요인을 고려하여 수업을 전개하라는 원칙적인 제안을 하는 데 성공적이었다. 그러나 실제 교과 수업을 전개하는 교사의 입장에서 볼 때 행동주의적 관점에서 제공하는 시사점만을 가지고는 수업을 제대로 준비하거나 진행할 수 없었다. 행동주의적 관점에서 고려하지 않은 요소들(예를 들면, 수업의 초기 도입 시 어떠한 방식으로 진행할 것인가 등)은 교사의 개인적인 경험 등에 기반하여 스스로 구안하여야 하는 것이다([그림 1-6] 참조).

[그림 1-6] 수업에서의 주의집중 요소의 중요성

위의 그림은 수업에서 초기 주의 집중이 얼마나 중요하면서도 힘든가 하는 점을 재미있게 보여 주고 있다.

교수 이론으로 제안된 몇 가지 이론 등도 체계성 측면에서 볼 때 부족한 점을 지니고 있는 것으로 볼 수 있다. 예를 들면, 오수벨의 선행 조직자라는 교수 이론은 초기 도입의 과정에 필요한 원칙들을 처방적으로 제시하여 주었다는 점에서는 성공적이었지만, 이후 수업의 전개 과정에서는 어떠한 방식으로 진행하여야 하는가에 관해서는 별도의 언급을 하고 있지 않다. 즉, 전체 수업 과정을 안내하는 체계적 지식의 제공에 대해서는 관심을 두고 있지 않은 것이다.

요컨대, 교수설계 이론은 교수 이론이 지녀야 하는 **처방성**과 **체계성**의 두 가지 측면을 드러내기 위하여 설계라는 개념을 빌려 온 것이다. 다시 말하면 교수설계 이론은 성격상 처방성과 체계성의 특성을 보여주는 데 관심이 있는 이론이라고 볼 수 있다. 교수설계 이론의 이러한 특성은 교수설계 이론이 왜 교육공학의 학문적 배경에서 논의되고 있는가 하는 이유를 설명한다. 전통적으로 교수 이론은 교수심리학(Instructional Psychology)의 학문적 배경에서 논의되어 왔다. 학습에 관한 심리학적 설명을 토대로 교수 이론을 정립하려는 접근 방법이다. 이 접근은 나름대로의 타당성을 가지고 있지만, 교수 이론의 처방성과 체계성을 제대로 드러내는 데 있어서는 그다지 성공적이지 못하였다. 여전히 교수심리학적 연구 결과들을 현장에 적용하기 위해서는 교사들의 별도의 노력이 요구되었다.

한편, 교수설계 이론은 교육공학(Educational Technology)의 학문적 특성, 요컨대 학습과 관련된 문제를 해결하기 위하여 과학적인 지식을 체계적으로 적용하는 과정을 안내하여 주는 공학적 지식을 탐구하는 영역에 기반을 두고 있다(박성익, 임철일, 이재경, 최정임, 2010). 교육공학적 지식의 한 가지 유형으로서 교수설계 이론을 규정하게 된 것이다. 과학은 일반적으로 사회 및 자연 현상에 대한 체계적 설명을 그 목적으로 한다. 반면에 공학은 인간 및 자연 사태의 문제점에 대한 체계적 해결, 즉 처방을 목적으로 한다. 예컨대, 건축공학은 수학, 물리학 등 다양한 기초 학문을 바탕으로 하면서도, 건축 자체에 관한 방대한 규모의 해결책, 즉 처방을 지니고 있는 학문 분야로 볼 수 있다. 유사한 관점에서 교육공학은 교육의 방법론적 문제에 대한 체계적 해결안, 즉 처방을 이론화한 것으로 볼 수 있다.[9)]

9) 교육공학적 지식에 관한 추가적인 설명은 '박성익, 임철일, 이재경, 최정임(2010). 교육방법의 교육공학적 이해'를 참고하시오.

롸이겔루스(Reigeluth, 1983)에 의하여 본격적으로 교수설계 이론이 교육공학 영역에서 소개된 이후 지금까지 다른 교육학 하위 영역에서보다는 교육공학 영역에서 교수설계에 관한 이론적, 경험적 연구(임철일, 1996; 2000; 임철일 외, 2009; Reigeluth, 1999; Reigeluth & Carr-Chellman, 2009)가 많이 이루어지고 있다.

연습 및 탐구 문제

1. 어떤 중학교 초임 교사가 가르칠 내용을 중심으로 수업을 준비하여 교실에 들어섰다. 준비한 대로 최선을 다하여 진행하였지만, 어느 순간부터 학생들의 주의 집중도 현저히 떨어지고 결국 계획한 만큼 수업의 진도도 제대로 나가지 못하였다. 이와 같은 상황을 교수설계 이론이 제시하는 논점에 비추어서 분석하고 적절한 조언을 교사에게 제시하시오.
2. 교수설계 이론의 필요성을 현재의 교육 현장의 전형적인 문제점을 하나 들고 그에 대한 대응 방식을 고려하면서 논의하시오.
3. 주요 학습 이론의 특징을 설명하고 어떤 점에서 학교 교육 현장에 도움을 줄 수 있는지와 이론적인 한계점을 논의하시오.
4. 설계의 의미를 기술하면서 교육 현장에서의 교수설계가 가지는 의의를 논의하시오.
5. 교육공학에 있어서 교수설계 이론이 담고 있는 의의와 공헌 가능성을 논의하시오.

제2장

교수설계 이론 및 모형의 접근

제2장은 교수설계 이론의 현 상황을 이해하는 차원에서 지금까지의 교수설계 이론 관련 연구 결과들을 학습과제 기반, 디지털 기술 기반, 그리고 학습환경 설계의 세 가지의 주요 접근으로 구분하여 제시한다. 세 가지의 주요 접근 중 본 서에서는 학습과제 기반의 교수설계 이론 및 모형과 디지털 기술 기반의 교수설계 이론 및 모형의 특성과 주요 연구 결과들을 중심으로 소개하고, 학습환경 설계 기반의 교수설계 이론 및 모형은 개괄적인 소개로 제한한다. 이번 장에서는 교수설계 이론 및 모형의 세 가지 접근의 특성을 검토하면서 이 후 본서에서 어떻게 각 모형들이 설명되는가를 제시한다.

1. 교수설계 이론 및 모형 접근의 분류

처방적인 성격의 교수설계 분야의 이론적 정립과 관련하여 지금까지 대체로 세 가지의 접근이 있어 왔다. 첫째, 가네(Gagné, 1970)의 학습 유형 분류의 전통을 발전시켜서 교수설계의 이론 및 모형을 학습과제 유형에 따라서 개발하는 접근이다. 교수설계 이론이 제공하는 지식이 일반적인 형태가 아닌 결국 상이한 조건과 상황에 따른 구체적인 전략이라면, 핵심적인 조건과 상황으로 학습과제의 유형을 고려하는 것이다. 둘째, 멀티미디어와 웹으로 대변되는 정보통신기술을 포함하는 디지털 기술을 활용하는 교수설계의 이론과 모형 접근이다. 1980년대 중반 이후 등장한 개인용 컴퓨터에 이어서 하이퍼미디어의 발전 그리고 지난 1990년대 중반 이후 나타난 웹은 교수설계 이론과 모형에 강력한 영향을 미쳤다(임철일, 1999a). 이후 2020년 전 세계적인 코로나 감염병 영향으로 인하여 디지털 기술을 활용하는 비대면 교육의 도래와 2022년 후반부에 소개된 생성형 인공지능의 교육적 활용은 디지털 기술 기반의 교수설계 이론과 모형이라는 접근을 형성하게 한다(임철일 외, 2025). 마지막으로, 교수설계의 범위를 확장하여서 학습을 가능하게 하는 전반적인 환경의 설계, 즉 학습환경 설계의 접근이다(Hannafin, Land, & Oliver, 1999). 전통적으로 교수설계는 한 명의 개인 교수가 특정 교실 안에서 어떻게 수업을 할 것인가를 안내하는 지식을 다루었다. 그러나 이제는 학습자가 어떠한 학습 조건에서 학습을 효과적으로 주도하는가를 안내하는 총체적인 학습환경의 설계로 넘어가고 있다. 이는 특히 학습에 관한 구성주의적 관점에 의하여 영향을 받은 것으로 볼 수 있다. 구성주의에서는 학습자의 주도성을 강조한다. 교수자의 설명식 교수 행동은 전체 학습 환경의 한 가지 요소에 불과하며, 여타의 다른 환경의 설계가 중요한 위치를 차지한다. 이하 이 세 가지 접근을 간략하게 부연 설명한다.

〈표 2-1〉 교수설계 이론 및 모형의 주요 접근

교수설계이론 및 모형의 세 가지 접근		
학습과제 유형	디지털 기술 기반	학습환경 설계

학습과제 유형 접근 학습과제 유형에 따른 교수설계의 이론 및 모형의 접근은 왜 상이한 교수 전략이 활용되는가에 대한 근본적인 답을 학습의 종류가 다르기 때문이라는 점에서 찾는다. 듀이(Dewey)에 의하여 연계 과학의 필요성이 주창된 이후에도 어떻게 수업을 할 것인가에 대한 답은 그다지 분명하지 않았다. 학습 이론과 지식에 기반하여 시사점이 무엇인가라는 차원에서 여전히 단편적이거나 일반적인 대답이 제시되고 있었다.

당시 교수 이론과 관련된 주요한 연구 접근 중 하나는 학습자의 특성 혹은 적성에 따라서 상이한 교수 전략이 제공될 필요가 있다는 적성처지 상호작용(Aptitude Treatment Interaction: ATI) 관점이었다. 그런데 이 관점에서는 연구에 따라서 상이한 결과가 나타남으로써 일관된 처방을 제시하기 어려웠다(Reigeluth, 1983). 예컨대, 높은 지적 수준의 학습자에게는 항상 토의식 수업이 설명식 수업보다 효과적이라는 주장을 할 수 없었던 것이다. 학습자 수준에 상관없이 특정 방법이 특정 목표에 보다 효과적이라는 주장도 제기된 것이다. 학습자 변인 이외의 다른 변인 혹은 조건과 상황에 따라서 교수 방법이 달라져야 한다는 주장이 설득력을 가지기 시작하였다. 이런 접근에 이론적 토대를 마련한 학자가 바로 가네(Gagné, 1970)이다.

가네의 접근은 학습에 관한 인지주의적 설명, 예컨대 개념 학습(concept learning) 과정이 어떻게 구성되며, 이것이 다른 사실적 정보의 학습과 어떤 차이가 있는가와 같은 연구 결과에 의존하였다. 사실적 정보, 개념, 원리, 절차를 학습할 때 어떤 하위 과정이 포함되는가 하는 점이 밝혀지면서 이를 기반으로 하는 교수 이론이 정립되기 시작한 것이다. 이 접근은 이후 수업 방법이 기억, 활용, 발견과 같은 학습 행동 수준에 따라서 달라진다는 측면으로 발전하였으며(Merrill, 1983), 인지적 측면 이외에 동기나 태도와 같은 정의적 측면을 위한 교수 전략(Kamradt & Kamradt, 1999; Reigeluth & Carr-Chellman, 2009) 혹은 비판적 사고, 창의적 사고, 논리적 추론과 같은 고차적 사고를 위한 교수 전략(임철일 외, 2009; Reigeluth, 1999)으로 계속 발전하고 있다.

이상의 이론적 접근은 이론과 모형에 관한 독특한 관점을 취하고 있는데, 여기서 이론(theory)은 큰 틀을 제시하고 있는 반면에 모형(model)은 이 이론 체계의 하위 영역 혹은 유형에 따른 구체적인 교수 전략을 의미한다(Reigeluth, 1983; Leshin et al., 1992). 예컨대, 학습과제에 따른 교수설계 이론 아래에 개념 적용 학습을 위한 교수설계 모형 혹은 원리 학습을 위한 교수설계 모형이 속하는 것이다. 교수설계 모형은 두 가지 측면을 지니고 있다. 하나는 교수 전략으로 볼 수 있는 일반적인 설계 원리와 상세 설계 원리를 포함한다. 예컨대, 개념 학습을 위한 교수설계 모형의 경우 '전형적 사례를 제시하라'는 일반적인 설계 원리인 반면에 '시각적 자료와 같은 대안적 제시 방법을 활용하라'는 상세 설계 원리에 속한다. 모형의 또 다른 측면은 위의 설계 원리들이 어떤 틀로 구조화되어 있는가를 나타낸다. 개별 설계 원리들이 전체적으로 어떻게 구성되며, 어떻게 상호의존적으로 영향을 주는가를 보여준다. 예컨대, 개념 학습을 위한 교수설계 모형의 틀은 크게 제시(설명), 연습, 피드백의 세 가지 일반적인 설계 원리로 구성된다.

학습과제에 따른 교수설계 이론 및 모형의 접근은 가네에 의하여 제안된 이후 메릴, 롸이겔루스, 스미스와 라간(Smith & Ragan, 1992)에 의하여 발전되어 지금에 이르고 있다. 롸이겔루스는 처방적 교수설계 이론과 모형에 관한 저서를 1983년에 출간한 이후 이 관점을 계속 발전시켜 오고 있으며, 특히 1999년에 출간된 2권에서는 인지, 정의, 태도의 학습 과제 영역에 따른 교수설계 이론과 모형을 정리하였다. 또한 이 분야에서 스미스와 라간(Smith & Ragan, 1992, 1999, 2004)은 가네의 관점을 최대한 반영하여 교수 이론 및 교수 전략을 지속적으로 발전시켜 오고 있다. 국내의 경우에도 가네의 저서가 두 차례나 번역(박성익, 최영수,

1996; 전성연, 김수동, 1998)되는 것을 필두로 하여서 롸이겔루스의 저서 제1권과 제2권 모두 번역(박성익, 임정훈, 1993; 최욱 외, 2005)되었고, 스미스와 라간의 저서 또한 번역(김동식 외, 2003)되는 등 관심이 지속되고 있다.

디지털 기술 기반 접근 교수설계 이론 및 모형의 첫 번째 접근은 교수설계 전략이 어떤 학습과제인가에 따라서 달라진다고 본다면, 또 하나의 접근은 디지털 기술(Digital technology)의 어떤 측면을 어떻게 활용하는가에 따라서 교수설계 전략이 달라진다는 관점을 취한다. 이는 전통적으로 어떤 매체를 활용하는가에 따라서 교수 방법이 달라질 수 있다는 관점의 연장선에 있다고 볼 수 있다. 다만 기존의 시청각 매체가 아니라 2020년 이전에는 정보통신기를 그리고 그 이후부터는 보다 포괄적인 디지털 기술을 활용한다는 점에서 차이가 있다. 그러나 정보통신기술과 디지털 기술의 광범위한 교육적 가능성에 주목할 때 기존의 매체, 예컨대 라디오나 텔레비전 혹은 OHP(Over Head Projector)나 초기 개인용 컴퓨터(Personal Computer)와는 큰 차이가 있다. 예컨대, 2010년대의 스마트폰(smart phone)이나 태블릿 PC(Tablet PC)를 활용하는 각종 이러닝(e-Learning), 엠러닝(m-Learning), 유러닝(u-Learning)(임철일, 2011), 그리고 2020년대 이후 각종 에듀테크와 AI를 포함하는 디지털 기술은 기존의 전통적 매체와는 크게 다르게 교육의 상호작용 측면을 효과적으로 그리고 다양하게 구현하고 있다(임철일 외, 2025).

교수설계 이론 및 모형이 디지털 기술의 활용 측면에 주목하는 데에는 몇 가지 이유가 있다. 무엇보다도 디지털 기술이 교육과 학습이 발생하는 시간과 장소를 제한하지 않은 속성을 지니고 있음을 고려한다. 전통적인 교육은 특정의 공간에서 교수자와 학습자가 같이 있는 형식으로 이루어졌다. 학교교육은 교실 혹은 강의실에서 일정한 시간표에 따라서 운영된다. 이 점은 교육의 직접적 성격, 즉 교수자와 학습자가 실제로 만나서 이루어지는 점을 잘 보여주지만, 학습자의 다양한 요구 등을 반영하기에는 한계가 있다. 학습자의 형편에 따라서 상이한 공간과 시간 혹은 이러한 제한이 없이 교육과 학습이 이루어지는 것에 대한 요구가 계속 있어 왔다. 우편 통신, 라디오와 방송 매체를 통한 원격교육은 이런 측면을 잘 드러내고 있다(임철일 외, 2022). 시간과 공간의 제한을 실질적으로 받지 않은 교육과 학습은 1990년대 중반 이후 인터넷을 활용하는 웹 및 관련 정보통신기술의 발달과 함께 모색되었다. 이러닝, 엠러닝, 유러닝 등은 이런 정보통신기술 기반의 교육 및 학습 지원 형태를 의미한다. 2020년대 이후는 다양한 에듀테크와 인공지능 기술 기반의 교수설계 이론과 모형이 탐색되고 있다. 교수설계 이론의 구분되는 한 가지 접근은 바로 시공간을 초월한 교육 및 학습 환경을 제공할 수 있는 디지털 기술의 활용을 기반으로 한다.

[그림 2-1] 태블릿 PC의 교육적 활용 사례

태블릿을 활용하여 TED(http://www.ted.com/) 앱에 접속하여 필요한 강연 자료를 선택적으로 다운받아 볼 수 있다.

교수설계 이론을 위한 한 가지 접근이 디지털 기술의 활용에 관심을 두는 또 하나의 이유는 교육 내용을 언어적 제시 수준을 벗어나서 시각 및 애니메이션을 포함한 멀티미디어를 활용하여 효과적으로 표현, 전달할 수 있기 때문이다. 1990년대 중반에 이르기까지 교수설계 이론과 모형이 주목한 것은 주로 교실 내에서 교사의 수업 행위이었다. 컴퓨터와 같은 매체를 활용하는 것은 매우 제한적이었고 또한 효과에 대해서도 회의적이었다. 그러나 멀티미디어 기반의 하이퍼미디어(hypermedia), 인터넷을 활용하는 웹, 애니메이션을 위한 플래시(Flash)와 소프트웨어의 개발은 컴퓨터와 네트워크를 활용하여 의미 있는 학습에 도움을 주는 각종 시각 및 멀티미디어 자료 제시에 획기적인 변화를 가져왔다. 예컨대, 2010년대 국내 초등학교의 수업 상황에서 한국교육학술정보원의 에듀넷(edunet)이나 아이스크림(i-Scream)과 같은 상업용 사이트에서 개발한 다양한 형태의 멀티미디어 자료를 활용하지 않은 경우는 거의 없었다. 언어적 자료 이외에 멀티미디어 자료를 교육에서 효과적으로 활용하는 것에 대한 요구는 이제 일상적인 것이 되었다. 초등학교를 벗어나서 중등학교, 대학 및 평생교육 장면에서 활용되고 있는 많은 멀티미디어 자료를 고려할 때 이와 관련된 교수설계 이론 및 모형에 대한 관심은 자연스러운 것이라고 볼 수 있다.

교수설계 이론과 모형이 디지털 기술에 관심을 가진 또 하나의 보다 강력한 이유는 이러한 기술이 인간의 고차적 사고 기능을 촉진할 수 있는 가능성을 지니고 있다는 데에 있다. 이런 관점은 누구보다도 컴퓨터의 가능성을 더 이상 교육 내용의 전달로만 제한을 두지 않고 고차적 사고를 위한 '인지적 도구(cognitive tool)'로 파악한 조나센(Jonassen, 1996)에 의하여 촉발되었다. 그에 의하면 학습의 핵심적 특징은 인간 학습자의 적극적인 지식의 구성 과정에 있다. 외부의 지식이 그대로 학습자의 머릿속으로 전달될 것이라는 전제는 잘못된 것이다. 학습자는 학습 과정에서 자신 나름대로 지식을 구성한다. 따라서 컴퓨터와 같은 디지털 기술은 학습자의 이러한 적극적 지식 구성 과정을 지원하고 촉진할 수 있는 기능을 할 때 그 의미가 적절하게 구현된다. 더욱이 단순한 지식이 아니라 창의적 사고, 비판적 사고, 문제해결력, 논리적 추론과 같은 고차적 사고를 기반으로 하는 지식의 중요성이 강조되는 시점에서 학습자의 주도적인 지식의 구성 과정을 촉진하는 기술의 활용이 주목을 받는다. 예컨대, 학습자의 다양한 지식의 표상을 도와주고 재구조화를 용이하게 하는 마인드맵(Mindmap)과 같은 소프트웨어, 온라인 토론 과정을 정교하게 안내하는 벨베데르(Belvédère) 네트워크 시스템(Suther, 2003), 창의적 문제해결을 위한 브레인스토밍과 같은 발산적 사고를 지원하여 주는 도구(임철일 외, 2009)는 모두 이러한 디지털 기술 자체 혹은 응용의 결과이다([그림 2-2] 참조). 최근의 많은 교수설계 이론과 모형들은 바로 디지털 기술의 이러한 특성을 활용하려고 한다.

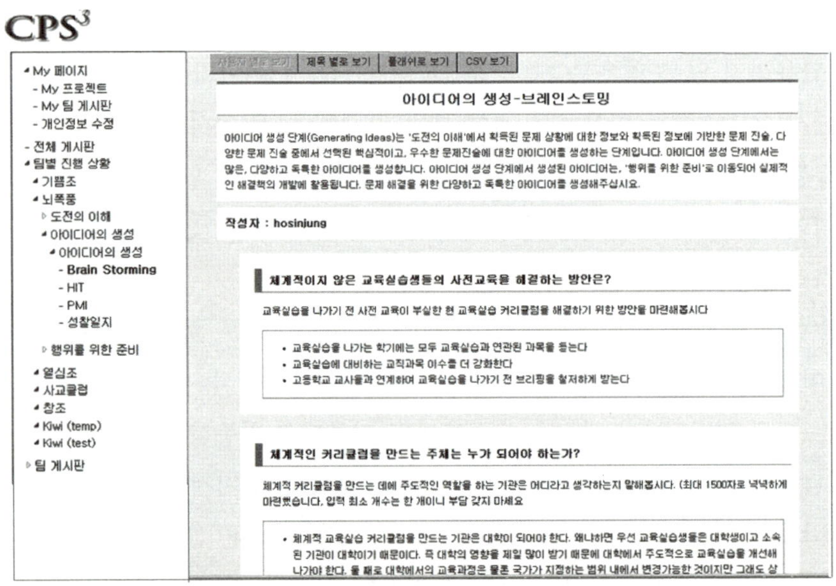

[그림 2-2] 인지적 도구로서의 컴퓨터 활용 사례

온라인 웹기반 학습환경에서 발산적 사고를 지원할 수 있는 사례를 보여주고 있다(임철일 외, 2009).

요컨대, 디지털 기술 기반의 교수설계 이론 및 모형은 디지털 기술의 이상의 특징을 고려하여 교육과 학습 장면에서 디지털 기술을 어떻게 활용할 것인가에 초점을 맞추는 특성을 보여주고 있다. 따라서 이 이론과 모형은 반드시 인간 교사를 요구하지 않으며, 교육 및 학습의 촉진자로서 교사의 역할을 재규정하면서 동시에 다양한 형태의 컴퓨터 및 네트워크 시스템에 구현되는 교수설계 전략의 개발에 관심을 갖는다.

학습환경 설계 접근 교수설계 이론 및 모형의 세 번째 접근은 학습환경 설계 접근이다. 이 접근은 기본적으로 구성주의적 인식론과 그에 입각한 학습 이론에 크게 영향을 받아 발전하고 있다. 전통적인 교수설계 이론과 모형들은 행동주의나 인지주의와 같은 객관주의적 인식론에 바탕을 둔 학습이론을 기초로 하고 있다. 따라서 이 이론과 모형들은 직접 교수(direct instruction)의 틀에서 크게 벗어나 있지 않기에 교수 혹은 수업을 여전히 중요한 대상으로 삼는다. 그에 비하여 구성주의적 관점의 교수설계 이론과 모형으로 대두되기 시작한 접근은 학습자의 주도적이며 적극적인 지식의 구성 과정을 총체적으로 지원하여 줄 수 있는 학습환경에 관심을 갖는다(Hannafin et al., 1999; Savery, 2009). 예컨대, 구성주의적 교수설계 모형으로 널리 알려져 있는 문제중심학습(Problem-Based Learning) 모형은 교수자의 수업 혹은 강의에 대한 지침보다는 학습자가 어떻게 학습을 이끌어 가는가를 안내하는 지침, 단계, 절차가 있다(강인애, 1997; 박성익 외, 2010; Barrows, 1984, 1995; Duffy & Cunningham, 1995; Reigeluth & Carr-Chellman, 2009). 또한 기업의 맥락에서 문제해결 학습 경험을 안내하는 문제해결시나리오(Problem Solving Scenario)의 경우에는 학습자가 학습 활동을 할 때의 교실 환경 및 관련된 자료의 설계 그리고 학습 촉진자의 역할 등을 포함한 학습환경의 설계를 다루고 있다(임철일, 1998b).

학습환경 설계 접근은 구성주의적 관점의 적용에 관심을 가지면서 다음과 같은 세 가지의 특징을 지니고 있다. 하나는 학습환경 설계 접근의 학습 목표가 주로 고차적 사고와 관련되었다는 점이다. 이는 구성주의적 관점 적용이 가지는 자연스러운 특징이라고 볼 수 있다. 구성주의적 인식론이 주로 관심을 갖는 것은 인간의 적극적인 지식 구성 과정과 결과이며, 이는 단순한 사실의 기억 혹은 간단한 개념보다는 복잡한 현상에 대한 다면적인 이해와 문제해결 방안의 도출 등에 관심을 갖는다. 따라서 학습환경 설계 접근에 따른 교수설계 이론과 모형이 관심을 갖는 학습 목표는 주로 비판적 사고, 창의적 사고, 문제해결, 논리적 추론과 같은 고차적 사고이다(임철일 외, 2009; Jonassen, 1999).

둘째, 학습환경 설계 접근은 설계의 대상을 교수자의 설명 행위를 포함하여 보다 광범위한 영역으로 확대하고 있다는 점이다. 학습환경 설계 접근은 문제중심 학습 모형 등에서 알 수 있듯이, 학습자의 적극적 참여를 유도할 수 있는 문제의 개발, 문제를 해결하여 가는 과정에서 참고할 수 있는 자료 및 자원의 개발, 문제해결 활동을 안내하는 단계 및 지침의 개발, 그리고 이 과정을 전체적으로 조정하는 교수자, 촉진자, 조교의 역할 등을 설계한다. 이처럼 설계의 대상은 교수자가 어떻게 수업을 진행하는가 이상의 광범위한 영역, 즉 학습환경을 설계의 대상으로 삼는다.

마지막으로, 학습환경 설계 접근에서는 대체로 디지털 기술의 활용을 설계의 한 가지 요소로 설정한다. 디지털 기술이 지니고 있는 여러 특성 중에서 특별히 학습자의 지식 구성 과정을 다양한 형태로 지원하거나, 학습자 간의 토론과 같은 지식 구성 과정을 촉진하는 기능은 학습환경 설계에서 매우 중요한 위치를 차지하고 있다. 예컨대, 구조화된 토론을 가능하게 하는 벨베데르와 같은 것이나 (Suther, 2003), 창의적 문제해결 활동을 위한 수렴적 사고와 확산적 사고를 온라인상에서 효과적으로 경험하게 하여 주는 환경(이상수, 이유나, 2007; 임철일 외, 2009) 등이 여기에 속한다. 첨단의 디지털 기술을 바탕으로 하는 각종의 소프트웨어들이 개발되고 있는 상황에서 이런 경향은 지속되리라 보인다.

지금까지 교수설계 이론 및 모형에 관한 세 가지 주요 접근을 간략하게 살펴보았다. 이하 앞의 두 가지 접근 즉 학습과제 기반의 교수설계 이론과 모형 그리고 디지털 기술 기반의 교수설계 이론과 모형의 특징을 부연 설명하면서 본서에서 어떻게 다루어지는가를 설명한다. 세 번째 학습환경 설계 접근은 본서 마지막 장의 동향과 향후 전망에서 개괄적으로 소개한다.

2. 학습과제 기반 교수설계 이론 및 모형

1) 학습과제 기반 교수설계 이론 및 모형의 의의

교수설계 이론의 체계적인 정립을 시도한 롸이겔루스(Reigeluth, 1983, 1999)에 의하면 최적의 교수설계 이론에 관한 논의는 제시된 상황 혹은 조건에 대한 분석을 통하여 가장 효과적이며, 효율적이며, 매력적인 교수 처방을 개발한다는 전제에 기반한다. 교수 처방의 결정에 영향을 미치는 상황 혹은 조건에는 크게 네 가지가 포함된다. 첫째, 학습자의 유형이다. 둘째, 학습과제의 종류이다. 셋째, 학습환경의 제한 조건이다. 넷째, 개발 환경의 제한 조건이다.

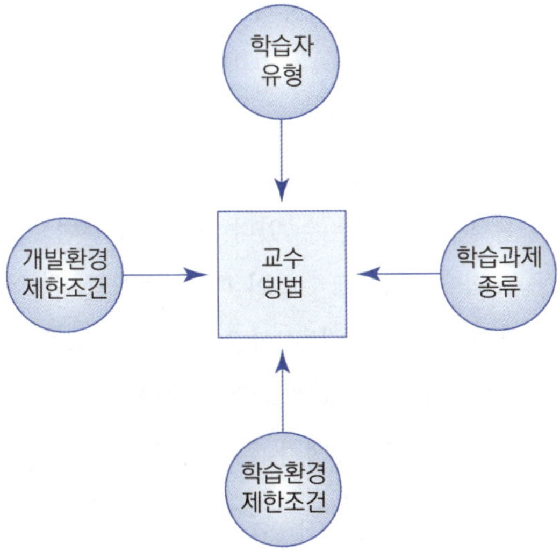

[그림 2-3] 교수처방의 조건

수업의 방법을 결정하는 데 영향을 미치는 네 가지 주요 조건을 구체적으로 살펴보면 다음과 같다. 첫째, 학습자의 유형은 학습자가 어떠한 지적 수준, 학습 스타일, 선행 학습 수준을 가지고 있느냐를 포함한다. 각 영역의 수준 혹은 범주에 따라서 상이한 교수 처방을 제시할 필요가 있음을 지적하고 있다. 적응처치 상호작용 이론(Snow, 1977), 개별화 수업, 적응적 수업이론, 하이퍼미디어 학습 환경론 등을 통하여 연구가 진행되어 왔다.

둘째, 학습과제의 종류는 학습과제의 상이한 성격이 교수 처방을 다르게 한다는 점에 주목한다(임철일, 1994; Merril, 1983; Reigeluth, 1983; Leshin, Pollock, & Reigeluth, 1992). 예컨대, 개념의 적용을 가르치는가, 사실의 기억을 가르치는가 혹은 원리의 적용을 가르치는가에 따라서 교수 방법이 달라져야 한다는 것이다(Gagné, 1970). 특히 인지주의적 학습이론의 영향으로 다양하고 복잡한 학습 현상의 측면들이 밝혀지면서, 학습과제의 종류에 따른 교수 처방의 논의가 더욱 발전되어 왔다. 학습과제를 내용 수준과 행동 수준의 상이한 결합에 따라서 유형화하는 관점이 여기에 속한다. 학습 대상의 성격이 내용과 행동 수준 면에 있어서 분명히 차이가 있다면, 그것을 교수하는 처방도 다르게 제시되어야 한다는 점이 이론적으로나 실제적으로 타당한 것으로 논의되기 시작한 것이다.

학습과제 유형별 교수 처방의 논의는 교과영역별(subject-matter) 교수 방법이 존재한다는 전통적인 논점을 보완할 수 있다. 국어 교수법, 영어 교수법, 물리 교수법, 경제 교수법 등 교과에 따른 교수법이 따로 존재할 수 있다. 그러나 각 교과별 교수법의 근저를 파악할 경우, 일반 학습 이론 및 교수 이론에 대한 언급이 있으며, 그러한 이론들을 어떻게 특정의 교과에 적용할 것인가에 관한 논의는 여전히 필요하다. 또한 교과의 구분 자체가 임의적인 상황에서 특정 교과의 구분에 따른 교수 처방의 탐색이 임의적이 될 수도 있다. 예컨대, 통합 교과로서 과학 교과 교수법이 존재한다고 할 때, 전통적인 의미에서 생물 교수법과 물리 교수법의 구분은 약해진다.

셋째, 학습환경의 제한 조건은 학습이 일어날 때 주어진 조건으로서, 예컨대 학생의 수, 학습 시간, 교실의 배치, 교수기자재의 확보, 활용 공간의 확보 등이 교수 처방에 영향을 미친다. 마지막으로, 개발 환경의 제한 조건은 개발 비용, 가용 시

간, 참여 인원, 지원 상황 등에 의하여 교수 방법이 제한받는 경우를 말한다.

위의 네 가지 조건 중에서 학습과제의 유형에 따라서 최적의 교수 처방을 제공한다는 관점은 다음과 같은 이론적, 실제적 이유를 고려할 때 보다 타당하고 의미가 있다. 첫째, 학습자 특성 변인에 따른 상이한 교수 처방의 제시가 효과적이라는 주장에 의문이 제기되고 있다. 교수 처방을 결정하는 데 영향을 미치는 두 가지의 변인이 있다. 하나는 학습자의 특성 변인이며, 다른 하나는 내용 혹은 보다 발전된 개념으로 학습과제의 유형 변인이다. 여기에서 학습자의 특성 변인은 그것의 중요성에도 불구하고, 어떤 변인에 따라서 상이한 처방들이 제공되어야 하는가에 관한 일치된 결론들이 도출되지 못하고 있다. 예컨대, 강의식 교수법이 성적이 낮은 학생들에게 보다 효과적인 반면, 토의식 교수법은 성적인 높은 학생들에게 보다 효과적이라는 주장의 타당성이 의문시되고 있다. 오히려 학습자의 특성과는 상관없이 강의식 교수법 혹은 토의식 교수법 자체의 다양성에 따라서 상이한 학습 효과가 나타난다는 주장이 설득력이 있다. 한편, 학습자의 일반적인 지적 수준과 경험 그리고 어떠한 학습환경에 속하여 있는가 하는 점은 학습과제 유형별 교수설계 이론을 구안하는 데 부가적으로 혹은 이차적으로 고려될 수 있다. 즉, 중등학교의 청소년 시기인가, 일반 대학생 시기인가에 따라서, 아니면 일반 학교에 속하여 있는 학생인가, 기업 등의 조직에 속하여 있는 성인인가에 따라서 학습과제 유형별 교수설계의 방법은 달라질 수 있다는 입장을 취한다.

둘째, 학습과제 유형별 교수 처방을 정립하려는 입장은 많은 발전을 보이고 있는 학습 이론에 바탕을 두고 있다는 점에서 보다 타당하다. 처방적 교수설계 이론의 기초는 물론 학습 이론이다. 학습 현상에 관한 인지이론적 관점 또는 구성주의적 관점은 그동안에 우리가 간과하였던 학습의 새로운 측면들을 보여 주고 있으며, 이것에 기반한 교수 처방이 보다 의미 있는 학습을 가져오고 있다는 연구가 계속하여 이루어지고 있다. 학습자가 다양한 학습 과제를 어떻게 수행하는지에 관한 연구를 기반으로 하였을 때 교수 처방 이론은 보다 체계적이며 실제적일 수 있다. 예컨대, 문제해결 등 고차적 사고 기능에 관한 인지이론적 관점(Schank,

1992)에 기반한 Goal-Based Scenario(이재경, 1996) 혹은 Problem-Solving Scenario (임철일, 1997), 상황 학습(최정임, 1996) 등의 구성주의적 교수설계 모형이 여기에 속한다.

마지막으로, 학습과제 유형별 교수설계 이론의 성립은 자연스럽게 보다 큰 차원의 교수설계 이론을 정립하는 데 한 가지 유용한 틀을 제공하게 된다. 학습과제 유형에 따른 교수 처방의 전개는 각 유형별로 공통의 처방과 상이한 처방을 포함하게 된다. 결국, 체계적이며 종합적인 특성을 지닌 처방적 교수설계 이론의 정립 필요성에 부합한다.

2) 학습과제 기반 교수설계 이론과 모형의 발전

학습과제의 유형 구분에 따른 교수 방법의 차이에 관한 논의는 가네(Gagné, 1970)에 의하여 본격적으로 제기되었다. 가네에 의하면 인간의 학습 능력의 결과

〈표 2-2〉 가네의 인간 학습 능력 유형

학습 능력의 유형	의 미	사 례
언어적 정보	사실, 이름과 같은 저장된 정보를 인출하는 능력	산성의 특성을 진술하기 태양계의 혹성을 나열하기
지적 기능	환경을 개념화하는 정신적 조작 능력	어떠한 사례를 산성의 예로 구분하기 이차방정식 문제를 해결하기 수업지도안을 설계하기
인지 전략	학습자의 사고와 학습 과정을 조정하는 능력	사실의 기억 전략을 개발하기 정보를 분류하는 전략을 개발하기
태도	대상에 대한 긍정적 혹은 부정적 입장의 선택	복도에서는 큰소리를 지르지 않기 외화 대신 방화 혹은 연극을 보러 가기
운동 기능	신체적 동작을 수행하기 위한 능력	피아노 연주를 하기 피겨 스케이팅을 하기

는 크게 다섯 가지 형태로 나타난다. 언어적 정보, 지적 기능, 인지 전략, 태도, 운동 기능이 그것이다. 이러한 각각의 능력은 서로 다른 과정을 통하여 학습이 되며, 따라서 교수 방법도 상이하게 처방되어야 한다는 것이 가네의 기본적 전제이다.

교수 방법의 처방과 관련하여 우리들의 관심을 끄는 부분은 가네가 위의 다섯 가지 인간 능력 중에서 특히 지적 기능[1)] 부분을 이론적으로나 실제적으로 강조한 점이다. 지적 기능은 학교 교육에서 중요하게 다루는 인간의 능력으로서, 세부적으로는 개념, 원리, 절차 등의 획득에 이어서 그것의 활용 능력을 의미한다. 가네의 학습 능력 결과의 다섯 가지 유형은 학습의 내적 조건(선수 학습 달성 여부 혹은 학습 동기 수준) 및 외적 조건(수업의 9가지 사태와 같은 교수 방법)의 이론과 연결되며 발전되었다. 여기서 가네는 학습 능력의 유형(예를 들면, 언어적 정보인가 지적 기능인가)에 따라서 학습의 내적 조건이 달라지면, 교수 방법도 달라야 한다는 입장을 발전시킨다.

그러나 가네의 아이디어는 학습의 유형을 내용과 수행의 이차원적 분석의 틀을 엄격하게 적용하지 않았다는 몇몇 교수설계 이론가의 지적에 따라서 새로운 논의로 발전된다. 즉 내용 수준과 행동 수준의 결합에 따른 보다 분명한 학습과제가 나타나게 되며, 각각에 따른 교수방법의 처방이 가능하다는 것이다. 메릴(Merrill, 1983)에 의하면 학습 결과의 범주들은 수행 - 내용의 이차원적 매트릭스에 의해서 세분화된다.

1) 기능은 영어의 skills에 해당하는 번역어이다. 우리말에서 기능은 기술적인 의미로 사용되어 왔다. 예컨대, '선반 가공 기능', '도면 설계 기능을 소지한 기능사의 육성' 등에서 사용되고 왔다. 한편, 영어의 skills는 기술적 의미뿐 아니라 지적 측면에서도 쓰인다. skills의 사용은 지적 능력으로서 지식(knowledge) 혹은 이해(understanding)와 구분하려는 의도에서 비롯되었다. 즉, 선언적인 진술에서 벗어나 새로운 사태에 적용할 수 있는 능력을 의미하는 것으로써 skills가 사용된다. 예컨대, Gagné의 지적 기능(intellectual skills), Reigeluth의 기능의 적용(skills application) 등이 여기에 속한다. 고차적 사고 기능도 동일한 맥락에서 이해될 수 있다. 즉, 연역적 사고, 귀납적 사고, 문제해결 사고, 초인지 사고 등도 결국은 새로운 상황이 발생하였을 때 활용될 수 있는 지적 능력을 의미하는 것이다.

〈표 2-3〉 메릴의 수행-내용 매트릭스

수행의 수준				
발견	X	O	O	O
활용	X	O	O	O
기억	O	O	O	O
	사실	개념	절차	원리
	내용의 유형			

수행 수준은 기억하기, 활용하기, 발견하기의 세 차원으로 구성되고, 내용 유형은 사실, 개념, 절차, 원리의 네 차원으로 구성되어 있다(〈표 2-3〉 참조). 각 내용은 학습자의 수행 수준에 따라서 기억, 활용, 발견의 세 수준에 걸쳐서 획득된다. 결국, 내용 유형과 수행 수준의 조합에 의하여 12개의 범주가 제시될 수 있다. 그러나 사실에 대한 활용과 발견은 존재할 수 없으므로 결국 10가지의 학습 종류가 있게 된다.

한편, 롸이겔루스는 메릴의 분류를 단순화하여 현실적으로 발생하는 학습과제를 선정하였다. 롸이겔루스(Leshin et al., 1992)에 의하면 주요한 학습과제의 유형은 크게 정보의 기억, 관계의 이해, 기능의 적용, 고차적 사고 기능과 같은 네 가지로 나누어진다. 이 중에서 '기능의 적용'은 다시 개념에 의한 사례의 분류(concept classification), 원리의 활용(principle using), 절차의 활용(procedure using)으로 구분된다. '고차적 사고 기능(higher-level thinking)'은 학습전략, 초인지 과정, 문제해결기능 등을 말한다. 다음의 표는 앞에서 제시된 학습과제 유형을 종합하여 보여 주고 있다.

〈표 2-4〉 롸이겔루스의 학습 과제 유형 분류(Reigeluth(1999)의 표를 수정)

Gagné	Merrill	Reigeluth
언어적 정보	사실적 기억	정보의 기억
	변환적 기억	관계의 이해
지적 기능	일반성의 활용	기능의 적용
인지적 전략	일반성의 발견	일반적 기능의 적용

롸이겔루스가 제시한 주요 학습과제는 내용과 행동의 결합체의 성격을 지니고 있다. 내용(학습되는 대상)은 지식의 유형에 따라서 개념, 원리, 절차로 크게 분류된다.[2)] 개념은 사물(things)에 관한 지식을 나타내는 반면에 원리와 절차는 변화(change)에 관한 지식을 나타낸다. 개념은 식물, 동물, 포유류처럼 유사한 특성을 지니고 있는 사물들의 집합이다. 또한 개념은 축구, 데이터베이스, 정의, 비교, 분수(分數)처럼 사태(events), 아이디어, 상징들의 집합이기도 하다. 한 가지 개념에 속하는 특수한 경우(particulars)는 다른 개념으로 분류될 수도 있다. 예컨대, 동물들은 종속 분류체계에 의하여 구분(파충류, 양서류, 포유류 등)될 수도 있으며, 서식지역 분류체계에 의하여 구분(온대지역 동물, 한대지역 동물, 열대지역 동물, 아열대 지역 동물 등)될 수도 있으며, 식성 분류체계에 의하여 구분(육식성, 초식성, 잡식성 등)될 수도 있다. 따라서 개념은 사물, 사태, 상징들을 사람들이 의미 있는 방식으로 구분하는 데 활용하기 위하여 구성한 것으로 볼 수 있다.

개념은 일상적인 경우에 원리를 지칭하기도 한다. 예컨대, 사람들이 과학의 개념들을 언급할 때, 실제로 다루고 있는 것은 원리들이다. 원리는 두 가지 이상의 변화의 관계에 관한 것으로, 일반적으로 두 가지 유형(인과적 원리와 자연적 과정)이 있다. 인과적 원리는 하나의 변화가 다른 하나의 변화를 초래하는 것을 말한다. 예컨대, 속도의 증가가 힘의 증가를 야기하는 것이 여기에 속한다. 보다 복잡한 인과적 원리는 다수의 원인과 결과를 포함하고 있다. 자연적 과정은 일련의

2) 이하 내용에 대한 자세한 설명은 본서 제3-7장에서 다룬다.

변화가 자연 상태에서 발생하는 순서를 나타낸다. 예컨대, 개구리 일생의 경우, 알, 올챙이, 개구리로의 변화가 여기에 속한다.

대체로 개념들은 인간에 의하여 개발되는 반면에, 원리는 발견되는 특성을 보여 주고 있다. 특히 자연적 원리(예컨대, 중력의 법칙)가 여기에 속한다. 한편, 사회적 원리는 자연적 원리와는 달리 개념의 연장선에서 파악되기도 한다. 사회 현상에 대한 설명(예컨대, 왜 특정 시대에 여자는 집안일을 하고 남자는 집 밖에서 직업을 가지고 일을 하는가?)은 몇몇 개념(예컨대, 앞의 경우 사회화, 산업 사회, 분업, 역할 구분, 남성, 여성의 생리적 특징)들의 복합체로 설명되기도 하는 것이다.

절차는 자연적 과정과 같이 일련의 변화를 나타내지만, 목적 지향적이며 의도적이라는 점에서 과정과는 다르다. 즉 목적 달성을 위하여 의도적으로 수행되는 일련의 단계를 의미한다. 예를 들면, 이차방정식 문제를 해결하는 단계가 여기에 속한다. 절차도 개념과 마찬가지로 구성되는 특징을 가지고 있으나, 대체로 원리로부터 도출된다. 일반적으로 절차는 절차의 단계가 왜 적절한지를 설명하는 한 가지 이상의 원리를 포함하고 있다.

앞에서 언급한 내용으로서 개념, 원리, 그리고 절차를 학습하는 데 몇 가지 행동 수준이 있을 수 있다. 첫 번째 수준은 기억하는 것이다. 개념, 원리, 절차의 의미를 그대로 말하는 수준을 의미한다. 때때로 의미의 이해 없이 단순히 암기하는 경우도 여기에 포함된다. 두 번째 수준은 이해하는 것이다. 이해하는 상태는 자신의 말로 표현하거나 자신이 알고 있는 다른 것과 연관시킬 수 있는 것을 말한다. 마지막으로 세 번째 수준은 이전에 맞닥뜨리지 못한 사태에 적용하는 것이다. 이것을 기능의 적용(skills application)이라고 한다. 이러한 구분을 종합적으로 할 경우, 내용 유형과 행동 수준에 따른 대표적 학습과제로는 정보의 기억, 기능의 적용, 관계의 이해, 그리고 고차적 사고기능이 있다.

학습과제 유형의 구분에 관한 제안은 체계적인 교수 전략(instructional strategies)과 교수 방식(instructional tactics)들을 종합하게 됨으로써 처방적 교수설계 이론을 완성하게 된다. 제1장에서 교수설계 이론의 본질적 특성으로 체계성 및 처방성에 대하여 논의하였다. 이러한 체계성 및 처방성의 특징을 대표적으로 보여주고 있는 것으로 가네의 수업의 사태(events of instruction)[3]를 들 수 있다(〈표 2-5〉 참조). 수업의 사태는 일차적으로 정보처리이론에 바탕을 두고 제안되었다. 즉 전통적인 행동주의적 접근에서 벗어나서 당시 새로운 분야로 탐색되기 시작한 학습 과정에 관한 정보처리이론의 설명에 기반하고 있다. 동시에 단위 수업의 시작에서부터 종료 시점에 반드시 포함되어야 할 요소들을 계열적으로 제시함으로써 체계성과 처방성의 측면을 보여주고 있다.

〈표 2-5〉 학습과정과 수업의 사태

학습 과정(정보처리과정)	수업의 사태
1. 학습자가 자극을 수용할 수 있도록 민감화	1단계: 주의력을 환기하기
2. 학습결과에 대한 기대감 형성	2단계: 학습목표를 알려주기
3. 장기기억 항목들을 활동 기억 상태로 회복	3단계: 선수학습요소의 상기
4. 학습하게 되는 자극들의 선택적 지각	4단계: 변별적 자극을 제시하기
5. 장기저장 및 회상을 쉽게 할 수 있도록 제시된 자료를 의미 있게 부호화	5단계: 학습 안내를 제공하기
6. 학습 결과를 나타내기 위한 행동적 반응	6단계: 행동을 유도하기
7. 학습 결과에 대한 확신감을 주기 위한 강화	7단계: 피드백 제공하기
8. 재생 시에 사용될 단서 제공	8단계: 성취수준을 사정하기
9. 새로운 상황에 행동을 일반화하기	9단계: 파지 및 전이를 높이기

3) 수업의 사태에서 사태(event)는 두 가지의 의미를 드러내기 위하여 사용된 것으로 볼 수 있다. 하나는 무엇인가 발생한다는 점을 드러내고 있다. 수업 활동에는 시간의 흐름에 따라서 무엇인가 새로운 것이 발생하게 된다. 예컨대, 교사의 설명, 학생의 참여 등은 구분이 되는 새로운 활동(activities)들이며 이는 시간의 흐름에 따라서 다른 방식으로 드러난다. 다른 하나는 단계(steps)를 포함하고 있다. 즉, 새롭게 발생하는 활동들이 일련의 흐름을 가지고 단계별로 나타난다는 점을 보여 주는 것이다. 예컨대 훌륭한 수업이 모종의 순서 혹은 단계에 따라서 진행된다고 할 때, 그것은 사태의 특성을 지니고 있다. 따라서 수업의 사태라는 용어는 수업 상황이 가지고 있는 '활동'과 '단계'의 의미를 내포하고 있다.

수업의 사태에 제시되어 있는 총 아홉 가지의 활동들은 교사의 현실적 교육 활동을 보다 이론화하고 체계화한 것으로 볼 수 있다. 예컨대, 학교교육에서 준비되고 있는 교수학습지도안의 구성과 거의 일치하고 있는 것이다. 문제는 전체적인 주요 수업 사태의 확인을 벗어나서, 예컨대 4단계 '변별적 자극을 제시하기'나 5단계 '학습안내를 제공하기' 등을 구체적으로 안내할 수 있는 처방이 충분하지 않다는 것이다.

이러한 문제점을 극복할 수 있는 한 가지 접근으로 롸이겔루스(Leshin et al., 1992; Reigeluth, 1991)의 교수 전략을 들 수 있다. 롸이겔루스는 교수설계이론의 처방성과 체계성을 보여주려고 노력한다. 그에 의하면 교수설계 이론은 학습 이론과는 달리 체계성 및 처방성을 그 핵심적 특성으로 하고 있다. 처방성은 목표로 하는 결과와 조건에 따라서 상이한 교수전략과 방법이 처방되어야 한다는 점에서 드러나며, 체계성은 교수전략과 방법의 구성 요소를 가능한 한 모두 고려하려는 점에서 드러난다.

롸이겔루스에 있어서 처방성은 학습과제의 유형에 따라서 교수 전략과 방식이 다르게 나타나는 것이다. 한편, 체계성을 위하여 롸이겔루스는 다음 〈표 2-6〉과 같이 교수설계 전략을 크게 조직 전략(organizational strategy), 매개 전략(mediation strategy), 그리고 관리 전략(management strategy)으로 구분하며, 다시 조직 전략은 미시적(micro) 전략과 거시적(macro) 전략으로 나누었다.

조직 전략은 수업 내용을 조직하기 위한 기본 방법을 다룬다. 조직 전략 중 미시 전략은 단일한 아이디어(즉 개념, 원리, 절차 등)에 관한 수업을 조직하는 기본적인 방법이다. 미시적 조직 전략에 속하는 하위 방식(tactics)[4]으로는 제시, 연습, 피드백과 같은 일상적 방식(routine tactics)과 심화 방식(enrichment tactics)이 있다. 거시적 전략은 여러 아이디어 간의 순서와 계열성에 관한 방법이다.

4) 방식은 tactic에 대한 번역어이다. 영어의 method에 해당하는 용어로 방법이 있는 것을 감안하여 strategy는 전략으로 tactic은 방식으로 번역하였다.

〈표 2-6〉 교수 전략의 체계성: 전체 구성요소

<table>
<tr><th colspan="3">조직 전략</th><th rowspan="3">관리 전략</th><th rowspan="3">매개 전략</th></tr>
<tr><th colspan="2">미시적 전략</th><th rowspan="2">거시적 전략</th></tr>
<tr><th>일상적 방식</th><th>심화 방식</th></tr>
<tr><td>제시</td><td rowspan="3">필요시 제시</td><td rowspan="3">위계/ 순서</td><td rowspan="3">조직전략/전달전략의 관리: 개별화 등</td><td rowspan="3">내용의 전달/제시방법: 매체, 교사</td></tr>
<tr><td>연습</td></tr>
<tr><td>피드백</td></tr>
</table>

매개 전략은 학생에게 수업 내용을 전달하고 또한 전달된 내용에 대하여 반응하게 하는 기본적인 방법이다. 매체, 교사, 교과서의 활용 방식을 다룬다. 관리 전략은 어떠한 조직 전략과 관리 전략을 언제 사용할 것인가에 관한 기본적인 방법이다. 예컨대, 수업을 개별화하는 방법 혹은 교수 자원을 활용하는 시기에 관하여 관심을 둔다.

이상에서 밝힌 학습과제 기반의 교수설계 이론 접근이 보여주는 처방성과 체계성을 포함하는 구체적인 교수설계 모형을 이하 제3장에서부터 제8장까지 소개한다. 먼저 제3장은 가장 단순한 학습 과제인 정보의 기억을 위한 교수설계 모형을 제시한다. 제4장은 개념을 획득한 후 적용의 수준을 보여주는 과제를 위한 교수설계 모형을 제시한다. 제5장은 원리의 적용 학습 과제를 제6장은 절차의 적용 학습 과제를 위한 교수설계 모형을 소개한다. 제7장은 개념간의 관계를 이해하는 과제를 위한 교수설계 모형을 다루며, 마지막으로 제8장은 고차적 사고로서 문제해결력을 위한 교수설계 모형을 제시한다.

3. 디지털 기술 기반 교수설계 이론 및 모형

디지털 기술 기반의 교수설계 이론과 모형은 디지털 기술의 활용이 교수설계 이론과 모형 개발의 주요 요인이 됨과 동시에 하나의 조건이 되는 접근을 의미한다. 실제로 이러한 접근은 이미 1980년대 중반 이후 개인용 컴퓨터가 보급되기 시작하면서 컴퓨터 보조 수업(Computer-Assisted Instruction)을 위한 교수설계 모형과 전략의 형태로 나타났다. 예컨대 MAIS(Minnesota Adaptive Instructional System)(Tennyson, Christensen, & Park, 1984)나 PALTO(Programmed Logic for Automatic Teaching Operation)(Schulz, 1975) 등은 모두 컴퓨터를 활용하여 학습하는 상황을 설계하기 위한 모형을 제공하고 있다. 이와 관련된 모형과 구체적인 설계 전략들은 1990년대 중반까지 비교적 지속적으로 이루어져 왔으나, 학교 현장 등에 파급 효과는 기대만큼 크지 않았다. 무엇보다도 개인용 컴퓨터의 성능이 낮고 사용하기 불편하며, 학습자의 관심을 끌 수 있는 만큼의 멀티미디어 자료를 쉽게 제공할 수 없었기 때문에 학교 등의 교육 현장에서의 활용이 미비하였던 것이다. 그러나 1990년대 중반 이후 인터넷과 웹의 개발 및 확산과 함께 고성능의 멀티미디어 컴퓨터가 지속적으로 생산됨으로써 상황이 급진전하게 되었다(Lim & Yeon, 2009). 멀티미디어와 웹으로 표현되는 디지털 기술의 교육에 대한 영향력이 급격하게 증대하였으며, 교수설계 이론과 모형도 이 부분에서 비켜갈 수 없게 된 것이다.

디지털 기술 기반의 교수설계 이론과 모형은 대체로 세 가지의 구분되는 특성을 보이면서 발전하고 있다. 첫째는 멀티미디어 자료 제시 기능을 어떻게 수업 상황에서 활용할 것인가에 초점을 맞춘 모형이다. 이 모형은 교육적으로 유용한 멀티미디어 자료를 교사가 수업 장면에서 어떻게 활용하는 것이 효과적인가에 대한 답을 모색한다. 국내의 경우 1990년대 후반부에 들어서면서 정부 주도의 '교단 선진화 사업'(교육부, 1997; 장영달, 1999) 아래 모든 교사들에게 개인용 컴퓨터를 보급하면서, 동시에 고사양의 멀티미디어 컴퓨터와 대형 모니터 혹은 빔 프로젝터(beam projector)가 학교 교실에 설치되기 시작하였다. 그 전에 부분적으로 있었던 OHP(Over Head Projector)를 단숨에 갈아 치우면서 학교 현장에 일대 변화를 가져오게 되었다. 그러면서 자연스럽게 이러한 하드웨어를 어떻게 활용할 것인가에 대한 답이 동시에 모색되기 시작하였으며, 이때 교사와 학생들의 관심을 끈 대표적인 소프트웨어 중의 하나가 파워포인트(Powerpoint)[5]이다.

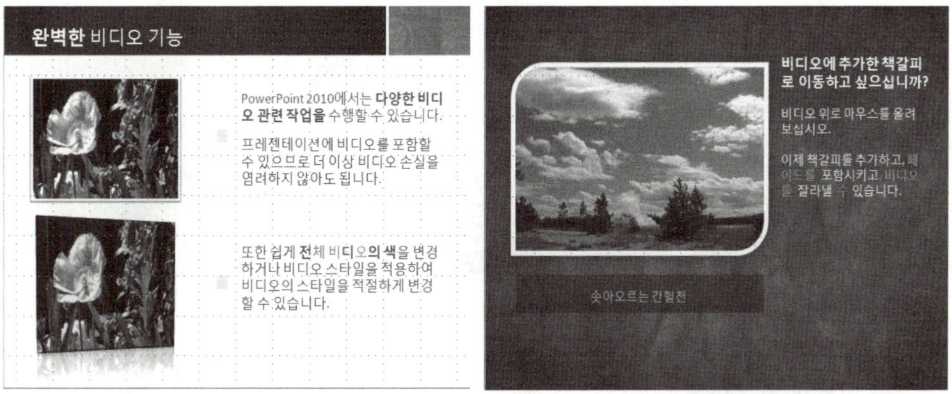

[그림 2-4] 파워포인트를 활용한 멀티미디어 제시

파워포인트는 텍스트, 오디오, 그래픽, 사진, 애니메이션 등을 손쉽게 제작, 편집, 제시할 수 있는 기능 때문에 현재도 다양한 교육 현장에서 활발하게 활용되고 있다. 하지만 파워포인트의 혁신적인 기능을 교육 장면에서 효과적으로 사용하는 경우와 그렇지 못한 경우가 발생하면서 교수설계 관점에서 효과적인 제작 및 활용 원리에 대한 요구가 나타났다(임철일, 2001). 파워포인트의 기능을 활용한 교육 내용의 제시가 적절하지 못한 경우 오히려 학습자들의 주의를 떨어뜨리고, 이해 과정이 피상적으로 학습자의 수동성을 이끌어내는 문제가 발생하였던 것이다.

5) MS의 PowerPoint 이외에 최근에는 유사한 기능을 갖춘 Google의 Slide 그리고 Canva의 캔바 등이 학교교육 현장에서 개발되어 활용되고 있다.

따라서 이러한 문제들은 파워포인트와 관련된 하드웨어를 활용하여 수업 장면에서 정보를 제시할 때 어떤 방식으로 하는 것이 효과적인가를 안내하는 교수설계 모형의 개발을 요청하게 하였다. 본서의 제9장에서 이와 관련된 교수설계 모형의 특성을 제시하고 있다.

한편, 정보 제시를 도와주는 디지털 기술을 기반으로 하는 교수설계 모형 개발의 노력 중 하나로 디지털 교과서를 들 수 있다(임정훈, 임병노, 김세리, 2008). 디지털 교과서의 여러 기능 중의 하나가 교육 내용의 멀티미디어 차원의 제시라고 할 때, 이러한 멀티미디어 자료의 제시를 어떤 방식으로 하는 것이 효과적인가에 대한 답을 포함하는 교수설계 모형이 개발되고 있다.

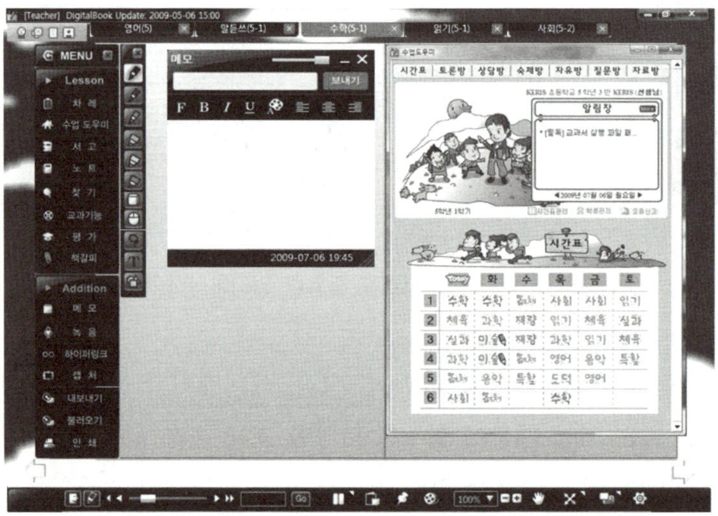

[그림 2-5] 2011년 시점의 국내에서 개발된 디지털 교과서[6)]

디지털 교과서를 통하여 교사와 학생들은 각종 멀티미디어 자료를 쉽게 수업 및 학습 활동을 활용할 수 있다.

6) 2025년 시점에는 AI 기반의 디지털 교과서가 개발되어 활용되기 시작하였으며, 이때 AI 디지털 교과서 자체에 모종의 교수설계 모형이 반영되어 있기도 하고, 개발된 AI 디지털 교과서를 기반으로 하는 교수설계 모형이 개발되고 있다(임철일 외, 2025).

멀티미디어 제시 기능 이외에 디지털 기술 기반의 교수설계 이론과 모형이 가지고 있는 두 번째 특징은 컴퓨터 보조 수업(Computer Assisted Instruction, CAI) 전통의 연장 속에서 모색되었던 개인교수(tutor)로서의 컴퓨터 기능을 어떻게 활용할 것인가를 다룬다. 여기서는 교사가 수업 장면에서 어떻게 컴퓨터를 다룰 것인가보다는 학습자가 어떻게 컴퓨터와 상호 작용을 하면서 기대하는 학습 목표를 달성하게 하는가에 관심을 갖는다. CAI 틀에서 모색되었던 개인교수형, 반복연습형, 시뮬레이션을 위한 교수설계 모형이 다시 관심을 받기 시작하고 있다. 실제로 2000년 이전까지만 하여도 이 부분에 대한 국내 관심은 매우 저조하였다. 개인용 컴퓨터와 같은 하드웨어의 기능도 매우 미흡하여 고급 멀티미디어 자료를 제대로 보여줄 수 없었으며, 교육용 소프트웨어를 개발하는 기술 및 자원도 매우 부족하였다. 또한, 학교 현장에 CD-ROM과 같은 매체를 통하여 보급하는 데에도 어려움이 많았기 때문에 실질적인 보급이 거의 이루어지지 않았다.

그러나 2000년이 지나면서 하드웨어 및 소프트웨어의 성능은 올라가면서 가격은 낮아지는 현상과 함께 광대역의 인터넷이 넓게 보급되면서 상황이 달라지기 시작하였다. 이러닝(e-Learning)으로 표현되는 각종 개인교수형 자료가 비디오 형태와 플래시 형태로 개발되어 초중등학교, 대학, 기업, 평생교육 기관 등에서 널리 활용되었다. 이러한 변화는 개인교수로서 컴퓨터의 기능을 활용하는 교수설계 모형의 개발에 큰 영향을 끼쳤으며, 국내외에서 이와 관련된 연구가 활발하게 진행되고 있다. 본서의 제10장에서 12장까지는 이런 접근의 연구 결과를 제시하고 있다. 제10장은 개인교수형(tutorial)의 이러닝을 위한 교수설계 모형의 특성을 설명하고 있다. 또한 제11장은 이러닝 상황에서 특별히 상호작용성을 확보하기 위한 교수설계 모형을 다루고 있다. 제12장은 시뮬레이션 개발을 위한 교수설계 모형을 소개하고 있다.

디지털 기술 기반의 교수설계 이론과 모형이 가지고 있는 세 번째 특징은 디지털 기술의 네트워크 기능을 어떻게 활용할 것인가에 초점을 맞춘다. 이 부분은 전통적인 교수설계 이론과 모형들이 다룰 수 없었던 새로운 디지털 기술의 영역이다. 디지털 기술의 네트워크 기능은 전혀 다른 교육적 가능성을 제시한다. 전통적인 교육의 전형적인 상황은 제한된 시간과 공간으로 대변되는 교실에서 한 명의 교수자와 여러 명의 학습자가 교육 및 학습을 한다. 따라서 개별 학습자의 학습 과정과 결과에 대하여 교수자가 관여하는 수준은 매우 제한적이며, 또한 학습자 간의 상호작용 또한 활발할 수가 없었다. 이에 비하여 디지털 기술의 네트워크 기능을 활용하는 교육은 온라인 토론 등을 통하여 학습자의 적극적인 인지적 참여를 유도할 수 있다. 또한 온라인 프로젝트 기반 학습에서와 같이 학습자의 학습 과정과 결과를 다른 학습자들과 공유함으로써 지식의 사회적 구성을 가능하게 하고 있다. 교수자의 입장에서는 디지털 기술의 네트워크 기능은 학습자가 온라인상에서 어떤 학습 활동을 하며, 학습의 어느 부분에서 성공하고 어려움을 겪는가를 다양한 형태로 분석된 자료를 통하여 확인할 수 있게 된다. 교수자는 이런 분석에 기초하여 개별 학습자에게 필요한 교육적 지원을 직접적으로나 혹은 시스템을 통하여 제공할 수 있기도 하다.

이상과 같은 디지털 기술의 네트워크 기능을 적절하게 고려하여 활용할 수 있는 교수설계 모형과 관련된 연구가 국내외에서 많이 이루어지고 있다(조미헌, 1999; 임철일, 1999b; 2005; 임철일 외, 2009; Hannafin et al., 1999; Jonassen, 1995). 여기서 교수설계 모형은 디지털 기술의 활용 측면과 함께 대체로 광범위한 학습 환경 설계 측면을 동시에 보여주고 있다. 즉 네트워크 기능을 활용하는 설계가 단순히 학습 내용을 전달하는 측면에서만 끝나는 것이 아니라 학습자의 학습 과정의 다양한 측면을 지원하고, 관리하는 측면까지도 포함하게 되는 것이다.

마지막으로 디지털 기술 기반의 교수설계 이론과 모형은 컴퓨터와 AI와 같은 다양한 디지털 기술을 일종의 교육용 도구로 활용하는 것을 안내하고 있다. 교육 및 학습 과정에서 교수자와 학습자는 다양한 디지털 도구를 활용하여 기대하는 교육 목표를 달성하게 된다. 이 과정에서 교수설계 이론과 모형이 도구로서 디지털 기술의 활용을 안내를 하게 되는 것이다. 제13장은 메이커 교육과 컴퓨팅 사고를 포괄하는 피지컬 컴퓨팅 도구를 활용하는 교수설계 전략을 제시하고 있다. 제

14장은 인공지능을 활용하는 언어 교육을 위한 교수설계 전략을 다루고 있다. 제15장은 창의적 문제해결을 위한 인공지능 융합 수업을 위한 설계 모형을 소개하고 있다.

연습 및 탐구 문제

1. 가네(Gagné)가 교수설계 이론의 정립에 기여한 바를 학습과제의 유형에 따른 교수설계 이론의 가능성 측면에서 논의하시오.

2. 디지털 기술의 발전이 교수설계 이론과 모형의 발전에 끼친 영향을 디지털 기술의 특징을 고려하여 논의하시오.

3. 교수설계 이론과 모형과 관련하여 학습환경 설계 접근이 대두된 배경과 그 특징을 논의하시오.

4. 학습과제 기반 교수설계 이론 및 모형의 정립 과정에서 메릴과 롸이겔루스의 공헌을 논의하시오.

5. 국내의 교육 방법과 관련된 현실적 문제 중의 하나로 최신 기술의 발전을 너무 급하게 적용하려는 현상을 지적하는 경우가 적지 않다. 이 문제를 본 장에서 다룬 세 가지의 교수설계 이론 및 모형의 접근 차원에서 분석하면서 문제의 해결 방안과 이와 관련된 연구 방향에 대하여 논의하시오.

PART

제2부

학습과제와 교수설계 모형

제 3 장

정보의 기억을 위한 교수설계 모형[1)]

1. 정보의 기억의 의의와 학습원리
2. 정보의 기억을 위한 교수설계 모형과 교안 사례

정보의 기억은 보통 단편적인 지식, 사실적인 지식 등으로 널리 알려져 있는 기초적인 학습내용을 대상으로 한다. 흔히 학교교육에 있어서 정보나 사실들은 학습자들이 외워야 하는 것으로 간주되며, 이 경우 기억력이 좋은 학습자들이 유리하다고 알려져 있다. 그러나 어떤 교사인가에 따라서 정보나 사실들을 기억하는 것이 쉽거나 어려웠던 학교 경험을 떠올리면, 외워야 하는 것에 대한 책임을 학습자에게만 돌릴 수 없다는 것을 인식하게 된다. 본 장에서는 학습자가 효과적으로 정보를 기억할 수 있도록 안내하여 주는 교수설계 모형을 다룬다.

---

1) 제3장에서부터 제7장의 내용은 'Reigeluth, C. M.(1991). *Instructional strategies course modules.* Indiana University' 와 'Leshin, C. B., Pollock, J., & Reigeluth, C. M.(1992). *Instructional Design Strategies and Tactics.* Educational Technology Publications' 를 주로 참고하여 정리되었음을 밝힌다.

1. 정보의 기억의 의의와 학습원리

1) 정보의 기억의 의의

정보의 기억(memorizing information)은 복잡한 이해의 과정이 반드시 수반될 필요가 없는 학습과제를 의미한다. 학습자가 직면한 적이 없는 새로운 상황에 적용할 수 있는 개념, 절차 혹은 원리를 획득하는 것이 아니라, 사실적인 정보 그 자체를 기억하는 학습의 유형이다. 예컨대, 태양계의 행성을 순서대로 나열하거나, 삼권분립의 정의를 기억하며, 광합성 작용의 원리를 이해 없이 그대로 외우는 것을 말한다. 다른 학습과제 유형보다도 상대적으로 가르치기 쉽고, 평가가 용이하다는 이유로 현재까지도 학교교육에서 많이 다루어지고 있다. 최근에는 창의적 문제해결력이나 논리적 사고력 등과 같은 고차적 사고에 대한 중요성이 강조되고 있지만, 학교교육에서 정보의 기억에 대한 비중은 여전히 높다.

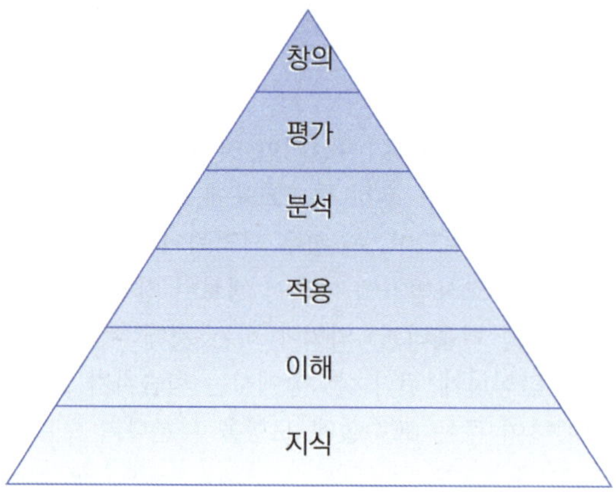

[그림 3-1] 블룸(Bloom)의 인지적 영역의 목표 분류(Anderson & Krathwohl, 2001)

인지적 영역의 학습 목표 분류에서 제일 하단의 지식이 정보의 기억에 해당한다. 지식은 상위의 학습 목표를 획득하는 데 기초가 된다. 맨 상단이 평가에서 창의로 변경되었다.

물론 기억이 필요한 경우가 적지 않다. 고차적인 수준의 학습을 위해서는 어느 정도 기본적인 내용을 기억하여야 한다. 특별히 생각해 내려 애쓰지 않아도 기억할 정도의 자동적인 수준에 이르게 되면, 상위의 지적 과정 학습에 보다 많은 노력을 투여할 수 있게 된다. 구구단이나 영어 단어의 학습이 여기에 속한다.

정보의 기억에서 기억은 이해와 대비되는 개념으로 사용된다. 이해하지 않고도 기억할 수 있는 상태를 특별히 '암기(rote memorization)'하였다고 한다. 예컨대, 수학에서 근의 공식이 어떻게 도출되었는지를 이해하지 않고도 $X=(-b\pm\sqrt{(b^2-4ac)})/2a$ 를 외울 수 있다거나, 화학에서 분자식이 어떻게 결정되는지 알지 못해도 물(H_2O)이나 이산화탄소(CO_2)의 분자식을 그대로 기억할 수 있는 것을 말한다. 이러한 기억은 이후 학습에 있어서 기본적 지식으로서 중요한 영향을 미치기 때문에 때로는 이해 여부와 상관없이 기억할 수 있기를 기대하기도 한다.

기억에는 크게 두 가지의 유형이 있다. 하나는 나열이며 다른 하나는 연계이다. 나열은 기억할 대상이 일련의 항목들인 경우이다. 예컨대, 빛이 프리즘을 통과할 때 나타나는 스펙트럼 색(빨강-주황-노랑-초록-파랑-남색-보라)의 순서를 기억하는 것이 여기에 속한다. 조선시대 왕의 이름을 순서대로 나열하는 것처럼 나열에는 순서가 있을 수 있다. 연계는 두 항목 사이의 일대일 대응을 말한다. 예컨대, 영어 단어 'ubiquitous'와 국어 '편재적'과의 대응, 컴퓨터 자판의 특정키와 기능의 대응 등이 여기에 속한다. 나열과 연계를 모두 포함하는 경우도 있다. 예컨대, 삼각함수 값(예: $\sin 30^\circ=1/2$, $\cos 60^\circ=1/2$)을 각도와 함께 연결해서 기억하는 것이 이에 해당한다.

정보의 기억을 위한 교수설계 모형에 포함되는 원리는 이후에 다루게 될 다른 학습과제 유형의 교수설계 모형의 원리보다도 단순하다. '제시'와 반복적인 '연습', 그리고 '피드백'을 사용하는 것이다. 그러나 정보가 너무 복잡하거나, 정보의 양이 많을 때에는 효과적인 기억을 위하여 별도의 교수 방법을 활용하여야 한다. 예컨대, 전체 정보의 양을 일정하게 나누어서 기억할 수 있다. 정보의 기억을 위한 교수 방법이 의미가 있을 수 있는 것은 바로 이러한 특별한 교수 방법들을 활용할 필요가 있기 때문이다. 또한 정보의 기억을 위한 교수 방법은 다른 유형의 학습 과제를 위한 교수 방법에도 사용될 수 있다. 개념이나 원리를 획득할 때 일정 부분은 기억을 위한 교수 방법을 활용할 수 있다. 예컨대, 심장의 혈액 순환 기능을 학습할 때 많은 개념들(우심방, 우심실, 좌심방, 좌심실 등)이 나타나는데, 이때 각 개념의 의미에 대한 이해와 함께 결국 용어에 대한 기억이 필요하다.

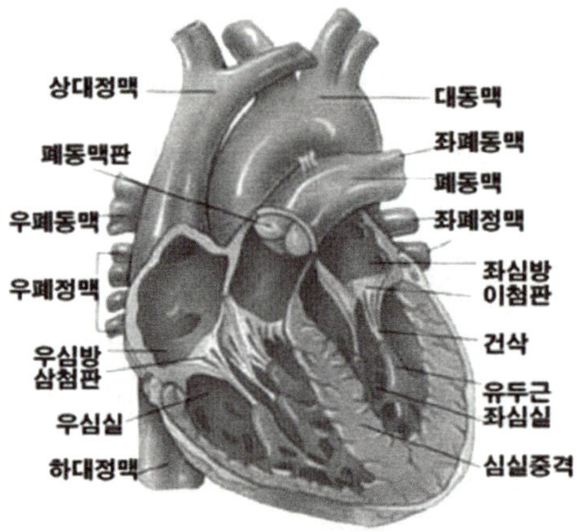

[그림 3-2] 심장의 혈액 순환 기능

심장의 혈액 순환 기능은 생물학 관련 기초적이며, 전형적인 학습 과제이다. 학습자들은 주요 개념적 용어에 대한 학습과 함께 순환 기능의 원리와 절차를 학습하게 된다. 여기서 많은 개념적 용어에 대한 학습은 상위 학습을 위한 기초로서 매우 중요하다.

2) 정보의 기억을 위한 학습 원리

기억의 발생 기억의 발생에 관한 대표적인 설명 체계로 정보처리이론을 들 수 있다. 학습에 관한 정보처리이론(Gagné, 1985)에 따르면 새로운 정보는 몇 가지의 단계를 거쳐서 학습된다([그림 3-3] 참조). 정보는 일단 수용기(눈, 귀)를 거쳐서 감각 등록기(sensory register)에 전달된다. 이때 정보의 특정한 측면에 대하여

주의를 집중하거나 아니면 무시하는 선별적 지각이 일어난다. 주의가 집중된 정보의 측면은 변형되어서 단기기억(short-term memory)으로 전달된다. 단기기억은 한 번에 일정한 양의 정보(복잡성에 따라서 대략 7±2 정도의 단위)를 가지고 있을 수 있다.[2] 별다른 연습이 없을 경우에는 대략 20초 정도가 지나면 잊어버리게 된다. 그러나 연습을 할 경우 상당한 기간 동안 지속될 수 있다. 마지막으로 정보는 장기기억(long-term memory)으로 전달될 수 있다. 이 과정을 부호화(encoding) 과정이라 한다. 장기기억에 이르러서야 비로소 학습이 일어났다는 말을 할 수 있다. 왜냐하면 장기기억에 도달되지 못한 정보는 잊어버리기 때문이다.

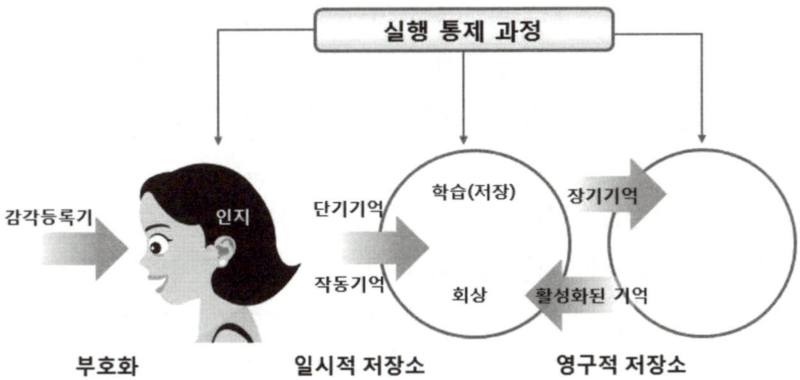

[그림 3-3] 학습에 관한 정보처리이론

출처: 박성익, 임철일, 이재경, 최정임(2010). 교육방법의 교육공학적 이해 (p. 81 참조)

조선시대 왕의 이름을 기억하는 나열 학습 과제를 예로 들어서 앞의 정보처리 과정을 살펴보자. 우선, 학습자는 교사에 의해서 혹은 책을 통하여 왕의 이름을 듣거나 보게 된다. 이 단계가 감각 기관에 등록하는 과정이다. 학습자는 전체 왕

2) Cowan(2000)의 연구에 따르면 단기 기억의 실제적인 용량을 3개로 보기도 한다. 파워포인트를 활용하여 연설을 하거나 발표를 하는 경우 슬라이드 한 장에 포함되는 정보가 대체로 한 개 혹은 세 개인 경우를 생각하여 보자.

의 이름을 순서대로 기억하기 위해서는 단순한 반복 이외에도 별도의 노력이 필요하다는 것을 알게 된다. 한꺼번에 모든 왕의 이름을 기억할 수 없다고 판단하여 (즉, 자신의 단기 기억의 용량을 고려함) 전체 왕을 몇 개의 소단위로 구분한다. 그 다음에 장기 기억에 저장하기 위하여 나누어진 기억 대상을 예컨대, 첫 글자를 중심으로 음률을 활용하여 기억하게 된다. 이러한 방법은 학습자 스스로 개발하기도 하지만, 교사에 의하여 제안될 수도 있다. 몇 차례의 체계적인 반복 과정을 거쳐서 왕의 이름을 순서대로 기억할 수 있게 된다.

이러한 기억에는 크게 두 가지의 수준이 있다. 하나는 재인(recognition)이며 다른 하나는 상기(recall)다. 재인은 어떠한 항목이 주어졌을 때 그것이 나열된 항목에 포함되는지 아닌지를 확인하는 능력이다. 예컨대, "다음 중 조선 왕조의 마지막 임금은 누구인가?"와 같은 질문에 답하는 것이다. 상기는 자신의 기억으로부터 꺼내는 것을 말한다. 예컨대, "조선 왕조의 마지막 다섯 임금을 순서대로 나열하시오"와 같은 질문에 답하는 것이다.

그렇다면, 연계 학습도 나열 학습과 같은 방식으로 일어나는가? 단순한 형태의 연계에는 두 가지 요소가 짝을 이루어 나타나게 된다. 주어지는 자극에 대하여 학습자가 하는 대답하는 반응이 그것이다. 세계 각국의 이름을 언급했을 때 이에 해당하는 수도 이름을 말하는 것, 영어 단어를 제시했을 때 그에 대응하는 한국어 뜻을 말하는 것, 특정 그림을 보고 화가의 이름을 말하는 것 등이 여기에 속한다. 보다 복잡한 형태의 연계는 다수의 요소들이 서로 연결되는 모습을 보여 준다. 예컨대, 특정한 사람, 특정한 장소, 특정한 시간, 그리고 특정한 사건의 연계가 여기에 속한다. 이 경우에는 한 가지의 자극에 대하여 다수의 반응이 있게 된다. 예컨대, 제주도의 돌하르방 사진을 제시했을 때, 돌하르방의 재료인 현무암을 통해 제주도의 화산 지형이라는 자연적 특성을 떠올리고, 동시에 돌하르방이 지닌 주술적 의미를 통해 당시 지역 사회와 문화적 배경을 연관 지어 생각할 수 있다. 이러한 차이점에도 불구하고 연계 학습은 나열 학습과 기본적으로 비슷하다. 연계와 나열 학습 모두 반복에 의하여 기억이 되는 기계적 형태의 학습이며, 일정한 연습과 시간이 소요되고, 재인 또는 상기 방식이 있다.

기억의 방법 학습 심리학자들의 연구에 따르면 새로운 정보를 머릿속 기억에 저장하는 것은 쉬운 반면에 기억으로부터 재생하는 것은 어렵다. 나열된 개별 항목들은 기억 내부에서 일종의 개별 노드(nodes) 형태로 저장되어 있다. 재생은 노드 간의 링크(links)를 통하여 나타난다. 따라서 문제는 재생이 손쉽고 빠르게 될 수 있도록 강한 링크를 어떻게 생성하는가이다.

나열 학습이 어려울 때는 기억할 항목들이 많이 있는 경우이다. 많은 항목이 있을수록 기억하기가 어려운 점을 다들 경험하였을 것이다. 이 경우에 한 번에 모든 항목들을 기억하려고 하는가? 아니면 몇 가지로 나누어서 기억하려고 하는가? 밀러(Miller, 1956)에 따르면 인간의 작동 기억(working memory) 혹은 단기 기억은 7±2의 항목으로 제한되어 있다. 인간은 한 번에 7가지 내외 정도의 항목을 특별히 노력하지 않고도 기억을 쉽게 하는 것이다. 항목이 여러 개 있을 때에는 다수의 항목들을 5-9개 단위로 구성되는 분할(chunking)을 활용하여 기억할 때 손쉽게 학습이 이루어진다.

기억을 촉진하는 것과 관련하여 추가적인 결과들이 밝혀지고 있는데, 하나는 기억의 대상이 사전 지식과 의미 있게 연결하는 경우 보다 잘 기억된다는 것이다. 예컨대, 교육매체를 효과적으로 활용하는 데 필요한 원리를 나타내는 ASSURE 모형은 **A**nalyze learners, **S**tate objectives, **S**elect method, media, materials, **U**tilize media and materials, **R**equire learner participation, **E**valuate and revise의 첫 글자를 합쳐서 만들었다. 그런데 이 모형의 이름이 영어 단어 assure(보장하다)와 동일하여서 다른 것에 비하여 상대적으로 쉽게 기억될 수 있다. 즉 학습자의 사전 지식인 assure를 활용하게 됨으로써 쉽게 기억이 되는 것이다.

다른 하나는 시각적 이미지, 음악적 곡조와 각운 등을 활용하는 것이 단순히 언어를 기억하려는 것보다 쉽다는 점이다. 처음으로 알파벳이나 한글의 순서를 외울 때 어떠한 방법을 사용하는지 생각하여 보자. 순서를 외울 때는 규칙적인 곡조를 붙임으로써 기억을 보다 쉽게 할 수 있다. 또한 기억하기 어려운 대상이 있을 때 그냥 외우는 것보다 자신의 방 안에 있는 주요 물건들(시각적 자료)과 외우려는 것을 연결하여 놓게 되면 나중에 보다 용이하게 상기(recall)되는 것을 알 수 있다.

2. 정보의 기억을 위한 교수설계 모형과 교안 사례

학교 교육에 있어서 정보, 사실, 지식의 기억을 목표로 하는 수업 상황이 적지 않다. 외워야 하는 혹은 기억해야 할 정보의 양이 적거나 또는 많은 시간을 들여서 이러한 정보를 기억하는 것이 허용된다면 문제는 그다지 심각하지 않을 것이다. 그러나 학교교육에서 단기간에 기억하여야 할 정보의 양은 무척 많으며, 이 모든 것의 기억을 학습자의 노력과 능력에만 맡길 수는 없다. 국내의 경우, 초등학교 4학년과 중학교에 진입할 때 학습자들이 경험하는 정보의 양이 크게 증가하기 때문에, 이때 많은 학습자들이 학습 실패를 경험하게 되는 것으로 알려져 있다. 이때 교수자의 입장에서 학습자들의 기억을 도와주는 노력이 필요하며, 정보의 기억을 위한 교수설계 모형은 이러한 점에서 의미가 있다.

정보의 기억을 위한 교수설계 모형에 포함되는 원리는 일단 제시, 연습, 피드백의 기본적인 방식을 사용하게 된다(〈표 3-1〉 참조〉). 기억할 대상을 제시하고, 학생들에게 연습할 기회를 제공하고, 학생들의 반응에 대하여 적절한 피드백을 제공하는 일상적 방식(routine tactics)을 사용하게 된다. 이 세 가지 일상적 방식은 그 자체로서는 전혀 어렵지 않다. 그럼에도 불구하고 이 일상적 방식이 의의가 있는 까닭은 전체 교수 방식의 일반적인 틀을 제공하여 주기 때문이다. 즉, 일정 단위의 수업을 효과적으로 진행하기 위해서는 제시, 연습, 피드백의 방식이 반드시 포함되어야 한다.

〈표 3-1〉 정보의 기억을 위한 교수설계 모형의 원리

일상적 방식	심화 방식
제시	분할(chunking)
	기억술(mnemonics)
연습	게임
피드백(정보 제공 피드백)	동기 제공 피드백

정보의 기억을 위한 교수설계 모형에서 특별한 교수설계의 원리, 즉 심화 방식(enrichment tactics)이 요구되는 때는 기억의 대상이 되는 내용이 너무 많거나 또는 어려워서 학습자들이 기억하는 데 어려움을 겪게 되며, 자연히 흥미와 관심이 떨어지는 경우이다. 예컨대 초등학교 5학년 사회과의 학습 내용 중 '후삼국의 성립과 통일 과정을 인물과 사건을 중심으로 설명할 수 있다'가 목표인 경우를 고려해 보자. 이 수업에서 학습자들은 여러 사건들과 인물, 관련 지역을 연결시켜 학습해야 한다. 이 경우에는 앞에서 간단하게 다룬 정보의 기억을 위한 학습 원리를 고려한 별도의 교수 방식이 필요하다.

정보의 기억을 위한 심화 방식으로 분할(chunking)과 기억술(mnemonics)의 사용이 있다. 분할은 기억하여야 할 대상이 많을 경우 학습자의 단기기억의 용량을 고려하여 5-7개의 항목으로 나누어서 제시하는 것이 효과적이라는 학습 원리에 바탕을 두고 제안되었다. 예를 들어, 조선시대 임금의 이름을 순서대로 기억하는 경우 한꺼번에 모든 임금의 이름을 기억하는 것을 요구하는 것 대신에 몇 개로 나누어서 기억하게 한다. 분할을 이용하여 학습자들은 순서대로 제시되는 기억 대상을 외우게 되며, 한 묶음을 외우게 되면, 다음 단계의 묶음을 외우게 된다(교안 사례 참조).

정보의 기억을 위한 교수 방식의 효과성은 기억술에 따라서 크게 증가한다. 기억술은 학습자들이 사전에 알고 있거나 기억하기 쉬운 대상을 활용하여 목표로 하는 기억 대상을 외우는 것을 도와주는 방법이다. 즉, 단순하게 반복하여 암송하

는 방식으로는 기억하기 힘든 대상에 대하여 교사가 기억술을 제공할 경우 학습자들이 효과적으로 기억하게 되는 것이다. 예컨대, 아래의 웹 사이트에서 볼 수 있는 것처럼, 학생들에게 익숙한 멜로디에 세포의 분열 과정과 같이 생소한 용어를 넣어 부를 경우 노래를 부르면서 기억해야 할 정보를 쉽게 기억할 수 있다.

[그림 3-4] 정보의 기억을 도와주는 노래 사례(http://www.lg-sl.net)

기억술은 그것의 특성에 따라서 크게 첫 글자 합성하기, 연상하기, 규칙 부여하기로 구분될 수 있다. 첫 글자 합성하기는 다시 단어 만들기와 구, 절 만들기로 분류되며, 연상하기는 생각 연상과 이미지 연상으로, 규칙 부여하기는 노래와 압운으로 구분된다. 다음 〈표 3-2〉는 각 기억술의 의미와 사례를 보여 주고 있다.

이러한 제시의 과정에 이어서 학습자들이 연습할 수 있는 기회를 제공한다. 연습을 할 경우, 일반적인 방식 이외에 필요하다면 게임화(gamification) 요소를 활용할 수 있다. 게임은 목표를 정하여 놓고 점수를 부여하는 방식을 취하여 학습자들의 연습 과정을 보다 흥미롭게 하는 방식이라고 볼 수 있다. 예를 들어, 언어 학습 애플리케이션 Duolingo는 인공지능(AI)을 활용해 학습자의 수준과 패턴에 맞춘 문제를 제시하고, 정답 시 경험치와 배지 등 즉각적 보상을 제공한다. 또한 연속 학습일과 리더보드로 학습 진척도를 시각화하고, 퀘스트를 통해 경쟁·협력 요소를 제공함으로써 연습 참여를 지속적으로 유도한다.

〈표 3-2〉 기억술의 분류

기억술의 종류		사 례
첫 글자 합성하기	단어 만들기	• 'ABC' - 인간의 학습 유형으로서 Affective, Behavior, Cognitive의 세 가지를 기억하기 위하여 앞의 첫 글자를 합성한 것
	구, 절 만들기	• '일단/이 칼을/삼촌이/무기로/비치한 후/사탄이/오지 않았다' - 다섯 가지 기초 식품군을 분류하는 방법을 기억하기 위한 방법. '일단'은 1군에 단백질을, '이 칼을'은 2군에 칼슘이, '삼촌이' '무기로' '비치한 후'는 3군에 무기질, 비타민이, '사탄이'는 4군에 탄수화물이 '오지'는 5군에 지방이 포함됨을 기억하기 위한 것으로 합성한 것
연상하기	생각 연상	• Boon: 혜택, 은혜 → '분'에 넘치는 은혜를 입다 • Blow: (바람이) 불다, (바람에) 날리다 → 블로우는(불어오는) 바람에 머리가 날렸다
	이미지 연상	• 비타민 A 부족 시 야맹증 위험 높아짐 → 'A'를 옆으로 누이면 '눈' 모양과 비슷 • 비타민 D 부족 시 구루병 위험 높아짐 → 'D'와 굽은 등의 옆모습이 비슷
규칙 부여하기	노래	• 알파벳송 - 알파벳 순서를 기억하기 위하여 음을 붙인 것
	압운	• '수금지화목토천해'는 태양계 행성의 순서를 외우는 방법으로 앞 글자를 딴 것

연습 과정에서 학습자가 대답을 하면 곧바로 맞았는지 여부를 알려주는 피드백(정보 제공 피드백)을 제공한다. 필요하다면, 맞은 것에 대해서는 칭찬을, 틀린 것에 대해서는 기억술의 제공을 하는 대답 유도(prompting)나 격려(동기 제공 피드백)를 한다.

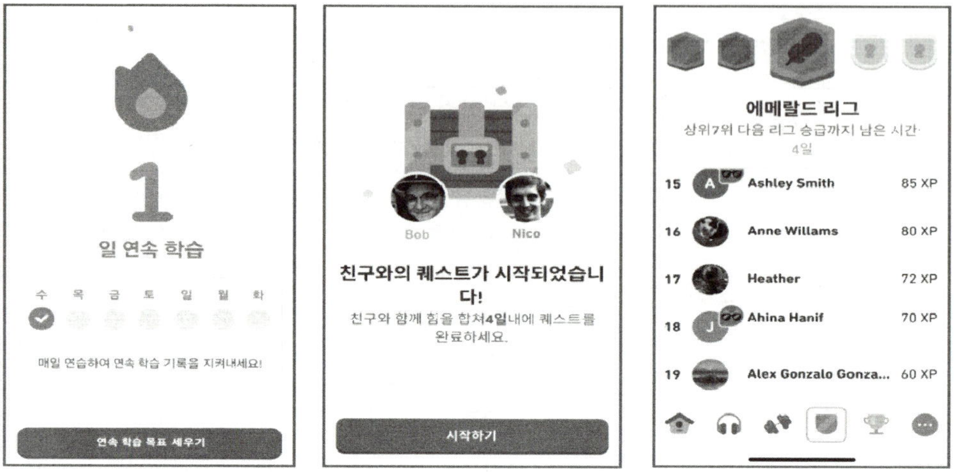

[그림 3-5] 단어 학습을 도와주는 게임 형식의 애플리케이션(Duolingo)

교안 사례

교안 1과 2는 앞 절에서 설명된 정보 기억을 위한 교수 원리가 어떻게 적용될 수 있는지를 구체적으로 보여 주고 있다. 이 교안은 수업의 실제적인 상황을 모두 고려하지 않았으며, 정보 기억을 위한 교수설계 모형의 원리가 어떻게 적용될 수 있는가에만 초점을 맞추어서 제안되고 있다는 점에서 일반적으로 볼 수 있는 교안과 구분이 된다. 따라서 정보 기억뿐만 아니라 여타의 수업 목표가 동시에 다루어질 필요가 있는 실제 수업에서는 다른 교수 원리와 통합된 교안이 개발된다.

교안의 상단에는 기억 대상, 학습자, 수업 수준, 학습 목표를 간략하게 제시함으로써 교안이 목표로 하는 바를 보여 주고 있다. 이 중에서 수업 수준은 1(매우 쉬운 수준)에서 5(매우 어려운 수준) 수준의 난이도를 둘 때 해당 수업의 난이도를 의미한다. 특히 교안 2는 교안의 초기 형태인 수업 청사진(Blueprint)을 보여 주고 있다. 수업 청사진은 실제 교안을 개발하기 전에 전체적으로 수업에 활용되는 방식과 구체적인 내용을 간략하게 보여 주는 역할을 한다.

사례 1

'식품군' 수업 교안

단원: **식생활 관리**
학습 대상: 고등학교 1학년
학습 목표: 본 수업 후 학습자는 청소년기의 바람직한 식습관을 이해하여 건강한 생활 영위를 위한 올바르고 합리적인 식생활 관리를 할 수 있다.
수업 진행: 1차시 - 다섯 가지 기초 식품군 (기억)
2차시 - 균형 식사 (개념)
3, 4차시 - 식단 작성의 원리 (원리)
5차시 - 청소년기의 바람직한 식습관 (이해)

다섯 시간에 걸쳐서 이루어지는 이 수업은 궁극적으로는 올바르고 합리적인 식생활 관리를 통해 건강한 생활을 영위할 수 있도록 하는 데 그 목적이 있다.

1차시는 다섯 가지 기초 식품군에 관한 수업으로 주로 설명식 수업이 진행된다. 2차시는 균형 식사에 관한 것으로 1차시 학습한 것을 적용하여 1, 2차시에 학습한 것을 적용하여 그 작성 및 평가까지 가능하게 하였다. 5차시는 청소년기의 바람직한 식습관에 관한 것으로, 여러 가지 관계를 통하여 이에 관한 이해가 가능하도록 했으며 여기에도 역시 1, 2, 3, 4차시에 학습한 것이 이용된다. 그러나 각 차시의 수업들은 각각 기억, 개념, 원리, 이해라는 한 가지의 방법만으로 이루어지는 것이 아니라 그것을 위주로 하면서 그 외의 여러 방법들도 함께 이용한다.

이러한 수업 진행을 통해 학습자들은 — 위에서 살펴본 바와 같이 해서 — 비로소 건강한 생활 영위를 위한 올바르고 합리적인 식생활 관리를 할 수 있다.

- 기억 대상: 다섯 가지 기초 식품군
- 학습자: 고등학교 1학년
- 수업 수준: 2
- 학습 목표: 본 수업을 마치면 학생들은 다섯 가지 기초 식품군을 순서대로 나열할 수 있다.

<table>
<tr><th>방 법</th><th>실 행</th><th>시 간</th></tr>
<tr><td>Ⅰ. 제시</td><td></td><td></td></tr>
<tr><td>동기화</td><td>교사: 지금까지 배운 다섯 가지 기초 식품군을 이번에는 그 순위별로 암기해 봅시다.
교사: 각 식품군의 순위는 우리 국민의 식생활 현황에 맞게 강조해야 할 것부터 나열되어 있으며 이것은 식단 작성 및 평가 시에도 유용하게 활용될 수 있으므로 꼭 암기해 두어야 합니다.
교사: (슬라이드 제시)</td><td>10분</td></tr>
<tr><td>1. 제목</td><td>다섯 가지 기초 식품군</td><td></td></tr>
<tr><td>2. 내용</td><td>1군 - 단백질
2군 - 칼슘
3군 - 무기질, 비타민
4군 - 탄수화물
5군 - 지방</td><td></td></tr>
<tr><td>3. 기억술
(Chunking 및 mnemonics)</td><td>다섯 가지 기초 식품군

1군 - 단백질 일단
2군 - 칼슘 이칼
3군 - 무기질, 비타민 삼무비
4군 - 탄수화물 사탄
5군 - 지방 오지

일단 / 이 칼을 / 삼촌이 / 무기로 / 비치한 후 / 사탄이 / 오지 / 않았다</td><td></td></tr>
</table>

<table>
<tr><th>방 법</th><th>실 행</th><th>시 간</th></tr>
<tr><td></td><td>교사: (기억술을 설명한다.)
교사: (기억술 문장에서 다시 다섯 가지 기초 식품군을 끌어내어 확인한다.)</td><td></td></tr>
<tr><td>Ⅱ. 연습
1. 연습(1)</td><td>교사: 자, 그러면 이젠 연습해 봅시다.
교사: 다 같이 한번 따라해 보세요.
(기억술 문장을 <u>강세와 장단을 두어 읽는다.</u>)
학생: (따라 한다.)
교사: 자, 한 번 더 해 봅시다.
학생: (따라 한다.)
교사: 잘했습니다.</td><td>10분</td></tr>
<tr><td>Ⅲ. 피드백
2. 연습(2)

• 반복</td><td>교사: 그럼 이젠 각 모둠별로 문장을 암송한 후, 각 순위별 식품군을 말해 보세요. (일단 기억술 문장을 암송하면 즉시 그 문장을 보여주고, 각 순위별 식품군을 끌어내도록 돕는다.)
교사: 자, 1모둠 시작.
1모둠: (실시한다.)
교사: (4모둠까지 각각 암기하도록 해 반복의 효과를 거두며, 그 실시 수준에 따라 다음과 같은 피이드백을 제시한다.)</td><td></td></tr>
<tr><td>3. 피드백
• 확인
• 교정
• 유도</td><td>교사: (정답을 말하면) 참, 잘했습니다.
교사: (틀린 곳이 있으면) 틀린 점을 지적하고 정답을 말하게 한다.
교사: (암송을 어려워하면) 기억술 문장을 다시 제시한다.</td><td>5분</td></tr>
<tr><td>Ⅳ. 정리
• 차시예고
• 과제</td><td>교사: (규칙 식사)
교사: (다섯 가지 기초 식품군 기수)</td><td>5분</td></tr>
</table>

사례 2

'문장성분' 수업 청사진

- 기억 대상: 문장성분 말하기
- 학 습 자: 중학교 2학년
- 수업 수준: 2
- 학습 목표: 본 수업을 마친 후, 학생들은 문장성분 일곱 가지를 나열할 수 있다.

방 법	실 행
I. **제시**	
	1. '문장성분 일곱 가지'라는 목록의 이름을 제시한다.
	2. 각 문장성분 이름을 제시한다.
• 기억술 (chunking)	• 문장성분은 문장상의 역할에 따라 분류됨을 이용하여 세 가지로 묶어 제시한다. ➡ 주성분: 주어, 서술어, 목적어, 보어 부속성분: 관형어, 부사어 독립성분: 독립어
• 두음	• 두음을 이용하여 문장성분을 제시한다. ➡ 주서목 보관부 독립
• 구절	• 구절을 이용하여 문장성분을 제시한다. ➡ **관**우가 **독주**를 마시더니 **목**이 **부어서 보**살펴야 한다.
	3. 제안된 기억술을 이용하여 학생들이 문장성분 일곱 가지를 열거할 수 있다.
II. **연습**	
	1. 세 번 반복하여 연습한다. • 문장상 역할에 따라 나누는 방법과 두음, 구절의 기억술을 이용하여 세 번 연습한다.
	2. 학생에게 문장성분 일곱 가지를 암송하도록 한다.
III. **피드백**	
	1. 학생들이 문장성분 일곱 가지를 암송한 직후에 바로 피드백을 실시한다. • 학생이 정답을 말하면 칭찬을 한다. • 학생이 오답을 말하면 기억술을 제시한 후 다시 암송하게 한다.

사례 3

'산과 염기' 수업

[수업 청사진]

- 기억 대상: 산과 염기의 특징
- 학 습 자: 초등학교 6학년
- 수업 수준: 3
- 학습 목표: 본 수업을 마치면 학생들은 산과 염기의 특징을 설명할 수 있다.

방 법	실 행
I. 제시	
	1. 산성 용액과 염기성 용액의 성질을 실험을 통해 확인한다. 2. 산성 용액과 염기성 용액의 성질을 정리한다.
• 기억술	3. '산과 염기송'을 듣는다.
II. 연습	
	1. 반복하여 부른다. 2. 산과 염기의 특징을 말한다.
III. 피드백	
	1. 학생들이 산과 염기의 특징을 말하면 바로 피드백을 한다. • 학생이 정답을 말하면 칭찬을 한다. • 학생이 오답을 말하면 틀린 부분을 설명한 후 다시 이야기하게 한다.

[수업 교안]

방 법	실 행	시 간
Ⅰ. 제시		20분
1. 동기화	교사: 산성 용액과 염기성 용액에는 어떤 것이 있는지 말해 봅시다.	
2. 자료 제시 및 탐색	교사: 산성 용액과 염기성 용액은 어떤 특징이 있는지 실험을 통해 알아봅시다. 교사: 산성 용액인 묽은 염산에 달걀 껍질을 넣으면 어떻게 되나요? 학생: 기포가 발생합니다. 교사: 염기성 용액인 묽은 수산화나트륨 용액에 달걀 껍질을 넣으니 어떤 반응이 일어나나요? 학생: 아무런 변화가 없습니다. 교사: 산성 용액과 염기성 용액에 대리석을 각각 넣었을 때 어떤 변화가 있었습니까? 학생: 산성 용액에서만 대리석이 녹았습니다.	
3. 추가자료 제시 및 탐색	교사: 삶은 달걀과 두부를 산성과 염기성 용액에 각각 넣으면 어떤 변화가 나타나나요? 학생: 염기성 용액에서만 용액이 뿌옇게 변하고 산성 용액과는 아무런 반응을 보이지 않았습니다.	
4. 규칙성 발견 및 개념 정리	교사: 실험 결과를 가지고 산성 용액과 염기성 용액의 특징을 정리해 봅시다. 학생: 산성 용액은 달걀 껍질과 대리석을 녹이고 염기성 용액은 삶은 달걀과 두부와 반응을 합니다. 교사: 맞습니다. 산성 용액은 달걀 껍질이나 대리석과 같이 탄산칼슘이 들어 있는 물질을 녹이는 성질을 갖고 있습니다. 염기성 용액은 손으로 만지면 미끌미끌하며 단백질을 녹이는 성질을 갖고 있습니다. 이처럼 두 용액은 반응하는 물질이 다릅니다.	
5. 기억술	교사: 산과 염기의 특징을 지금까지 배웠던 내용들을 종합하여 노래로 들어봅시다.  	

방 법	실 행	시 간
Ⅱ. 연습		
1. 연습	교사: 자, 그러면 이젠 같이 따라서 불러봅시다. 학생: (따라 한다.) 교사: 이번에는 산성 용액의 특징 가사를 가릴테니 불러보세요. 학생: (부른다.)	10분
	교사: 잘했습니다. 이번에는 염기성 용액의 특징을 가릴테니 불러보세요. 학생: (부른다.) 교사: 잘했습니다. 그럼 가사를 모두 보지 않고 불러 봅시다. 학생: (부른다.) 교사: 산과 염기의 특징을 실험 관찰에 적어 보세요. 교사: 적은 것을 발표해 봅시다.	
Ⅲ. 피드백		
• 확인 • 교정 • 유도	교사: (정답을 말하면) 참, 잘했습니다. 교사: (틀린 곳이 있으면) 지적해서 정답을 말하게 한다. 교사: (어려워하는 학생이 많으면) 산과 염기송을 다시 부른다.	5분
Ⅳ. 정리		
• 차시예고	교사: 다음 시간에는 산성과 염기성 용액을 섞으면 어떻게 되는지 알아보겠습니다.	5분

연습 및 탐구 문제

1. 지식 혹은 정보를 외우는 학습에 대한 부정적인 인식이 퍼져있다. 이러한 인식의 근거와 이 문제를 해결하는 방안을 본 장의 교수설계 모형에 비추어서 논의하시오.

2. 혈액의 순환 과정을 기억하는 학습 과제가 있다고 하자. 이 학습과제를 가르치기 위한 주요 교수 전략을 본 장의 교수설계 모형에 비추어서 제안하시오.

3. 조선시대의 왕의 이름을 순서대로 외울 때 사용할 수 있는 기억술(mnemonics)을 들고, 왜 이 기억술이 학습 과정에 도움을 주는 지 설명하시오.

4. 식품과 영양을 학습하면서 필수 영양소와 영양소의 역할을 기억할 수 있도록 정보 기억을 위한 교수설계 모형의 전략을 활용하여 교수학습과정안을 개발하시오.

제 4 장

개념의 적용을 위한 교수설계 모형

1. 개념의 적용의 의의와 학습원리
2. 개념의 적용을 위한 교수설계 모형과 교안 사례

개념의 적용은 학교교육을 비롯한 각종 교육 장면에서 전형적이면서도 중요한 학습 형태로 간주되고 있다. 예컨대, 밀도(density)라는 과학적 개념을 획득하여 다양한 현상에 적용할 수 있게 되면, 물리적인 대상을 기존의 사고와는 다르게 파악할 수 있을 뿐만 아니라, 이후의 다양한 학습도 효과적으로 하게 된다. 개념 적용 학습과제를 어떻게 다룰 것인가는 교과에 따라 다르지만, 교과의 특성과 상관없는 공통된 특성 또한 존재한다. 한편, 많은 학습자들이 개념 학습과 관련해 어려움을 겪고 있는데, 그중에서도 오개념의 형성은 자주 지적되는 현상 중의 하나이다. 본 장에서는 개념 학습의 의미와 함께 학습자들이 적용의 수준에서 개념을 활용하려면 어떤 교수 전략이 필요한가를 다룬다.

1. 개념의 적용의 의의와 학습원리

1) 개념의 적용의 의의

개념의 적용은 의미 있는(meaningful) 학습의 최소 단위인 개념을 획득하고 그것을 활용할 수 있는 상태를 말한다. 구체적으로는 새롭게 개념을 획득한 후, 어떠한 사례(instances)가 주어질 경우 그 개념을 활용하여서 그 사례가 획득된 개념의 한 가지 실례(example)인지 아니면 비예(non-example)인지를 구분하는 것을 의미한다. 예컨대, 물리학에서 마찰력 개념을 획득한 후, 주어진 운동 상황을 보고 마찰력이 포함되었는지 여부를 판단할 수 있을 때 개념을 적용할 수 있는 상태에 이르렀다고 보는 것이다. 이러한 개념 적용의 의미를 보여주기 위하여 롸이겔루스(Reigeluth)는 개념 분류(concept classification)라는 용어를 제안하기도 하였다. 그러나 본서에서는 개념 분류가 여러 개념들 간의 분류라는 오해를 일으킬 여지가 있다고 판단하여 개념의 적용이라는 용어를 사용하기로 한다.

개념의 적용은 여러 학습과제 유형 중에서도 가장 전형적인 것으로 볼 수 있다. 가네(Gagné, 1970)에 의하면 개념은 지적 기능(intellectual skills)의 한 하위 요소로서 원리나 절차 학습의 기초가 된다([그림 4-1] 참조).

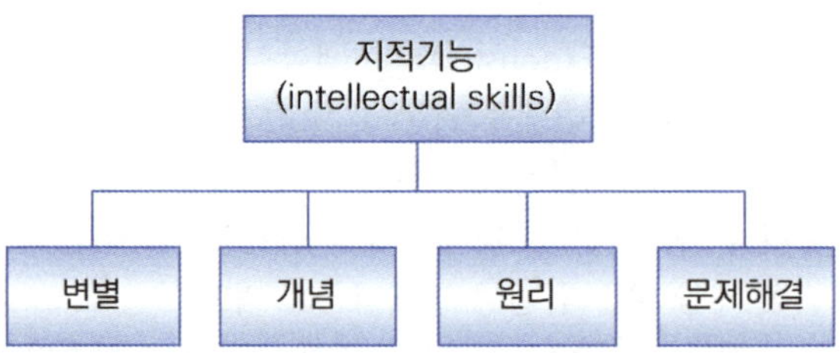

[그림 4-1] 가네의 학습과제 유형 중 지적 기능의 구분

지적기능 중 원리는 사물(thing)의 변화를 기술한다. 개념은 바로 이러한 사물들을 말하는 것으로서 원리의 하위 성분을 구성하기 때문에, 원리를 학습하기 위해서는 반드시 개념에 대한 선행 학습이 이루어져야 한다. 예컨대, 수요공급의 법칙은 가격, 공급, 수요 간의 변화 관계를 기술하고 있는데, 이 세 가지 개념을 획득하지 않고는 수요공급의 법칙을 획득할 수 없다.

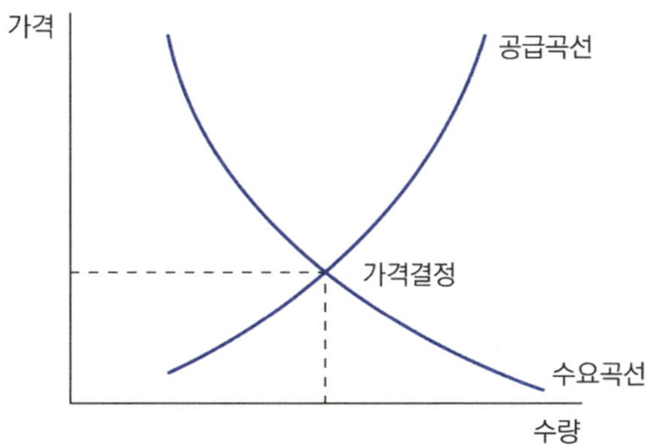

[그림 4-2] 수요 공급의 법칙과 주요 개념

한편, 절차는 사물을 어떻게 변화시킬 것인가를 기술한다. 여기서의 사물 또한 개념을 뜻하며, 절차의 하위 성분을 이룬다. 따라서 절차를 학습하기 위해서는 반드시 개념에 대한 선행 학습이 이루어져야 한다. 예컨대, 분수 나누기 절차는 첫째, 제수의 분모와 분자가 바뀌며, 둘째, 양 분모 간에 곱셈을 하며, 셋째, 양 분자 간에 곱셈을 한다로 구성된다. 여기서 세 가지 개념 — 제수, 분모, 분자 — 을 우선 학습하여야 이후 절차에 대한 학습이 가능해진다.

$$\frac{5}{9} \div \frac{2}{3} = \frac{5}{9} \times \frac{3}{2}$$ 1) 제수의 분자와 분모를 바꾸어 곱셈으로 고친다.

$$= \frac{5}{\underset{3}{\not{9}}} \times \frac{\overset{1}{\not{3}}}{2}$$ 2) 약분한다.

$$= \frac{5}{6}$$ 3) 양 분모 간, 양 분자 간 곱셈을 한다.

[그림 4-3] 분수 나누기 절차와 개념

따라서 개념 획득은 이후 원리나 절차 등의 학습에 영향을 미친다는 점에서 매우 중요한 위치를 차지하고 있다. 개념 획득에 관한 학습이론의 발전은 상당한 수준에 와 있으며, 이를 바탕으로 다양한 형태의 처방적 교수설계 모형이 제안되고 있다.

2) 개념의 적용을 위한 학습원리

개념의 적용은 가네가 말하는 지적 기능(intellectual skills)의 한 가지 유형이다. 개념 학습이 이루어졌을 때 기대할 수 있는 적용 능력은 학습한 개념으로 새로운 대상을 구분하는 것이다. 예컨대, '장마'라는 개념을 교과 내용으로 처음 배우는 초등학생이 이후 비가 내리는 여러 가지 사태를 장마와 장마가 아닌 것으로 구분하는 능력을 지닐 때, 우리는 그 학생이 장마라는 개념 적용 능력을 가졌다고 본다. 여기서 한 가지 유의할 점은 장마를 '소나기'나 '이슬비'와 같이 비의 한 가지 하위 개념으로 분류하는 능력은 기능의 적용이 아니라는 것이다. 이러한 능력은 다음 제7장에서 다루게 될 개념적 이해에 해당하며, 이후에 자세히 다루기로 한다.

그렇다면 인간은 어떻게 새로운 개념을 획득하고, 이렇게 획득한 개념을 적용하여 주어진 대상을 개념의 실례인지 아닌지를 구분하게 되는가? 개념 획득은 학교교육에서만 이루어지는 것이 아니라, 인간이 태어난 후 가정 등에서 학습과 사회화 과정을 통하여 자연스럽게 이루어지는 경우도 많다. 예컨대, '강아지'라는 개념은 대부분의 사람들이 가지고 있는 것인데, 어떠한 과정을 거쳐서 이 개념을 획득하는지 간략히 살펴본다.

전형의 형성 어떤 사람이 대화 도중에 '강아지'라는 말을 하였을 때, 그 말을 들은 우리들은 대체로 머릿속에 강아지의 형상, 즉 한 가지 전형(prototype)의 모습을 떠올리게 된다. 형상화된 강아지의 모습은 색깔이나 크기 면에서 평범한 강아지일 가능성이 많다. 대부분의 강아지들이 보여주는 공통의 특성에 초점이 맞추어지며, 종이나 개체의 특성에 따라서 달라지는 색깔, 크기, 털의 길이 등에 대해서는 무시하려 할 것이다. 이러한 전형 형성(prototype formation)은 개념의 적용 학습 과정의 첫 번째 단계이다(Tennyson, 1980).

[그림 4-4] 강아지의 전형적 예

위 사진의 강아지는 동그란 역삼각형 얼굴, 완전히 성숙하지 않은 작은 몸집 등 강아지의 전형적 특성을 갖고 있다.

일단 한 가지 전형이 형성되면, 다음으로 강아지에는 어떠한 특성이 있는지를 학습하여야 한다. 크기, 색깔, 형태 등에 있어서 강아지들이 어떻게 다른 동물들과 다른지 비교하고, 전형을 벗어나서 일반화(generalization)할 수 있는 능력을 습득하여야 한다. 물론 강아지와 강아지가 아닌 것을 구별(discrimination)하는 능력 또한 학습하여야 한다.

구별 모든 강아지는 공통적인 특성을 지니고 있다. 포유류이고, 특정한 치아 형태를 가지고 있으며, 식성이 정해져 있고, 신체적 외형의 구조도 일정한 형태를 보이고 있다. 이러한 특성들을 일반적 특성(common characteristics)이라고 한다.

몇 가지 일반적 특성은 쉽게 관찰 가능하며(예컨대, 몸 형태 등), 그렇지 않은 것들도 있다(예컨대, 식성 등). 따라서 어떤 일반적 특성은 특정 동물이 강아지인지 아닌지를 구분하는 데 유용한 반면, 다른 것들은 그렇지 않다. 이러한 유용한 특성을 결정적 특성(critical characteristics)이라고 한다. 요컨대, 결정적 특성은 강아지와 강아지가 아닌 것을 구분하는 데 필요하다.

일반화 강아지들은 종이나 개체의 특성에 따라 색깔, 크기 등에 있어서 차이가 있다. 이러한 것을 가변적 특성(variable characteristics)이라고 한다. 가변적 특성은 모든 종류의 강아지들을 일반화시키기 위하여 필요한 학습 대상이다. 가변적 특성을 고려한 일반화와 결정적 특성을 바탕으로 이루어지는 구별은 개념을 적용하는 학습에 매우 중요한 측면을 차지한다. 그러나 가변적 특성을 학습할 때 가변성의 상이도가 달라질 수 있다는 것을 고려할 필요가 있다. 어떤 특성은 해당 개념의 대부분의 실례들에서 공통으로 나타나는 반면에, 어떤 특성은 매우 드물게 나타나는 경우도 있기 때문이다. 대부분의 실례들에 있어서 공통으로 나타나는 특성은 때때로 개념 적용 학습에 유용할 수 있다.

한편, 어떤 개념은 매우 복잡하다. 즉, 결정적 특성이 많은 것이다. 이 점은 개념 적용 학습을 매우 어렵게 한다. 이 경우 란다(Landa, 1983)에 의하여 개발된 기법은 이러한 어려움을 극복하게 하여 준다. 알고리즘(algorithm) 혹은 순차적 단계라고 불리는 이 기법은 개념에 포함되는 특성을 순차적으로 나열한 후 이 특성을 사례가 포함하고 있는지 하나씩 확인하는 것이다([그림 4-5] 참조). 개념 적용의 학습은 항상 알고리즘 학습을 포함하게 되는데, 간단한 개념의 경우 알고리즘은 하나의 단계만을 가지고 있다. 전문가들의 경우에는 자신들이 이용하는 알고리즘을 의식하지 못한 채로 개념을 활용하기도 한다.

마지막으로, 개념 적용 학습의 중요한 측면으로 사전 지식(prior knowledge)이 있다. 가네(Gagné, 1970)에 의하면 개념 적용의 기능은 항상 모종의 선수(prerequisites) 기능을 포함하고 있는데, 이 기능은 다른 개념 분류 기능을 획득하기 위해서 반드

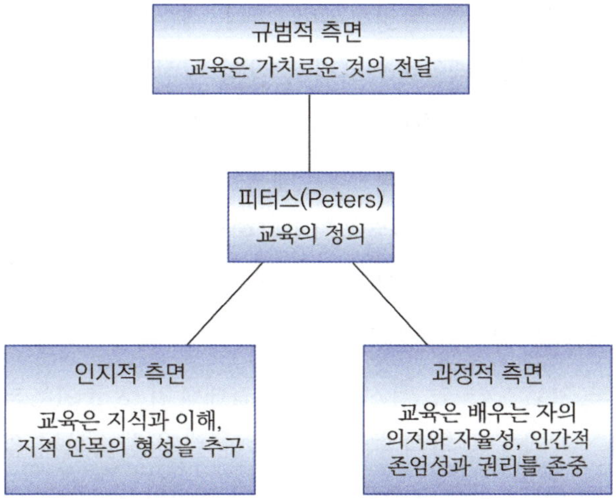

[그림 4-5] 교육의 알고리즘의 예

교육에 관한 개념적 분석의 예로 피터스(Peters)의 관점을 들 수 있는데, 이를 일종의 알고리즘으로 볼 수 있다. 왜냐하면 교육인지 아닌지 구분하기 어려운 상황, 예컨대 예비군 교육 혹은 훈련이라는 용어가 적절한지를 검토할 때 이 알고리즘을 이용할 수 있기 때문이다.

시 사전에 달성되어야 한다. 선수 기능은 결정적 특성(때때로 가변적 특성)을 구성하며, 개념으로서의 특성을 자연스럽게 가지고 있다. 이것은 또 하나의 학습 원리가 되며, 개념 적용을 가르치기 위하여 필요한 교수 전략에 중요한 시사점을 제공한다.

2. 개념의 적용을 위한 교수설계 모형과 교안 사례

개념 학습과 관련된 이상의 원리들을 고려할 때, 어떻게 개념 적용 학습과제를 가르쳐야 하는가? 개념 적용을 위한 교수설계 모형에 포함되는 원리들은 전형의 형성, 구별, 일반화와 같은 학습 단계와 관련성을 가진다.

전형의 형성 우선 전형을 형성하여야 한다. 교수의 차원에서 전형적 실례(prototypical examples)를 제공함으로써 전형의 형성 과정을 촉진할 수 있다. 이때 제공되는 실례는 일반적이어야 하며, 다수의 실례들을 대표할 수 있어야 한다. 예컨대 초등학교 4학년 과학교과의 '화산'에 대한 학습을 할 때 우리나라의 '한라산'을 제시할 수 있다. 화산은 봉우리가 하나이며 삿갓을 엎어 놓은 원뿔 모양을 보이며 화산 꼭대기에 분화구가 있어 여기에 호수가 생기기도 하는데, 한라산은 이러한 화산의 특징을 잘 보여준다.

구별 다음으로 학습자는 한 가지 개념의 실례들이 공통적으로 지니는 특성을 학습하여야 한다. 이 과정을 거쳐야 개념에 속하는 것과 속하지 않는 것을 구분할 수 있게 된다. 이러한 공통적 특성을 결정적 특성이라고 하며, 이것의 획득을 촉진하기 위해서 다음과 같은 두 가지 방식을 이용할 수 있다.

[그림 4-6] 돌고래와 상어

서식지와 형태는 유사하나 동물 분류 체계에 따르면 두 동물은 포유류(mammal)와 어류(fish)로 구분된다. 돌고래는 어류의 대응적 비예에 속한다.

첫 번째 방식은 속성을 말하여 주는 것이다. 즉, 개념의 일반성(generality) 혹은 정의를 제시하는 것이다. 두 번째 방식은 개념에 속하는 한 가지 실례를, 실례와 유사하지만 실례가 아닌 것과 비교하는 것이다. 이러한 것을 대응적 비예(matched non-example)라 한다. 대응적 비예는 한 가지를 제외한 모든 결정적 특성과 가변적 특성이 실례의 그것들과 동일한 것을 말한다. 실례와 대응적 비예가 동시에 제시됨으로써 결정적 특성의 확인을 촉진할 수 있다. 예컨대, 어류의 개념을 설명할 때, 바다에 서식하면서도 새끼를 낳아서 기르는 포유류에 속하는 돌고래는 대응적 비예에 속할 수 있다.

일반화 학습자는 전형으로부터 다른 모든 실례들을 일반화하는 것을 학습하여야 한다. 즉, 상이한 실례들이 어떻게 한 개념의 실례가 될 수 있는가를 이해하게 된다. 이를 위하여 무시하여도 좋은 가변적 특성이 무엇인가를 파악하여야 한다. 가변적 특성의 학습은 다음 두 가지 방식에 의하여 촉진될 수 있다. 하나는 가변적 특성 중 가장 공통적인 것을 보여주는 일반성을 제시하는 것이며, 다른 하나는 서로 간에 매우 상이한 실례들을 제시하는 것이다. 이러한 실례를 발산적 실례(divergent examples)라고 한다. 물론, 발산적 연습(divergent practices)도 매우 중요하다.

개념 적용 학습 과제에 두 가지 학습 과정이 발생한다는 점에 주목하여야 한다. 첫 번째 과정은 개념의 일반적 표상이 기억에 남게 되는 획득(acquisition) 과정이다. 이 과정은 대체로 일반성과 전형적 실례의 결합으로 이루어진다. 그리고 두 번째 과정은 획득된 개념을 새로운 실례의 분류에 적용하는 학습 과정이다. 일반성의 획득은 일반성과 전형적 실례를 동시에 제공함으로써 촉진될 수 있다. 수업을 게임의 형식으로 만들 수도 있다. 즉, 일반성을 제시하지 않고, 많은 실례를 제공하여 학습자로 하여금 스스로 결정적 특성을 찾아내게 하는 것이다(일반성의 발견).

그러나 이러한 획득은 일반성의 적용(application)과는 매우 다르다. 적용은 발산적 실례와 연습, 그리고 대응적 비예의 제공을 요구하기 때문이다. 따라서 교수설계 차원에서 고려할 수 있는 학습자 참여는 크게 두 가지로 나누어진다. 하나는 일반성의 획득을 촉진하는 것이다. 이것은 귀납적인 방식으로, 여러 가지 실례들을 확인하는 과정이 포함된다. 다른 하나는 일반성의 적용을 촉진하는 것이다. 이것은 연역적인 방식으로, 획득된 개념을 새로운 상황에 적용하는 것이다. 만약 개념의 적용이 수업의 목적이라면 귀납적인 참여를 통한 일반성의 획득만으로는 충분하지 못하다.

그렇다면 개념 적용 학습과제를 위해서는 어떠한 교수 방식이 사용되어야 하는가? 앞 장에서 살펴보았듯이 교수 방식은 크게 일상적 방식과 심화 방식으로 나뉜다. 일상적 방식은 제시, 연습, 피드백으로 구성되며 모든 수업에 나타나야 한다. 한편 심화 방식은 쉬운 과제에 대해서는 활용되지 않으며, 어렵고 복잡한 과제에 대해서만 활용된다.

〈표 4-1〉 개념 적용을 위한 교수설계 모형의 원리

<table>
<tr><th colspan="3">일상적 방식</th><th>심화 방식</th></tr>
<tr><td rowspan="2">제 시</td><td>일반성</td><td>이름, 상위 개념, 결정적 특성</td><td>주의 집중
표상의 다양성
알고리즘</td></tr>
<tr><td>실례</td><td>결정적 특성을 보여주는 새로운 것</td><td>실례의 숫자
난이도 증가 순서
주의 집중
표상의 다양성
대응적 비예</td></tr>
<tr><td colspan="2">연 습</td><td>결정적 특성을 보여주는 새로운 것(다양성)</td><td>연습 문항의 숫자
난이도 증가 순서</td></tr>
<tr><td colspan="2" rowspan="2">피 드 백</td><td>정보 제공</td><td>주의 집중
표상의 다양성</td></tr>
<tr><td>동기 유발</td><td>칭찬 혹은 격려</td></tr>
</table>

1) 일상적 방식

개념 적용을 위해서 활용되는 일상적 방식에는 제시, 연습, 피드백이 있다.

일반성(generality)[3] 개념 적용 학습과제의 획득을 촉진하기 위해서 제시되는 일반성은 학습자들이 대상을 분류하는 과정을 도와줄 수 있는 것만 포함하여야 한다. 만약에 학습자들이 해당 개념과 관련된 다른 개념들을 학습하기를 원한다면, 다른 종류의 학습과제 — 예컨대, 이해의 학습과제 — 의 획득을 다루어야 한다.

한편, 어떤 개념들은 결정적 특성에 비추어서 정의되는 반면에, 기능에 비추어서 정의되는 개념도 있다. 이러한 정의를 각각 준거적 정의(criterial definitions)와 기능적 정의(functional definitions)라고 한다. 예컨대, 의자는 앉는 기능에 의하여 정의되기는 하지만, 다리의 숫자, 좌석의 유형 등에 의하여 정의되지는 않는다. 물론 정의는 준거적 특성과 기능적 특성을 동시에 지닐 수 있다. 예컨대, 의자는 앉는 데 사용하는 것이면서 동시에 등받이를 가지고 있는 것으로 정의될 수 있다.

실례 모든 일반성은 실례를 가지고 있다. 앞에서 설명한 대로 실례를 제공하는 목적에 비추어 보면, 실례는 매우 발산적(divergent)이어야 하며, 몇몇 실례들은 대응적 비예 등과 같이 제시되어야 한다. 마클과 티먼(Markle & Tiemann, 1970)에 의하면 실례의 '최소 결정적 요소군(minimum critical subset)'은 어떤 개념의 전체 실례 중 주요 유형이 포함되는 상태를 말한다. 실례를 제시할 때는 개념의 특성이 다 포함될 수 있도록 하는 것이 필요한 것이다. 예컨대 '증발'이라는 개념에 대해 설명할 때 증발이 물의 표면에서 물이 수증기로 변하여 공기 중으로 날아가는 것임을 학습할 수 있도록, 자연적인 상태에서 물이 줄어드는 것부터, 물을 끓이거나 부채질을 하는 상황 등 다양한 예를 포함해야 한다.

---

3) 일반성(generality)이라는 개념은 그다지 익숙한 것이 아니다. 대체로 개념의 정의에 해당하는 것을 일반성이라고 생각할 수 있다. 정의 대신에 일반성을 사용하는 이유는 원리나 법칙의 경우를 생각하면 알 수 있다. 보통 법칙, 예컨대 수요공급의 법칙의 경우 수요 공급의 법칙의 '정의'라는 말은 쓰지 않는다. 이 경우 수요공급의 법칙이 진술된 것은 일반적인 특성이 진술된 것으로 보고 원리의 일반성(generality)이라고 하며, 수요 공급의 법칙이 적용된 사례들은 원리의 예(example)라고 구분하게 된다.

연습 개념 적용 학습과제에서 학습자는 자신들이 이전에 접하지 못한 사태에 개념 분류의 기능을 적용할 수 있어야 한다. 따라서 연습은 매우 발산적(divergent) 성격을 띠어야 하며, 적어도 하나의 '최소 결정적 요소군'을 가지고 있어야 한다.

이상의 일상적 방식들을 어떠한 순서로 제시하여야 하는가? 일반성, 사례, 연습의 순서가 항상 효과적이지는 않을 것이다. 대체로 먼저 전형 형성이 이루어지도록 수업을 이끌어 가는 것이 효과적이다. 따라서 전형적 실례를 제시하면서 동시에 일반성을 제시하도록 한다. 또한 아동과 같은 어린 학습자들에게는 일반성을 제시하기 이전에 풍부한 실례들을 먼저 제시하는 것이 보다 효과적이다.

다음으로 학습자들 스스로 필요한 방법들을 선택할 수 있도록 하는 것이 보다 도움이 된다. 대체로, 일반성과 전형적 실례를 확인한 후, 학습자들은 자신들이 개념을 안다고 생각하는 경향이 있다. 이 경우 보다 어려운 연습 문제를 스스로 풀어봄으로써 자신을 평가할 수 있다. 만약에 제대로 답을 하지 못하였다면, 중간 수준 난이도의 실례를 다시 본다. 이후 중간 수준 난이도의 연습 문제를 풀거나 일반성을 재확인한다. 계속 동일한 과정이 반복되어 진행된다. 이와 같은 학습자 통제(learner control)[4]를 촉진하기 위해서는 다양한 형태의 일상적 방법을 분명히 명시하는 것이 필요하다. 이러한 접근은 개별 학습자의 차이를 고려하여 다수의 상이한 수업을 설계하는 것보다 실제적인 해결안이 될 수 있다.

2) 심화 방식

개념 적용 학습 과제를 위한 심화 방식은 다양하게 나타날 수 있다.

일반성 일반성을 보강하기 위해서는 다음과 같은 방식을 활용할 수 있다. 첫째, 주의집중(attention focusing) 방법을 활용하여 일반성의 주요 부분(명칭과 결

4) 학습자 통제는 학습자 스스로 학습의 속도, 양, 순서 등을 통제할 수 있는 방법들을 통칭하는 용어이다. 전통적으로 컴퓨터를 활용하는 수업 장면에서 많이 논의되고 있다.

정적 특성)에 대한 획득 과정을 촉진할 수 있다. 또한 도식(diagram)이나 재진술(paraphrase)과 같은 표상의 다양성(variety of representations)을 통하여 일반성 획득을 촉진할 수 있다. 마지막으로 알고리즘(Landa, 1976)을 활용할 수도 있다. 알고리즘은 일련의 단계로서, 결정적 특성들이 모두 다 제시되었는지 확인하기 위하여 사용할 수 있다(교안 사례 참조).

실례 실례 제공에 대한 심화 방법으로 가장 분명한 것은 실례의 숫자를 늘리는 것이다. 그러나 각각의 실례들은 서로 상이하며, 실례로 분류하기가 어려운 것이 있다. 따라서 보다 쉬운 실례들을 먼저 제시하고, 점차로 어려운 실례들을 제시하여야 한다. 이러한 방법을 난이도 증가 순서(easy-to-difficult sequence)라 한다. 또한 주의집중 방법을 사용할 수도 있다. 즉, 어떠한 실례가 일반성의 결정적 특성을 지니고 있는지 여부를 분명하게 지적할 수 있다. 마지막으로 실례를 제시하는 데 표상의 다양성을 사용할 수 있다.

연습 연습을 보강하는 방법은 연습 횟수를 늘리는 것이며, 난이도 증가 순서 방법을 활용할 수도 있다. 또한 선행 연습 문항에서 제시되었던 대답 유도(prompting)를 포함할 수 있다. 대답 유도는 연습 문제에 대하여 학습자가 적절하게 대답하지 못하는 상황을 도와주기 위하여 제공된다. 예컨대, 답을 하기 위한 힌트(hint) 같은 것이다.

피드백 피드백을 보강하는 방법은 실례를 보강하는 방법과 유사하다. 결정적 특성의 존재 유무를 분명하게 지적함으로써 사례와 일반성의 관계를 보여주는 주의집중 방법을 활용할 수 있다. 정답에 대한 피드백은 표상의 다양성을 활용할 수 있다. 물론, 동기 유발을 위한 심화 방식도 사용될 수 있다. 정답에는 칭찬을, 오답에는 격려를 제공할 수 있다.

3) 교안 사례

개념 적용에 해당하는 두 가지 교안 사례가 제시된다. 첫 번째 교안은 고등학교 철학 시간에 활용할 수 있다. 앞 장의 정보의 기억과 마찬가지로 처음 세 쪽은 교안 청사진으로 준비된 것이고, 이어서 본 교안이 준비되어 있다. 두 번째 교안은 초등학교 수준에서 컴퓨터의 바이러스 개념을 다루는 수업에 활용할 수 있다.

사례 1

'예술' 개념 수업

[수업 청사진*]

- 개념: 예술(개념분류)
- 대상 학습자: 고등학교 2학년
- 수업 수준: 3
- 결정적 특성: 1. 의식적으로 미(美: 아름다움)를 만들어내는 활동이다.
  2. 미적 관심의 대상을 시각·청각적으로 표현하는 것이다.
  3. 사실(지식)이 아닌 느낌(감정)을 재구성하여 전달하는 표현양식이다.
- 가변적 특성: 1. 예술은 표현양식에 따라 미술, 음악, 시, 문학, 연극, 오페라 등으로 구분된다.
  2. 표현양식에 있어서 예술은 객관적 형식을 가지면서도 예술가마다의 주관적 요소가 개입된다.
  3. 같은 주제에 대한 표현도 지역이나 작가에 따라 다양한 형태를 나타낸다.

방 법	실 행
Ⅰ. **제시**	
1. 전형적 예	• 하나의 주제를 가진 그림과 음악 중 학생들에게 친숙한 것 하나씩을 동시에 제시하여 보여주고, 들려준다.
2. 주의 집중	• 그림은 Powerpoint를 이용해 보여주고, 음악은 스피커를 이용해 들려준다. 학생들이 지루해하지 않도록 음악은 클라이막스 부분만을 들려준다.
3. 개념 정의	• Powerpoint 자료 제시 전 학생들에게 '예술'에 대한 개념 정의를 나름대로 해보도록 한다. 교사는 학생들의 의견에 코멘트를 더함으로써 개념의 결정적 특성을 발견하도록 유도한다.(이때 학생들의 발표는 빠짐없이 요약하여 판서하도록 한다. 단, 발표 중에는 학생을 보고 있고 발표가 끝날 무렵에 신속히 판서하여 교사의 학생에 대한 관심을 표시한다.) • 학생들이 어느 정도 '예술'에 대한 개념 중 결정적 특성에 대해 이야기를 할 때, Powerpoint 자료를 보여준다.

* 수업 청사진(Lesson Blueprint)은 교수 방법을 전체적으로 보여 준다. 다음에 제시되는 수업 교안(Lesson Plan)은 상세화된 교수 방법을 보여 준다.

방 법	실 행
4. 파악 단계	• 전형적인 예(음악은 제외한다.)로 그림을 다시 보여주면서 '예술'의 결정적 특성을 구체적으로 명확하게 이해하도록 한다. • 이때 개념정의 자료는 다시 보여주지 않음으로써 학생들로 하여금 회상/기억하도록 한다. • 3에서 판서되었던 학생들의 발표 내용 중 '결정적 특성'에서 벗어나는 내용들을 '가변적 특성'과 연관 지어 설명하면서 '가변적 특성' 자료를 Powerpoint로 제시한다.
5. 주의 집중	• 한 학생을 지적하여(수업하는 달에 생일이 있는 학생을 미리 알아두어 지적하여 교사의 관심을 표시한다.) 전자칠판에 사람 전신을 그리도록 한다. 다른 학생들은 개인 태블릿 드로잉 앱을 활용하여 각자의 표현대로 사람 전신의 모습을 그리도록 한다(볼펜으로 그리도록 한다.). • 사람 전신의 그림을 그리고 난 후 이번에는 '봄'이라는 그림을 그려보도록 한다.
6. 예	• 학생들은 태블릿 드로잉 앱을 이용해 주제에 맞는 작품을 그린 후, Padlet 게시판에 인체 전신을 그린 그림과 '봄'을 표현한 그림을 업로드한다. • 그중 대표적인 작품을 선정하여 공유 화면을 통해 함께 감상한다.
7. 다양성	• 예술작품과 학생들의 작품들의 비교하면서 그 차이점을 두 가지 측면에서 설명한다. 1. 예술작품의 결정적 특성에 비추어 학생들의 그림이 '예술작품'과는 어떠한 차이점이 있는지를 설명. 2. 같은 주제를 가지고 표현하는 방식이 다 다름을 지적하면서 '예술작품'에 있어서 작가의 주관성 개입의 측면을 설명.
8. 예가 아닌 경우	• '봄'을 표현한 것은 '봄'의 아름다움이라는 추상적인 주제를 표현하여 '예술작품'에 가까우나 인체 전신의 그림은 '아름다움'의 의식 없이 1차적인 표현만 했으므로 '예술작품'에서 거리가 먼 것임을 학생으로 하여금 설명한다.(교사는 학생들의 답변에 계속적인 코멘트와 피드백을 한다. 단, 장황한 설명이 되지 않도록 주의한다.)
II. 연습	
1. 연습 가	• 상업 광고에 사용된 사람의 그림과 예술 작품 중 사람의 그림을 제시하여 '예술'의 결정적 특성을 적용하여 '예술작품'을 선별하도록 한다.

방 법	실 행
연습 나	• '공익광고 문구'와 '시'를 제시하여 '예술'의 결정적 특성을 적용하여 '예술작품'을 선별하도록 한다.(「연습 나」로 하여금 '예술'이라는 개념을 수업시간에 배우고 실습했던 '회화'뿐 아니라 '시'나 여타의 예술형식에도 적용토록 유도한다.)
연습 다	• 같은 주제의 그림을 두 개 제시하여 같은 주제를 같은 양식으로 표현했음에도 불구하고 두 그림이 왜 틀린지를 '예술'의 가변적 특성, 특히 작가의 주관성 개입이라는 내용의 답을 선택하도록 한다.
2. 다양성	• '연습 가'는 '예술'의 결정적 특성에 대하여 • '연습 나'는 '예술' 개념의 확대적용능력 배양 • '연습 다'는 '예술'의 가변적 특성에 대하여
Ⅲ. 피드백	
1. 동기화	• 시각자료(Powerpoint)와 청각자료(스피커)를 사용하면서 자료에 대한 학생들의 의견발표 시 교사의 적극적인 반응태도를 보인다. • 학생들의 발표내용은 빠짐없이 요약하여 판서하도록 하고 학생들의 발표 중에는 학생에게만 주의를 집중하여 준다. • 발표자가 자진해서 나오지 않을 경우 수업이 있는 달에 생일이 있는 학생을 미리 알아두어 지적한다. (학생들에 대한 교사의 관심도 표시한다.)
2. 유 도	• 옳은 대답에는 적극적인 칭찬의 말을 아끼지 않도록 하되, 타 학생들에게 편파적인 대우라는 느낌이 들지 않도록 주의한다. • 틀린 답을 발표하는 학생에게는 옳은 답을 하도록 부드러운 말투로 유도하고 끝까지 옳은 답을 제시 못할 경우 위트와 격려로 분위기를 개선하며 옳은 답을 제시한다. (틀린 답은 '틀리다'라고 표현하지 않고 '그런 면으로 볼 수 있다'고 돌려서 표현한다. 그러나 그 답이 옳은 것이 아님은 명확히 한다.)
3. 정보제시	• 모든 정보는 시각/청각 기자재(Powerpoint와 스피커)를 사용하여 제시한다. • 자료 제공 시 사전준비 미흡으로 수업에 차질이 없도록 기자재에 대한 사전점검을 철저히 하고, 수업시간 중 사고 발생 시에는 미리 준비한 개별 태블릿으로 바로 대체한다.

[수업 교안]

방 법	실 행	시 간
Ⅰ. 제시		
전형적인 예 주의 집중	교사: 이번 시간에는 '예술'에 대해 공부하겠습니다.  [그림 1] '봄' / 오디오자료 1. 비발디의 '사계' 中 '봄' 교사: (그림 1과 오디오자료 1을 제시하며) 지금 여러분이 보고 있는 그림과 듣고 있는 음악은 '봄'이라는 한 가지 주제를 가지고 '회화'라는 표현양식과 '음악'이라는 표현양식으로 표현하고 있는 것입니다. 잘 보고 들으면서 저것들을 왜 '예술'이라고 하는지 생각해 봅시다.	5분
개념 정의	교사: 자, 아까 선생님이 말했듯이 이것들을 왜 '예술'이라고 하는지 우리 한번 이야기해 보도록 하죠. 학생: 아름다움을 담고 있기 때문입니다. 무언가를 느끼게 해주기 때문입니다... 등등의 대답 교사: 네. 맞아요. (Powerpoint 슬라이드 1을 제시하며) 여러분들의 대답과 같이 '예술'은 '아름다움'을 표현하는 것입니다.	15분
파악 단계	교사: (그림 1을 제시하며) 이 그림을 다시 보도록 합시다. 우리가 방금 배운 '예술'의 정의에 비추어 볼 때 이 그림은 왜 예술작품이라고 말할 수 있을까요? 학생: 그 그림은 '봄'의 생동감을 대지 위에 피어나는 꽃을 그림으로 그림으로써 그 아름다움을 표현하고 있습니다. 교사: 네, 그렇습니다. 이 그림은 '봄'을 '회화'라는 형식으로 봄의 생동감이라는 아름다움을 표현하고 있습니다. 그렇다면 수업 시작할 때 이 그림과 같이 들려주었던 음악은 왜 예술작품일까요? 학생: 그 역시 '봄'이 가지고 있는 아름다운 미적인 요소를	

방 법	실 행	시 간
	음악이라는 형식으로 표현하고 있기 때문입니다. 교사: 네, 맞습니다. 예술은 의식적으로 美, 즉 아름다움을 만들어내는 활동이죠. 그리고 그 예술은 방금 말한 회화나 음악 등의 형식을 통해서 표현되어집니다. 그렇다면, 이러한 형식 외에 또 어떤 형식들이 있을까요? 학생: 시나 소설, 연극이나 오페라 또는 사진 등이 있습니다. 교사: 네, 맞습니다. 그림을 보고 처음에 대답했던 다양하고도 각양각색인 대답들처럼 예술도 그 주제는 같을지라도 표현방식은 다양하답니다. 금방 우리 학생이 이야기 한 것처럼 회화나 음악뿐만 아니라 시나 소설, 연극이나 오페라 또는 사진 등등의 형식으로 표현되어 집니다. 교사: (Powerpoint 슬라이드 2를 제시하며) 예술은 '아름다움'의 '표현'이라는 정의 외에 화면에 보이는 것과 같은 성격을 동시에 지니고 있습니다. 특히, 예술은 표현양식에 있어서는 객관적(공통적)인 형식을 가지고 있지만 예술가(작가)의 주관적인 요소가 개입됩니다.	
주의 집중	교사: 자 이제 우리 이번에는 우리가 직접 '예술작품'을 만들어 보도록 할까요? 음.. 누군가가 대표로 한 사람이 나와서 선생님을 도와주었으면 좋겠는데.. 누가 해줄래요? (스스로 나서는 학생이 있으면 그 학생을 시키도록 하고 없으면 생일인 학생을 시킨다.) 학생: 제가 하겠습니다. 교사: 아, 그래요. 씩씩해서 좋았어요. 자, 그럼 나와서 전자칠판에 사람을 그려보세요. 머리 몸통 팔다리 모두 그려보세요. 그리고 이 학생이 전자칠판에 그림을 그리는 동안 나머지 학생들은 선생님이 미리 배부한 개별 태블릿 PC 드로잉 앱에 사람을 그려보도록 하세요. 학생: 다 그렸습니다. 교사: 자, 그럼 이번에는 구체적인 사물이 아니라 아까 우리가 봤던 그림과 같은 주제인 '봄'을 그려보도록 합시다. 학생: 다 그렸습니다.	7분

방 법	실 행	시 간
	교사: 자, 그럼 우리 학생이 '사람'과 '봄'을 어떻게 그렸는지 한번 보도록 할까요? 그리고 각 모둠에서 제일 잘 그렸다고 생각되는 그림을 사전에 공유한 Padlet 게시판에 업로드 해주세요. (4개 모둠에서 4개 그림을 업로드한다.)	
예	예술작품 중 인체전신을 그린 작품과 학생들의 작품을 제시 교사: 이제 우리가 그린 그림들과 예술작품을 비교해 보도록 하겠습니다.	
다양성	교사: 우리 학생들이 그린 인체의 그림과 선생님이 보여준 예술작품 중의 하나인 인체의 그림과는 어떠한 차이가 있을까요? 같은 주제를 같은 방식으로 표현했는데 왜 우리 학생들의 그림은 예술작품과 비교가 될까요? 학생: 예술작품은 인체의 아름다움을 여러 가지 회화적인 기법으로 표현하였지만 저희들의 그림은 인체의 아름다움을 표현했다기보다는 사실적으로 그려졌을 뿐이기 때문인 것 같습니다. 교사: 네, 맞습니다. 그렇다면 '봄'을 표현한 그림은 어떨까요? 학생: '봄'을 표현한 그림은 꽃을 그린 사람, 나비를 그린 사람, 파란 하늘을 그린 사람 등등 자신이 가지고 있는 봄의 아름다움을 나름대로 표현했기 때문에 예술의 정의와 특성에 비추어 볼 때 예술성이 있는 것 같습니다. 교사: 그렇죠. 바로 그거예요. 표현한다고 해서 다 예술이 아니라 바로 표현의 대상이 '아름다움'이어야 그것이 '예술'인 것입니다. 그리고 이 '예술'은 우리 학생들이 같은 '봄'을 여러 가지로 표현했듯이 그 표현방식이나 작가에 따라서 다양하게 표현될 수 있는 것입니다. 그것은 곧 예술의 객관적 형식에 작가의 주관성이 개입된다는 것을 말합니다.	4분
예가 아닌 경우	교사: 자, 전자칠판에 그려져 있는 우리 학생의 그림을 보면서 이야기해 봅시다. 사람을 그린 이 그림은 '예술작품' 일까요? 학생: 예술작품이 아니라고 말할 수는 없겠지만, 인체의 아	5분

방 법	실 행	시 간
	름다움이나 여타의 감정적인 요소가 개입되지 않았으므로 예술성이 없다고 생각됩니다. 교사: 네, 맞습니다. 우리가 잠시 후에 살펴보겠지만, 우리가 '사람'을 그린 그림처럼 단순히 무엇인가를 나타내는 것만으로는 '예술'이라 칭할 수 없습니다. 상업 광고의 그림이나 공익광고 문구 등은 '예술작품'이라 보기 힘들죠. 그러한 것들은 정보의 전달이나 지식의 전달 혹은 홍보의 역할을 할 뿐 그 속에 '아름다움'의 메시지가 없기 때문입니다.	
Ⅱ. 연습		
연습 가	교사: (사람이 있는 상업 광고 그림과 예술작품 중의 인물화를 제시하며) 자, 이 두 개의 그림에는 어떤 차이가 있을지 우리가 배운 예술의 정의에 비추어서 잘 생각하면서 문제를 풀어보도록 하세요.	9분
연습 나	교사: (공익광고 문구와 시 한편을 제시하며) 자, 지금까지 우리는 그림을 통해 '예술'의 정의를 내리고 배워왔는데, 지금 보이는 이 둘 사이에도 그러한 차이가 있을까요? 잘 생각하면서 답해보세요.	
연습 다	교사: (같은 주제의 그림 두 개를 제시하며) 자, 이 두 개의 그림은 서로 같은 주제를 가지고 표현하고 있습니다. 그런데 여러분들이 보고 있듯이 이 두 그림은 같은 주제를 다르게 표현하고 있습니다. 왜일까요? 그 이유를 이야기해 봅시다.	
Ⅲ. 피드백	피드백은 청사진 부분에서 자세히 설명하였으므로 생략한다.	

연습 문제

1. 다음에 제시된 두 그림 중 '예술작품'은 어떤 것이며, 그 이유는 무엇인가?

①

②

2. 다음에 제시된 두 글 중 '예술'성이 있는 것은 어느 것이며, 그 이유는 무엇인가?

① 꺼진 불도 다시 보자. (공익광고 문구)
② 내 마음은 호수요. (시 문구)

3. 다음 그림은 같은 인물을 묘사하고 있는데 그 분위기는 차이를 보이고 있다. 그 이유는 무엇인가?

①

②

사례 2

'컴퓨터 바이러스' 개념 수업

[수업 청사진]

- 개념: 컴퓨터 바이러스
- 대상 학습자: 초등학교 5학년
- 수업 수준: 3
- 결정적 특성: 1. 컴퓨터 바이러스는 컴퓨터 자체에서 실행되는 프로그램의 일종이다.
  2. 컴퓨터 바이러스는 사용자가 모르는 사이에 다른 프로그램에 자기 자신을 복사하여 퍼지는 프로그램이다.
  3. 컴퓨터 바이러스는 컴퓨터의 프로그램이나 실행 가능한 부분들을 변형하여 여기에 자기 자신이나 자기 자신의 변형을 복사하는 명령어들의 조합이다.
- 가변적 특성: 1. 컴퓨터 바이러스는 컴퓨터 자체의 고장과는 차이가 있다.
  2. 컴퓨터 바이러스는 감염되는 부분에 따라 부트 바이러스, 파일 바이러스, 부트/파일 바이러스로 나뉜다.

방 식	실 행
I. 제시	
1. 전형적인 예	• 개념의 이해를 돕기 위해 전형적인 예를 보여주는 영상 자료를 제시한다.
2. 주의 집중	• 영상 자료와 사진으로 사례를 제시하고 가독성이 높은 서체와 형광색으로 강조하여 개념을 제시한다.
3. 개념 정의	• 개념의 정의를 제시한다. • 교사와 학생 간의 토의를 통해 개념의 결정적 특성을 발견하도록 한다. • 감기 바이러스나, 컴퓨터의 물리적 고장 등과 비교, 대조를 통해 개념을 더욱 명확히 한다.

방 식	실 행
4. 파악 단계	• 컴퓨터 바이러스의 감염경로를 제시하면서 학생으로 하여금 컴퓨터 바이러스의 결정적 특성을 유도하게 한다. • 가변적 특성은 교사가 제시한다.
5. 주의 집중	• 생활 속 사례를 담은 영상을 제시하고, 바이러스, 저장장치, 컴퓨터를 디지털 모형으로 시각화하여 제시한다. 또한, 핵심 개념은 가독성이 높은 서체를 활용해 시각적으로 강조한다.
6. 예	• 감기 바이러스와의 유사한 점과 차이점을 알아본다. • 학생들이 그 차이점을 통해 개념을 더욱 정확히 이해하면, 연습으로 옮겨간다. 그렇지 않으면, 더 자세한 추가적인 예를 제시한다.
7. 다양성	• 다양한 유형의 컴퓨터 바이러스 사례(예: 이메일 첨부파일 감염, 악성코드 다운로드 등)를 비교 및 분석하도록 한다.
8. 예가 아닌 경우	• 컴퓨터 오류나 단순 시스템 버그 등 바이러스와 혼동하기 쉬운 사례를 제시하여, 개념의 비적용 사례를 구분하도록 한다.
Ⅱ. 연습	
	다른 예를 제시하여 연습한다.
1. 연습 가 연습 나 연습 다	• 연습 가의 사례를 이용하여 연습한다. 만약 학생이 연습 가의 모든 사례 문제에 정답을 말하면, 연습 다를 실시한다. 만약 그렇지 못하면, 연습 나를 실시한다. 연습 나의 문제에 정답을 제공하지 못하면, 연습 가로 돌아가서 다시 검토한다.
2. 다양성	• 각 연습은 다양성의 측면을 보여주고 있다.
3. 평이 - 복잡	• 연습 가(평이) 연습 나(중간) 연습 다(복잡)
Ⅲ. 피드백	
1. 동기화 칭찬/격려	• 학생의 응답이 있은 후 즉시 피드백을 제공한다. • 옳은 응답에 대하여 확인과 칭찬을 한다.
2. 유도	• 옳지 않은 응답에 대하여 개념과 관련된 힌트를 제공하여 학생이 재시도 하게 하거나 만약 여전히 대답을 못하면 정답과 설명을 제공한다. 이때 격려도 곁들인다.
3. 정보 제시	

[수업 교안]

방 식	실 행	시간(45분)
제시	교: 이번 시간에는 컴퓨터 바이러스에 대해 공부하겠습니다. 지금부터 이 학생에게 무슨 일이 일어났는지 잘 보세요. 여러분도 이런 경험을 해본 적이 있거나, 앞으로 경험할 수 있습니다.	2분
전형적 예	(영상 자료) • 내용 (1): 한 학생이 친구에게서 받은 메일의 파일을 실행하자, 갑자기 컴퓨터의 속도가 느려지고 방금 전까지 있던 파일이 사라졌다. 이어 이상한 팝업 창이 계속 뜨고, 팬이 심하게 돌아가더니 컴퓨터가 멈춰 버렸다. 학생은 놀라서 당황한 표정을 짓는다. • 내용 (2): 또 다른 학생이 SNS로 받은 게임 설치 파일을 실행하자, 갑자기 '저장공간이 부족합니다'와 '시스템 오류'라는 메시지가 반복해서 나타난다. 재부팅을 시도했지만, 컴퓨터는 켜지지 않는다. 학생은 울상으로 "컴퓨터가 왜 이래? 고장 난 건가?"라고 말한다. (영상화면을 멈추고) 이 이야기 속의 학생들에게 무슨 일이 일어난 걸까요?	6분
주의 집중	(USB나 이메일 첨부파일 아이콘 위에 바이러스 이미지를 합성한 디지털 시각 자료를 제시한다.) 컴퓨터 바이러스에 감염되어 파일이 손상되었다.	3분
개념 정의	교: 이 비디오에 나온 학생들의 컴퓨터에 무슨 일이 일어난 걸까요? 이 학생들은 컴퓨터 바이러스에 걸린 파일을 실행시켜서 이런 고장이 난 것입니다. 컴퓨터 바이러스라는 것은 컴퓨터 안에서 실행되는 프로그램의 일종입니다. 그것은 다른 프로그램들과는 달리 사용자 몰래 자신을 다른 곳에 복사하는 명령어들을 가지고 있습니다. 여러분들도 잘 알고 있는 감기 바이러스와 비교해 볼 수 있습니다. 여러분은 감기 바이러스에 걸리면 어떻게 됩니까? 학: 몸에서 열이 나고 기침도 납니다. 교: 예, 그런 증상이 있군요. 그것 말고도 몸이 쑤신다거나,	15분

방 식	실 행	시간(45분)
	콧물이 난다거나, 감기의 증상은 아주 다양합니다. 컴퓨터도 마찬가지입니다. 컴퓨터 바이러스에 걸리면 컴퓨터도 열이 나거나, 실행 속도가 느려질 수 있습니다. 바이러스에 따라 물론 다르지만, 마치 사람이 감기에 걸려서 제대로 행동하지 못하는 것처럼 컴퓨터도 아프게 되는 것입니다.	
	그리고 감기도 환자 모르게 바이러스가 몸에 침투하듯이 컴퓨터 바이러스 역시 스스로 자신을 여러분의 파일에 복사하는 것입니다. 그렇다면 여러분, 감기에 걸린다고 다른 사람이 되는 것입니까? 혹은 팔이나 다리가 부러집니까? 학: 아닙니다. 감기에 걸리면, 며칠간 아프지만 나을 수 있습니다. 교: 그렇습니다. 바이러스의 종류에 따라 다르지만, 어떤 바이러스는 감염된다고 하더라도 컴퓨터가 물리적으로 완전히 망가지거나 다른 것이 돼버리지는 않고, 백신 프로그램으로 감기 주사를 맞듯이 나을 수도 있습니다. 그러면 여러분 감기는 어떤 곳에서 잘 걸립니까? 그리고 어떻게 하면 쉽게 걸립니까? 학: 사람이 많은 곳에서 잘 걸립니다. 사람이 많이 모이는 곳에는 감기에 걸린 사람이 가진 바이러스가 공기 중에 퍼져서, 쉽게 감기 바이러스에 노출됩니다. 교: 예, 그렇습니다. 컴퓨터 바이러스도 마찬가지입니다. 컴퓨터 통신같이 파일들이 많이 모이는 곳에서, 컴퓨터 바이러스는 쉽게 전파됩니다. 그리고 또 어떻게 하면 감기에 걸리지 않는지 여러분은 잘 알고 있죠? 감기에 안 걸리려면 어떻게 해야 할까요? 학: 밖에서 돌아오면 손을 잘 씻어야 합니다. 그리고 감기 걸린 사람 곁엔 가지 않는 것이 좋습니다. 교: 네 맞습니다. 잘 알고 있군요. 감기 바이러스로부터 멀어지려면, 밖에서 돌아오자마자 손도 잘 닦고 이도 잘 닦아야 하고, 감기 걸린 사람 곁엔 가지 않는 것이 좋습니다. 컴퓨터 바이러스도 새로운 파일을 밖에서 가	

방 식	실 행	시간(45분)
	져 올 때, 이 파일이 바이러스에 걸린 파일인지, 아닌지를 꼭 체크해야 합니다. 그래야 바이러스에 걸린 파일을 컴퓨터 안에서 더 심각한 피해를 주기 전에 치료할 수 있습니다. 컴퓨터 바이러스는 자기 복사 능력만 있는 것이 아니고, 하드 디스크에 저장된 귀중한 자료들을 지워버리는 등의 일을 수행하는 명령어들을 포함하는 경우가 많습니다. 그렇다면 여러분은 컴퓨터 자체의 고장과 파일이 바이러스에 걸려서 이상한 행동을 하는 것을 구분할 수 있을 것입니다. 그리고 감염되는 부위에 따라서 감기도 코감기, 목감기, 몸살감기 등으로 나눌 수 있듯이 컴퓨터 바이러스도 주로 어디에 잘 걸리느냐에 따라 나뉩니다. 부트 섹터에 감염되는 부트 바이러스, 실행 파일에 감염되는 파일 바이러스, 마지막으로 부트 섹터와 실행 파일에 모두 감염되는 부트, 파일 바이러스로 분류할 수 있습니다. 알겠습니까? 학: 예, 알겠습니다.	
주의 집중	컴퓨터 바이러스는 1. 컴퓨터 바이러스는 컴퓨터 자체에서 실행되는 프로그램의 일종이다. 2. 컴퓨터 바이러스는 사용자 몰래 다른 프로그램에 자기 자신을 복사하는 프로그램이다. 3. 컴퓨터 바이러스는 컴퓨터의 프로그램이나 실행 가능한 부분들을 변형하여 여기에 자기 자신이나 자기 자신의 변형을 복사하는 명령어들의 조합이다. 바이러스의 감염 부위에 따라서 부트 바이러스, 파일 바이러스, 부트/파일 바이러스로 나뉜다.	5분
예1(주의집중)	그럼 바이러스에 걸린 몇 가지 증상들을 살펴봅시다. (그림으로 보여준다.) (실행속도가 떨어지거나, 부팅시간이 오래 걸리는 것을 표현한 그림, 파일크기가 갑자기 증가한 모습, 13일의 금요일에 예루살렘 바이러스에 실행 파일 지	6분

방 식	실 행	시간(45분)
	워진 모습.) 자. 여기에 여러 가지 바이러스에 걸렸을 때의 증상이 그림으로 나타나 있습니다. 여러분은, 이제 컴퓨터 바이러스의 개념을 알아 들으셨습니까? 예를 들어서 여기 철수는 통신에서 받은 프로그램을 실행시키자, 컴퓨터의 속도가 갑자기 느려지고 다운되어 버렸습니다. 고장이 날 다른 이유가 없는 이 상태에서 철수가 실행시킨 프로그램은 바이러스에 걸린 것입니다. 다음 그림에서 영희는 13일의 금요일에 어떤 프로그램을 실행시켰습니다. 이 프로그램에는 영희도 모르는 사이에 예루살렘 바이러스라는 것이 있었습니다. 그래서 영희의 실행프로그램이 다 지워지게 되었습니다.	
예2	(위의 예1과 동일한 방식으로 설명한다.)	
연습		8분
연습 가	교: (연습문제를 제시한다.)	
피드백	교: (학생의 연습문제에 대한 반응에 대하여 즉각적으로 대답을 한다.)	
동기화 유도	교: (정답에는 "맞습니다"를 말해주고 오답에는 정의를 다시 한 번 상기시키면서 유도적 질문을 실시한다. 다시 한 번 질문을 한 후 그때에도 틀리면 정답을 제시한 후 설명을 추가적으로 한다.)	
연습 나	(같은 방식으로 제시한다.)	
연습 다	(같은 방식으로 제시한다.)	

연습 문제

1. 영희는 실수로 USB를 물에 빠뜨려서 못 쓰게 되어버렸다. 이 USB에 들어있는 파일들은 바이러스에 감염된 것인가?

2. 철수는 키보드 위에다가 코코아를 엎질렀다. 그랬더니 화면에 이상한 글자들이 마구 찍히고, 철수가 타이핑한 글자들은 제대로 찍히지 않았다. 철수의 컴퓨터는 바이러스에 감염된 것인가?

3. 김 모 씨는 프로그래밍 연습 중에 실행만 시키면, 하드 디스크를 모두 망가뜨리는 프로그램을 만들었다. 이 프로그램은 바이러스 프로그램인가?

연습 및 탐구 문제

1. 사람들이 일상적으로 "아직 개념이 잘 안 잡힌 것 같다"라고 말할 때, 이 표현 속 '개념'은 본 장에서 다루는 개념 적용의 의미와 어떤 관련성 혹은 차이점을 지니는지 분석하시오.
2. 개념 적용 학습에 있어서 알고리즘 방법의 의미를 예를 들어서 설명하시오.
3. 개념 획득과 개념 적용 그리고 개념 이해의 의미를 예를 들면서 구분하시오.
4. 개념 획득 단계에서 어려움을 겪는 학습자와 개념 적용 단계에서 어려움을 겪는 학습자들의 문제점이 다를 수 있다. 각각의 문제점을 분석하고 그 해결 방안을 제시하여 보시오.
5. 초등학교에서 곤충의 개념을 가르치려고 한다. 이 개념의 결정적 특성과 가변적 특성을 분석하고, 전형적인 예를 제시하여 보시오.

제 5 장

원리의 적용을 위한 교수설계 모형

학교교육 등 교육의 실제에서 궁극적으로 중요하게 생각하는 것은 바로 원리의 학습이다. 원리의 이해를 통하여 복잡한 사회 및 자연 현상을 제대로 설명하고, 예측하고, 관련된 문제를 해결할 수 있기 때문이다. 그러나 원리의 중요성에 비하여 각 교과에 포함된 원리들을 정확하게 포착하여, 어떻게 원리들을 가르칠 것인가에 대한 방법에 대한 이해는 부족한 편이다. 예컨대, 개념과 원리를 엄격하게 구분하지 못하는 경우가 자주 발견되며, 원리의 종류를 구분하여 그에 따라 적절한 교육 방법을 달리 적용할 수 있다는 것에 대한 이해도 부족하다. 본 장을 통하여 원리의 의미와 종류 그리고 그에 따른 교수설계 모형을 살펴본다.

1. 원리의 적용 의의와 학습원리

1) 원리의 적용 의의

원리는 두 가지 이상의 변화 사이에 있는 관계를 나타낸다. 예컨대, '물이 얼면 팽창한다'는 하나의 원리이다. 온도의 변화에 의하여 물이 어는 상태로 되면, 원래 물이 지니고 있었던 부피가 변화하여 증가하게 된다. 이처럼 원리는 두 가지 요인 사이의 변화에 대한 일정한 관계를 보여주는 것이다. 행동주의에서 학습의 원리로 자주 언급되는 강화의 원리도 보상이나 피드백의 제공 여부에 따라서 결과적인 행동의 변화가 있기도 하고 없기도 하는 것을 말한다.

원리에는 크게 두 가지 종류가 있다. 하나는 과정(process)의 원리이며 다른 하나는 인과(cause and effect) 관계에 관한 원리이다. 과정의 원리는 자연적 사태의 순서를 의미한다. 예컨대, '씨앗이 자라서 묘목이 되고, 묘목은 나무가 되고, 나무는 꽃을 피우고, 다시 그 꽃은 씨앗을 생산하는 순환적 관계가 계속된다'라는 식물의 한살이는 과정의 원리의 한 가지 대표적인 예이다. 과정의 원리는 인과적 원리와는 달리 어떠한 것이 다른 것의 원인이 된다고 말할 수 없다. 과정의 원리는 절차(procedure)와도 다르다. 자연적 사태의 순서는 사람에 의하여 보이는 행위의 순서, 즉 절차와 차이가 있다. 사람의 행위는 절차를 구성하며 원리와는 구분된다. 과정의 원리는 직선적(처음과 끝이 있는)일 수도 있으며, 순환적(처음과 끝이 없는)일 수도 있다.

인과적 원리는 두 개 이상의 변화에 존재하는 원인과 결과의 관계를 의미한다. '합당한 원인에 의한 가격의 상승은 수요의 감소와 공급의 증가를 가져온다'는 인과적 원리의 한 예이다. 인과적 원리는 대체로 다수의 원인과 다수의 결과를 보여준다.

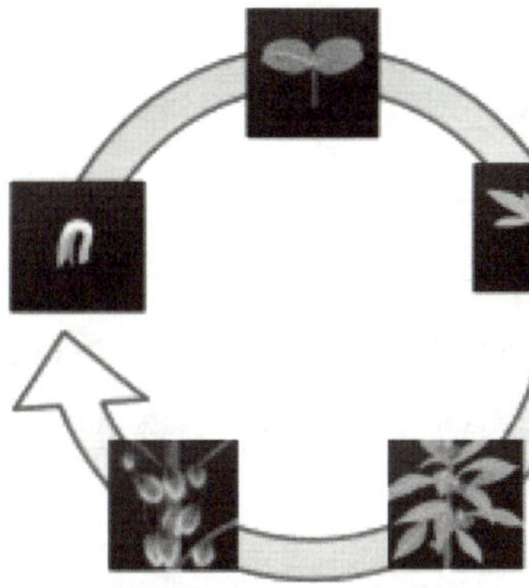

[그림 5-1] 과정의 원리, 예: 식물의 한살이

원리의 독특한 점은 개념이나 절차와는 달리 발견되는 속성이 있다는 점이다. 특히, 자연 과학의 대상이 그러하다. 원리는 통상 '진리'라고 일컫는 내용(예컨대, 중력을 설명하는 만유인력의 법칙 등)을 말한다. 물론 사실도 참이거나 거짓일 수 있겠지만, 원리에 비하면 아주 사소한 것이다. 일반적인 것이라기보다는 특수한 것들이기 때문이다. 절차는 기대하는 결과(목적)를 가져올 수도 있으며 그렇지 않을 수도 있다. 그러나 절차는 사물들에 대한 이해를 제공하여 주지 않으며, 상이한 절차에 의해서도 기대하는 결과를 얻을 수 있다. 더욱이 동일한 목적을 달성하기 위해서 여러 가지 절차를 활용할 수도 있다. 예컨대, 수학에서 분수의 셈을 하는 경우나 현미경으로 사물을 관찰하는 순서와 같은 것이 절차에 해당한다.

절차와는 대조적으로 원리는 세상에 대한 이해를 가능하게 한다. 사물이 어떻게 발생하고 왜 발생하는지를 이해하게 하여 준다. 예컨대, 작용 반작용의 법칙은 원리의 한 가지 예이며, 물리 현상에 대한 이해를 가져온다. 따라서 원리는 교육 및 수업에서 반드시 다루어야 하는 가장 중요한 내용으로 볼 수 있다.

2) 과정의 원리 적용을 위한 학습원리

과정의 원리를 어떻게 학습하는가? 개념을 기억하는 것과 마찬가지로 우리는 원리의 진술문을 기억할 수도 있고, 원리의 특정한 실연을 기억할 수도 있다. 예컨대, 수요 공급의 법칙을 있는 그대로 외우거나, 수요 공급의 법칙이 적용된 한 가지의 상황을 설명할 수 있다. 메릴(Merrill, 1983)은 이러한 것을 '일반성의 기억'과 '사례의 기억'으로 각각 명명하였다. 그러나 학습자들로부터 우리가 기대하는 바는 이전에 접하지 못한 새로운 상황에 획득한 원리를 적용할 줄 아는 것이다. 기능의 적용 혹은 메릴이 말하는 '일반성의 적용'에 해당하는 능력을 기대하는 것이다.

그렇다면 어떻게 과정의 원리가 적용되는가? 한 가지 사례를 중심으로 살펴보자. 분꽃 식물의 한살이는 일종의 과정의 원리에 속한다고 앞에서 말하였다. 씨앗은 자라서 묘목이 되며, 묘목은 나무가 되고, 나무는 꽃을 피우고, 꽃은 다시 씨앗을 생산하는 순환 주기가 계속된다. 이러한 현상은 인과적 원리라기보다는 일종의 과정의 원리로 표현된다. 왜냐하면 어떠한 변화가 이후 변화를 초래하였다고 볼 수 없으며, 단순히 앞서서 발생하였다고 보아야 하기 때문이다.

앞의 과정의 원리가 어떻게 적용될 수 있는가? 과정의 원리 적용은 사태의 순서를 새로운 사례에 일반화하는 것을 수반한다. 예컨대, 새로운 식물을 보고 나서 다음 단계 혹은 변화를 기술할 수 있거나 직전 단계가 어떠하였는지를 기술하거나, 모든 단계나 변화를 적합한 순서로 배열하는 것을 말한다. 이때 과정의 원리를 적용할 수 있게 되면 다음과 같은 질문에 대답할 수 있다. '적합한 순서로 배열하시오', '다음 단계에 무엇이 발생할까요?', '앞 단계에 어떠한 일이 발생하였을까요?' 이러한 질문들은 새로운 상황에 사태의 순서가 어떻게 적용되는지를 기술한다는 점에서는 본질적으로 동일하다.

개념 적용과 마찬가지로 적용 수준에서 원리를 학습하기 위해서는 획득과 적용의 두 가지 단계를 거쳐야 한다. 획득 단계에서 학습자는 전형 형성과 유사한 맥락에서 원리를 이해하여야 한다. 그 다음의 적용 단계에서 학습자는 새로운 상황에 일반화하는 것을 배워야 한다.

개념에서와 같이 모든 원리가 높은 수준의 일반화를 보여주는 것은 아니다. 어떤 원리들은 사례 사이에 그다지 큰 변화가 없다. 예컨대, 달의 변화 단계는 과정의 원리의 한 가지 예인데, 이 원리가 보여주는 예는 그다지 큰 변화가 없다. 달의 변화에 있어서 매달 새로운 단계의 달을 관찰할 수 있는데 직전 달의 단계와 그다지 큰 변화가 없을 뿐만 아니라, 북반구와 남반구에서 볼 때의 차이 이외에는 큰 변화가 없다. 이러한 원리는 개념의 획득에서와 마찬가지로 거의 기억 수준의 과제와 유사하다. 한 가지 사례의 학습만으로도 모든 경우를 학습한 것이라 볼 수 있기 때문이다. 이처럼 원리의 한 극단에는 아주 단순한 형태가 있고 다른 한 극단에는 매우 복잡한 형태가 존재한다.

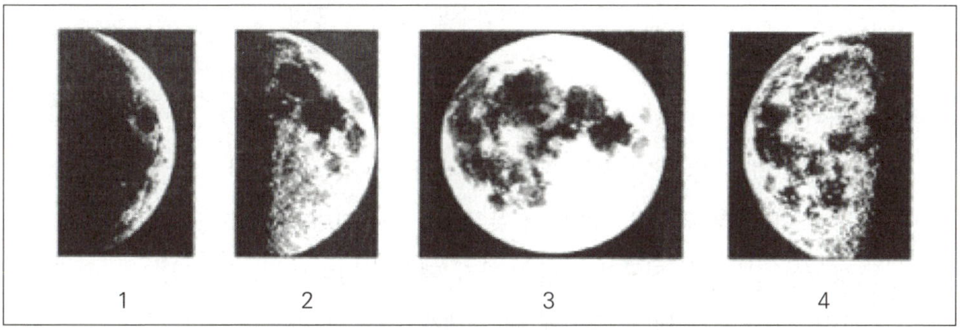

[그림 5-2] 과정의 원리, 예: 달의 변화 단계

3) 인과의 원리 적용을 위한 학습원리

과정의 원리와 달리 인과의 원리는 두 개 이상의 변화 사이에 존재하는 원인과 결과 관계를 의미한다. 예컨대, '제품 가격의 상승은 수요의 감소와 공급의 증가를 초래한다'와 같은 원리가 여기에 속한다. 과정의 원리와 인과의 원리에는 몇 가지 흥미로운 특성이 있는데, 이것을 이해하게 되면 원리들을 보다 잘 가르칠 수 있게 된다.

첫째, 원리는 타당성이 확실한가에 따라서 연속선상의 여러 형태를 보여준다. 예컨대, 원리들은 타당성이 가장 낮은 수준의 가설로부터 시작하여 명제, 가정, 규칙을 거쳐서 타당성이 매우 높은 법칙 등의 형태를 보여준다. 둘째, 원리는 복잡성의 수준에 있어서 상당한 범주를 보인다. 인과의 원리는 원인을 보여 주는가 그렇지 않은가(상관관계 혹은 인과관계를 결정하는가)에 따라서 다르며, 개별 변화가 방향성을 보여 주는가 그렇지 않은가(방향성이 있거나 방향성이 없는 것을 결정하는가)에 따라서 다르며, 개별 변화가 크기를 보여 주는가 그렇지 않은가(양적 혹은 질적 원리를 결정하는가)에 따라서 다르다.

- **상관관계**
  - 아버지와 대화를 많이 하는 학생일수록 성적이 좋다.

- **인과관계**
  - 방향성 있는 것: 달이 지구 주위를 공전하기 때문에 동일한 시각에 달을 관찰할 때 달의 위치가 서쪽에서 동쪽으로 이동하며 모양도 달라진다.
  - 방향성 없는 것: 지구가 자전을 하기 때문에 낮과 밤이 생긴다.
  - 크기 있는 것: 기압의 크기에 따라 액체의 끓는점이 달라진다.
  - 크기 없는 것: 재화에 대한 수요와 공급이 가격을 결정한다.

셋째, 원리는 포괄성의 수준에 따라서 복잡성이 영향을 받기도 한다. 예컨대 '편견은 타인에 대하여 무지하며 인내를 하지 못하기 때문에 발생한다.'와 같은 원리는 매우 포괄적이어서 많은 상황에 적용될 수 있다. 하지만 '동일 인종이나 민족은 타 인종이나 민족에 대하여 인내를 하지 못한다. 왜냐하면 자신들의 방식이 유일하면서도 올바르다고 느끼기 때문이다'와 같은 원리는 제한된 상황에만 적용되며 따라서 포괄성의 수준이 낮다. 원리의 복잡성의 또 다른 측면은 복수의 원인과 복수의 결과가 있다는 점이다. 또한 원인과 결과는 연쇄적 형태로 연결되어 있어서 어떠한 원인의 결과가 있을 때, 그 결과가 다시 다른 결과의 원인이 되며, 또다시 그 결과는 다른 결과의 원인이 된다.

그렇다면 인과의 원리는 어떻게 학습되는가? 과정의 원리와 마찬가지로 '일반성의 기억' 수준이나 '사례의 기억' 수준에서 학습될 수 있으며, 양자 모두 암기(기억) 혹은 의미의 이해 방식으로 가능하다. 그러나 실제 학습자들에게 기대하는 것은 '일반성의 적용' 수준에서의 학습이다. 원리를 이전에 접하지 못했던 새로운 상황에 적용할 수 있도록 하는 것이다. 인과의 원리를 적용할 수 있다는 것은 무엇을 의미하는가? 과정의 원리 적용은 새로운 상황에서의 사태의 순서를 기술할 수 있는 것을 말한다. 그러나 인과의 원리는 복잡하다. 이 점이 개념이나 절차보다 원리의 학습이 보다 복잡하다는 것을 보여준다. 인과의 원리를 적용하는 것은 크게 세 가지의 행동으로 드러난다. 이러한 세 가지 행동은 인과의 원리를 구성하고 있는 두 가지 변화, 즉 원인과 결과를 면밀히 살펴봄으로써 이해될 수 있다.

예측 인과의 원리를 적용하는 한 가지 방식은 특정한 원인이 주어졌을 때 학습자가 그것의 결과를 예측하는 것이다. 예컨대, 석유 가격이 오를 때 석유와 관련된 가스에 대한 수요를 예측하는 것이 여기에 해당한다. 함의(implication)라는 용어가 대신 쓰이기도 한다.

설명 특정의 결과가 주어지고 어떠한 원인이 가능한지를 설명하는 방식으로 적용될 수 있다. 추론(reasoning)이라는 용어가 대신 쓰일 수 있다. 예컨대, 특정 시점에서 주식 가격이 폭락하게 될 때 그에 대한 원인을 설명하거나, 특정 증상을 보이는 환자의 병명을 찾아내는 것이 여기에 해당한다.

해결 인과의 원리가 적용되는 세 번째 측면은 바람직스러운 결과를 확보하기 위하여, 특정 원인을 선정하여서 실행하는 것이다. 절차의 이용과 비슷하지만, 적절한 절차가 알려지지 않았다는 점, 그리고 본인 스스로가 구안하거나 만들어야 한다는 점에서 차이가 있다. 문제해결(problem solving)이라는 용어가 대신 쓰일 수 있다. 예컨대, 인구 증가의 법칙과 국내의 여러 가지 상황을 고려하여 인구 증가를 억제하기 위한 최선의 방안을 찾아내는 것이 여기에 속한다. 이상의 세 가지 행동 이외에 과정의 원리에 해당하는 한 가지 행동이 더 있다.

기술(記述) 과정의 원리에 있어서 한 가지 변화가 다른 변화에 뒤따라서 발생한다. 이때 원리의 적용을 보여주는 행동은 어떠한 순서로 발생하였는가를 기술하는 것이다. 여기에 사용되는 행동으로는 '올바른 순서로 사태를 배열하기', '다음 사태를 예측하기', '직전에 어떠한 사태가 발생하였는지 추정하기' 등이 있다. 결국 이러한 행동들은 새로운 상황에서 사태의 순서를 기술하는 것으로 볼 수 있다. 이러한 행동은 인과의 원리에 있어서 예측 혹은 설명과는 차이가 있다.

2. 원리의 적용을 위한 교수설계 모형과 교안 사례

1) 과정의 원리를 위한 교수설계 모형

획득 원리를 적용할 수 있기 위해서는 먼저 원리를 획득하여야 한다. 앞 장에서 개념의 획득을 위해서는 먼저 전형적 실례를 제시하는 것이 효과적이라고 하였다. 전형적 실례는 개념에 포함되는 다양한 예들을 전체적으로 대표할 수 있는 것을 의미한다. 원리를 학습하는 데에도 동일한 방식이 적용될 수 있다. 그러나 전형적 실례와 함께 일반성을 동시에 제시하여 어떠한 상황이 발생하는가를 학습자에게 설명하는 것이 효과적이다.

전형적 실례는 어떻게 제시되어야 하는가? 사태의 순서를 보이는 실례는 가능하다면 역동적인 실연(demonstration)을 지녀야 한다. 역동성이라 함은 동작을 포함하고 있는 것을 말한다. 동작은 비디오나 컴퓨터와 같은 역동적 매체의 활용을 통해서 혹은 직접 사물을 관찰함으로써 가능하다. 또한 실연은 자연적 상태에서 발생하는 사태의 순서를 보여주는 것이 좋다. 전형적 실례가 되기 위해서는 가능한 단순하면서도 대표적인 것이어야 한다. 예컨대, 분꽃 식물의 한살이의 경우에 단풍나무나 옥수수보다는 민들레 같은 흔한 꽃이 전형적인 실례가 된다. 왜냐하면 단풍나무는 꽃과 씨앗을 만드는 데 많은 계절 변화가 필요하기에 복잡한 예에 해당한다. 또한 옥수수는 사람들에 의하여 쉽게 꽃으로서 여겨지지도 않거니와 일반적인 꽃과는 약간 다른 모습을 지니고 있기에 오히려 복잡한 예에 해당한다.

다음으로 일반성을 실례와 동시에 제시하는 것을 어떻게 하는지 살펴보자. 이는 전체 순서의 사태 혹은 단계의 낱낱을 기술하고 명기하는 것을 의미한다. 여기에는 시작과 끝을 명확하게 표기하는 것이 포함된다. 만약에 다음 그림에서 물의 순환 같이 순환적 과정이라면 연속성을 명확하게 표기한다.

[그림 5-3] 물의 순환 과정

적용 전형적 실례와 동시에 제시되는 일반성으로 인하여 학습자는 원리를 획득하고, 이해하게 된다. 그러나 이 책을 읽는 과정에서도 느낄 수 있듯이 어떤 것을 이해한다고 자신할 수 있음에도 불구하고 적용하기는 쉽지 않다. 그렇다면 적용의 과정을 촉진하기 위해서는 어떠한 교수 요소를 활용하여야 하는가? 과정의 원리 경우에 있어서 적용은 사태의 순서에 대한 이해를 바탕으로 한다. 이해를 기초로 하여 어떠한 것이 발생하였다거나, 현재 발생하고 있다거나, 혹은 발생할 것이라는 점을 기술하는 것이다. 일반화를 할 수 있는 적용 학습의 어려움은 발산적 사례(divergent case)를 제공함으로써 해결될 수 있다. 발산적 사례는 사례 간의 상이성 정도가 매우 큰 것을 의미하며, 이러한 사례들은 설명식(학습자에게 기술하는 것) 또는 탐구식(학습자에게 물어보는 것)으로 제시될 수 있다.

설명식으로 사례를 제시하는 것은 실례(혹은 실연)를 제시하는 것을 의미하며, 가능한 실례들이 상이하여야(즉 상호 간에 가능한 이질적이어야) 하며, 복잡성은 점점 더 증가하여야 한다. 탐구식으로 사례를 제시하는 것은 일종의 연습 기회를 주는 것이다. 이전에 경험하지 못한 새로운 사례가 제공되어야 하며, 모든 사태(단계)를 제시하고 나서 학습자로 하여금 올바른 순서로 배열하는 것을 요청하거나, 한 가지 사태를 제시하고 나서 다음 단계가 무엇인가를 예측하게 하거나, 한 가지 사태를 제시하고 나서 이전 단계가 무엇이었겠는가를 추정하게 하는 것을 포함한다. 연습에 대해서는 즉각적인 피드백이 있어야 한다. 정답에는 확인의 피드백이 주어지며, 오답에는 교정의 피드백이 주어진다. 오답에 대한 피드백을 제시할 때는 실례를 적절하게 활용하면 된다.

2) 인과의 원리 적용을 위한 교수설계 모형

획득 획득 단계의 촉진을 위하여 활용하여야 하는 교수 전략의 요소에는 무엇이 있는가? 획득은 인과관계를 이해하였다는 것을 의미한다. 개념의 적용과 과정의 원리 적용에 있어서는 일반성과 전형적 실례가 획득 단계에서 매우 유용하다.

그런데 일반성과 실례를 학습자에게 단순히 제시하는 것은 효과적이지는 않다. 수업에 있어서 학습자의 적극적 참여가 매우 중요한데, 이를 대체로 연습 단계에서 활용하는 것으로 생각하는 경향이 있다. 적용 단계를 위하여 남겨 놓은 방법으로 생각하는 것이다. 그러나 학습자의 적극적 참여는 획득 단계에서도 활용될 수 있다.

학습자가 일반성을 획득할 때 발견의 과정을 거칠 수 있다. 귀납적 형태(특수에서 일반으로)의 적극적 참여를 말한다. 한편, 학습자가 연습을 하는 경우에는 연역적 형태(일반에서 특수로)의 적극적 참여가 나타난다. 또한 학습자들은 실례의 제시에도 참여할 수 있다. 학습자로 하여금 단순히 원인과 그것의 결과를 보여주는 역동적 제시를 관찰하게 하기보다는 원인을 통제하게 하여 그것의 결과가 어떻게 변화하는지를 관찰하게 할 수 있다. 이러한 것을 탐색(exploration)이라고 한다. 이것은 연습과는 다르다. 예컨대, 볼록 렌즈의 두께 차이의 결과를 예측하는 것을 가르치고자 할 때, 컴퓨터를 통하여 얇은 빛이 볼록렌즈를 통과하는 그림을 보여주고는, 키보드를 이용하여 렌즈의 두께를 조작하게 할 수 있다. 렌즈의 두께가 변화하면서, 빛의 경로가 변화하게 되며, 초점 거리와 영상의 확대가 뒤따른다. 학습자는 이 활동을 거치면서 원리를 탐색적으로 획득하게 된다.

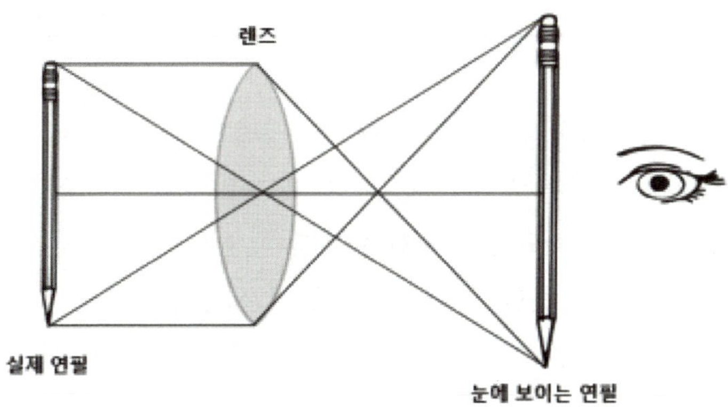

[그림 5-4] 볼록렌즈 두께 차이 결과 예측을 위한 컴퓨터 탐색

따라서 학습자의 적극적 참여 수준에 따라서 두 개 유형의 제시 방식이 일반성에 나타날 수 있다. 설명식 제시일 수도 있으며 발견식 제시일 수도 있다. 비슷한 맥락에서 학습자의 적극적 참여 수준에 따라서 실례의 제시에서도 나타날 수 있다. 관찰과 탐색이 그것이다(〈표 5-1〉 참조).

〈표 5-1〉 학습자 참여의 방식 분류

	비참여	참여
일반성	설명식 제시	발견식 제시
실례(사례)	실례의 관찰	실례의 탐색

여기서 발견(일반성의 제시)과 탐색(실례의 제시)은 서로 완전히 별개이므로, 예컨대, 탐색 없이 발견식으로 혹은 발견 없이 탐색만을 활용할 수 있다(〈표 5-2〉 참조).

〈표 5-2〉 학습자 참여에 따른 교수 방법

	설명	발견
관찰	일반성 + 실례의 관찰	실례의 관찰 + 도움
탐색	일반성 + 실례의 탐색	실례의 탐색 + 도움

이상의 방법들을 언제 사용하는가? 탐색의 방법은 비용이 많이 들지 않는다면 항상 이용할 필요가 있다. 발견의 경우에는 도움의 제공 수준에 따라서 설명식 접근보다 시간이 많이 소요된다. 또한 어떠한 학생들은 일반성을 즉각적으로 제시하지 않는 점을 참지 못한다. 발견식 접근이 오히려 시간을 허비하는 것으로 생각한다. 반면에 어떤 학생들은 자신들 스스로 찾아내는 것을 선호한다. 최선의 방법은 혼합하여 사용하는 것일 것이다. 어떠한 원리의 획득에는 발견식으로, 또 다른 원리의 획득에는 설명식으로 하는 것이 효과적일 것이다.

적용 적용 단계의 촉진을 위하여 활용하여야 하는 교수 전략의 요소에는 무엇이 있는가? 인과적 원리의 적용에는 두 가지가 있을 수 있다. 일반화와 활용(utilization)이 그것이다. 일반화는 다양한 사례를 제공함으로서 얻을 수 있다. 사례는 실례 혹은 연습에서도 제공된다. 실례의 제시는 학습자의 반응을 요구하지 않는다. 반면에, 연습은 학습자의 반응을 요구하는 일종의 적극적 참여의 유형으로 볼 수 있다. 실례는 관찰 혹은 탐색의 형태를 보일 수 있다.

활용은 앞에서 언급한 원리의 적용의 종류(예측, 설명, 해결)에 대하여 언제 그리고 어떻게 원리를 사용할 것인지를 지시하는 수행상 절차(performance routine)를 개발하는 것을 말한다. 이것은 여러가지 방식에 의하여 촉진될 수 있다. 특정 원리의 알고리즘 및 그것의 실례와 연습을 함께 제공할 수도 있다. 그러나 때때로 알고리즘이 매우 단순하여서 인과 관계의 일반화 과정에서 사용된 동일한 실례와 연습을 통하여 알고리즘이 획득될 수도 있다. 예컨대, 경제학에서 '한계효용체감의 법칙'을 학습하는 과정에서 실제 예측 등 다양한 문제에 이 법칙을 적용하게 된다. 한계효용체감의 법칙은 소비하는 재화의 단위가 많아지면 그 단위를 얻음으로써 발생하는 만족감의 크기는 작아지는 것을 의미한다. 예컨대 갈증이 심한 상태에서 첫 번째 물 한 잔을 마실 경우 엄청난 만족을 가져다주지만, 두 번째 물을 마실 때에는 첫 번째 물을 마실 때보다 만족도가 훨씬 적게 된다. 뷔페식 레스토랑은 이러한 한계효용체감의 법칙을 응용한 실생활 예로 볼 수 있다. 〈표 5-3〉은 각각의 전략에서 사용할 수 있는 방법들을 요약하고 있다.

〈표 5-3〉 인과의 원리를 가르치기 위한 전략과 방법

	획득	적용 (일반화와 활용)
설명	실례의 관찰 일반성 실례의 탐색	실례 ——→ 연습 (알고리즘)
발견	도움과 함께 실례의 관찰 일반화 도움과 함께 실례의 탐색	실례 ——→ 연습 (알고리즘)

한 가지 명심할 것은 학습자들이 학습해야 할 원리의 난이도에 따라서 수업의 풍부함이 다르게 나타난다는 점이다. 아주 쉬운 원리에 대해서는 일반성 하나만으로도 충분하다. 중간 정도의 난이도를 가진 원리에 대해서는 일반성과 관찰 가능한 전형적 실례가 제공되면 획득은 용이하게 될 것이며, 적용을 위해서는 피드백이 뒤따르는 약간의 연습 문제가 있으면 된다. 매우 어려운 원리에 대해서는 탐색과 발견이 획득 과정에 도움이 될 것이며, 알고리즘과 함께 실례, 연습, 피드백 등이 적용 과정에 도움이 될 것이다. 개념과 원리 수업에 사용된 다른 보강 방법이 보다 어려운 원리들에 대하여 활용될 수 있다.

심화방식 제4장에서 다룬 개념 적용 과제에서 이용되는 심화 방식에 관한 전략이 원리의 적용 과제에도 적절하게 활용될 수 있다.

일반성 다른 지적 기능 적용의 과제와 마찬가지로 일반성을 보강하는 여러가지 방식이 있다.

- 원리의 중요한 부분에 대하여 학습자의 주의집중을 도모함으로써 획득을 촉진한다.
- 별도의 그림 혹은 재진술 등과 같이 일반성에 대한 대안적 표상을 제시함으로써 획득을 촉진한다.
- 사태를 기억하기 어려울 경우 일종의 기억술(mnemonic)을 활용한다.
- 적용을 촉진하기 위해 알고리즘을 활용한다(Landa, 1976).

실례 개념과 절차의 경우와 마찬가지로 실례는 다음과 같은 방식에 의하여 보강될 수 있다.

- 실례의 숫자를 증가한다.
- 상이한 실례를 제시한다.

- 난이도 순서에 따라서 제시한다.
- 실례를 일반성과 연결하기 위하여 주의집중 방식을 이용한다. 원인이 무엇이며 결과는 무엇인가를 일반적 용어로 설명하거나 주요 사태를 강조한다.
- 별도의 그림의 제시와 같이 실례에 대하여 대안적 표상을 이용한다.
- 만약에 이전에 제시되었다면 기억술을 활용하여 재생을 돕는다.

연습 개념과 마찬가지로 연습이 보강될 수 있는 방법은 다음과 같다.

- 연습 문항의 숫자를 증가한다.
- 다양성을 활용한다.
- 난이도 순서를 활용한다.
- 초기 연습 문항에 대해서는 일러주기(prompting)를 포함한다.

피드백 개념과 마찬가지로 피드백에 대한 보강은 실례와 유사하다.

- 사례를 일반성에 연결하기 위하여 주의집중 방법을 이용한다. 학습자의 실수의 성격에 따라서 어떠한 것이 원인이고 어떠한 것이 결과인지를 지적하거나, 주요 사태를 강조한다.
- 정답에 대한 피드백으로 다양한 표현방식을 이용한다. 물론, 동기적 보강방법이 활용될 수 있다. 정답에 대해서는 칭찬을, 오답에 대해서는 격려를 활용한다.
- 초기에 제공된 기억술을 환기시킨다.
- 초기에 제공된 알고리즘을 환기시킨다.

사례 1

'피타고라스 정리' 원리 수업

[수업 청사진]

- 원리: 피타고라스의 정리
- 대상 학습자: 중학교 3학년
- 수업 수준: 3
- 기대되는 행동 유형: 예측, 설명, 해결

수업 단계	교수 · 학습 활동
Ⅰ. 제시	
1. 목표 제시	
1.1 주의력 환기	• 고대 건축물(피라미드, 신전 등)의 사진 및 영상을 스마트 보드에 제시하며 피타고라스의 전설을 이야기한다. • 목표를 제시한다.
2. 선수 학습	
2.1 주의 집중	• 직각 삼각형의 개념, 삼각형의 합동조건을 상기시킨다. • 태블릿 PC의 화면 공유 기능을 통해 주요 용어와 개념을 시각 자료와 함께 제시한다.
3. 전형적 예	
3.1 주의 집중	• 디지털 드로잉 앱을 사용하여 직각 삼각형을 그린 후, 모눈종이 기능을 활용하여 학생들이 직접 변의 길이를 재고 제곱한 넓이를 확인하게 한다.
4. 일반성	
4.1 주의 집중	• 일반성을 제시한 후, Geogebra와 같은 앱으로 증명 과정을 역동적으로 시연한다. • 사각형과 삼각형의 넓이를 실시간으로 조절하며 관계를 파악하게 한다.

수업 단계	교수 · 학습 활동
5. 예 5.1 난이도 증가 5.2 다양성 5.3 주의 집중	• 쉬운 예시(3, 4, 5)부터 제시하고, 복잡한 예시(실생활 응용)를 후에 제시한다. • 다양한 형태의 직각 삼각형을 스마트 보드에 제시하며, 학생들이 직접 화면에 풀어보게 한다.
II. 연습	
6. 연습	
6.1 난이도 증가 6.2 다양성 6.3 주의 집중	• 온라인 퀴즈 플랫폼(예: Kahoot!, Mentimeter)을 활용해 예측, 설명, 해결 유형의 문제를 제시한다. • 학생들은 태블릿 PC로 문제를 풀고, 결과는 스마트 보드에 실시간으로 집계된다.
III. 피드백	
7. 피드백	
7.1 확인 7.2 교정 7.3 유도	• 온라인 퀴즈 결과에 따라 즉시 피드백을 제공한다. • 정답에 대해서는 확인 및 칭찬을, 오답에 대해서는 해당 개념을 설명하는 디지털 시각 자료와 함께 힌트를 제공하여 스스로 교정하게 유도한다.

[수업 교안]

수업 단계	교수 · 학습 활동	시간(45분)
Ⅰ. **제시** 1. 목표 제시 2. 주의력 환기	• 교사: 이번 시간에는 피타고라스의 정리에 대해서 알아보겠습니다. (스마트 보드에 피라미드 그림과 고대 건축물 영상을 제시한다.) 여러분, 피타고라스의 정리가 무려 2500년 전에 만들어진 것이라는 것을 알고 있나요? 고대 이집트인들이 피라미드를 지을 때도 사용했던 원리입니다. 오늘 우리는 이 신비로운 원리를 직접 찾아내고 적용하는 시간을 가질 겁니다.	5분
3. 선수학습요소상기	• 교사: 여러분, 2학년 때 직각 삼각형에 대해 배웠죠? 그게 뭐였죠? • 학생: 한 각이 직각인 삼각형이요. • 교사: 그래요. 그럼 삼각형의 합동 조건을 3개 배웠는데, 그건 무엇입니까? • 학생: SSS 합동, SAS 합동, ASA 합동이요. • 교사: (태블릿 PC 화면을 스마트 보드로 공유한다.) 잘 기억하고 있네요. 오늘은 이 개념들을 활용할 겁니다. (중요 용어들을 고딕체로 강조한다.)	
4. 전형적 예 5. 주의 집중	• 교사: (학생들에게 태블릿 PC를 준비하게 하고 디지털 드로잉 앱을 실행시킨다.) 자, 여기 직각 삼각형 3개가 있어요. 모두 ∠C가 직각인 삼각형입니다. 변의 길이를 각각 a, b, c라고 합시다. 첫 번째 삼각형을 봅시다. 여러분이 직접 a, b, c를 한 변으로 하는 정사각형을 그려보고 넓이를 구해보세요. (교사가 직접 스마트 보드에서 시연) 자, a, b, c 사이에 어떤 관계가 있을까요? • 학생: $a^2 + b^2 = c^2$입니다.	5분
6. 일반성	• 교사: 맞습니다. 잘했습니다. 직각 삼각형 ABC에서는 모두 $a^2 + b^2 = c^2$이 성립한다는 것을 알 수 있습니다. 이제 이와 같은 관계가 임의의 직각 삼각형에 대하여도 성립하는가를 Geogebra 앱을 통해 알아보겠습니다. (Geogebra로 증명 과정을 시연하며 학생들이 따라하게 유도한다.)	15분

수업 단계	교수 · 학습 활동	시간(45분)
7. 주의 집중	• 교: (그림 자료 1 제시) ∠C=90°인 직각 삼각형 ABC에서 BC=a, CA=b, AB=c라고 합시다. 우선 그림과 같이 한 변의 길이가 a+b인 정사각형을 그리면, 정사각형의 네 꼭짓점에서 직각을 낀 두 변의 네 개의 직각 삼각형을 봅시다. 이 네 개의 직각 삼각형이 합동입니까?	
	학: 예. 교: 어떤 조건에 의해 합동이 됩니까? 학: SAS 합동입니다. 교: 네, 그렇습니다. 두 변과 그 사이에 낀 각이 같은 SAS 합동이죠. 그러므로 사각형 ABGH의 네 변의 길이는 모두 같겠죠? 학: 예 교: 그러면 이때, 안쪽에 생긴 사각형은 무슨 사각형이 될 것 같아요? 학: 정사각형이요, 마름모요, ... 교: 삼각형 ACB와 삼각형 BDG를 보도록 합시다. 각 CAB와 같은 각은 무엇입니까? 학: 각 DBG입니다. 교: (각 CAB와 각 DBG가 같다고 전자 펜으로 표시한다.) 각 ABC와 같은 각은 무엇입니까? 학: 각 BGD입니다. 교: 각 CBA와 각 CAB를 더하면 몇 도입니까? 학: 90°입니다. 교: 각 CAB와 각 DBG가 같다고 했으므로 각 CBA와 각DBG를 더하면 90°가 되겠죠? 학: 예, 그렇습니다. 교: 여기서 각 ABC와 각 DBG를 합하면 180°입니다. 그렇다면 각 ABG는 몇 도일까요? 학: 90°입니다. 교: 그럼, 사각형 ABGH는 무슨 사각형이 됩니까? 학: 정사각형입니다.	

수업 단계	교수 · 학습 활동	시간(45분)
	교: 그러면 네 개의 직각 삼각형과 가운데 있는 정사각형의 넓이를 합하면, 어떤 도형의 넓이가 나올까요? 학: 큰 정사각형의 넓이입니다. 교: 그렇습니다. 그러면 이 관계를 식으로 나타내어 봅시다. (교사와 학생이 그림을 보면서 같이 관계식을 만들어 낸다.) □CDEF = 4×△ABC + △ABGH $(a+b)^2 = 4\times(1/2)ab + c^2$ $a^2 + 2ab + b^2 = 2ab + c^2$ $\therefore a^2 + b^2 = c^2$ 이와 같은 성질을 피타고라스의 정리라고 합니다.	
8. 주의 집중	피타고라스의 정리란, 직각 삼각형에서 직각을 낀 두 변의 길이를 a, b라고 하고, 빗변의 길이를 c라고 하면 $a^2 + b^2 = c^2$이다.	
9. 예 (1) 10. 다양성 11. 주의집중	교: (그림 자료 2 제시) 자, 이 직각 삼각형을 보세요. 직각을 낀 두 변의 길이가 각각 3, 4이지요. 빗변의 길이를 c라고 합시다. 이때, 피타고라스의 정리를 이용해 c의 길이를 구해 봅시다. $c^2 = 3^2 + 4^2 = 5^2$ 따라서 c의 길이는 5입니다.	
12. 예 (2)	교: (그림 자료 3 제시) 그림을 보세요. 여기 영희네 집, 우체국, 그리고 학교가 있습니다. 영희네 집에서 우체국까지의 거리가 5km이고, 우체국에서 학교까지의 거리가 12km라고 합시다. 이때, 영희네 집에서 학교까지의 거리를 생각해 봅시다. 피타고라스의 정리를 이용하면 쉽게 구할 수 있겠죠. 즉, 영희네 집에서 학교까지의 거리를 c라고 하면, $c^2 = 5^2 + 12^2 = 13^2$ 따라서 c의 길이는 13입니다.	5분

수업 단계	교수 · 학습 활동	시간(45분)
13. 예 (3)	교: 그렇다면 직각 삼각형이 아닌 경우에도 피타고라스의 정리가 성립될지 알아봅시다. (그림 자료 4 제시) 여기 둔각삼각형이 있습니다. 각각의 변을 제곱해 봅시다. $4^2 > 2^2 + 3^2$ 이와 같이 직각 삼각형이 아닌 경우에는 피타고라스의 정리가 성립하지 않습니다.	
	교: (학생들에게 태블릿 PC를 이용한 온라인 퀴즈를 안내) 이제 여러분이 배운 내용을 연습해 봅시다. (예측, 해결, 설명 유형의 문제를 Kahoot! 같은 플랫폼으로 제시) 다음 삼각형에서 x값을 구해보세요.	
II. 연습 1. 연습 가 (예측) 난이도 증가	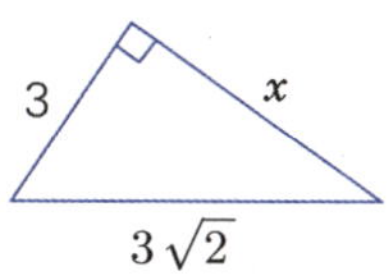	
2. 연습 나 (해결)	교: (그림 5 제시) 궁금이가 비탈길을 오르고 있습니다. 이 비탈길의 밑면은 5m입니다. 궁금이가 비탈길을 6m까지 걷다가 문득 자신이 지금까지 올라온 비탈길의 높이를 궁금해합니다. 비탈길의 높이를 어떻게 구할 수 있을까요.	5분
3. 연습 다 (설명)	교: 삼각형의 세 변이 5, 12, 13일 때 이 삼각형이 직각 삼각형이 되는 이유를 말해보세요.	
III. 피드백	(연습 가에 대해 정답을 말하면 칭찬을 해주고 틀리게 말하면 학생들이 직접 풀 수 있게끔 힌트를 주어 정답을 말하도록 유도해 준다. 연습 가를 해결하면 좀 더 심화된 연습 나와 연습 다를 푼다.)	
1. 차시 예고	교: 이번 시간에는 피타고라스의 정리에 대해 배웠습니다. 피타고라스의 정리가 무엇이죠? 학: (대답) 교: 다음 시간에는 피타고라스의 정리를 활용하여 어떤 문제를 풀 수 있는지 알아보도록 하겠습니다.	

연습 문제

1. x의 값을 고르시오. (예측)

① 2
② 3
③ 4
④ 5

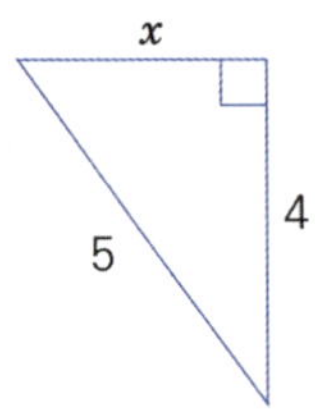

2. 삼각형의 세 변의 길이가 다음과 같을 때 직각 삼각형이 아닌 것을 고르고, 그 이유를 설명하시오. (설명)

① 5, 12, 13
② 4, 6, $5\sqrt{2}$
③ 3, 4, 5
④ 3, 3, $3\sqrt{2}$

3. 다음 그림을 보고 피타고라스 정리를 이용하여 x값을 구하시오. (해결)

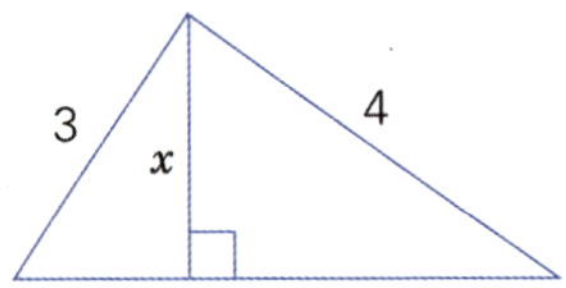

사례 2

'아르키메데스' 원리 수업

[수업 청사진]

- 원리: 아르키메데스의 원리(원리 응용)
- 대상 학습자: 중학교 2학년
- 수업 수준: 4
- 기대되는 행동 유형: 예측, 설명, 해결
- 다양성의 측면: 액체의 유형, 대상(밀도)

수업 단계	교수 · 학습 활동
Ⅰ. 제시	
1. 전형적 예	
1.1 대안적 제시 1.2 주의 집중	• '잠수함이 바다 위로 뜨고 가라앉는 원리'나 '거대한 배가 물에 뜨는 이유'에 대한 짧은 유튜브 영상 클립을 시청한다. • 영상을 통해 학습 목표와 연관된 질문을 던지며 동기를 유발한다.
2. 일반성	
2.1 대안적 제시 2.2 주의 집중	• 물리학 가상 실험 시뮬레이션(예: PhET)을 활용하여 '부력'과 '밀도'의 관계를 시각적으로 보여준다. • 스마트 보드에 인과적 원리 다이어그램을 제시하고, 핵심 용어(밀도, 부력 등)는 강조한다.
3. 예	
3.1 예 (1) 3.2 예 (2) 3.3 난이도 증가 3.4 다양성 3.5 주의 집중	• 시뮬레이션 프로그램 내에서 액체의 유형(물, 기름, 수은 등)과 물체의 밀도를 자유롭게 변경하며 부력의 변화를 관찰하게 한다. • 온라인 데이터베이스에서 여러 물질의 밀도 표를 찾아보고, 이를 바탕으로 물체의 부상 여부를 예측하는 활동을 진행한다.

수업 단계	교수 · 학습 활동
Ⅱ. 연습	
4. 연습	
4.1 대체 제시 4.2 주의 집중 4.3 난이도 증가 4.4 다양성	• 온라인 협업 도구(예: Padlet, Miro)를 사용하여 '유조선 기름 유출 문제'나 '잠수함 작동 원리' 등 실생활 예시를 해결하게 한다. • 학생들은 협업 보드에 자신의 아이디어를 쓰고, 그림을 그리며 해결 과정을 공유한다.
Ⅲ. 피드백	
5. 피드백	
5.1 확인 5.2 교정 5.3 유도	• 연습 활동에 대해 교사가 실시간으로 피드백을 제공한다. • 오답에 대해선 관련 시뮬레이션의 특정 기능을 다시 활용하여 스스로 오류를 찾아내게 유도한다. • 정답에 대해서는 다양한 디지털 칭찬 스티커를 부여하며 확인한다.
Ⅳ. 검사 (5)	

[수업 교안]

수업 단계	교수 · 학습 활동
I. 제시 1. 동기화	교: 이번 시간에는 그 유명한 '아르키메데스의 원리'를 공부할 겁니다. (유튜브에서 '잠수함 작동 원리'나 '거대한 배가 물에 뜨는 이유'에 대한 짧은 영상 클립을 재생한다.) 이 거대한 배가 어떻게 물에 뜰 수 있을까요? 오늘 수업을 통해 그 해답을 찾아낼 수 있을 겁니다.
2. 전형적 예 3. 대안적 제시 4 주의 집중	교: (물리학 가상 실험 시뮬레이션을 실행 혹은 유리컵에 물을 가득 채운 후 코르크 마개 하나를 집어넣다가 가만히 둔다. 그 다음에 학생에게 질문한다.) 여러분, 방금 유리컵에서 무엇을 관찰하였습니까? 어떠한 것이 코르크 마개를 위로 올라가게 하였나요? 교: (학생이 대답을 한 후) 맞습니다. 코르크 마개가 물 위로 떠올랐고 바로 물이 그 마개를 올라가게 했습니다.
5. 주의 집중	교: (아르키메데스의 전설에 관하여 말한다. 그림을 통하여 그 전설을 설명한다.)
6. 일반성	교: 아르키메데스의 원리는 다음과 같습니다. '어떠한 물체에 대한 부력은 그 물체가 액체에서 차지한 만큼의 무게와 동일하다.' 교: 다시 말하면 아르키메데스의 원리는 다음과 같은 변화를 보여 줍니다.
7. 대체 제시	'어떠한 물체가 차지하는 액체 양의 변화는 그 액체의 부력의 변화를 초래한다.' (아래의 다이어그램을 보여준다.) 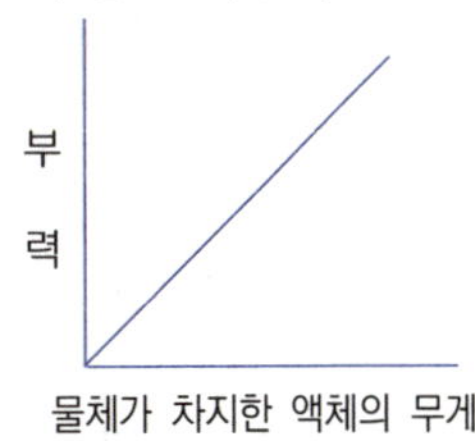
8. 예 (1) 9. 대체 제시	교: (과학 시뮬레이션을 통해 사이다와 아이스크림이 함께 있는 그림을 보여준다.) 여러분이 보고 있는 이 사이다 그림은 아르키메데스의 원리를 잘 나타내고 있습니다. 아이스크림 한 수저를 사이다 속에 집어넣었을 때, 아이스크림은 일정한 양의 사이다를 흘러넘치게 하고, 사이다 위에 떠있게 됩니다. 왜냐하면 아이스크림에 대한 부력이 작용하였기 때문입니다.

수업 단계	교수 · 학습 활동
10. 예 (2) 11. 다양성 12. 난이도 상승	교: 자 이제 다른 예, 하나 더 봅시다. 아르키메데스 원리(일반성)를 염두에 두고 다음의 실험을 봅시다. (동일한 부피의 철 조각과 소나무 조각을 물에 집어넣고 다음과 같은 질문을 한다. '왜 철 조각은 물속으로 가라앉는 반면 소나무 조각은 물 위로 뜨는가?') 학: (여러 가지 대답을 한다.)
13. 주의 집중	교: 맞습니다. 철 조각과 나무 조각은 비록 같은 부피를 가지고 있지만 그 무게와 질량은 다릅니다. 말하자면 철과 소나무는 다른 밀도를 가지고 있는 것이지요. 전 시간에 밀도에 대하여 공부하였지요? (밀도에 관한 공식을 제시한다 --- 밀도=질량 / 부피) 철 조각은 물속으로 가라앉습니다. 왜냐하면 철의 무게가 철이 제거한 물의 무게(즉 부력)보다 더 나가기 때문입니다.
14. 대안적 제시	교: (밀도에 관한 표를 제시한다.)

밀 도

재 료	밀도(g/cm^3)
수소	.00009
공기	.0012
소나무	.5
석유	.7
얼음	.92
물	1.00
바닷물	1.02
철	7.9

수업 단계	교수 · 학습 활동
	교: 이 표에서 보다시피 각기 다른 물체는 밀도에 있어서 차이가 있기 때문에 부력에 대하여 다르게 반응을 보일 수 있다는 것을 알았습니다.
15. 일반성	교: 밀도의 차원에서 다시 아르키메데스의 원리를 살펴보면, 다음과 같이 진술할 수 있습니다.
16. 주의 집중	'만약에 어떠한 물체의 밀도가 액체의 밀도보다 작으면, 그 물체는 액체 위에 뜬다.'

수업 단계	교수 · 학습 활동
17. 예 (3) 18. 대안적 제시 19. 난이도 증가	교: (나무 조각 하나가 물속에 들어갔다 나왔다하는 그림과 알루미늄 조각 하나가 그대로 물속에 가라앉는 그림을 보여 준다.) 여러분이 그림에서 보았듯이 나무 조각 하나가 컵의 물속에 일단 들어갑니다. 즉 나무 조각의 무게와 동일한 양 만큼의 물의 무게를 차지하게 됩니다. 그 다음에는 다시 떠오릅니다. 즉 물의 부력이 나무 조각을 뜨게 하는 것입니다. 하지만, 알루미늄의 경우는 다릅니다. 알루미늄은 한번 물속에 들어갔다가 다시는 떠오르지 않고 그대로 가라앉아 버립니다. 왜냐하면, 나무 조각과는 달리 알루미늄이 제거한 물의 무게는(즉 알루미늄의 부력) 알루미늄의 무게보다 작기 때문입니다.
20. 예 (4) 21. 대안적 제시	교: 다른 예를 하나 더 봅시다. 다음의 두 그림을 비교하여 봅시다. (바닷물과 민물에 있는 두 개의 동일한 배 — 동일한 무게를 지니고 있는 배 — 가 상이한 잠수 위치를 보이고 있는 그림을 보여 준다.) 왜 이러한 차이가 생겼는지 설명할 수 있습니까? 학: (여러 대답을 한다.) 교: 맞습니다. 바닷물은 소금을 지니고 있기 때문에 밀도가 상대적으로 높습니다. 따라서 동일한 배들 중 바닷물에 있는 배가 보다 높이 떠있습니다.
22. 예 (5)	마지막 예가 동일한 방식으로 제시된다. 만약에 학습자가 예를 더 원할 경우, 세 개의 예를 더 제시한다.
II. 연습	교: 자, 이제까지 아르키메데스의 원리에 대하여 여러 가지 예를 통하여 배웠습니다. 다음으로 배운 것에 대하여 연습을 해 봅시다. (Padlet, Miro 등 온라인 협업 보드에 유조선 문제를 제시한다.)
1. 대안적 제시 (설명)	(1) 유조선이 실수로 바다에 기름을 유출할 경우, 기름은 바닷물 위에 뜨게 됩니다. 왜 이러한 현상이 일어날까요? 그 원인은 무엇일까요?
III. 피드백 1. 확인	만약에 학생이 대답을 옳게 하면, 교: 맞습니다. 정확하게 설명하였습니다. (즉각적으로)
2. 교정	만약에 학생이 대답을 틀리게 하면,

수업 단계	교수 · 학습 활동
	교: 틀렸습니다.
3. 유도	(한 가지 힌트를 준다.) 기름과 물의 상이한 밀도를 생각해 보십시오. 어떠한 것이 더 밀도가 낮습니까?
4. 연습 (2)	(2) 때때로 잠수함이 수면 위로 뜨게 됩니다. 즉 잠수함의 밀도를 바닷물의 밀도(1.02g/cm^3)보다도 낮게 하였기 때문입니다.
5. 난이도 증가	그렇다면 잠수함이 잠항하기 위하여 어떠한 방법을 사용하겠습니까?
Ⅲ. 피드백 1. 확인	만약에 학생이 대답을 옳게 하면, 교: 맞습니다. 정확하게 설명하였습니다. (즉각적으로)
2. 교정	만약에 학생이 대답을 틀리게 하면, 교: 틀렸습니다.
3. 유도	(한 가지 힌트를 준다.) 어떠한 것이 잠수함의 밀도를 높일 수 있을까요?
4. 예 (3) (예측)	(3) 만약에 북극의 한 빙산에서 빙각 일부분이 떨어져 나와서 바닷물에 빠졌을 때, 어떠한 일이 발생할까요? 바다 위에 떠다닐까요, 아니면 가라앉을까요?
Ⅲ. 피드백 1. 확인	만약에 학생이 대답을 옳게 하면, 교: 맞습니다. 정확하게 설명하였습니다. (즉각적으로)
2. 교정	만약에 학생이 대답을 틀리게 하면, 교: 틀렸습니다.
3. 유도	(한 가지 힌트를 준다.) 바닷물과 빙각 중 어떠한 것이 더 밀도가 높습니까?
4. 연습 (3-5)	다른 연습문제가 동일하게 제시된다.
5. 연습 (6-8)	만약 학습자가 원하면 더 제시한다.

연습 문제

1. 금(19.3g/cm^3) 한 조각이 수은(13.5g/cm^3) 속에 가라앉겠습니까? 다이아몬드(3.5g/cm^3) 한 조각이 수은 속에 가라앉겠습니까?

   ① 금만 가라앉는다.
   ② 다이아몬드만 가라앉는다.
   ③ 둘 다 가라앉는다.
   ④ 모두 다 가라앉지 않는다.

2. 어떤 나무의 밀도는 물의 밀도보다 1.07배 높습니다. 만약에 물속에 이 나무를 집어넣으면 어떻게 되겠습니까?

3. 두 개의 컵이 있습니다. 하나에는 소금물이 들어 있고 다른 하나에는 민물이 들어 있습니다. 계란 하나를 각각에 집어넣을 때 어떻게 되겠습니까?

4. 쇳 덩어리는 물보다는 훨씬 밀도가 높기 때문에 물에 집어넣으면 가라앉습니다. 하지만 쇳 덩어리로 만든 유조선은 가라앉지 않습니다. 그 이유는 무엇일까요?

연습 및 탐구 문제

1. 원리학습의 두 가지 종류인 과정의 원리와 인과의 원리를 예를 들면서 구분하여 설명하시오.

2. 인과의 원리가 적용되는 과정에서 나타나는 세 가지 유형을 예를 들면서 설명하시오.

3. 원리는 대체로 법칙과 같은 것으로 이해될 수 있다. 자신이 관심있는 교과의 내용 중 원리 혹은 법칙 하나를 들고, 이것을 가르치기 위한 주요 교수설계 전략을 제안하시오.

4. 하룻밤 동안의 별자리의 위치 변화와 그 이유를 설명하는 학습과제가 주어졌다고 하자. 이 문제를 원리학습의 교수설계 모형 관점으로 분석한 후, 어떤 교육 방법을 활용하여야 하는가를 설계하시오.

제 6 장

절차의 적용을 위한 교수설계 모형

1. 절차의 적용의 의의와 학습 원리
2. 절차의 적용을 위한 교수설계 모형과 교안 사례

원리와 함께 또 하나의 중요한 학습 과제로 절차를 들 수 있다. 절차 또한 원리와 마찬가지로, 학교 교육에서 단순히 이해하는 것을 넘어 실제로 활용할 수 있는 수준까지 가르친다. 절차는 제5장에서 다룬 자연 현상의 과정의 원리, 예컨대 달의 변화와는 다르게 인간의 행동과 관련된 순서를 다룬다. 순서의 측면에서는 과정의 원리와 유사하지만, 인간의 인지적, 신체적 행동을 다룬다는 점에서는 다르다. 예컨대, 수학의 이차 방정식 문제를 푸는 행위도 일종의 절차적 행위이다. 그러나 많은 경우에는 이러한 절차가 내부에는 앞 장에서 다룬 원리들을 포함하고 있기 때문에, 절차 학습이 가장 복잡하고 어려운 학습 과제로 볼 수도 있다. 또한 상황에 따라서는 매우 간단한 절차도 있고, 매우 분지가 많은 복잡한 절차도 있다. 따라서 본 장을 통하여 절차 학습의 복잡성을 이해함과 동시에 이를 어떻게 가르칠 수 있는가에 대한 안내를 받을 수 있을 것이다.

1. 절차의 적용의 의의와 학습 원리

1) 절차의 적용의 의의

절차(procedure)는 인간이 어떠한 목적을 달성하기 위하여 수행되는 일련의 행위를 의미한다. 유사한 개념으로 방법, 기술, 규칙 등을 들 수 있다. 절차에는 크게 다음과 같은 두 가지 형태가 있다.

- 물리적 절차: 테니스에서 서브를 하는 경우에서와 같이 물리적인 운동을 포함한다.
- 지적 절차: 머릿속으로 두 개의 숫자를 더하는 경우에서와 같이 지적인 작동을 포함한다.

실제로 대부분의 절차들은 위에서 언급한 물리적 행위와 지적 행위의 결합으로 구성된다. 예컨대, 에세이를 작성하는 과정에는 지적인 절차와 글을 실제로 쓰는 물리적 절차가 함께 포함되지만, 실제 교수 상황에서는 이 두 절차 중 한 가지만을 가르치면 되는 경우가 많다. 다른 하나는 이미 학습되어 있기 때문이다. 에세이 쓰기에서 물리적 행위로서 글쓰기는 이미 획득하였다고 간주한다.

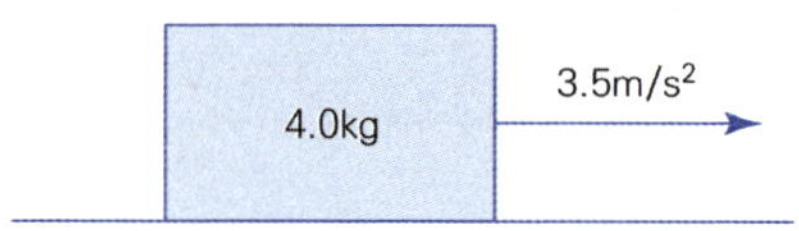

질량 4.0kg인 물체를 마찰이 없는 평면에서 3.5m/s^{2}의 가속도로 밀었을 때 이 물체에 작용하는 힘의 크기는 F=ma이므로, F=(4.0kg)(3.5m/s^2)=14kgm/s^2=14N

[그림 6-1] 힘을 계산하는 공식 F=ma

절차는 개념과 마찬가지로 사람들이 구안한 것이다. 대체로 원리들로부터 절차들이 생성되며, 특정의 절차 안에는 왜 그런 절차가 타당한지를 설명해 줄 수 있는 근본적인 원리들이 하나 이상 있다. 때때로 해당 원리가 아직 발견되지 않은 경우도 있다. 그렇기 때문에 어떤 절차가 왜 타당한지를 이해하지 않으면서도 절차 수행을 배울 수는 있다. 예컨대 힘, 질량, 가속도(개념들)에 관한 것이나 혹은 이들 간의 인과적 관계(원리들)를 전혀 이해하지 않으면서도 힘 = 질량 × 가속도 (F=ma) 공식을 이용하여 힘의 크기를 계산할 수 있는 방법을 배울 수 있는 것이다. 즉 절차를 단순 기억의 차원에서 학습할 수 있다.

절차의 적용은 일반적으로 '기능(skills)'이라 부르는 것으로 구성된다. 우리들이 하는 거의 대부분의 일은 절차의 적용, 즉 단계를 따르는 것을 포함한다. 예컨대 독서, 작문, 산수, 비행기 조종, 업무의 처리, 요리, 옷 입기 등은 모두 다 절차를 포함하고 있다. 개념을 활용하는 경우에도 절차를 적용하곤 한다(제5장에서 논의된 알고리즘 참조). 어느 때는 원리 이해에 입각하여 다음 그림과 같이 교수설계를 위한 적절한 절차를 개발하기도 한다.[1] 절차는 본질적으로 우리들이 하는 모든 일의 형식을 대상으로 한다.

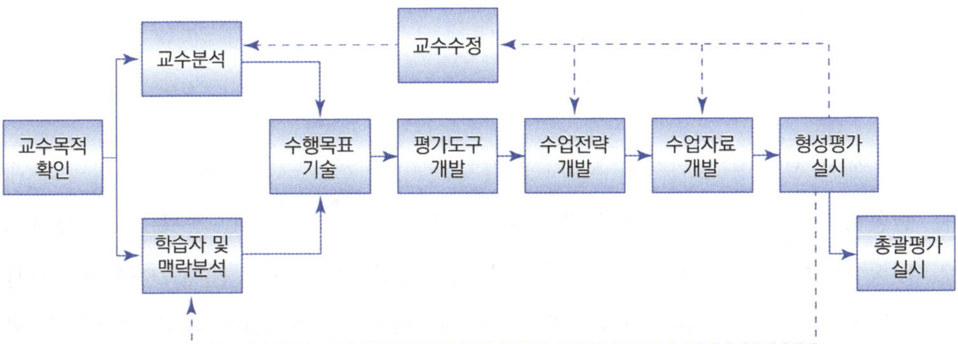

[그림 6-2] 교수설계의 절차를 보여주는 모형의 예 (딕과 케리의 ISD 모형)

1) 교수설계 혹은 교육공학 분야에도 절차에 관한 지식이 많이 있다. 예컨대, 교수설계의 과정을 안내하는 교수체제설계(Instructional Systems Design) 분야에서는 딕(Dick)과 케리(Carey)의 모형 등 많은 모형들이 있는데 이 모형은 기본적으로 학습 및 수업의 많은 원리들을 바탕으로 하여 수업을 설계하는 단계 혹은 절차들을 포함하고 있다(박성익, 임철일, 이재경, 최정임, 2010).

2) 절차의 적용을 위한 학습원리

그렇다면 절차 적용을 어떻게 학습하는가? 절차는 직선 형태일 수도 있으며 분지 형태일 수도 있다. 왜냐하면 상이한 문제(사례)에 따라서 상이한 단계가 이용되기 때문이다. 대부분이 친숙한 분수의 덧셈 절차를 중심으로 생각하여 보자. '3/4 + 5/9'와 같은 분수 더하기 절차에는 다음과 같은 단계가 포함된다.

시작

① 동일한 분모인가? 동일하면 단계 4로 간다.

② 분모 사이의 최소 공배수를 구한다.

③ 양 분모를 확인된 최소 공배수로 변환한다.

④ 분자의 값을 더해서 그 값을 분모 위에 적는다.

⑤ 약분할 수 있는가? (못 한다면 여기서 끝낸다.)

⑥ 약분하라.

끝

앞의 예는 분지형 절차이다. 분지형 절차는 항상 한 가지 이상의 의사결정 단계를 포함하고 있으며, 각 의사결정 단계는 적어도 두 가지 이상의 분지를 가지고 있다. 앞의 예에서는 단계 1과 단계 5가 의사결정 단계이다. 단계 1에서는 두 가지의 분지가 있다. 하나는 단계 2와 단계 3을 포함하고 있으며, 다른 하나는 앞의 단계를 건너뛴다. 모든 분지형 절차는 몇 가지의 경로(path)를 가진다. 앞의 절차에서는 4가지의 경로가 있다.

① 경로 1－4－5 (예) 1/5＋2/5＝3/5

② 경로 1－4－5－6 예) 1/6＋2/6＝3/6＝1/2

③ 경로 1－2－3－4－5 (예) 1/5＋1/6＝6/30＋5/30＝11/30

④ 경로 1−2−3−4−5−6 (예) 2/5+2/6=12/30+10/30=24/30=4/5

반면 직선형 절차는 의사결정 단계가 없으며, 따라서 분지가 없다. 즉, 하나의 경로만을 가지고 있다.

절차 학습의 또 하나의 중요한 측면은 절차들이 그 크기에 있어서 매우 다양하다는 점이다. 예컨대, 수학 문제를 해결하는 경우 대부분 절차를 포함하고 있는데, 많은 경우 그러한 절차들은 의사결정 단계를 포함하고 있다. 더하기, 곱하기, 정수, 분수, 방정식 등의 각 문제의 유형에 따라서 상이한 분지, 즉 상이한 단계가 나타나게 된다. 반면 한 자릿수 뺄셈과 같이 한 가지 단계로 이루어진 절차도 있다. 흥미로운 사실은 한 자릿수 뺄셈 절차가 앞의 복잡한 계산 절차 사례의 일부분이 된다는 점이다. 각 단계는 그 자체가 기능의 적용 수준에서 학습되어야 하는 한 가지 하위 절차를 구성할 수도 있다. 어떠한 단계이든지 간에 다시 하위 단계로 나뉠 수 있는 것이다. 앞의 예에서 단계 2, 3, 6은 분수 더하기 측면에서 하위 단계로 더 나뉠 수 있다. 절차에 포함되는 단계를 하위 단계로 어느 수준까지 나눌 것인가를 결정하기 위해서는 학습자들의 선수학습 수준을 확인하여야 한다. 학습자의 현재 지식수준에 이를 때까지 각 단계 및 하위 단계를 나누는 것이다.[2)]

그렇다면 절차는 어떻게 학습되는가? 절차를 진술하고 있는 문장을 기억할 수도 있다. 또한 절차를 보여주는 한 가지 특정한 경우를 기억할 수도 있다. 메릴(Merrill, 1983)에 의하면 위와 같은 수준은 '일반성 기억'과 '사례 기억'에 해당한다. 그러나 우리들이 학습자에게 기대하는 행동 수준은 이전에 접하지 못한 사례에 일반화하는 능력이다. 즉 '기능의 적용' 혹은 메릴에 있어서 '일반성의 이용'을 보여 주는 것이다.

2) 이와 관련되어 가네(Gagné)의 위계적(hierarchical) 학습과제 분석 기법은 매우 시사적이다(박성익, 임철일, 이재경, 최정임, 2010). 가네에 의하면 최종 학습과제는 하위 학습과제로 분석될 수 있으며, 학습자의 선수 학습 수준에 이르기까지 이러한 하위 학습과제가 분석될 수 있다. 이렇게 분석이 끝나면 아랫 단계에서부터 윗단계로의 학습의 순서가 정해진다.

다음 분수방정식을 풀어보자.

$$\frac{2}{x^2-1}-\frac{1}{x-1}-1=0$$

[단계 1] 먼저 이 방정식이 등식이라고 생각하고, 등식의 성질에 따라 양변에 분모의 최소 공배수 x^2-1을 곱하면

$$2-(x-1)-(x^2-1)=0$$

[단계 2] 괄호 안을 정리한 뒤 이차방정식을 풀면

$$x^2+x-2=0$$
$$(x-1)(x+2)=0$$
$$\therefore\ x=1 \text{ 또는 } x=-2$$

이는 주어진 방정식이 참이 되기 위한 필요조건이다.

[단계 3] 여기까지의 과정은 방정식의 해를 발견하기 위한 분석과정이다. 그러나 $x=1$은 주어진 분수방정식의 분모를 0이 되게 하므로 해가 될 수 없으며, $x=-2$는 주어진 방정식을 만족한다. 곧 $x=-2$가 주어진 방정식이 참이 되기 위한 필요충분조건이다.

[단계 4] 따라서 주어진 분수 방정식의 해는 $x=-2$이다.

[그림 6-3] 수학 문제 풀이의 전형적 절차의 예

앞 장 '개념의 적용' 학습과제에서 이미 일반화의 의미에 대하여 다루었다. 개념에 있어서 일반화에 영향을 주는 가변적 특성에 해당하는 것으로서 원리에는 어떠한 것이 있는가? 스칸두라(Scandura, 1983)는 절차의 **투입 요소(inputs)**라는 특성을 개념화하였다. 투입 요소는 절차의 행위가 이루어질 때의 주어진 조건들을 의미한다. 예컨대, 분수의 덧셈에서 분수의 형태가 투입 요소가 될 수 있다. 이 경우 분수들은 공통분모를 가질 수 있거나, 한 분모가 다른 분모의 배수일 수도 있거나, 두 분모가 공배수를 가질 수 있거나, 앞의 경우들에 해당되지 않을 수도 있다. 스칸두라는 각각의 문제 상황을 **동일 부류(equivalence classes)**라 불렀다. 왜냐하면 동일 부류 내에서 모든 문제들은 동일한 경로(단계)를 이용하여 해결될

수 있기 때문이다. 역으로 상이한 부류에 따라서 상이한 절차의 단계가 이용된다. 물론, 투입 요소로서 가변적 특성이 반드시 상이한 절차를 요구하지 않는 경우도 있다. 예컨대, 1/4과 1/4을 더하는 절차는 1/12과 1/12을 더하는 절차와 동일하다. 여기서 분모의 숫자가 한 자리인가 혹은 두 자리인가는 절차의 변화에 영향을 미치지 못한다. 이러한 차이점을 일반화할 수 있어야 하는데 그렇게 어렵지는 않다.

실제로 모든 절차들이 일반화를 많이 요구하지는 않는다. '1000원 지폐'와 같은 개념의 경우 해당 사례들은 모두 동일하다. 1000원짜리 지폐 한 장 한 장이 모두 동일한 사례들인 것이다. 절차에 있어서도 동일한 현상을 관찰할 수 있다. 어떠한 절차들은 항상 동일한 방식으로 수행된다. 예컨대, 간단한 요리 절차의 경우가 여기에 해당될 수 있다. 1000원짜리 지폐의 개념과 마찬가지로 이러한 절차는 거의 기억 수준의 과제이다. 즉 한 가지를 보면 다른 모든 것을 다 본 것과 마찬가지인 것이다. 따라서 비록 절차의 수행을 학습하였다고는 하나, 오히려 적용 과제라기보다는 기억 과제를 학습한 것이다. 실제로 절차는 단순한 요리법과 같은 간단한 것에서부터 매우 복잡하고 다양한 것까지 연속적으로 분포한다. 이 점은 특히 매우 다양한 예와 연습 문제가 포함되어야 하는 수업에 아주 중요한 시사점을 주고 있다.

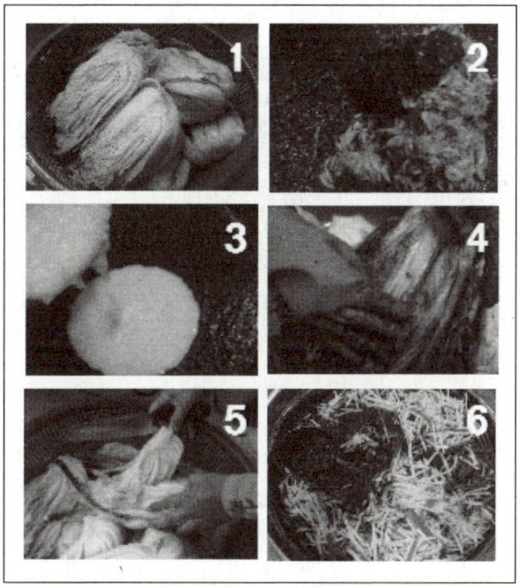

[그림 6-4] 절차로서 김치 담그기 사례

위의 절차에서 각 단계별 실제 행위에서는 차이가 있을 수 있지만, 주요 단계는 변함이 없다.

2. 절차의 적용을 위한 교수설계 모형과 교안 사례

개념의 적용 학습 과제에서 활용되는 교수 방법이 절차 적용을 가르치는 경우에도 그대로 적용된다. 다만, 어떠한 방식으로 제시되는가 하는 점이 다를 뿐이다.

1) 일상적 방식

일반성 절차는 어떠한 목적을 달성하기 위한 일련의 단계이다. 따라서 일반성은 목적과 단계를 일반적인 용어로 밝혀야 하며, 절차의 이름, 상위 개념, 결정적 특성을 보여주어야 한다.

$4\times\left(\frac{3}{4}+1\frac{1}{2}\right)\div 1.8-\frac{1}{2}$ 의 계산 방법을 알아보시오.

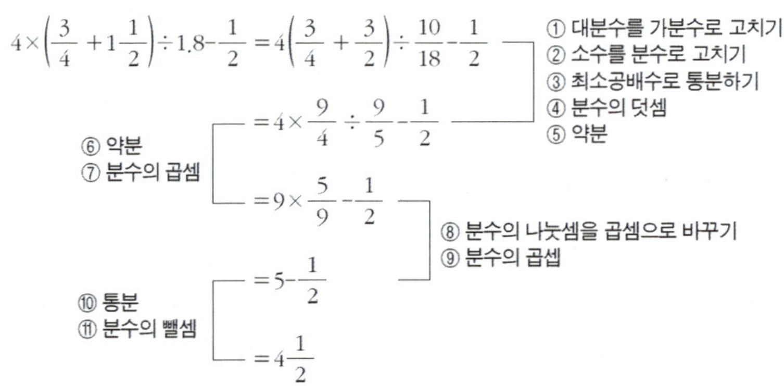

[그림 6-5] 분수 계산 절차의 실례

실례 절차의 실례는 특정 상황에서 단계들이 어떻게 사용되는지가 실연(demonstration)되면서 보인다. 그러나 절차의 마지막 결과를 보여주는 것만으로는 충분하지 않다. 실제로 모든 단계가 실연되어야 한다. 물론, 각각의 실례는 앞에서 제시된 다른 실례와는 가능한 차이가 많이 나야(즉, 발산적이어야) 한다. 앞의 '개념 적용'의 장에서 마클과 티만이 제안한 '결정적 요소군' 아이디어에 대하여 논의한 바가 있다. 마찬가지로 절차의 경우에도 이 아이디어는 적용될 수 있다. 스칸두라가 말하는 '동일 부류(equivalence classes)'의 개별 사례가 하나의 요소군에 해당한다.

연습 절차의 연습은 사전에 직면하지 못하였던 다양한 사례를 다루는 것을 말한다. 각각의 발산적 연습 문제는 절차의 목적 및 필요한 투입 요소를 감안하여야 하며, 절차의 각 단계가 수행될 수 있도록 하여야 한다([그림 6-6] 참고).

중1 수학 일차방정식의 활용: 소금물 농도 구하기

기본공식 $농도(\%) = \frac{소금의 양}{소금물의 양} \times 100$

[유형 1] 물을 넣어서 소금물의 농도를 낮추는 경우

(예) 5 % 소금물 500g이 있다. 여기에 몇 g의 물을 더 넣었더니 3%의 소금물이 되었다. 물의 양은? $\frac{5}{100} \times 500 = \frac{3}{100}(500 + x)$

[유형 2] 물을 증발시켜서 소금물의 농도를 높이는 경우

(예) 3 % 소금물 500g이 있다. 이 소금물을 증발시켜 5%의 소금물을 만들 때 증발시켜야 하는 물의 양은? $\frac{3}{100} \times 500 = \frac{5}{100}(500 - x)$

[유형 3] 직접적으로 소금을 넣어서 소금물의 농도를 높이는 경우

(예) 3 % 소금물 500g이 있다. 여기에 소금을 더 넣었더니 5%의 소금물이 되었다. 소금의 양은? $\frac{3}{100} \times 500 + x = \frac{5}{100}(500 + x)$

[유형 4] 농도가 다른 두 소금물을 합해서 중간 농도로 섞는 경우

(예) 3 % 소금물과 6% 소금물을 합하여 5% 소금물 500g으로 만들려고 한다. 각각 소금물은 얼마씩 필요한가? $\frac{3}{100}x + \frac{6}{100}(500 - x) = \frac{5}{100} \times 500$

[그림 6-6] 절차의 다양한 연습의 예

한편, 절차 이용 학습을 위한 순서는 반드시 일반성 - 실례 - 연습일 필요는 없다. 실제로는 일반성과 실례를 동시에 제공하는 것이 가장 효과적이다. 우선 다양한 실례들을 통하여 절차를 학습한다. 즉, 다른 사람의 절차 수행을 관찰할 때 학습이 일어나며, 한두 가지의 사례로부터 전체 사례의 범주까지 점차적으로 일반화하게 된다. 마지막으로, 개념 적용 학습과제에서 논의하였듯이 학습자들 스스로 일상적 방법의 제시 순서를 통제하게 할 수 있다.

2) 심화 방식

절차의 적용 학습 과제에 사용되는 심화 방식은 개념 적용 학습과제에서 사용되는 심화 방식과 유사하다. 다만, 일상적 방식에서도 그러하였듯이 동일한 형태로 사용되지는 않는다.

(1) 일반성

주의집중 개념 학습에서는 개념의 결정적 특성에 학습자의 주의를 집중시켰다. 그러나 절차의 경우에는 일반성의 가장 중요한 측면은 단계이다. 따라서 수행이 되어야 하는 행위(정신적 혹은 물리적)와 순서에 주의집중을 할 수 있게 한다.

대안적 표상(alternative representation) 절차의 경우에 가장 유용한 대안적 표상 방법은 흐름도(flowchart)와 재진술(paraphrase)이다.

기억술(mnemonics) 어떠한 절차의 경우에는 해당 단계의 순서나 특성을 모두 다 기억하기 어렵다. 이럴 때는 기억술(예컨대, ASSURE ; Analyze learner, standards and objectives, Select methods, media, and materials, Utilize technology, media, and materials, Require learner participation, Evaluate and revise)이 도움을 줄 수 있다.

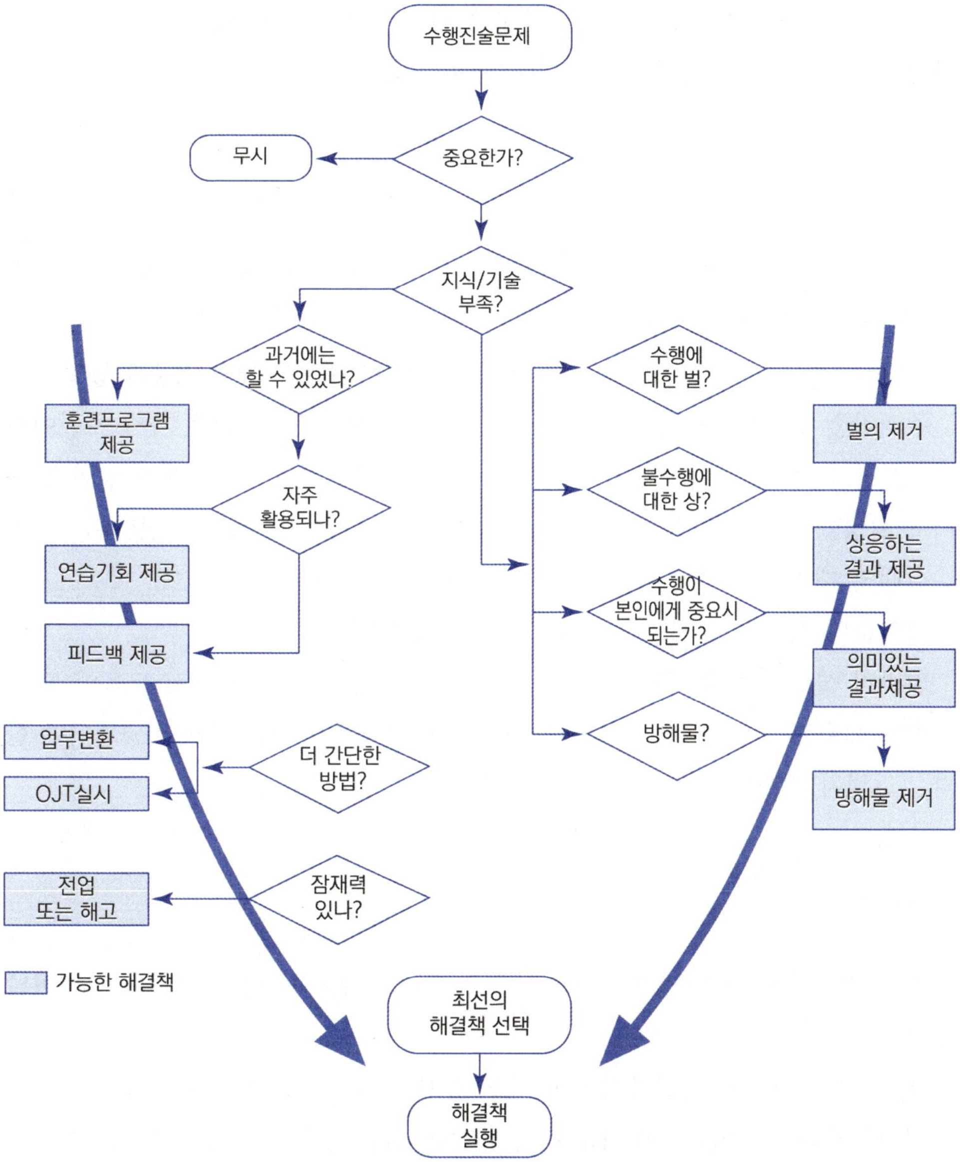

[그림 6-7] 절차의 대안적 제시를 위한 흐름도의 예시

출처: 나일주(1994). 수행문제의 분석. 나일주(편), 산업교육의 이론과 실제. 서울: 한국능률협회.

알고리즘 알고리즘은 심화 방식으로는 사용되지 않는다. 왜냐하면 절차의 일반성 그 자체가 일종의 알고리즘이기 때문이다.

(2) 실례

개념 적용과 마찬가지로 만약에 절차의 난이도가 증가할수록 실례(혹은 실연)의 숫자가 증가하여야 한다.

실례를 난이도 증가 순서에 따라서 제공하여야 하는 것은 개념 적용과 동일하다.

주의집중 방법은 실례를 일반성과 연결시켜야 하는데 크게 두 가지 차원에서 이루어진다. 하나는 실례의 각 단계에서 어떠한 것이 발생하였는가를 일반적 용어로 설명할 수 있다. 다른 하나는 주요 행위와 순서를 색다르게 표현할 수 있다.

실례의 대안적 표상은 대체로 흐름도 형식을 취한다.

기억술의 형태를 상기하는 것도 도움이 될 수 있다.

일반적 실수(비예에 해당함)는 학생들에게 주의를 준다는 점에서 도움이 되나, 그러한 실수는 반드시 일반적이어야 하며 학습자들에게 의미 있게 설명되어야 한다. (그렇지 않다면 실수의 가능성을 증가시킬 수도 있다.)

(3) 연습

개념 적용 학습과 마찬가지로 수업을 보강하기 위하여 연습의 숫자가 늘어날 수 있다.

개념 적용 학습과 마찬가지로 난이도 증가 순서를 활용할 수 있다.

일러주기(prompting)는 어려운 절차 학습을 위한 연습 문제에 효과적으로 활용될 수 있다. 이 밖의 경우에는 피드백에 사용될 수 있도록 한다.

(4) 피드백

주의집중은 사례를 일반성에 연결하는 데 사용된다. 학습자 실수의 종류에 따라서 행위(정신적 혹은 물리적)가 수행되는 방식 혹은 순서가 나타나는 방식을 지적한다. 실례에서 사용한 주의집중 방법과 동일하다.

표상의 다양성은 어려운 절차 문제에 정답을 제시하였을 때 효과적인 피드백으로 제공된다. 또한 동기 부여 보강방법이 사용될 수 있다. 정답에는 칭찬을, 오답에는 격려를 보낸다.

기억술을 상기시켜 주는 것은(앞에서 제시되었다면) 아주 효과적인 피드백이 될 수 있다.

사례 1

'광학 현미경 초점 맞추기' 절차 수업

[수업 청사진]

- 절차: 광학현미경 초점 맞추기
- 대상 학습자: 초등학교 5학년
- 수업 수준: 2
- 수업 목표: 광학현미경 사용 절차를 활용하여 잎의 기공을 관찰할 수 있다.

방 식	실 행
Ⅰ. **제시**	
1. 목표 제시	
1.1 주의력 환기	• 눈에 보이지 않는 것을 볼 수 있는 방법은 없을지 질문한다.
	• 목표를 제시한다.
2. 선수 학습	• 식물의 잎을 돋보기로 관찰한 사진을 제시한다.
3. 내용 제시	• 광학현미경의 명칭을 제시한다.
	• 교과서 그림을 확대하여 보여준다.
	• 실제 광학현미경을 보면서 명칭을 확인한다.
4. 절차	• 광학현미경 사용 절차를 학습한다.
4.1 시범	• 동영상을 활용한다.
4.2 강조	• 유의할 점을 제시한다.
Ⅱ. **연습**	
1.1 연습	• 현미경의 배율 맞추기를 연습한다.
	• 프레파라트를 올려놓고 초점을 맞추는 방법을 연습한다.
	• 식물의 잎을 현미경으로 관찰한다.
Ⅲ. **피드백**	
1. 피드백	
1.1 확인	• 학생이 대답한 후 즉시 피드백을 제공한다.
1.2 교정	• 정답에 대하여 확인과 칭찬을 한다.
1.3 유도	• 오답에 대하여 교정을 위한 힌트를 제공한다.

[수업 교안]

방 식	실 행
Ⅰ. 제시	
1. 동기 유발	교사: 여기 사진(잎의 기공)을 한 번 보세요. 무엇을 찍은 사진일까요? 학생: 세균 같아요. 교사: 힌트를 주면 식물의 한 부분을 찍은 사진이에요. 학생: 그런 식물은 한 번도 본 적이 없어요. 교사: 그럴 거예요. 이 모습은 여러분의 눈에는 안 보이거든요. 특수한 장비가 필요해요. 바로 선생님 앞에 있는 이것, 현미경을 이용해야 볼 수 있어요.
2. 선수 학습	교사: 저번 시간에는 식물의 줄기를 관찰했지요? 그럼 오늘은 식물의 어느 부분을 관찰할까요? 학생: 잎이요.
3. 목표 제시	교사: 좋습니다. 오늘은 현미경을 이용해서 잎을 관찰하겠습니다. 이 사진이 정말 잎의 모습인지 확인해 보도록 하지요. 자, 그렇게 하기 위해서는 먼저 무엇을 알아야 할까요? 학생: 현미경 사용법을 알아야 합니다. 교사: 그럼 선생님이랑 현미경을 어떻게 사용하는지 공부해 봅시다.
4. 절차	교사: (교과서 그림을 확대하여 광학현미경의 모습을 제시한다.) 화면을 보면서 현미경의 명칭을 알아봅시다. 여기 눈을 대고 보는 곳을 '접안렌즈'라고 해요. 프레파라트를 올려놓는 곳은 '재물대', 재물대의 프레파라트와 가까이 있는 이 렌즈들은 '대물 렌즈' 라고 해요. 그리고 여기 나사가 있는데 큰 나사는 '조동 나사', 그 안의 나사는 '미동 나사'라고 해요. 조동 나사는 재물대를 이렇게 올리고 내리면서 초점을 맞추는 역할을 하고 미동 나사는 초점을 좀 더 정확하게 맞추는 일을 해요.
4.1 시범	교사: 이제는 현미경을 어떻게 사용하는지 방법을 알아보도록 해요. 먼저 현미경 전원을 연결해서 광원이 들어오도록 스위치를 누릅니다. 그 다음, 조동 나사를 돌려서 대물렌즈와 재물대 사이가 멀어지도록 합니다. 여기 렌즈 세 개가 붙어 있는 회전판을 돌려서 배율이 가장 낮은 대물렌즈가 중앙에 오도록 만들어요. 그런 후에 재물대에 프레파라트를 올려놓습니다. 이때, 내가 관찰하려는 물체가 잘 보이도록 어디에 놔야 할까요?

방 식	실 행
	학생: 렌즈 중앙에 맞춰서 놔요. 교사: 네, 잘 알고 있네요. 그런 후에 여기 고정 핀으로 프레파라트를 잡아 줍니다. 교사: 그 다음에 옆에서 현미경을 보면서 재물대를 올리는 거예요. 재물대를 올리는 나사를 뭐라고 했죠? 학생: 조동 나사요. 교사: 잊지 않고 있었네요. 맞아요. 조동 나사를 돌려서 프레파라트와 대물렌즈가 가깝게 되도록 맞춰 주세요.
4.2 강조	교사: 그 다음에는 접안렌즈에 눈을 대고 조동 나사로 초점을 대략적으로 맞추고 정확한 초점은 조동 나사 안의 작은 미동 나사를 돌리면서 맞추면 돼요. 교사: 이때, 대물렌즈와 프레파라트가 부딪혀서 깨지지 않게 조동 나사를 사용할 때 조절을 해 주세요.
II. 연습	
1. 연습	교사: 자, 이제는 같이 해 봅시다. (처음부터 끝까지 교사와 학생이 현미경 사용법을 절차에 맞추어 사용한다.) 교사: 모두들 잘 했습니다. 이번에는 여러분들이 한번 해 보세요. 배율 맞추는 것까지 해 보세요. 교사: 잘했습니다. 이번에는 초점 맞추는 것까지 해 보세요. 교사: 다들 현미경 사용법을 잘 익혔어요.
III. 피드백	
1. 피드백	교사: 각자 식물의 잎 프레파라트를 갖고 가서 관찰을 하고 관찰한 모습을 실험관찰에 그리세요.
1.1 확인 1.2 교정 1.3 유도	(학생들이 현미경을 사용하는 동안 교사는 학생들의 사용 모습을 돌아다니면서 확인하고 잘하지 못하고 있는 학생은 다시 지도하고 잘하고 있는 학생에게는 칭찬을 한다.)

사례 2

'분수 방정식 해 구하기' 절차 수업

[수업 교안]

- 절차: 분수 방정식 해 구하기
- 대상 학습자: 고등학교 2학년
- 수업수준: 3
- 수업목표: 분수 방정식의 해를 구할 수 있다.

방 식	실 행
Ⅰ. **제시**	
1. 동기 유발	교사: 이 사진은 고대 그리스의 파르테논 신전이예요. 파르테논 신전은 기둥의 지름, 기둥사이의 간격, 높이, 정면의 폭 사이에 일정한 비율이 있고, 기둥의 높이와 전체높이 사이에 황금비가 되도록 건축한 것으로 유명하죠. 그렇다면 황금비에 대해 아는 사람 있나요? 학생: 적절하게 분할하는 것인데 정확히는 모르겠습니다.  **파르테논신전** 고대 그리스의 파르테논 신전은 기둥의 지름, 기둥사이의 간격, 높이, 정면의 폭 사이에 일정한 비율이 있고, 기둥의 높이와 전체높이 사이에 황금비가 되도록 건축하였다.
2. 선수 학습	교사: 분할의 의미는 맞았어요. 조금 더 수학적으로 이야기하자면 선분 AC의 길이를 모르지만, 이를 AB, BC로 분할할 때, $\frac{\overline{BC}}{\overline{AB}}=\frac{\overline{AC}}{\overline{BC}}$의 비의 값을 황금비라 합니다. 그렇다면 선분 $AC=x$ 라 할 때 황금비 공식을 어떻게 나타낼 수 있을까요? 학생: $\frac{1}{x-1}=\frac{x}{1}$ 입니다.

방 식	실 행
3. 목표 제시	교사: 잘했어요. 이처럼 분모에 미지수 x가 있는 식을 분수식이라 하죠? 오늘부터 다룰 분수방정식은 분수식으로 된 방정식입니다. 오늘은 분수방정식의 해를 구하는 방법을 알아보겠습니다. 우선 앞서 황금비 공식을 활용하여 볼까요? 분수식을 구할 때 우리가 가장 먼저 고려할 수 있는 것은 무엇일까요? 학생: 최소 공배수를 활용하는 것입니다.
4. 절차	교사: 그렇죠, 분수방정식은 양변에 분모의 최소 공배수를 곱하여 주어진 분수방정식을 다항방정식으로 고쳐 다항방정식으로 만들어 해를 구하면 됩니다. 그럼 앞에서 세운 황금비 식을 풀어볼까요?
4.1 시범	$\frac{1}{x-1}=\frac{x}{1}$ 분모의 최소 공배수인 (x-1)을 곱하여 주면 $x^2-x-1=0$ 10-가에서 배웠던 근의 공식을 활용하여 풀면 $x=\frac{1\pm\sqrt{5}}{2}$ 그런데 길이를 구하는 것이었기에 $x>0$이므로 $x=\frac{1+\sqrt{5}}{2}$이 되겠지요. 학생: 분수에서 분모는 0이 되면 안 된다고 하였는데, 이것이 분수방정식에서도 동일하게 적용되는 것일까요? 교사: 좋은 질문이예요. 그동안 분수에서 분모는 0이 될 수 없다는 것을 기본으로 적용하여 왔지요? 분수 방정식에서도 동일합니다. 만약 위의 황금비 방정식에서 절대 해가 될 수 없는 것은? 학생: x=1입니다.
4.2 강조	교사: 그렇죠. 분수방정식에서 분모를 0으로 만드는 해를 무연근이라고 합니다. 따라서 분수방정식의 해를 구할 경우에는 먼저 분모의 최소 공배수를 곱하여 주어진 분수방정식을 다항방정식으로 고친 후, 분모를 0으로 만드는 무연근을 제외해야 하겠지요. 교사: 다음 분수방정식을 풀어볼까요? $\frac{2}{x^2-1}-\frac{1}{x-1}-1=0$ [단계 1] 먼저 이 방정식이 등식이라고 생각하고, 등식의 성질에 따라 양변에 분모의 최소 공배수 x^2-1을 곱하면

방 식	실 행
	$2-(x-1)-(x^2-1)=0$ [단계 2] 괄호 안을 정리한 뒤 이차방정식을 풀면 $x^2+x-2=0$ $(x-1)(x+2)=0$ $\therefore\ x=1$ 또는 $x=-2$ 여기까지는 주어진 방정식이 참이 되기 위한 필요조건이겠지요. 학생: 네, 하지만 여기에서 $x=1$은 분수방정식의 분모를 0이 되게 하는 무연근이므로 해가 될 수 없겠네요. 교사: 그렇죠. [단계 3] 앞의 두 단계는 방정식의 해를 발견하기 위한 분석과정인 셈이죠. 그러나 $x=1$은 주어진 분수방정식의 분모를 0이 되게 하므로 해가 될 수 없으며, 곧 $x=-2$가 주어진 방정식이 참이 되기 위한 필요충분조건이 됩니다. [단계 4] 따라서 주어진 분수 방정식의 해는 $x=-2$이다. 교사: 이처럼 분수방정식은 4단계에 걸쳐 해를 구할 수 있습니다. (1) 분수방정식의 양변에 분모의 최소 공배수를 곱하여 주어진 분수방정식을 다항방정식으로 고친다. (2) (1)에서 얻은 다항방정식을 푼다. (3) 이 다항방정식의 근 중에서 주어진 분수방정식의 분모를 0이 되게 하는 근, 즉 무연근을 제외한 나머지를 분수방정식의 근으로 한다. (참고) 분수방정식에서 항상 무연근이 존재하는 것은 아니다.
II. 연습 1. 연습	교사: 자, 이제는 같이 해 봅시다. 분수방정식 $1+\frac{2}{x-1}=\frac{4}{x^2-1}$를 다음과 같은 과정으로 풀어 보세요. (1) 분모 x-1, x^2-1의 최소 공배수를 구해 봅시다. (2) 방정식 양변에 분모의 최소 공배수를 곱하여 다항방정식으로 고쳐봅시다.
III. 피드백 1. 피드백 1.1 확인 1.2 교정 1.3 유도	(3) (2)에서 구한 다항방정식을 풀어서 분수방정식을 만족하는 근을 구해봅시다. (4) (3)에서 구한 근 중 분모를 0이 되게 하는 것이 있는지 알아봅시다. (학생들이 연습 문제를 해결하는 동안 교사는 돌아다니면서 과정을 확인하고 잘하지 못하고 있는 학생은 다시 지도하고 잘하고 있는 학생에게는 칭찬을 한다.)

연습 및 탐구 문제

1. 절차 적용의 학습에 원리의 획득이 포함된다는 주장의 의미를 예를 들어서 설명하시오.
2. 관심 있는 교과 혹은 주제 영역에서 절차에 해당하는 것을 하나 확인한 후, 이 절차의 가장 전형적인 단계와 매우 복잡한 단계를 기술하시오.
3. 학습자들이 절차 학습에서 어려움을 겪는 이유를 설명하고, 이를 위한 교육 방법을 본 장의 교수설계 모형의 관점에 비추어서 분석하고 해결 방안을 제시하시오.
4. 절차 적용의 학습과 과정의 원리 적용 학습의 차이를 예를 들면서 설명하시오.

제 7 장

관계의 이해를 위한 교수설계 모형

교육현장에서 이해(understanding)만큼 자주 강조되는 주제도 없을 것이다. 학습자들이 제대로 이해하지도 않고 무조건 외우기만 한다거나, 교수자들이 이해하기 어렵게 가르친다는 문제가 끊이지 않고 있기 때문이다. 이는 이해에 대한 기대가 그만큼 크고, 또한 이해하기가 쉽지 않다는 것에 대한 방증이기도 하다. 한편, 이해는 다양한 의미로 사용되기도 한다. 이해하였다면 제대로 응용할 수 있어야 한다는 말에서처럼 적용의 측면을 강조하는 관점도 있고, '포괄적이고 전체적인' 이해와 같이 특정 현상을 여러 각도에서 바라볼 수 있는 상태를 강조하는 관점도 있다. 본 장에서는 후자의 관점, 즉 이해는 적용을 잘 할 수 있는 측면도 포함하지만 그 이상의 측면, 즉 관심의 대상이 되는 개념이나 아이디어를 여러 가지 다른 아이디어들과 관계 지을 수 있는 능력으로 보는 관점에 기반한 교수설계 모형을 제시한다.

1. 관계의 이해의 의의와 학습원리

1) 관계의 이해의 의의

학습과제로서 관계의 이해는 전통적으로 언급되어 온 의미 있는 학습(meaningful learning)과 유사하다. 이해한다는 것은 대체로 기계적 암기(rote memorization)와 구분되지만, 앞에서 다룬 개념, 원리, 절차의 적용과 같은 지적 기능의 적용이나 일반적 적용 능력과도 차이가 있다.

그렇다면 개념을 적용하는 것과 개념을 이해하는 것에는 어떠한 차이점이 있는가? 제4장에서 개념의 적용이라는 것은 사례(instance)들을 특정 개념의 실례(examples) 혹은 비실례(non-examples)로 구분하는 지적 능력임을 밝혔다. 그러나 많은 경우에, 개념 적용이 중요하지도 않거니와 가능하지 않기도 하다. 예컨대, 원자의 개념의 경우가 그러하다. 어떠한 사례를 원자의 실례라고 분류할 필요는 거의 없지만(혹은 할 수 없지만), 원자가 어떠한 것인지를 이해할 필요는 있다.

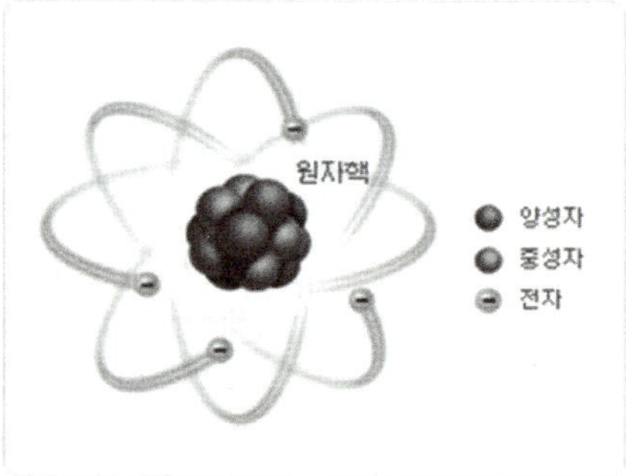

[그림 7-1] 원자의 개념과 사례

모든 물질은 원자들로 구성된다. 원자는 각 원소의 각기의 특징을 잃지 않는 범위에서 도달할 수 있는 최소의 미립자로 정의된다. 이 경우, 어떤 것이 원자인지 아닌지를 구분하기보다는 이러한 원자가 다른 것(예컨대 양성자 혹은 중성자 등)과 어떤 관계를 맺고 있는가를 이해하는 것이 중요하다.

또한 제 5장에서 변화에는 크게 두 가지의 유형이 있음을 밝혔다. 목적 달성의 행위를 의미하는 절차의 변화와 자연적 과정 및 인과 관계를 의미하는 원리의 변화가 그 두 가지이다. 우선 절차 학습과 관련하여 특별한 이해 없이 절차를 기계적으로 학습 할 수 있다. 자신이 하고 있는 것을 왜 하는지 혹은 제대로 하고 있는지를 이해하지 않은 채로도 절차의 단계들을 성공적으로 밟아갈 수 있다. 수학의 공식을 활용하여 문제를 해결하는 경우에 이런 현상을 쉽게 발견할 수 있다. 반면 절차에 있어서 실제로 이해가 이루어진다면 그것은 절차에 포함된 원리들 때문이다. 비록 어떤 절차들 가운데에는 아직까지 원리들이 발견되지 못한 것도 있겠으나, 대부분 절차의 이면에는 왜 그러한 절차가 가능한지를 설명할 수 있는 한 가지 이상의 원리들이 있다. 따라서 이해의 대상이 되는 것은 절차라기보다는 원리이다. 절차에 대한 이해는 절차의 이면에 내재되어 있는 원리들을 이해하는 것으로써 가능하다.

다음으로 수요 공급의 법칙과 같은 원리의 경우를 생각하여 보자. 가격과 공급량 그리고 소비자가 요구하는 수요량 사이의 관계를 이해한다는 것은 자신이 이미 알고 있는 것에 이 새로운 관계를 통합할 수 있는 지적 모형(mental model)을 형성하는 것을 의미한다.

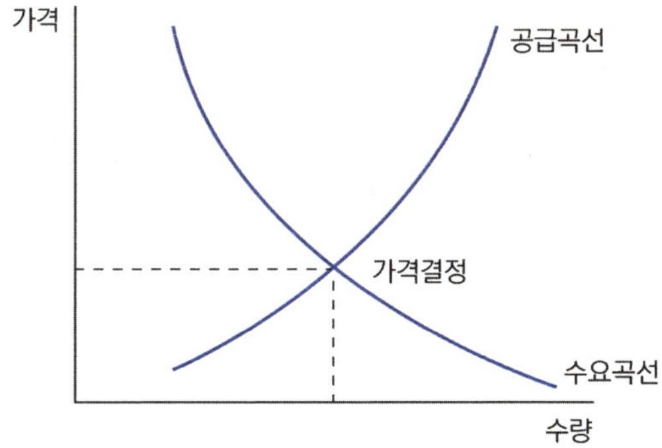

[그림 7-2] 가격 결정과 관련된 수요공급의 법칙

수요공급의 법칙은 수요량과 공급량이 일치하는 균형가격(수요곡선과 공급곡선이 한 그래프 상에 놓였을 때 만나는 한 점)을 결정하는 것을 의미한다.

이해에 대한 기존의 연구는 다른 학습과제에 대한 연구에 비하여 상대적으로 적다. 하지만 다행히도 최근에는 많은 학습 심리학자들의 관심을 받으면서 큰 발전이 이루어지고 있다(Perkins, 1993; Unger, 1994). 어떠한 것을 이해하였을 때, 우리는 대체로 그것을 보다 오랫동안 기억 하거나, 추가적인 이해를 잘 하며, 활용할 수 있는 상황이나 방법이 보다 광범위해지고, 창의성이 촉진되기도 한다. 예컨대, 수요 공급의 법칙을 의미 있게 이해하게 되면(가격의 상승은 공급의 증가와 수요의 감소를 야기한다는 법칙에 대한 이해) 이를 오랫동안 기억하게 된다. 또한 수요공급의 법칙을 이해하는 것은 이후 소비 이론을 이해하는 데에도 긍정적인 영향을 준다. 수요공급의 법칙은 더 나아가서 노동에 대하여 얼마나 임금을 지급하여야 하는지 혹은 누구에게 투표를 하여야 하는지를 결정하는 것과 같이 상당히 포괄적인 영역에 걸쳐서 적용될 수 있다. 마지막으로 자신의 수입을 보다 극대화할 수 있는 방안을 창의적으로 찾을 수 있게 한다.[1)]

같은 맥락에서 원자에 대한 이해가 이루어지면 쉽게 잊히지 않으며, 물질의 화학적 행동(원자 이론)에 대하여 이해하는 데 도움이 된다. 또한, 화학과 관련된 개념을 이해하는 데 유용하게 활용될 수 있다. 또한 창의적인 아이디어나 생산물을 개발할 줄 아는 화학자의 능력을 촉진할 수도 있다.[2)]

2) 이해를 위한 학습원리

이해의 발생과정 오수벨(Ausubel, 1963)은 이해 학습에 관한 선구적인 노력을 하였다. 그에 의하면 이해를 위해서는 두 가지 조건이 필요하다. 내용이 잠재적[3)]

1) 이 부분을 이해하기 위해서는 벤처 기업을 한 가지 예로 고려할 수 있다. 수요가 예상되는데, 공급이 그다지 많지 않은 분야가 어딘가를 잘 찾아서 적절하게 투자를 할 경우 남들보다 장기적으로 수입이 증가할 수 있을 것이다.

2) 이 부분과 관련해서는 최근의 융합 학문의 경향을 생각할 수 있을 것이다. 복잡한 문제를 해결하기 위해서는 점차적으로 기존 학문 분야의 지식뿐만 아니라 근접 학문 혹은 전혀 다른 학문 분야의 지식을 융합적으로 활용할 필요가 있다. 이때 특정 학문 분야의 지식을 제대로 이해하는 경우, 다른 학문 분야와의 융합이 촉진될 수 있을 것이다.

인 수준에서 의미 있어야 하며, 학습자는 그 내용을 자신의 사전 지식과 의미 있는 방식으로 연결시켜야 한다. 오수벨에 따르면 잠재적 수준의 지식이 학습자에게 의미 있는 지식이 되기 위해서는 보다 포괄적인 수준의 의미 있는 지식에 포섭(包攝, subsume)되어야 한다. 예컨대, 시조의 개념에 대한 이해는 시조가 시의 한 가지 유형이라는 것을 학습하게 될 때 보다 증대된다. 이 경우 학습자가 시란 무엇인가를 이해하고 있다는 전제가 필요하다.

새로운 지식이 연관된 포섭자(subsumer)와 구분되면 될수록 이해하는 것이 어려워진다. 이해의 핵심은 새로운 대상을 관련된 사전 지식과 어떻게 연결하느냐에 달려 있다. 그러나 때때로 포섭이 쉽게 이루어지지 못하기도 한다. 이 경우 오수벨이 말하는 '통합적 재조정(integrative reconciliation)'이라는 지식의 재구조화가 일어날 수 있다. 즉 기존의 인지 구조가 변화하는 것이다.

스키마 이론(schema theory)은 오수벨의 의미 있는 학습이론을 확장한다. 스키마 이론은 새로운 지식에 의미를 부여하는 여러 유형의 관계를 보여주며, 오수벨의 포섭 및 통합적 재조정 과정을 포함한 다른 유형들을 제시한다. 예컨대, 노만(Norman, 1970)은 앞의 두 가지 과정을 '첨가(accretion)'(기존 스키마에 새로운 아이디어를 추가하는 것)와 '재구조화(restructuring)'(기존 스키마에 현격한 변화를 가져오는 것)라고 명명하였다. 또한, 그는 이 두 가지 양극단의 이해 사이에 존재하는 '조율(tuning)'이라는 중간 과정을 제안하여 이해의 연속성을 보여주고 있다. 첨가(accretion)는 기존의 스키마에 새로운 지식을 첨가할 때 발생하는 반면에 재구조화(restructuring)는 이해를 위하여(자신의 사전 지식과 갈등을 재조정하기 위하여) 새로운 지식이 재개념화(기존 스키마를 현격하게 변화시키는)를 일으킬 때 발생한다. 이해는 전구의 불빛과 같은 것이다. 즉, 어둠이 순간적으로 광명으로 변화하는 것과 같다. 이 점은 단순 기억이나 기능의 적용처럼 점차적으로 일어나는 학습과제와 비교가 된다. 첨가가 일어날 때는 간단한 단계들이, 조율이 일어날 때는 중간 수준의 단계들이, 재구조화가 일어날 때는 대단위 수준의 단계

3) '잠재적'의 의미는 그것이 아직 학습자에게는 의미 있는 형태로 드러나 있지 않다는 것이다.

(순간적 통찰)가 나타난다.

이해가 무엇인가는 결코 쉬운 문제가 아니지만, 이해에 관한 한 가지 관점은 이해에는 크게 두 가지 종류가 있다고 설명한다. 하나는 사물(개념)에 관한 이해이며, 다른 하나는 사물들의 변화(원리, 즉 인과 모형)에 대한 이해이다.

개념적 이해(conceptual understanding) 개념에 대한 이해는 해당 개념과 사전 지식의 관계 성립으로 이루어진다. 그렇다면 새로운 개념에 의미를 부여하는 관계의 종류에는 어떠한 것들이 있는가? 노만에 의하면 'isa(종류의 관계)', 'hasa(특성의 관계)', 'cause(인과의 관계)', 'act(행위의 관계)', 'iswhen(발생의 관계)', 'location(위치의 관계)', 'object(대상의 관계)'와 같은 관계들이 있다. 따라서 개념과 다양한 유형의 사전지식의 연결이 이루어질 때 의미 있는 학습이 이루어진다. 새로운 개념과 학습자의 사전 지식과의 연관성을 보여주는 몇 가지 유형을 나열하여 보면 다음 〈표 7-1〉과 같다.

〈표 7-1〉 지식의 관계 유형

상위 지식	보다 포괄적이고 폭이 넓은 지식
등위 지식	동일한 포괄성과 폭을 가지고 있는 지식
하위 지식	포괄성이 적으며 폭이 좁은 지식
경험적 지식	새로운 지식의 구체적인 사례에 관한 지식
비유적 지식	유사하지만 다른 영역의 지식
원인의 지식	어떻게 영향을 주고받는지에 관한 지식
절차적 지식	어떻게 활용되는지에 관한 지식
논리적 지식	다양한 사물 사이에 존재하는 종속성을 보여주는 지식

위의 관계 중에서 한 가지 염두에 두어야 할 것은 상위 지식, 등위 지식, 그리고 하위 지식은 두 가지 유형을 지니고 있다는 점이다. 어떠한 개념이든지 간에 한 가지 개념은 어떤 것의 부분이 되거나 혹은 종류가 된다(상위 지식의 두 가지 종

류). 예컨대, 생물학에서 포유류는 동물이라는 상위 지식의 한 가지 종류이다. 또한 어떠한 개념과 그 개념의 등위 개념은 동일한 상위 지식의 종류 혹은 부분이 된다. 예컨대, 포유류는 파충류를 등위 개념으로 가지며, 포유류와 파충류는 동물이라는 상위 지식의 종류가 된다. 마지막으로 해당 개념은 그 자체의 종류와 부분을 가지고 있다. 예컨대, 포유류는 다시 기후대에 따라서 열대, 온대, 한대 동물이라는 부분으로 나뉠 수 있다.

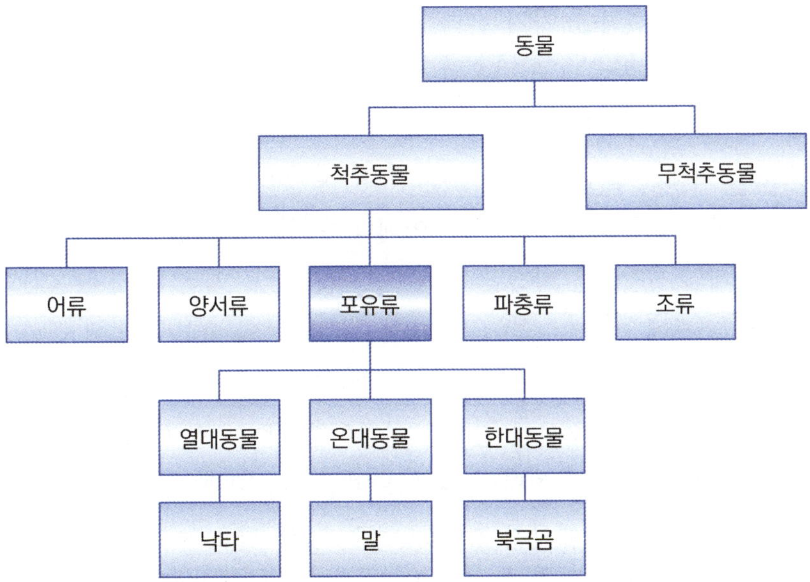

[그림 7-3] 포유류를 이해하기 위한 동물 분류의 관계

이러한 사전 지식의 유형은 이해의 과정에 도움을 줄 수 있는 관계의 유형을 보여 준다. 관계의 유형을 일종의 이해의 측면(dimensions of understanding)으로 파악하는 것이 유용하다. 높은 수준의 이해를 위해서는 전부는 아닐지라도 대부분의 측면들을 다루어야 한다. 이 점은 '이해의 폭'이라는 아이디어와 관련이 있다. 즉 이해가 풍부하면 할수록 이런 이해의 측면들을 많이 알고 있어서 그 폭이 넓다고 할 수 있다. 이러한 이해의 폭 차이가 전문가와 초보자의 이해 수준을 구분하기도 한다.

인과적 이해(causal understanding) 원리들이 상호 연결된 형태인 인과적 모형(causal model)을 이해하는 것은 앞에서 다룬 개념적 이해와는 다르다. 예컨대, 물의 순환은 일종의 인과적 모형을 구성한다. 인과 모형 내에서는 물의 다양한 변화(증발, 응축, 강우)가 일어나며, 다른 종류의 변화들(사태)(기온, 습도, 바람, 대류)이 또한 물의 변화를 가져 온다.

인과적 모형의 이해는 크게 다음과 같은 두 가지 방식에 의하여 이루어진다. 첫째, 실제로 발생한 사태와 인과 모형을 구성하는 사태 혹은 변화 간의 관계를 형성함으로써 이해가 발생한다. 예컨대, 특정 지역에 단기간에 내리는 폭우 현상을 역동적인 물의 순환 과정 차원에서 이해할 수 있다. 둘째, 변화 사이에 존재하는 인과적 관계의 연결망을 학습함으로써 이해가 된다. 예컨대, 지구 온난화 현상이 물의 순환 과정에 끼치는 영향을 설명함으로써 물의 순환 과정에 대한 이해가 풍부하여질 수 있다.

인과적 이해를 위한 교수설계 전략을 간략하게 살펴보면 다음과 같다. 실제로 발생한 사태와 모형 내의 변화와의 관계를 형성하기 위해서는 실제 사태에 대한 직접적 경험(혹은 적어도 대안적 경험)을 하는 것이 필요하다. 직접적 경험은 시연(demonstration)과 연습을 통하여 이루어질 수 있다. 컴퓨터 기반의 시뮬레이션(computer-based simulation)은 이러한 경험을 제공하는 데 매우 효과적이다. 인과 관계의 연결망을 학습하기 위해서는 도식적 그림(diagram)을 이용하는 것도 적절하다. 도식적 그림은 인과 모형의 관계의 전체 연결망을 시각적으로 보여준다. 인과적 관계를 발견하게 함으로써(안내를 제공하면서) 보다 심도 있는 이해 과정이 가능할 수 있다.

[그림 7-4] 지구 온난화가 물의 순환 과정에 끼치는 영향을 도식으로 표현한 사례

개념적 이해를 위한 장애물 이해에 대한 장애물을 크게 두 가지 차원에서 생각하여 볼 수 있다. 하나는 개념적 이해의 초기 획득(acquisition)에 관련된 장애물이며, 다른 하나는 이해된 것을 파지(retention)하는 데에 관련된 장애물이다. 이해는 기억하는 것과 정반대이어서 습득은 매우 어려우나 파지하기는 상대적으로 쉽다. 획득은 새로운 지식을 연관 있는 사전 지식에 연결하는 문제이므로 대체로 다음과 같은 세 가지 장애물이 있다. 첫째, 관련성 있는 사전 지식이 이미 실제로 습득되어 있어야 한다. 둘째, 관련성 있는 사전 지식이 '활성화'되어야 한다. 활성화(activation)는 정보처리이론에서 논의되는 개념으로, 장기기억 내부에 저장되어 있는 지식들이 특정 새로운 지식을 처리하기 위하여 작동기억(전통적으로 단기기억이라 일컫는 기억)으로 전이되는 과정을 말한다. 따라서 활성화의 정도에 따라서 이해의 수준과 폭이 다르게 나타난다고 할 수 있다. 셋째, 새로운 지식과 사전 지식 간의 적절한 관계가 학습되어야 한다. 상관있는 사전 지식과 연결이

많아질수록 이해의 깊이와 폭은 커져 간다.

일단 개념적 이해가 일어나면 회상에 있어서 어려움은 거의 일어나지 않는다. 그러나 의미 있는 지식의 일부분이 일정 기간 동안 사용되지 않으면, 오수벨에 의해 지적된 '망각적 포섭(obliterative subsumption)'이 일어난다. 즉, 개념적 지식이 더 넓고 포괄적인 표상(representation)에 포섭된 상태에서 장기간 활용되지 않으면, 그 지식은 포섭자에 의해 병합되는 일종의 정제(refinement) 과정을 거친다. 결국 해당 지식은 포섭자와 구분할 수 없는 상태에 이른다. 해당 개념이 포섭자와 비슷할수록 보다 빨리 학습되기는 하지만, 보다 빨리 잊어버릴 수 있다.

다른 사람이 개념을 이해했는지를 어떻게 알 수 있는가? 단순 기억을 평가하는 것보다 이해한 것을 측정하는 것은 훨씬 어렵다. 왜냐하면 이해는 직접적으로 측정할 수 있는 성질의 것이 아니기 때문이다. 관찰이 가능한 다양한 행동 등을 통하여 추론할 수밖에 없다. 관찰 가능한 행동은 관계 유형에 따라 달라질 수 있다. 예컨대 맥락화하기, 비교와 대조하기, 분석하기, 사례 들기, 비유하기 등이 여기에 속한다. 인과 모형에 있어서는 설명하기(추론하기), 예측하기(함의점 기술하기), 해결안 도출하기(문제 해결하기) 등이 포함된다. 설명하기, 예측하기, 도출하기의 의미는 앞 장 원리의 적용에서 다루었다.

2. 관계의 이해를 위한 교수설계 모형과 교안 사례

이해를 위한 교수설계 모형의 원리를 다루기 위하여 다음과 같은 상황을 생각해 보자.

> 김 교사는 중학교에서 사회 교과를 가르치고 있다. 김 교사는 다른 교사들에 비하여 새로운 교육 방법을 모색하려는 강한 의지를 가지고 있다. 금년에는 특히

단순한 기억에 초점을 맞춘 교육보다는 이해를 가능하게 하는 교육방법이 어떠한 것이 있을까 하는 것을 연구하고 있다. 예컨대, 사회 교과에서 중요하게 다루는 개념으로서 '혁명'을 이해의 차원에서 제대로 가르치는 것이 어떠한 것일까를 고민하고 있었다. 마침 '개념의 이해'에 관한 교수 방법을 연구하고 있는 당신을 알게 되었고, 어느 날 김 교사가 도움을 구하러 당신을 찾아왔다.

개념적 이해는 새로운 지식(여기서는 개념)을 연관성이 있는 자신의 사전 지식과 관계를 맺음으로써 나타난다. 따라서 학습 상황에서는 중요한 사전 지식이 무엇이며, 학습자들이 그러한 지식을 이미 획득하였는지를 확인할 필요가 있다. 만약 학습자들이 연관된 사전 지식을 가지고 있지 않다면, 그러한 지식을 먼저 가르쳐야 한다. 이 경우 학습자들은 싸움이 무엇인지는 이미 알고 있을 것이며, 특히 무기를 가지고 일어나는 싸움에 대해서도 잘 알고 있을 것이다. 또한 학습자들은 지배 권위가 무엇이며, 지배 권위가 지배하는 영역에 대해서도 알고 있을 것이다. 물론 정확한 용어까지 분명하게 알 필요는 없으며, 의미만을 대략 알고 있으면 된다. 학습자들이 미리 알고 있어야 한다는 점에서 이러한 개념들은 일종의 선수학습(prerequisites)의 대상이라고 할 수 있다.

김 교사는 학습자들의 요구를 사전에 파악하였으며, 그 결과 혁명이 무엇인가를 학습자들이 제대로 이해하고 있지 못하다는 것을 발견하였다. 이해를 위한 다음 준비 단계는 학습자들이 연관된 사전 지식을 획득하고 있는지를 확인하는 것이다.

블룸(Bloom)에 의하면 학습자의 참여는 수업의 질을 결정하는 데 가장 큰 영향을 미치는 변인이다. 한편, 정보의 기억과 기능의 적용과 같은 학습 과제에서 제시, 연습, 피드백은 일상적 방법으로서 그 효과성을 입증받았다. 물론 각 학습 과제의 특성에 따라서 제시, 연습, 피드백의 성격이 달라진다. 이러한 모든 점을 고려할 때, 어떠한 방법이 혁명이라는 개념을 가장 효과적으로 이해시킬 수 있는가? 어떤 지식은 학습자들에게 설명식으로 제시될 필요가 있을 것이며, 반면에 어떤 부분은 학습자의 참여가 어느 정도 필요하다. 문제는 어떻게 설명식으로 제시할 것인가, 또는 어떻게 학습자의 참여를 유도할 것인가이다.

오수벨의 이해에 관한 학습이론에 의하면, 학습자들은 혁명을 이해하기 위하여 혁명과 잘 연관되어 있으면서 보다 포괄적이며 넓은 '포섭자(subsumer)'를 지니고 있어야 한다. 만약에 학습자들이 이런 포섭자를 가지고 있지 않다면, 그들에게 '혁명'을 이해하는 데 필요한 의미 있는 넓은 맥락을 제공하여야 한다. 이 경우 어떠한 것이 포섭자가 될 수 있는가? 혁명(revolution)은 전쟁(war)이나 싸움(fight)의 한 가지 종류이다. 그러나 싸움보다는 전쟁이 혁명에 보다 가깝다. 전쟁은 싸움의 한 유형으로 간주될 수 있기 때문이다. 따라서 일반적인 싸움보다는 조금 더 구체적인 의미를 가지고 있는 '전쟁'이 혁명을 이해하는 데 도움을 줄 수 있다. 이 점 때문에 전쟁이 보다 적절한 포섭자가 될 수 있다.

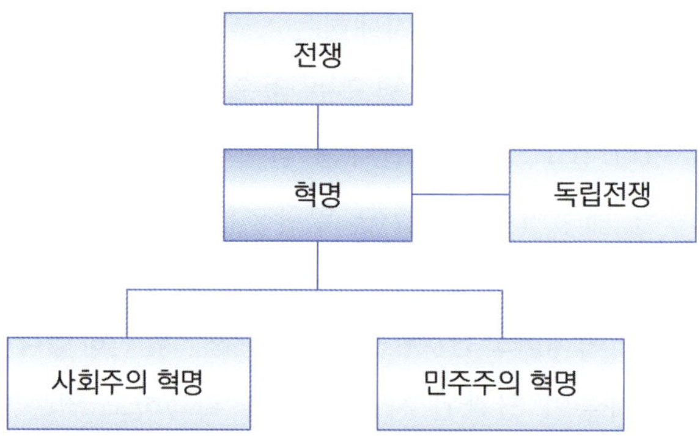

[그림 7-5] 개념 간의 관계 예시

혁명의 이해를 위하여 혁명과 전쟁(상위 지식), 독립 전쟁(등위 지식), 사회주의 혁명(하위지식)과의 관계를 보여주고 있다.

그러나 학습자들이 전쟁에 대하여 알고 있다고 해서, 그것이 곧 설명 방식과 직접 연결되는 것은 아니다. 일단 의미 있는 맥락을 활성화할 필요가 있다. "여러분들은 전쟁이 어떠한 것인지 알고 있습니다. 그렇지요?"와 같은 도입을 실행할 수 있다. 다음으로 새로운 지식(여기서는 혁명)을 전쟁(상위 지식)과 관련시킨다. "혁명은 전쟁의 한 유형입니다"와 같은 추가적인 설명을 제시할 수 있다. 그 다음에는 학습자들이 친숙한 용어로 혁명이 어떠한 것인지를 기술한다. 이 과정은 혁명이라는 개념의 결정적 속성(critical attributes)(하위 부분)을 분석하는 것을 수반한다. 또한 한두 가지의 사례(경험적 지식)를 기술할 수 있다. 더 나아가서 다른 종류의 전쟁(등위 지식, 예컨대 식민지 전쟁)과 비교 및 대조할 수 있다. 그리고 만약에 학습자들이 혁명의 여타 종류(하위 지식, 예컨대 사회주의 혁명 혹은 민주주의 혁명)에 익숙하다면, 혁명과 그러한 지식을 연결시킬 수도 있다. 때에 따라서는 감옥의 죄수들의 폭동과 같은 것을 일종의 비유적 지식으로 보여 줄 수도 있다. 또한 혁명의 원인을 추정할 수도 있으며, 혁명이 전혀 일어나지 않은 경우에 발생할 수 있는 시사점을 추출할 수도 있다.

한편, 학습자 참여 방식은 발견학습을 통하여 이끌 수 있다. 먼저 연역 방식을 통하여 발견학습이 이루어질 수 있다. 학습자들이 사전에 알고 있는 의미 있는 여러 가지 지식들과 추가적인 연관성을 만듦으로써 지적 과정의 폭이 증가될 수 있다. 이미 제시되었던 내용을 다시 한번 말해보라고 하는 것은 더 이상 추가적인 연결을 만들지 못한다. 이미 존재하는 연결을 보다 강화할 따름이다. 따라서 이러한 것들은 다소간 피상적인 형태의 연역이 된다. 보다 폭 넓은 지적 처리 과정이 발생하지 않는 것이다. 다른 한편, 정교화(elaboration)는 추가적인 연결을 가능하게 한다. 정교화는 학습자들이 사전에 가지고 있는 지식에 추가적인 지식을 연결하는 과정이다. 이러한 과정은 학습자들에게 기본적인 관련성을 제시한 다음에 학습자들이 스스로 그로부터 연역적으로 추가적인 관련성을 찾게 한다. 예컨대, 혁명과 관련된 지식을 설명한 후, 폭력의 행사가 없는 혁명이 가능한가를 물어봄으로써 혁명의 다양성을 이해하게 하는 것이다.

귀납은 원리의 적용과는 약간 다른 방식으로 이해 과정에 나타난다. 그러나 이해에 있어서 귀납은 학습자로 하여금 지식을 상당히 깊숙하게 다루게 하는 역할을 한다. 교사가 혁명이라는 개념을 여타의 등위 개념(예컨대, 독립 전쟁)과 직접 비교하거나 대조하면서 설명하는 것보다는, 학습자들에게 다음과 같은 질문을 하는 것이 보다 깊은 지적 처리 과정을 요구할 수 있다. "혁명과 침략의 차이점은 무엇이라고 생각하나요?" "소요와 혁명의 차이는 무엇이라고 생각하나요?" "감옥 내에서 발생하는 폭동과는 혁명이 어떠한 점에서 비슷하고 어떠한 점에서 차이가 있나요?" 여기서 교수자의 피드백은 무척 중요한 역할을 한다. 적절한 피드백을 통하여 지나치게 시간이 걸리지 않는 발견 학습이 이루어져야 한다. 교사의 피드백이 거의 없이 이루어지는 '순수' 발견 학습은 시간이 너무 많이 소요되면서, 새로운 것을 제대로 학습하지 못하는 경우가 많다. 순수한 발견학습이 안내적 발견 학습보다도 우수하다고 할 수는 없다.

마지막으로, 연습 시간에 학습자들로 하여금 혁명이 어떠한 것인지를 자신의 말로 설명하게끔 할 수 있다. 또는 혁명과 침략의 차이를 설명하라고 요구하면서 학습자의 참여를 이끌 수도 있다.

앞의 설명을 전체적으로 정리하여 이해를 위한 교수설계 모형의 원리를 제시하면 다음과 같다.

① 교수 내용을 결정하라

- 요구를 분석하라.
- 목적을 분석하라.
- 학습자의 현재의 지식수준을 분석하라.
- 이해의 유형을 결정하라(개념적/인과적).
- 이하 방법들은 개념적 이해를 촉진하기 위한 것들이다.

② 중요한 사전 지식이 획득되어 있도록 하라(선수 이해, 의미 있는 맥락 등)

- 사전검사로 확인하라.
- 필요하다면 보강하라.

③ 맥락, 정보, 관계를 제시하라

- 의미 있는 맥락을 활성화하라.
- 새로운 지식을 그것에 연결시켜라.
- 새로운 지식을 기술하라.
- 필요시, 보강 방법을 제시하라.

④ 연습을 제공하라

- 지식을 재진술하라.
- 지식을 정교화하라.
- 상위 지식과 연결하라.......맥락
- 등위 지식과 연결하라.......비교와 대조
- 하위 지식과 연결하라.......분석
- 경험 지식과 연결하라.......사례화
- 비유적 지식과 연결하라.......비유
- 인과적 지식과 연결하라.......추론
- 절차적 지식과 연결하라.......기능
- 논리적 관계를 확인하라.......함의
- 역할을 확인하라.......역할

※ 주의: 중요한 관계의 유형(이해의 측면)은 시험, 연습에 포함되어야 하며, 보강 방법이 필요할 때는 제시에도 포함되어야 한다. 그러나 이러한 관계의 유형의 대상(objects)(즉, 새로운 지식이 연결되는 지식)은 시험, 연습, 그리고 제시에 있어서 모두 달라야 한다.

⑤ 피드백을 제공하라

- 확인하거나 교정하라.

⑥ 필요시에는 보강 방법을 제공하라

- 제시에는 안내적 발견 접근 방법을 사용하라.
- 정교화 방식을 사용하라.
- 상위 지식과 연결하라.......맥락
- 등위 지식과 연결하라.......비교와 대조
- 하위 지식과 연결하라.......분석
- 경험 지식과 연결하라.......사례화
- 비유적 지식과 연결하라.......비유

사례 1

'시의 주제 형상화' 이해 수업

[수업 청사진]

- 이해: 시의 주제 형상화 과정에 대한 이해
- 학습 대상자: 중학교 2학년
- 수업 수준: 3
- 이해의 측면: 상위, 하위, 경험, 비유, 논리적 측면

방 법	실 행	시 간
도입		
대안적 제시	'시의 올바른 이해'에 대한 학생들의 의견을 듣는다.	3분
안내적 발견학습	시 낭송 음원을 듣는다. (음원파일 준비)	3분
상위 관계		
제시: 맥락	시를 구성하는 여러 요소들의 상호관련성을 제시하고 그것들이 시적 변용과정을 거쳐 주제를 형성하게 되는 문맥을 제공한다.	3분
대체적 제시	소재, 제재, 주제의 상관성을 PPT 슬라이드를 이용하여 도표로 모형화하여 제시한다.	1분
정의	시 속에 들어 있는 지은이의 중심 생각과 시의 여러 요소들 간의 관계를 파악한다.	1분
연습 (2)와 피드백 확인 및 교정 반응 유도	주제를 형성하는 여러 요소들의 상호관련성을 파악 학생의 응답에 즉각적인 피드백을 제공한다. 강화를 위해 정답에 대한 확인과 오답에 대한 힌트를 제공한다.	3분
하위 관계		
제시: 분석 종류 부분	시의 주제가 드러나는 세 가지 측면(知, 情, 意)을 제시한다.	2분

방 법	실 행	시 간
대체적 제시	대표적인 주지시, 주정시, 주의시를 시 낭송 음원과 PPT 슬라이드로 제시한다. 특히, 시인이 몸담고 있는 사회성과 시대상을 반영한 것으로 일제시대에 쓰인 저항시를 한 편 소개한다.	3분
연습 (1)과 피드백	시를 PPT 슬라이드로 제시하고 문맥을 파악한다. (일제 저항시는 대표적인 주의시에 해당함에 유의) 학생의 응답이 있은 후 즉시 피드백을 제공한다.	2분
확인 및 교정 반응 유도	학생이 시의 주제를 잘 파악할 경우 칭찬을 한다. 만약 그렇지 못한 경우에는 교정을 위한 힌트를 제공한다.	
경험적 관계		
제시: 사례	시의 제목, 특징적 수사법, 감정이 고조되어 표현이 끊기는 부분에 주제가 있는 자료를 제시한다.	2분
대체적 제시	교과서에 나온 시를 PPT 슬라이드로 제시하여 토론한다.	2분
주의 집중	판서 기능을 이용하여 그 시의 주제가 드러나는 부분에 밑줄을 그어 주의를 환기한다.	1분
연습 (1)과 피드백	PPT 슬라이드와 시 낭송을 듣고 표현과, 호흡 단위의 긴밀성을 고려하여 시인의 주제의식이 두드러진 시어를 찾는다.	2분
확인 및 교정 반응 유도	옳은 답에 대해서는 다시 **한번** 확인한다. 학생에게 시간을 주고 전략적 힌트를 제공한다.	
비유적 관계		
제시: 비유	지은이의 중심 생각(논지)이 명시적인 논설문에서 주제를 파악하는 방법을 제시한다.	3분
대체적 제시	논설문에서 논지가 논거에 의해 논증되는 과정과 시에서 주제가 시의 여러 요소에 의해 형상화되는 과정을 PPT 슬라이드를 통해 비교 및 대조한다.	2분
주의 집중	PPT 슬라이드에 판서 기능을 활용하여 밑줄을 그어 주의를 환기한다.	1분
연습 (1)과 피드백	학생들의 개별 디바이스를 통하여 슬라이드 PPT 슬라이드 중 논설문과 시의 주제 형상화 과정의 유사점과 차이	2분

방 법	실 행	시 간
확인 및 교정 반응 유도	점이 드러난 부분을 연습시킨다. 정답에 대해서는 확인하고 오답에 대해서는 다시 한번 개념을 정리하고 정답을 유도한다.	
논리적 관계		
제시: 함의	비유와 상징 등에 의해 함축된 시어의 뜻을 시 전체 주제에 비추어 해석한다.	3분
대체적 제시	교과서의 시를 PPT 슬라이드로 제시하고 시어의 함축된 의미를 파악하고 주제가 드러나는 여러 사례를 찾는다.	2분
주의 집중	분단별로 토론하게 하고 그 결과를 칠판에 정리한다.	2분
연습 (1)과 피드백 확인 및 교정 반응 유도	전반적인 시의 주제에 대한 설명과 연습을 한다. 학생의 응답에 대해서는 즉시 피드백한다. 정답에 대해서는 칭찬을 하여 강화하고 옳지 못한 답이 나왔을 경우 힌트를 주고 용기를 북돋아 준다.	2분
시험		
체계적 복습		

[수업 교안]

방 법	실 행	시 간
Ⅰ. **도입**		
동기 유발	교사: 우리는 지난 시간에 시의 구성 원리에 대해서 배우면서 시의 구성을 파악하게 되면 시를 보다 잘 이해할 수 있을 것이라고 했는데, 그럼 과연 시를 잘 이해한다는 것은 무엇을 말하는 걸까요? 학생: 시 속에 있는 화자가 무엇을 말하는지 내용을 이해하는 것입니다. 교사: 네, 잘 대답해 주었어요. 하지만 시를 잘 이해한다는 것이 시의 의미만을 잘 파악한다고 될까요? 글쎄 더 나아가서 그 시의 시적 화자의 감정에 동화되는 경지까지 이른다면 어떨까요? 하나의 미적 구현체인 한 편의 시를 놓고 그 아름다움을 느끼는 것도 시를 이해하는 차원에서 제기될 수 있을 것이라고 생각해요. 이런 것이야말로 여러분이 시를 일상생활에서 가깝게 할 수 있는 가능성을 주는 것 아니겠어요?	3분
안내적 발견학습	교사: 이번 시간에는 시 낭송을 들어 보는 기회를 갖기로 하겠어요. 시가 운율을 전제로 한 문학 장르라면 시의 정확한 낭송은 시의 이해에 대한 기본적이면서도 핵심적인 과정이라 하겠어요. 시 속 화자의 감정이 어느 부분에서 고조되고 호흡은 어떻게 이루어지고 있는지를 잘 들어 본다면 여러분이 시를 이해 방법을 배우는 데 많은 도움을 줄 것입니다. (시 낭송 음원을 틀어준다.) 교사: 자, 세 편의 시 낭송을 들었는데 어때요? 잘 들었어요? 우리가 보통 읽는 것과는 좀 다르죠. 들어본 소감을 한번 누가 말해 볼까요? 학생1: 감정을 넣어서 읽으니까 훨씬 감동적인 것 같아요. 교사: 네, 시의 낭독에서 호흡의 단위를 또박또박 끊어서 읽는 것만큼이나 시적 화자의 감정의 고저를 표현하면서 끊기는 표현 등에 유의하면 시에 보다 쉽게 동화되어 감동을 얻을 것입니다. 어디 다른 의견 말하고 싶은 사람 또 없어요?	3분

방 법	실 행	시 간
	학생2: 시가 음악적 성질을 지녔다는 것이 실감됐어요. 연과 연 사이의 휴지라든가, 호흡의 긴박성이 시의 의미 전개를 보다 확실하게 하는 것 같습니다. 교사: 네, 아주 좋은 대답이었어요. 우리도 이제 낭송하는 연습을 해서 우리 반 공동으로 시 낭송 음원을 함께 제작해 보는 것도 좋은 경험이 될 수 있을 것 같아요. 시 낭송을 통해서 단지 시 읽는 기법을 배운다기보다는 각자 나름의 시에 대한 이해와 접근의 기회가 될 것이라고 기대됩니다.	
Ⅱ. 상위 관계		
제시: 맥락	교사: 시에 대한 접근 방식에는 여러 가지 다양한 방법이 있을 수 있습니다. 예컨대 지난 시간에 배운 것처럼 시의 형태적인 면을 잘 고찰하여 그 구성관계를 파악하는 것도 시를 이해하는 한 방법이 될 수 있습니다. 물론 그 외에도 여러 방법이 있겠으나 오늘 우리가 이 시간에 공부하려는 것은 시의 주제에 접근함으로써 시를 이해하고자 하는 것입니다. 시의 요소는 크게 형식 요소와 내용 요소로 나누어질 수 있는데, 시의 형식 요소에는 시어, 시행, 연 등의 요소가 해당되고 시의 내용 요소에는 주제, 소재, 제재, 심상(image) 등의 요소가 해당됩니다. 이 중에서 우리가 공부할 것은 시의 내용 요소 중에 하나로서 지은이가 시에서 나타내고자 하는 중심 생각인 주제입니다.	
대체적 제시	교사: 그러면 시의 내용 요소인 소재, 제재와 주제의 상관성에 대해 살펴보기로 하겠습니다. 다음을 보아주십시오. (PPT 슬라이드를 제시한다.)	1분

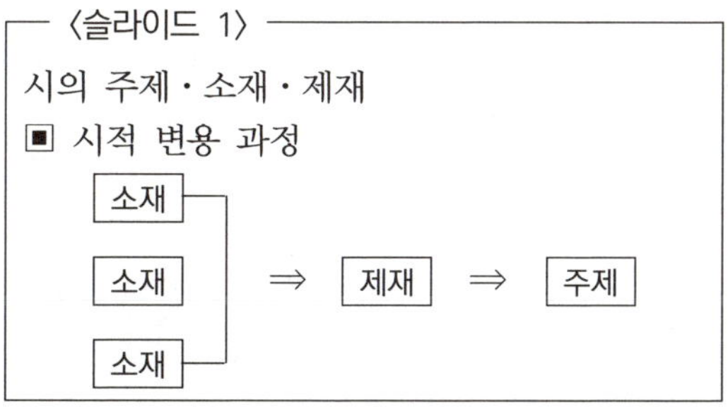

방 법	실 행	시 간
정의	교사: 시의 주제는 시 속에 들어 있는 지은이의 중심 생각으로 주제를 효과적으로 드러내기 위해서는 소재와 제재가 그대로 사용되는 것이 아니라 비유나 상징, 심상 등을 사용하여 형태가 적절히 변용되어야 합니다. 이런 시적 변용에 의해 **마음속에** 떠오른 관념과 감각이 주제를 형상화하게 되는 것이고, 이것이 우리가 이번 시간에 공부할 내용입니다.	1분
연습	교사: 주제를 형상화하는 여러 요소들 간의 상호 관련성을 다루었던 내용 요소와의 관련과 더불어 형식 요소와의 관련성에 대해 설명해 봅시다.	3분
피드백 확인	강화를 위해 학생의 응답이 있은 후 곧장 대답을 해 준다. 주제 형상화에 대한 관련성을 잘 말했을 경우 칭찬을 하고 다음 단계로 넘어간다.	
반응 유도	학생이 내용 요소와의 상호 관련성만을 말할 경우 시의 형식 요소에 대한 개념을 정리하며 다시 한 번 시도하도록 유도한다. 시의 주제는 종합적 성격을 띠고 있음을 강조하고, 정답을 학생이 이끌어 내도록 도와준다.	
Ⅲ. 하위 관계		
제시: 분석	교사: 시의 주제에 대한 정의를 내리면서 지은이의 중심 생각·사상이라고 했는데, 이런 관계에서 시의 주제는 다음의 세 가지 측면을 가지고 있습니다.	2분
대체 제시	(PPT 슬라이드를 제시한다.) 〈슬라이드 2〉 ▣ 시의 주제의 세 측면 ① 지(知) : 감정 억제, 지적인 면 중시 ⇒ 주지시(主知詩) ② 정(情) : 정서적·감정적 측면 중시 ⇒ 주정시(主情詩) ③ 의(意) : 의지의 측면 중시 ⇒ 주의시(主意詩)	3분

방 법	실 행	시 간
	교사: (슬라이드를 가리키며) 시인은 시인이 몸담고 있는 사회나 시대상을 반영하는 시를 짓기도 하는데 知, 情, 意와 같은 주제의 여러 측면에 의해 시인의 관념이나 감각이 주제로 형성화되게 되는 것입니다. 교사: 이번에는 각각 주제의 세 가지 측면을 전형적으로 드러낸 세 편의 시를 보겠습니다.	
	(PPT 슬라이드로 세 편의 시를 제시하고 세 편의 시 낭송 음원을 틀어준다.) (PPT 슬라이드에는 주지시로서 홍윤숙의 〈오라, 이 강변으로〉와 주정시로서 조지훈의 〈승무〉를, 주의시로서 이육사의 〈절정〉을 제시한다.) (각각 주제가 잘 형상화되도록 감정의 고조에 따른 음량 조절과 끊기는 표현이 잘 된 음원을 선택하는 데 유의한다.)	
주의 집중	PPT 슬라이드의 세 시에 각각 가장 감정이 고조된 곳에 색 있는 펜으로 밑줄을 긋는다.	
연습 대체 제시	교사: 다음 나오는 시의 주제에 대해 생각해 봅시다. (PPT 슬라이드를 통해 유동주의 〈자화상〉을 제시한다.) 교사: 이 시의 주제를 전체 맥락과 관련지어 주제의 세 측면 중 어느 측면이 강조되고 있는지 설명해 봅시다.	2분
피드백	교사는 학생의 답이 있은 후 곧 피드백을 제공한다.	
확인	윤동주의 이 시는 주정시로도 볼 수 있고 주의시로도 볼 수 있는 다분히 다의적 의미를 지닌 시이므로 학생이 답을 유도해 나가는 과정에서 시의 주제에 대한 추론을 어떻게 해 나가는지에 중점을 두어 대답해 주고, 답의 유도 과정에 칭찬을 해주어 자신 있게 자신이 시에 접근한 과정을 말하도록 해준다.	
반응 유도	학생이 주제를 추론해 가는 과정이 다소 이탈될 경우, 시의 주제가 형상화되는 과정을 다시 **한번** 정리해 주면서 정답을 유도한다.	
Ⅳ. 경험적 관계		
제시: 사례	교사: 지금까지 주제가 형상화되는 과정에 대해 공부를 했는데, 우리가 여태까지 한 편의 시를 읽으면서 그 시의 주제를	2분

방 법	실 행	시 간
	파악할 때 대체로 모든 시에 공통적으로 적용되는 시의 주제를 파악하는 법에 대해 살펴보도록 합시다.	
대체 제시	(PPT 슬라이드에 각각 세 편의 시를 제시한다.) (**첫 번째** 시는 한용운의 〈복종〉으로 이 시는 제목에 주제가 담겨있는 사례에 해당되는 경우이다. 두 번째 시는 변영로의 〈논개〉로, 마지막 제 4연에서 "아, 강남콩보다도 더 푸른"에 감정이 최고조를 이루고 거기에서 이 시의 주제인 '논개의 애국적 정열'이 형상화되는 사례로 지적한다. 다음 세 번째 시는 김상옥의 〈다보탑〉을 제시하고 이 시 전 편의 특징적 수사법인 의인법이 주제를 형상화하고 있는 사례로 제시한다.	2분
주의 집중	PPT 슬라이드에 각 시의 주제 어구나 주제어에 색 있는 펜으로 밑줄을 긋고, 시의 주제 찾는 방법에 대해 정리를 다시 **한번** 한다.	
연습	교사: 이제까지 주제를 찾는 법에 대해 배워 봤는데, 교과서에 나온 시들을 이용해 연습해 봅시다. (교과서를 펴게 하고 교사가 낭송한다.) 교사: 이들의 주제가 어떻게 파악될 수 있는지 다음의 한 경우에 비추어 설명해 봅시다. 1) 감정이 고조되어 끊기는 표현에 주제가 있다. 2) 제목이나, 변화, 강조 따위의 수사적 표현에 주제가 드러나고 있다. 3) 서경적 표현과 서정적 표현이 혼합되어 있는 경우에는 서정적 표현의 부분에 주제가 깃들어 있는 경우가 많다.	2분
피드백	정답에 대해서는 칭찬을 하고 오답에 대해서는 격려를 해주며 개념설명과 그 유도과정을 재언급해 준다.	
V. **비유적 관계**		
제시: 비유	교사: 시에서 주제가 형상화되는 과정은 다른 산문의 **글, 특히** 그 주제가 명확한 논설문에서 논지가 논증되는 과정과 관련지어 생각해 볼 수 있습니다.	3분
대체적 제시	(PPT 슬라이드로 짧은 신문 사설을 제시한다.) 교사: 이 사설의 논지가 어떤 논거에 의해 논증되는지 구조화시	2분

방 법	실 행	시 간
	키면 다음과 같습니다. (PPT 슬라이드를 사용한다.) 교사: 다음 PPT 슬라이드를 주목해 보면 시 주제의 형상화 과정과 논설문 논지의 논증 과정과의 관련성을 알 수 있을 것입니다. 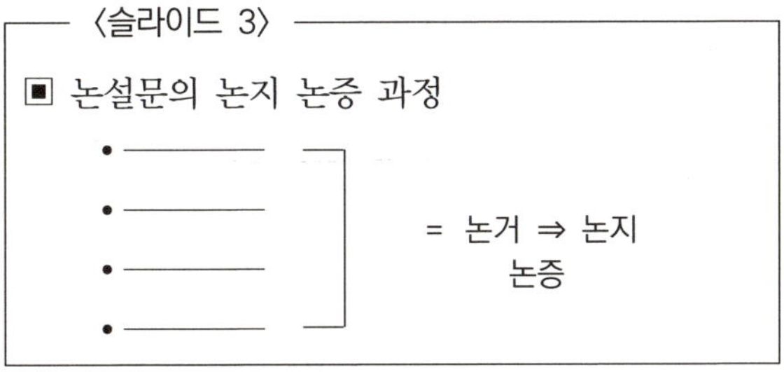 교사: (PPT 슬라이드를 가리키며) 이는 전에 시 주제의 형상화 과정을 보았던 〈슬라이드 1〉과 그 형식이 같음을 알 수 있습니다. 〈슬라이드 1〉을 다시 보여준다.)	
	교사: 이로써 우리는 논설문을 볼 때 주제(논지)를 찾던 많은 경험들로부터 다소 난해하게 느껴졌던 시 주제의 형상화 과정에 대한 이해를 도울 수 있을 것입니다.	
연습	교사: 시 주제의 형상화 과정에 있어서 논설문의 논거의 기능에 해당하는 것은 시의 어떤 요소들인지 설명해 보십시오. 그리고 논설문의 논증 과정과는 다른 시 주제의 형상화 과정의 특색은 무엇인지 대조 설명하십시오.	2분
피드백 확인/교정	학생이 지적하는 바를 칠판에 모형화하여 판서하고 부족한 부분이 있으면 보충해 주면서, 다른 학생들의 참여를 이끌어 낸다. 학생이 하는 대답을 비교와 대조로 설명이 구분되도록 주의를 시키면서 잘된 **지적은 밑줄을** 그어준다.	
VI. 논리적 관계		
제시: 함의	교사: 이제까지 주제의 형상화 과정에 대한 공부를 했습니다. 그러면 이제는 이런 주제의 형상화가 시적 변용에 의해	3분

방 법	실 행	시 간
	가능하다고 했는데 그 구체적 방법에 대해 살펴보기로 해요.	
주의 집중	**다시 한번** 〈슬라이드 1〉을 보여주면서 시적 변용에 대한 학생의 주의를 환기시킨다.	
대체적 제시	교사: 다음의 슬라이드를 보십시오. (슬라이드를 제시한다.) (슬라이드에는 은유법, 직유법, 의인법, 활유법, 중의법과 같은 비유와 원관념은 드러나지 않고 보조 관념만 제시되어 상징적 표현이 이루어진 여러 시의 일부 싯구를 제시한다.) 교사: (슬라이드를 가리키며) 이러한 방법에 의해 소재와 제재가 적절히 변용됨으로써 시의 주제는 효과적으로 형상되게 됩니다.	2분
연습	비유와 상징 등에 의해 함축된 시어의 뜻을 전체 주제에 비추어 파악하도록 교과서와 교과서 외의 고른 지문을 이용하여 제시한다.	2분
피드백 확인	학생의 응답이 있은 후 즉각적인 대답을 해준다. 학생이 옳은 답을 할 경우에는 PPT 슬라이드의 해당 어구 밑에 노란 펜으로 표시하고 칭찬을 해준다.	
교정/유도	옳지 못한 답을 할 경우에는 PPT 슬라이드의 해당 어구 밑에 빨간 펜으로 표시하고 격려를 해주며 다시 **한번** 전체 시의 주제를 생각해 보도록 유도하고 힌트를 제공한다.	

사례 2

'대풍류' 이해 수업

[수업 교안]

- 이해: 악기편성에 따라 연주되는 곡목 중 '대풍류'에 대한 이해
- 학습 대상자: 고등학교 1학년
- 수업 수준: 2-3
- 이해의 측면: 상위, 등위, 하위, 비유, 경험

방 법	실 행	시 간
도입		
대체적 제시 (음악을 들려줌)	안내적 발견학습을 통해서 학생들이 "대풍류"에 대한 곡의 이해를 돕는다. 대풍류의 종류 중 '수제천'을 들려준다. 들으면서 다음과 같은 사항들을 파악할 수 있도록 한다. (1) 곡의 분위기가 어떠한가? (2) 주로 어떤 종류의 악기가 쓰였을까?	5분
안내적 발견학습	교사: 여러분 지금 들은 음악이 어땠어요? 어떤 느낌을 받았어요? 각자가 감상한 곡의 느낌이나 그 외에 느꼈던 여러 가지 것들을 이야기해 보도록 합시다. 무엇을 느꼈는지 자유롭게 이야기해 볼까요? (학생들이 자유롭게 이야기할 수 있도록 유도하고 발표 내용들을 칠판 위에 차례대로 적는다.) 교사: 여러분의 감상 소감 중에 동일하게 가장 많이 공감한 느낌을 찾아봅시다. (칠판에 표시해 본다.) 좋습니다.	7분
대체적 제시	(다시 한번 수제천을 들려줌)	3분
상위관계		
제시: 맥락	(먼저 정악이 대풍류로 나눠지기까지 정악이 무엇인지, 악기편성에 따라 어떠한 곡으로 나누어지는지를 제시한다. - 제시	10분

방 법	실 행	시 간
	한 후 판서를 한다. 정악이란 궁정이나 지식계급에서 쓰이던 음악전체를 통틀어 이름한 것이고, 악기편성에 따라 관현합주와 관악합주로 나눠지고 다시 그 각각은 향피리 중심의 음악, 줄풍류, 대풍류, 당피리 중심의 음악, 취타로 나눠짐을 안다.) 교사: 여러분이 느꼈던 것처럼 수제천은 웅장하고 아주 장엄하고 점잖은 정악이고 후에는 처용무라는 무용의 반주음악으로 쓰이기도 했습니다. 수제천은 편성악기가 관악 중심이고 관악 중에서도 향피리 중심의 음악이기 때문에 여러분이 앞서 들으셨던 그 음악이 그렇게 씩씩하고 장엄한 분위기가 나타나는 것입니다.	
대체적 제시	관현, 관악 중심의 편성을 간단하게 도표로 제시한다. 관현합주 ┌ 향피리 중심의 음악 - 여민락, … 관현합주 └ 중풍류 - 영산회상, … 관악합주 ┌ 대풍류, 삼현육각 - 삼현영산회상/정읍/동동/자진한잎/염불, 타령, 굿거리 관악합주 ├ 당피리 중심의 음악 - 보허자, 낙양춘, … 관악합주 └ 취타 - 대취타, 길군악, …	5분
연습		
	악기 편성에 따라 어떻게 나누어지는지, 그 나누어진 것에서 대풍류는 어디에 포함되어 있는지를 설명하게 한다.	5분
피드백		
반응 유도	학생이 체계적으로 대답을 잘하면 "아주 훌륭했어요"라고 칭찬해 준다. 학생이 대답을 잘 못할 경우에는 잠시 동안 학생이 생각할 시간을 준 후에 그래도 대답하지 못하면 다시 한 번 악기편성에 따른 악곡을 다시 설명해 주고 말하게 한다.	
등위관계		
제시: 비교, 대조	교사: 대풍류와 대등한 관계에 있는 곡으로 당피리 중시미의 음악을 들 수 있습니다. 대풍류의 대표적인 곡 중의 하나인 수제천은 고려시대 정읍사(井邑詞)를 노래하던	5분

방 법	실 행	시 간
	음악이었고 처용무 반주에도 쓰인 음악이었습니다. 그러나 이와 비교해서 당피리 중심의 대표적인 보허자는 임금의 거동, 즉 보행에 맞추어 연주하던 행악으로 쓰였고 궁중의 연향 음악으로도 사용되었습니다. 현재에는 수제천, 보허자 모두 독립된 악곡으로 실내에서 연주되고 있습니다.	
대체적 제시	교사: 그럼, 수제천과 보허자를 각각 3분씩 들어보도록 하겠습니다.(수제천 3분, 보허자 3분을 들려준다. 수제천 먼저)	7분
연습		
	수제천과 보허자의 곡에 대한 느낌은 어떻게 다른지, 과거에 어떤 용도로 쓰였고 지금은 어떻게 쓰이는지를 설명하게 한다.	8분
피드백		
반응 유도	학생이 그 차이점을 알고 있으면 "잘 했어요"라고 칭찬한다. 학생이 대답을 잘 못할 경우 다시 한번 수제천과 보허자의 차이점을 설명해 주고 말하게 한다.	
하위관계		
제시: 분석 종류, 부분	교사: 대풍류를 더 자세히 알기 위해서는 대풍류를 5가지 종류들로 구분하고 그 곡들을 분석할 수 있습니다. 대풍류는 삼현영산회상/수제천(정읍)/동동/자진한잎/염불, 타령, **굿거리로** 구분됩니다. 그 구체적인 것을 살펴보면, 삼현영산회상은 일명 표정만방지곡이라고 하며 상영산, 중영산, 세령산, 가람덤이, 삼현환입, 염불환입, 타령, 군악의 8개의 작은 곡으로 이루어져 있고, 피리2, 대금1, 해금1, 장고1, 북1로 편성됩니다. 계면조이고 주로 무용반주에 쓰입니다. 수제천은 정읍(빗가락정읍)이라고도 하는데, 느린(慢) 속도의 것, 중간(中) 속도의 것, 빠른(急) 속도의 것, 이렇게 세틀형식을 갖추고 있습니다. 악기는 피리, 대금, 해금, 장고, 북, 아쟁, 당적으로 편성되며 정읍사(井邑詞)를 노래하던 음악이었고 처용무의 반주에도 쓰인	20분

<table>
<tr><th>방 법</th><th>실 행</th><th>시 간</th></tr>
<tr><td></td><td>음악입니다. 역시 계면조입니다.
동동은 세가락정읍이라고도 하는데 느린(慢) 속도의 것과 중간(中) 속도의 것으로 구분되며 악기 편성은 수제천과 같습니다. 고려 때부터 아박(牙拍) 춤에 쓰이던 음악이었고 계면조인데, 정읍(수제천)의 변조로서 그 기음(基音)이 다릅니다.
자진한잎은 사관풍류라고도 하는데, 빠른 큰 곡이라는 뜻입니다. 가곡의 우조(羽調)에 해당하는 곡들을 향피리, 대금, 해금, 장고, 북의 편성으로 연주하는 곡입니다. 원래는 궁중의 연희에 사용하던 음악입니다.
나머지 염불, 타령, 굿거리는 민간음악으로서 독립적으로 연주하지 않고, 오직 무용반주로만 쓰이는 염불, 자진염불, 타령, 허튼 타령, 굿거리 등 일련의 접속곡을 말합니다.
교사: 대풍류의 5가지 종류에 대한 분석은 표를 보면서 이해해 보도록 합시다.</td><td></td></tr>
</table>

	삼현영산회상	수제천	동동	자진한잎	염불, 타령, 굿거리
다른 이름	표정만방지곡	정읍(빗가락 정읍)	세가락정읍	사관풍류	
구성	상령산, 세령산, 가락덜리, 삼현환입, 염불환입, 타령, 군악; 8곡으로 구성	느림(만), 중간(중), 빠름(삭)의 세틀형식	느림(만),중간(중)으로 구성	가곡의 우조에 해당되는 6곡	염불, 자진염불, 타령, 허튼타령, 굿거리
악기 편성	피리, 대금, 해금, 장고, 북	피리, 대금, 해금, 장고, 북(아쟁, 당적)	피리, 대금, 해금, 장고, 북	향피리, 대금, 해금, 장고, 북	피리, 대금, 해금, 장고, 북
쓰임	무용반주	정읍사를 노래, 처용무반주	아박춤반주	궁중의 연회 때	무용반주
조	계면조	계면조	계면조	우조	

방 법	실 행	시 간
기억술	"삼수동자를 염불을 하고 굿거리를 치며 타령을 부르네"	

방 법	실 행	시 간
연습		
	대풍류의 5가지 종류의 곡을 암기하고 그에 대해 세부적인 분석사항을 암기하는 연습을 하도록 한다. (1) 대풍류의 5가지 종류의 곡을 암기하여 말하게 하고 세부적인 분석사항은 암기할 것은 질문을 통해 확인시켜 준다.	10분
피드백		
확인 및 교정 반응유도	학생이 답을 잘 말한 경우에는 칭찬을 해 주어서 격려해 주고 학생이 대답을 잘 하지 못했을 경우에는 앞에서 제시한 기억술을 다시 한번 떠올려 대답하도록 하고 대체적 제시에서 사용되었던 표를 다시 한번 보여주면서 설명해 준다.	
경험적 관계 제시: 사례	교사: 지금까지 악기편성에 따른 대풍류의 분류와 대풍류의 5가지 종류에 대해서 알아보았습니다. 지금부터는 오늘날까지 전해 내려오는 대풍류의 곡들에 대해 들어보고 그것에 대한 자료들을 살펴보도록 합시다.	3분
대체적 제시	(삼현영산회상, 자진한잎을 각각 3분씩, 6분 동안 들려준다. 음원 이용) 음원을 들은 후 삼현영산회상과 자진한잎의 오선악보를 제시하며 듣고 본 것에서 발견할 수 있는 대풍류 악곡의 특징이나 곡의 개인적인 느낌이나 감상을 정리해서 말해 준다.	7분
연습		
	교사: 여러분, 잘 들으셨어요? 들으면서 어떤 생각이 들던가요? 여러분은 두 곡이 똑같지는 않아도 대풍류의 곡들이 대체적으로 '어떻구나' 하는 정도는 아실 것입니다. 그럼 지금부터 음악을 듣는 과정에서 느꼈던 여러 가지 것들을 말해보도록 합시다.	10분
피드백		
확인 및 교정 반응 유도	(학생들이 개인의견을 이야기하는 과정에서 좋은 의견이 나오면, "잘했어요, 아주 좋아요"라고 격려해 주고, 엉뚱한 의견이 나오더라도 "그렇게 느꼈구나"라고 하며 인정해 준다. 자연스럽게 학생들의 의견이 잘 발표되지 않을 때는 아무 부담없이 느낀 대로 발표하도록 유도하고, 학생들의 의견을 잘	5분

방 법	실 행	시 간
	정리해서 말해주고 보충해서 대풍류 악곡의 특징이나 곡의 감상을 말해준다.)	
비유적 관계 제시: 비유 대조	교사: 지금까지 대풍류에 대한 여러 가지 것들을 듣고 살펴보았습니다. 이제부터는 대풍류의 삼현영산회상과 비슷한 다른 경우의 예를 살펴보도록 하겠습니다. 교사: 대풍류와 비슷하면서 다른 가장 적절한 예는 줄풍류입니다. 그중에서도 대풍류의 삼현영산회상과 줄풍류의 현악영산회상을 들 수 있습니다. 교사: 먼저 현악영산회상을 들어보도록 하겠습니다.	10분
대체적 제시	(현악영산회상을 5분 동안 들려준다. - 음원 이용) 삼현영산회상과 어떤 느낌의 차이가 있는지 비교하며 들을 수 있도록 말해준다.	
연습		
	교사: 여러분, 어떤 느낌이 드나요? 삼현영산회상과는 어떠한 차이가 있다고 생각합니까? 자유롭게 말해볼까요?	10분
피드백		
확인 및 교정 반응유도	학생들이 대답을 잘 할 경우에는 "정말 잘 비교했어요"라고 격려해 준다. 대답하지 못할 경우에는 교사가 곡의 분위기를 먼저 말해주고 다시 듣도록 한다(3분 정도). 그리고 나서 곡의 구성과 악기편성에서 가장 큰 차이점을 지적해서, 어떤 가치가 있는지를 곡의 분위기와 연관시켜 설명해 준다. 다시 한번 질문하고 말할 수 있도록 한다.	10분

연습 문제

1. 악기 편성에 따라 관현합주와 관악합주로 나눌 수 있는데 관악합주를 다시 세분화하여 분류하시오.

2. 대풍류 중 삼현영산회상과 수제천을 비교하여 설명하시오.

3. 삼현영산회상의 현악영산회상의 가장 큰 차이점을 두 가지로 설명하시오.

연습 및 탐구 문제

1. 이해를 관계의 연결 측면에서 파악하는 접근의 특징을 간략하게 설명하고, 이러한 이해를 대상으로 하는 교수설계 모형의 기본적인 관점을 기술하시오.

2. 포유류의 개념을 이해하는 수업을 중학교 1학년 수준에서 실시한다고 하자. 관계의 이해 관점에서 수업을 진행하려고 할 때, 해당 개념의 상위, 등위, 하위 지식 및 여타 관계의 지식 한 가지를 추가로 제시하고 어떻게 수업 장면에서 다룰 것인가를 제시하시오.

3. 이해를 하였다는 의미를 잘할 수 있는 상태, 즉 수행(performance)으로 파악하는 관점의 특징을 예를 들면서 설명하고 이것을 관계의 이해 차원에서 이해를 파악하는 관점과 비교하여 보시오.

제 8 장

문제해결능력을 위한 교수설계 모형[1)]

1. 문제해결능력의 의의와 주요 교수설계 모형
2. 문제해결시나리오(Problem Solving Scenario) 모형의 특성
3. 문제해결시나리오 모형의 적용 사례

문제해결능력은 대표적인 고차적 사고 기능 중 하나로, 수학이나 과학 교과의 문제로부터 기업 내부에서 발생하는 복잡한 문제에 이르기까지 수준과 특성에 있어서 그 범위가 매우 넓다. 문제해결능력은 특히 지식정보사회가 도래하면서 더욱 강조되고 있으며, 학습자의 주도적 참여가 가능한 학습환경의 설계라는 측면에서 구성주의적 관점으로부터 관심을 받고 있다. 본 장은 문제해결능력이라는 학습과제의 획득을 위하여 전반적인 학습환경을 어떻게 설계할 것인가라는 측면에서 교수설계 모형을 소개한다. 또한, 학교교육의 맥락이 아닌 기업의 교육훈련 측면에서 학습환경설계 모형을 다룬다는 점에서 교수설계 모형의 일반화보다는 특정화의 관점을 보여준다.

1) 본 장의 내용은 임철일(1998b). 문제해결 시나리오 교수-학습환경 설계 모형에 관한 형성적 연구. 교육공학연구, 14(2), 137-165. 의 연구결과를 바탕으로 하고 있다.

1. 문제해결능력의 의의와 주요 교수설계 모형

1) 문제해결능력의 의의

지금까지 앞 장에서 다룬 여러 가지 학습과제의 유형과는 달리 문제해결능력은 고차적인 사고 기능 중의 하나이다. 독립된 개념, 원리, 절차, 혹은 아이디어에 대한 적용 능력이나 이해력을 벗어나서, 종합적으로 관련된 지식을 활용하여 새로운 문제를 해결하는 능력을 의미한다. 특히, 정답이 분명하거나 잘 구조화된 문제(well-structured problem)보다는 정답이 여러 개 있을 수 있고 잘 구조화되어 있지 않은 비구조화 문제(ill-structured problem)를 해결하는 능력을 대상으로 한다(Jonassen, 2000). 국내 학교교육에서 한때 강조되었던 열린 교육의 목적은 단편적인 지식의 습득이 아닌 보다 고차원적인 사고 기능의 함양에 초점을 맞추었다(김종석, 1997; 이성은, 1997). 문제해결능력뿐만 아니라 비슷한 맥락의 복잡한 사고 능력, 예컨대 창의적 사고, 비판적 사고 등이 정보화 사회로 진입하는 과정에서 각 개인 및 조직에서 보다 강조되고 있다(진위교, 1995; 이옥화, 천세영, 1996).

문제해결능력에 대한 교육적 접근은 크게 두 가지로 구분될 수 있다. 하나는 영역 특수적인 지식(domain specific knowledge)을 활용하여 문제를 해결하는 능력을 가르쳐야 한다는 교육적 접근이다(Mayer, 1979; Smith & Ragan, 2004). 이 접근은 특정 교과 영역 혹은 지식에 상관없이 적용될 수 있는 일반적인 문제해결 능력이 가능하다는 접근(Newell & Simon, 1972; Resnick & Glaser, 1976)과 차이가 있다. 문제해결능력을 위한 영역 특수적인 접근에서는 문제해결의 핵심적 요소는 무엇보다도 해당 분야의 지식, 특히 지식들 간의 관계나 절차에 관한 지식의 획득에 있다고 본다. 일반적인 문제해결능력의 획득을 위하여 노력하기 보다는 해당 영역의 관계적 지식이나 절차적 지식을 획득하고 적용하는 것이 보다 중요하다고 본다. 예컨대, 수학 분야의 응용문제를 해결하기 위해서는 일반적인 문제

해결능력의 획득보다는 문제와 관련된 수학적 지식을 제대로 획득하고 적용하는 기회를 가지는 것이 중요하다고 보는 것이다.

한편, 문제해결능력에 관한 다른 교육적 접근, 즉 영역에 종속적이지 않은 일반적인 문제해결능력이 가능하며 이를 교육할 수 있다는 관점은 기업의 교육훈련 맥락에서 다른 방식으로 주목을 받고 있다. 기업에서는 학교교육의 상황과는 달리 영역 특수적인 지식만을 적용하여서는 해결될 수 없는 복잡하고 실제적인 문제들이 많이 있다. 한 분야의 전문적인 지식과 경험만을 가지고 해결할 수 없는 문제들이 많기 때문에 여러 분야의 전문가들이 협동적으로 작업을 하면서 체계적으로 문제를 해결하여야 하는 경우가 많다. 예컨대, 특정 공정에서 불량품이 발생하여 그 문제를 해결하고자 할 때, 문제의 해결안이 의외의 곳에서 창의적으로 나오는 경우가 더 많다.

문제 상황

진공청소기를 이용하여 청소하는 주부들의 고민 중 하나는 다음과 같은 것이다.

'청소를 할 때 방의 구석 부분을 다루기가 쉽지 않아요. 흡입하는 부분의 끝이 너무 넓어서 구석 부분을 제대로 청소하지 못하거든요. 물론 청소를 하면서 끝이 뾰족한 부분으로 그때마다 갈아 끼우는 방법이 있지만, 성가시고. 다른 방법이 없을까요?'

[그림 8-1] 기업의 문제해결 요구 사례

위의 문제에 대한 해결책은 어떻게 나올 수 있는가?

이런 경우 문제해결을 위해서는 크게 세 가지 분야의 지식을 필요로 한다. 첫째 여전히 영역 특수적인 지식이 있어야 한다. 해당 분야의 지식과 경험을 가지고 있거나, 필요하다면 학습을 통하여 추가적으로 습득하여야 한다. 둘째, 일반적인 문제해결기능이 필요하다. 예컨대, 전문가와 초보자의 문제해결 접근 방식에 대한 분석에 따르면 전문가는 보다 체계적인 접근을 하는 반면에, 초보자는 특정 영역에만 초점을 맞추면서 단편적인 결론에 이른다는 점이다. 어떠한 문제 상황이 주어졌을 때 전문가들은 문제를 확인하고, 원인을 분석하며, 해결안을 도출하는 일련의 절차와 원리들을 빠르게 응용하고 있다(LG화학, 1996). 마지막으로, 의

사소통과 팀워크 능력이 필요하다. 앞에서 언급하였듯이, 기업의 복잡한 문제는 대체로 한 분야의 개인에 의하여 해결되기보다는 여러 분야의 다수의 사람들의 협동 작업에 의하여 이루어진다. 따라서 개인 간의 의견을 효과적으로 전달하고 공유하면서 팀워크를 형성하는 것이 문제해결능력의 핵심적 요소가 되는 것이다.

본 장에서는 후자의 문제해결능력, 즉 내용 영역에 제한받지 않은 일반적인 문제해결기능을 위한 교수설계 모형을 소개하려고 한다. 문제해결능력은 그것의 중요성에도 불구하고 주요한 학습과제 분류 체계(Bloom et al., 1956; Gagné, 1977; Merrill, 1994)에서 하나의 범주로 취급되지 않았으며, 문제해결능력의 향상을 위한 처방적 교수설계 이론에 대한 연구도 충분하지 않다(Jonassen, 1997). 교육적 장면에서 문제해결능력에 관한 강조는 새삼스러운 것이 아니다. 이른바 지식교육의 단편성이나 주입식 교육의 폐단이 지적될 때마다 의미 있는 교육의 한 가지 형태로서 문제해결능력과 같은 고차적인 사고기능의 교육이 강조되어 왔다. 그러나 흥미로운 사실은 교수설계의 이론적 토대를 마련한 가네의 학습의 조건(Gagné, 1977)에서도, 또는 롸이겔루스의 교수설계이론(Leshin et al., 1992)에서도, 문제해결능력의 함양을 위한 체계적인 처방적 노력은 나타나 있지 않았다. 주로 개념, 원리의 학습과 연관된 지적 기능의 획득, 혹은 개념적 이해를 위한 교수전략의 제시에 그치고 있다. 고차적 사고 기능에 대한 많은 관심과 계속적인 강조에도 불구하고 교육을 위한 실제적인 이론화 노력은 충분히 이루어지지 못한 것이다.

2) 문제해결능력을 위한 주요 교수설계 모형

일반적인 문제해결능력을 위한 교수설계 차원의 연구는 문제해결학습(Problem-Based Learning, PBL)과 목표기반시나리오(Goal-Based Scenario, GBS)를 중심으로 본격화되었다. 의과대학생들의 전통적인 교수·학습 상황에 대한 반성으로부터 출현한 PBL의 기본적 방법론(Barrows, 1994)을 기업의 문제해결 중심의 교육적 장면에 응용하려는 시도(강인애, 김휘경, 1997; Savery & Duffy, 1996), 기억

체제의 역동성에 관한 연구(Schank, 1992)를 바탕으로 하는 GBS를 기업의 문제해결을 위한 멀티미디어 학습환경 개발로 발전시키려는 노력(이재경, 1996; Campbell & Monson, 1994) 등이 여기에 속한다. 이하 PBL과 GBS가 일반적인 문제해결능력을 어떤 방식으로 다루면서 독특한 모형으로 정립되었는가를 간략하게 살펴본다.

(1) 문제해결학습(Problem-Solving Learning)

개발 배경 미국의 의과 대학에서 널리 알려져 있는 교육 방법 중의 한 가지인 PBL은 원래 의과대학 학생들의 전통적인 교수학습 상황에 대한 반성으로부터 출현하였다(Barrows, 1994). 의과대학 학생들은 기초 과학 분야에 대한 학습을 매우 힘들고 재미없는 분야로 간주한다. 암기를 위한 암기라는 말을 할 정도로 쓸데없는 정보를 기억하는 것으로 생각한다. 임상 상황에 직면하였을 때 실제로 필요하지 않은 수많은 정보와 지식을 외우는 것에 대하여 비판적이다.

그런데 의과대학 학생들이 대학을 졸업한 후 환자와 직면하였을 때 수행하여야 하는 상황은 정보의 기억과는 다른 훨씬 고차원의 다양한 문제해결능력을 요구한다. 환자의 문제를 효과적, 효율적, 그리고 인간적으로 다루기 위해서는 환자가 제시하는 문제 상황을 정확히 분석하고 적절한 처방을 제공하여야 한다. 실제의 문제 상황은 그리 간단하지가 않다. 환자들은 대체로 자신의 문제에 대하여 불충분한 정보를 가지고 온다. 또한, 환자로부터 추가적인 정보를 얻는 방법도 상이하며, 추가적인 정보를 얻게 될 경우 초기 진단과는 다른 결과가 나타날 수도 있으며, 비록 명확한 진단에 의하여 처방이 내려졌다 하더라도 처방의 효과성에 대하여 확신을 가질 수 없다. 요컨대, 의사들이 직면하는 문제 상황은 인지심리학자들이 말하는 비구조적 문제의 전형적인 사례인 것이다.

비구조적 문제 상황에 직면하게 될 예비 의사들에게 요구되는 두 가지의 중요한 기능이 있다. 하나는 추론 기능(reasoning process skill)이며, 다른 하나는 자기주도적 학습 기능(self-directed learning skill)이다. 의사들이 실제 상황에서 복잡한 문제에 직면하여 문제를 진단하고 처방을 제시할 때 활용하는 추론 기능 중 한 가지는 가설 - 연역적(hypothetico-deductive) 추론 기능이다. 이 과정은 크게 대안적 가설의 설정, 가설 검토를 위한 자료의 수집, 자료의 분석, 자료의 종합, 최종 진단과 처방 제시로 구성되어 있다. 즉 환자가 자신의 문제에 대하여 최초로 설명하는 경우처럼 충분한 자료가 없는 상황에서는 주어진 자료를 바탕으로 대안적 가설을 설정하고, 개별 가설의 타당성을 확인하기 위하여 추가적인 자료를 수집하며, 수집한 자료를 바탕으로 개별 대안 가설을 검토한다. 이후 가설 검토의 결과로 주어진 문제에 대한 인과론적인 모형을 설정하고 최종적인 결론에 이르게 되는 것이다. 그런데 이러한 추론 기능은 환자의 문제를 진단하고 해결하는 데 필요한 구성 요소 중의 일부분만을 차지하고 있다. 지식 베이스(knowledge base)는 또 하나의 구성 요소이다. 추론 기능만 있고 만약에 광범위한 지식 베이스가 없을 경우에는 효과적으로 문제를 진단하고 처방을 제시할 수 없다. 즉 추론 기능과 지식 베이스는 마치 가위의 양날과 같은 것이어서 문제를 해결하는 데 양자가 모두 필요한 것이다. 그러나 추론 기능과 지식 베이스가 모두 필요하다는 것에 대한 공감에도 불구하고, 실제 교육 방식에 대해서는 이를 제대로 다루지 못하였다. 앞에서 학생들이 지적하였듯이 추론 기능의 획득과 상관없이 지식 베이스의 획득을 위한 교육이 실시되고 있기 때문이다.

의사에게 요구되는 또 하나의 주요한 기능으로 자기주도적 학습 기능을 들 수 있다. 의사들은 자신들이 경험하지 못한 독특한 환자의 문제와 직면하게 되거나, 새로운 진료 체제에 적응해야 하며, 수없이 쏟아져 나오는 새로운 지식들을 이해할 필요가 있다. 이러한 요구는 끊임없는 학습 과정을 통해서 해소될 수 있으며, 여기서 스스로 학습을 할 수 있는 기능은 매우 중요한 것으로 간주된다. 예컨대, 자신의 지식과 기능 중에서 어느 부분이 부족한가를 계속적으로 주시하면서, 필요한 자료를 선택하고 그것의 유용성을 평가하는 기능, 효과적으로 활용한 후 향후에 이용하기 위하여 체계적으로 정리하는 기능, 학습의 결과를 문제 해결 시에 곧바로 적용하는 기능 등이 필요하다.

PBL은 위에서 살펴본 바와 같이 의과대학의 독특한 교육적 요구 상황에 대응하면서 개발된 교수설계 모형이라고 볼 수 있다. 즉 PBL은 비구조적인 문제를 해결하기 위하여 학생들이 추론 기능과 지식 베이스가 통합될 필요가 있다는 요구와 계속적인 자기주도 학습 기능의 요구에 응답한 교수학습환경으로 볼 수 있다.

교수설계 모형의 원칙 PBL 교수설계 모형의 원칙은 Barrows와 Myers(1993)에 의하여 보다 체계화된 형태로 나타났다. 여기서 원칙은 PBL 교수설계 모형이 포함하는 주요 단계의 특징을 의미한다.

〈표 8-1〉 문제중심학습의 모형(Barrows & Myers, 1993)

강좌 소개			
1. 안내 2. 강좌분위기 조성(교사 · 조교의 역할 소개)			
문제 제시			
1. 문제 제시 • 문제에 대한 주인(소유)의식을 느끼도록 한다(학생들이 문제를 내재화하도록). • 마지막에 제출할 과제물에 대한 소개를 한다. 2. 과제 • 그룹 내 각자의 역할을 분담시킨다(어느 학생은 칠판에 적고, 다른 학생은 그것을 노트에 적으며 다른 학생은 그 그룹의 연락망을 맡는다).			
생각(가설)	**사실**	**학습과제**	**향후계획**
주어진 문제에 대한 학생들의 생각을 기록: 원인과 결과, 가능한 해결안 등	개인 혹은 그룹학습을 통해 제시된 가설을 뒷받침할 지식과 정보를 종합	주어진 과제를 해결하기 위해 학생들 자신이 더 알거나 이해해야 할 사항을 기록	주어진 과제를 해결하기 위해 취해야 할 구체적 실천계획

3. 주어진 문제의 해결안에 대하여 깊이 사고한다: 칠판에 적힌 사항에 관하여 과연 나는 무엇을 할 것인가를 생각해 본다.

생각(가설)	사실	학습과제	향후계획
확대 · 집중시킨다.	종합 · 재종합한다.	규명화 · 정당화한다.	계획을 공식화한다.

출처: 박성익, 임철일, 이재경, 최정임 (2010). 교육방법의 교육공학적 이해. 교육과학사.

① 전체 교수학습환경은 문제의 제기, 문제의 재확인, 발표, 문제 해결 후 단계로 구성된다.

실제적인 문제가 주어지고 문제의 원인과 해결안을 제시하는 과정으로 구성된다. 각 단계에서 학생들은 지도교사(tutor), 교수, 그리고 다양한 자료의 도움을 받으며, 공통 학습 및 개별 학습을 병행하여 진행한다.

② 문제의 제기 단계는 문제를 확인하고 가능한 해결안을 찾기 위한 첫 시도를 하는 단계이다.

문제의 확인과 해결안을 찾기 위해서 크게 아이디어, 사실, 학습 과제, 향후 계획의 네 가지 차원에서 검토를 한다. 아이디어는 문제의 원인, 결과, 가능한 해결안에 관한 학생들의 추측을 포함한다. 사실은 질문 등을 통하여 수집한 정보로서 가설 설정에 중요한 역할을 한다. 학습 과제는 문제를 해결하기 위하여 학생들이 이해할 필요가 있는 부분들이다. 마지막으로 향후 계획은 문제를 해결하기 위하여 학생들이 해야 하는 일을 말한다. 이 네 가지 차원은 문제 해결 활동과 학습 활동을 전체적으로 안내하는 중요한 역할을 수행한다.

③ 문제의 재확인 단계에서는 문제 제기 단계에서 확인된 자료를 중심으로 문제에 대한 재평가를 실시한다.

문제의 제기 단계에서 확인된 아이디어, 사실, 학습 과제, 향후 과제의 사항을 재조정함으로써 문제에 대한 최적의 진단과 해결안을 도출할 수 있도록 한다.

④ 발표 단계에서는 공동 학습 및 최종 결론을 전체 학생 앞에서 발표함으로써 상대방의 대안적 아이디어와 자신들의 것을 비교한다.

⑤ 마지막으로 문제해결 후 단계는 자신들의 학습 결과를 정리하며 자신에 대한 스스로의 평가를 실시한다.

PBL 모형의 적용 실제 다음에 소개되는 사례는 미국의 New Mexico 대학교의 의과대학에서 실시되고 있는 PBL 실제 사례 중 하나이다(Scheiman, Whittaker, & Dell, 1989). New Mexico 대학의 프로그램은 크게 세 단계로 나누어져 있다. 처음 2년간의 1, 2단계는 예과에 해당하며 마지막 3단계의 2년 동안은 몇 개의 과목을 수강하면서 실제 진료를 경험한다. 예과 첫 해의 6개월 동안 5명 단위로 구성된 학생들은 일주일에 세 번씩 반나절 동안 한 명의 교수와 만나서 개별 지도를 받는다. 또한 한 주에 한 번씩 진료 기술 과정에 참석하여 환자의 일반적 특성 확인과 물리 검사에 필요한 기본적 기술과 과학적 기초 지식을 배운다. 이러한 두 가지 모임 이외에 다른 형식화된 모임이나 어떠한 강의도 제공되지 않는다. 학생들은 개별 지도 시간에 제기되었던 문제나 혹은 자신 스스로가 제기한 문제를 중심으로 학습을 해 나간다.

반나절 동안 만나는 개별 지도 시간에 학생들은 교수와 가상의 문제를 놓고 토의한다. 여기서 가상의 문제는 과학적 기초 분야의 주요 개념들이 드러날 수 있도록 개발되었다. 교수는 우선 학생들에게 주어진 사례에서 환자의 문제를 나열하라고 요청한다. 학생들은 교실 내에 미리 준비되어 있는 자료 등에 도움을 받아서 환자의 문제를 나열한다. 학생들이 문제를 나열하면 교수는 문제의 원인을 설명할 수 있는 가설을 해부학적 혹은 생리학적 차원에서 개발하라고 다시 요청한다. 이 과정을 통하여 학생들은 자신들이 무엇을 모르는지 그리고 어떠한 것을 학습할 필요가 있는지를 분명히 알게 된다. 첫 번째 모임이 끝난 후 학생들은 개별적으로 도서관 등에서 자료를 찾거나 그룹 토의를 통하여 문제를 토의하기도 한다.

주말에 다시 모여 새로운 정보를 바탕으로 주어진 문제를 다시 검토한다. 이 과정에서 자신들이 세운 가설, 접근 방식을 수정하기도 한다. 보다 고급 수준에서는 학생들이 진단과 처방까지 할 수 있는 기회가 주어진다. 이러한 과정이 계속적으로 이어지면서 학생들은 스스로 학습을 하게 되며 궁극적으로는 실제적인 문제를 효과적으로 해결하는 스킬을 획득하게 된다.

(2) 목표기반시나리오(Goal-Based Scenario)

[그림 8-2] 생크(Schank)

개발 배경 GBS는 앞의 PBL과는 상이한 배경에서 개발되었다. GBS는 미국 Northwestern 대학교의 학습 센터 소장인 생크(Schank, 1992)에 의하여 체계화되었다. 인간의 기억 체제의 역동성에 관한 연구를 계속 수행하여온 생크는 학습의 사태에 자신의 연구 결과를 응용하고자 하였다. 생크는 기억을 일종의 상자로 파악하는 전제가 잘못되었음을 지적하고 있다. 기억이라는 것이 마치 상자와 같은 것이어서 우리가 필요할 때 열거나 닫을 수 있으며, 우리가 회상하고 싶은 것을 넣어 두었다가 우리가 필요할 때 끄집어 낼 수 있다는 전제는 잘못된 것이다. 이러한 전제는 사실을 기억하는 경우에는 타당할지 모르지만 기억의 역동성을 보여주지 못하고 있다. 즉, 기억은 필요한 기능을 수행하는 적극적 과정을 포함하고 있다(Graham, 1994). 기억은 일반적으로 어떠한 목적(goal)을 달성하기 위하여 계획하고 수행하는 데 관련된 지식을 상기하는 역할을 수행한다. 따라서 기억은 목적 달성과 밀접하게 연관된 유용성에 의하여 그 기능이 좌우된다. 즉, 유용하기 때문에 어떠한 것을 기억하게 되는 것이다.

기억이 더 이상 사실을 담아 두는 상자가 아니고 목적 달성을 위한 기능을 수행하는 과정으로 파악될 때 학습의 의미는 다른 방식으로 이해될 수 있다. 생크에 있어서 학습은 기억의 변화이며, 기억의 변화는 특정의 목적 달성 과정에 나타난다. 따라서 학습환경은 미래에 유용할 수 있는 특정한 목적이 주어지는 형태로 구성되어야 하는 것이다. 즉 실제 과제를 수행하는 데 필요한 경험을 제시하여야 하며 여기서는 상호작용 및 직접 자기가 어떠한 것을 하는 것이 포함되어야 한다.

기억 체제에 관한 연구의 결과를 응용하는 측면과 함께 GBS의 또 하나의 배경적 특징은 멀티미디어 체제가 주요한 학습환경의 한 요소로 위치한 것이다. 비록 반드시 멀티미디어 체제가 필요한 것은 아니지만 컴퓨터는 GBS의 교수학습환경에서 빼놓을 수 없는 한 구성 요소를 이루고 있다. 컴퓨터는 일대일 상호작용 관계를 촉진할 뿐만 아니라 풍부한 자료의 원천을 즉각적으로 제공하는 강력한 지원 시스템을 구축할 수 있기 때문에 학습자의 주도적 학습 과정에 중요한 기능을 수행하고 있다. GBS가 학교교육을 위한 교수설계에 응용되기보다는 미국 Andersen Consulting 회사의 주요 교수설계 원리(이재경, 1996; Campbell & Monson, 1994)로 응용되어 널리 알려지게 된 것은 우연이 아니다. Andersen Consulting 회사는 회사 자체 내에 체계적이며 광범위한 컴퓨터 시스템이 이미 구축되어 있으며, 또한 컴퓨터를 활용하여 교수 학습환경을 구축하는 데 진보적인 입장을 보여 왔다. 따라서 학습자가 주도하에 컴퓨터를 활용하는 교수설계에 긍정적이었으리라는 것을 쉽게 짐작할 수 있다.

교수설계 모형의 원칙 GBS 교수설계 모형은 목적을 달성하는 데 관련된 네 가지의 구성 요소가 포함되어 있다(Mission, Cover story, Scenario operations, Mission focus). 이 네 가지 구성 요소는 문제의 특성과 요구 사항을 구체화하기 위하여 이용되는 것으로 GBS의 핵심적 준거로서 작용한다(Schank, Fano, Jona, & Bell, 1992).

① Mission

미션은 GBS에서 학습자들이 달성하고자 하는 목적을 말한다. 학습자들은 미션에 의하여 학습에 적극적으로 임한다. 미션을 달성함으로써 학습자들은 목표한 바의 지식과 스킬을 획득하게 된다. 예컨대, 어떤 특정 트럭 회사를 효율적으로 운영하는 미션이 주어질 수 있다.

② Mission Focus

미션 포커스는 학습자들의 활동을 전체적으로 규정하는 것이다. GBS에서 학습자들은 여러 가지 활동을 보여 준다. 그러나 특정 활동이 다른 어떠한 활동보다도 지배적일 수 있다. 바로 이 지배적 활동이 교육의 목적과 밀접하게 연결되기 때문에 미션 포커스에 대한 결정이 필요하다. 또한 미션 포커스는 이후 설계 과정에 중요한 지침의 역할을 수행하게 된다. 대표적인 미션 포커스로 설명, 통제, 발견, 설계가 있다.

③ Cover Story

커버스토리는 미션 수행을 위한 전제에 해당한다. 커버스토리는 학습자들의 역할을 보다 분명히 하고, 어떠한 활동을 해야 하는지를 제시하며, 학습자들에게 보다 구체적인 관심을 일으키게 한다. 커버스토리의 대상으로는 학습자들이 매우 좋아하거나 매우 두려워하는 이야기를 선택하는 것이 효과적이다.

④ Scenario Operations

시나리오 오퍼레이션은 학습자들이 GBS 내에서 직접 수행하는 활동이나 행동을 말한다. 이것은 결국 GBS를 통하여 학습자들이 획득하게 되는 교육적 목적과 밀접하게 연관된 것이다. 따라서 시나리오 오퍼레이션은 학습자들이 반드시 보여 주어야 하는 활동이나 행동으로 분명하게 분석되어야 하며, 학습자들이 흥미를 가지고 계속 학습을 하는 데 고무적인 역할을 하여야 한다.

이상의 네 가지 구성요소는 GBS 설계 시 가장 기본적인 원칙으로 작용한다.

기술 분야의 관리자급 컨설턴트를 대상으로 실시되고 있는 교육과정인 Andersen Consulting의 System Architecture School의 경우 GBS 프로그램의 일종으로 학습 환경의 설계(예컨대, 학습자의 역할 규정, 시간 관리, 코치의 역할 규정 등), 학습 지원 체제 설계(예컨대, 온라인 및 인쇄 보조 자료의 설계, 비디오 자료의 설계), 그리고 사례 설계(예컨대, 고객에 관한 자료, 사례 관련 자료, 프로젝트 배경) 등으로 다시 한번 특정화되는 것을 살펴볼 수 있다(이재경, 1996).

교수설계 모형의 적용 사례 다음에 제시되는 사례는 생크의 학습과학 센터에서 개발된 멀티미디어 기반의 GBS 중 한 가지이다(Schank, 1992). YELLO는 Ameritech Publishing 출판업 회사의 영업 사원을 대상으로 전화번호부 광고(Yellow pages)를 이용할 광고주를 확보하는 방법을 가르치기 위하여 개발된 GBS 시스템이다. 여기서 학습자는 가상의 고객과 응대를 하게 된다. 이러한 학습 경험을 통하여 최종적으로 학습자는 고객의 사업을 이해하며, 시장의 특성과 광고의 요구를 이해하고, 그러한 요구에 부합하는 제안서를 만들어서 설득력 있게 제시하여야 한다. 이 시스템에서 목표로 설정한 스킬은 고객의 요구를 확인하기 위하여 어떻게 질문을 하여야 하는가, 정보를 획득하는 데 필요한 실마리를 어떻게 확인할 것인가, 보고서를 어떻게 계획할 것인가, 판매의 기회를 어떻게 확인할 것인가이다.

이 학습환경 모형은 원래 비행기 조종사의 시뮬레이션 상황을 사회적 상황으로 가져온 GSS(Guided Social Simulation)를 활용한 것이다. 여기서 학습자는 고객과 일대일 방식의 응대를 시뮬레이션 상황으로 경험하게 된다. 즉 고객과의 응대라는 다소간 긴장된 상황을 실수를 하여도 그다지 큰 문제가 없는 가상 상황으로 변화시켜 학습자로 하여금 실제적인 경험을 할 수 있게 한 것이다. 또한 필요시에는 준비된 교수모듈을 학습자들이 활용할 수 있다. 교수 모듈은 모두 네 가지로 구성되어 있다. Storyteller에는 학습자의 판단 과정에 도움이 될 수 있는 실제의 사례들이 준비되어 있다. Analyzer에는 교과서적인 지식들이 준비되어 있다.

Coach에는 목적 달성의 측면에서 학습자의 활동에 대한 제언을 해준다. Evaluator는 학습자의 진전 과정에 대하여 피드백을 제공한다.

2. 문제해결시나리오(Problem Solving Scenario) 모형의 특성

문제해결시나리오(Problem Solving Scenario, PSS) 모형은 PBL이나 GBS 등과 같은 학습환경 모형의 구축이라는 연장선에서, 보다 특정화된 모형을 구안하는 것이 필요하다는 문제의식하에 개발되었다(임철일, 1998b). 즉, 교육 목표를 '문제해결능력의 획득' 자체에 두면서 학습자의 특성과 학습환경 제공자(이 경우 기업의 교육훈련 조건)의 특성을 감안한 특정화된 학습환경 설계 모형으로서 PSS[2]가 소개된 것이다.

1) 모형의 이론적 기초 및 개발 배경

이론적 기초 이른바 '주입식' 교육 혹은 단편적 지식 교육에 대한 비판은 근대 교육학이 성립되면서 계속 제기되어 왔다. 듀이(Dewey)의 경험중심 교육과정과 브루너(Bruner)의 학문 중심 교육과정 아이디어는 근본적으로 주입식 교육 및 단편적 지식교육의 문제점을 상이한 관점에서 규명하고 그 대안을 제시하고 있는 것으로 볼 수 있다(김종서 외, 1987). Dewey의 경험 중심 교육과정은 학습자가 교육 장면에 가지고 오는 경험을 중요하게 여긴다. 교육의 출발은 바로 학습자가

2) 본서 제2장에서 교수설계 이론과 모형의 세 번째 접근으로 학습환경 설계 접근을 소개하였다. PSS는 학습환경 설계 접근의 초기 형태 중 하나로 볼 수 있다. 교수자에 의한 강의는 제한되어 있으며, 주로 학습자가 어떤 환경에서 어떤 활동을 하는가를 중심으로 원리들이 제안되어 있다. 따라서 본서에서는 교수설계 모형과 함께 교수학습환경 설계 모형 혹은 학습환경 설계 모형이라는 용어가 이 경우에는 동일한 의미로 혼용된다. 교수학습환경 설계 모형 혹은 학습환경 설계 모형은 학습환경을 강조하고 포함하는 교수설계 모형이다.

교육 장면에 가져오는 경험이며, 그 경험을 어떻게 하면 특정의 교과 주제와 연관시킬 수 있는가를 모색한다. 브루너의 학문 중심 교육과정은 결과로서의 지식의 덩어리를 학습자에게 주입시키는 방법의 한계점을 지적하면서, 학자들이 지식을 창출할 때 겪는 유사한 경험을 '탐구 수업'의 방식으로 제공하고자 하는 노력이다.

PBL이나 GBS와 같은 구성주의적 학습환경 설계에 관한 논의도 궁극적으로는 주입식 교육 혹은 단편적 지식 교육의 한계점을 극복하려는 일련의 노력으로 볼 수 있다. PBL이나 GBS의 아이디어들은 근본적으로 의미 있는 학습을 달성하기 위한 노력들이다. 의미 있는 학습은 크게 '이해와 기능(skills)의 획득'을 의미한다. 구성주의에 있어서 이해는 아주 중요한 이론적 위치를 차지하고 있다. 이해가 되지 않은 학습은 진정한 의미의 학습이 아니며 그것은 무의미한 암기(rote memorization)로 간주된다. 여기서 이해는 본질적으로 학습자 개인이 가지고 있는 기존 지식의 구조 혹은 경험에 새로운 지식, 정보, 자료, 경험이 연결되어 기존의 구조가 변형되는 과정과 상태를 의미한다. 즉 이해란 학습자가 환경과의 상호작용 속에서 발생하는 것이다(Savery & Duffy, 1996).

한편, 기능은 어떠한 것을 할 줄 아는 것으로서 이해하는 것과 구분되는 지식의 종류이다. 어떠한 사람이 기능이 있다 혹은 없다는 판단은 새로운 상황이 주어졌을 때 학습한 기능을 적용할 수 있는가 혹은 없는가로 내려질 수 있다. 예컨대, 환자의 병을 몇 가지의 증후를 가지고 진단할 수 있는 의사는 진단 기능을 가지고 있으며, 방정식 계산의 주요 원리를 활용하여 실제의 응용문제를 해결하는 학생은 방정식 문제해결기능을 가지고 있는 것이며, 문제해결 과정과 기법을 적절히 활용하여 최적의 해결안을 제안하는 기업의 직원들은 문제해결기능을 가지고 있다.

구성주의 관점이 전통적인 학교 교육 및 기업 교육에 대하여 비판적으로 분석하는 것의 핵심은 기능(특히, 지적 기능과 고차적 사고기능)의 획득이 제대로 다루어지지 못하고 있다는 데에 있다. 구성주의적 관점에서 볼 때 전통적 학교 교육은 지적 기능보다는 탈맥락적이면서 추상적인 내용을 전달하는 것에 치중하였다

(Graham, 1994). 학교에서는 대체로 개념과 원리를 추상적 차원에서 가르치고 있다. 학생들은 실제적인 사례를 이해하거나 해결하는 과정에서 관련된 원리나 이론을 학습하기보다는, 지식의 덩어리로서 원리나 이론 자체를 학습하고 있다. 예를 들면, 학교에서 학습자는 이차방정식 계산의 원리를 학습하면서 몇 가지의 간단한 연습 문제를 풀고 평가를 받지만, 이차방정식 계산의 원리가 적용될 수 있는 응용문제가 실제로 주어지면 적절하게 해결할 수 없는 경우가 발생한다. 이러한 현상에 대하여 구성주의는 심각한 문제 제기를 한다. 지식의 구성 과정이 맥락적인 과정에서 발생하지 못하면, 결국 학습자는 필요한 기능을 획득하지 못한 상태에서 몇 가지의 인위적인 사례를 해결할 수 있는 데 그치는 것이다. 따라서 구성주의적 학습환경을 설계하는 것으로 간주되는 대부분의 이론이나 실제 프로그램들은(Barrows, 1985; Honebein et al., 1993; Schank, 1992) 공통적으로 실제의 과제(authentic task)를 해결하는 과정에서 맥락화된 기능을 획득할 수 있는 것으로 파악한다. PBL(Barrows, 1985)의 경우에는 환자의 진단과 처방이라는 기능의 획득을 위한 학습환경이 제공됨으로써 교육이 종료된 이후에 실제 기능이 획득되어 있는 상태를 목표로 하고 있다. GBS(Schank, 1992)의 경우에는, 예컨대 전화번호부의 예상 광고주와 면담하는 문제 상황을 통하여 면담 기능을 획득할 수 있게 하는 학습환경이 제공되고 있다.

구성주의적 관점이 학습 과정에 있어서 '문제'의 효과성에 대하여 큰 관심을 보이는 것은 우선적으로 문제가 학습자의 흥미를 유발하여 견지하는 기능을 수행하기 때문이다(Schank, 1992). 문제는 그 의미상 학습자의 기존 경험 혹은 인지구조와 상충되는 특성이 있다. 기존의 인지구조나 경험으로는 주어진 문제가 이해되지 않으며, 더 나아가서는 문제에 대한 적절한 해결안을 쉽게 도출할 수 없는 경우가 많다. 여기서 학습자는 흥미, 관심, 그리고 목표 의식이 생기게 되며 학습의 과정에 보다 적극적이고 주도적으로 참여하게 된다.

문제를 해결하는 과정에서 학습자는 적극적으로 학습 활동을 하게 되며 유의미한 지식과 기능을 획득하게 된다(CTGV, 1993; Honebein et al., 1993). 문제는 일종의 닻(anchor)과 같은 기능을 수행한다. 구성주의적 학습환경에서 학습자들은 다양한 학습 활동을 개별적으로 혹은 여러 명이 진행하는데, 이때 모든 활동은 주어진 문제의 해결로 초점이 맞추어져 있다. 여기서 문제는 실제적인 과제(authentic task)의 성격이 분명하게 있어야 한다. 문제 혹은 과제가 실제적이라는 것은 학습자가 현실에서 직면하게 될 현실을 나타낼 수 있는 문제를 말하며, 실제로 문제를 해결하는 사람들이 보여주는 인지적 요구(cognitive demand), 예컨대 사고의 논리 과정을 드러낼 수 있는 것이어야 한다(Savery & Duffy, 1996). 실제적 문제의 예로 다음과 같은 것을 들 수 있다. 어린 학습자들에게 역사를 가르칠 때에는 추상화된 내용을 가르치기보다는 특정의 역사적 사건(예컨대, 간디의 암살 사건)이 발생한 후 방영될 수 있는 라디오 방송을 직접 제작하게 함으로써 나름의 역사적 사고 과정을 촉진한다. 교수설계 전공의 대학원 학생에게 교수설계를 가르칠 경우에는 추상화된 이론을 별개로 가르치기보다는 실제로 요구된 교육프로그램 개발 사례를 해결하는 방식으로 전개된다. 의과대학 학생들에게 환자의 진단과 처방을 위한 스킬을 가르치기 위해서 실제적인 사례(예컨대, 감기의 증후를 보여 주는 환자의 진단)를 해결하는 경험을 제공한다(Barrows, 1985).

"The Big Splash"

Solution Summary

Challenge

- Five teachers have told Chris that they are willing to be dunked.
- Prepare a business plan for the dunking machine project as if you were making the presentation to Ms. Stieger.

Solution

Students must develop a business plan for a hypothetical school principal in order to obtain a loan for their project. The overall problem centers on developing this business plan, including the use of a statistical survey to help them decide if Chris's idea would be profitable. Subproblems include using sample data to estimate revenue, optimizing among several options in determining expenses, and meeting constraints that will qualify successful plans for startup funding. With 1 sample, 1 extrapolation to the population, and a straight forward story **The Big Splash** is the least complex of the Jasper business adventures. As with each episode, students must generate the subproblems, identify relevant data and carry out the calculations to solve this approximately 15 step problem involving basic statistics.

[그림 8-3] CTGV의 프로그램 사례

이 프로그램은 학습자들이 주인공이 당면한 문제를 해결하도록 하는 데 그 목적이 있다. The Big Splash는 학교의 TV스테이션을 위한 새 카메라를 사는 데 필요한 기금을 얻어내기 위하여 사업 계획을 전개해야 하는 Chris의 상황을 제시한다. 전반적인 문제 상황은 이 아이디어가 유리한 것인지 판단하게 해주는 통계적 설문조사를 포함, 이 사업 계획을 추진하는 데 있다.

구성주의에 있어서 문제를 해결하는 과정에서 두 가지의 난점이 발생한다. 하나는 학습자가 어느 정도 주도적으로 문제해결 과정과 연관된 학습을 하는가이다. 다른 하나는 학습자의 주도 아래 있는 교육 환경에서 전통적인 의미의 교사 역할은 어떻게 재규정되며 교수자를 포함한 학습지원체제는 어떠한 방식으로 구성되어야 하는가이다. 구성주의에 있어서 학습의 과정은 유의미한 지식의 구성 과정이며 여기에서 학습자는 지식 구성의 주체가 된다. 학습자는 더 이상 수동적인 존재로서 주어진 내용을 그대로 담는 그릇과 같은 것이 아니다. 학습자는 능동적으로 자신이 선택하였거나 필요한 영역에서 제기되는 문제를 해결하는 주체이다. 학습자는 우선 학습의 목표를 결정하는 데 중심적 역할을 수행한다. 학습에서 다루고자 하는 일반적인 영역 내에서 학습자는 스스로 목표를 설정하고, 관련된 내용을 찾아 간다. 또한 학습자는 본 학습 활동의 주체가 되어 학습을 주도해 나간다. 전통적인 의미에서 교사-학생의 관계보다는 학생이 주체가 되어 학습을 해나가며 교사는 정보의 지원, 사고의 촉진을 도모하는 역할을 수행한다. 학습 활동에 대한 평가도 학생들 스스로의 평가가 중요한 부분을 차지한다. 학습자 스스로의 문제 해결의 경험, 사고 과정의 변화에 대한 체험을 통하여 학습자는 자기 평가를 실시한다.

학습자의 적극적인 학습 과정을 위해서는 기존의 전통적인 교육 환경과는 다른 교수학습환경이 조성되어야 한다. 전통적인 교육 환경은 목표를 명세화하고, 내용을 세분화하여 위계화하고, 교사가 일방적으로 제시하는 형태로 이루어져 있다. 이러한 환경은 수동적인 학습자의 입장에서 비추어 보면 적절할 수도 있다. 그러나 학습자가 주도적으로 학습 활동을 전개하는 데에는 전통적인 교육 환경과는 다른 방식의 학습 지원 체제가 준비되어야 한다.

우선 학습자 스스로가 관심이 있는 영역의 문제를 제기함으로써 학습의 주도자가 될 수 있다. 초등학교 학생들조차도 전통적인 학교 교과의 내용을 다루는 데 활용될 수 있는 문제들을 스스로 가져옴으로써 효과적인 수업이 전개될 수 있다 (Scardamalia & Bereiter, 1991). 교사의 역할이 학습자에게 여러 가지 조언과 질문 등을 함으로써 학습의 과정을 도와주거나 안내하다가 점차적으로 학습자 스스로 학습 과정을 주도하도록 안내하는 학습과정 촉진자(facilitator), 코치(coach), 인도자(scaffolder)로서 재규정될 수 있다(Collins, 1990). 개별적 학습과 함께 병행하여 협동 학습을 실시함으로써 자신의 관점과 비교되는 상대방의 대안적 관점을 검토하는 기회를 제공할 수도 있다(Cunningham, Duffy, & Knuth, 1993). 마지막으로 학습자 스스로 자신의 학습 과정을 돌아보면서 학습 내용뿐만 아니라 학습 전략에 대하여 반추(reflection)할 수 있는 기회를 제공함으로써 보다 주도적으로 학습 과정에 참여할 수 있도록 지원한다(Schon, 1987).

모형 개발의 맥락 PSS(Problem Solving Scenario) 모형은 기업체 직원들의 문제해결기능의 획득을 목적으로 개발된 구성주의적 학습환경 설계 모형이다. 일반적인 문제해결기능은 기업 조직 구성원의 중요한 고차적 사고 기능 중의 하나로 간주되고 있다(LG화학, 1996a). 기업의 여러 가지 경영 혁신 활동은 궁극적으로 기업 조직의 문제점을 해결하기 위한 개혁적 활동으로 볼 수 있다. 리엔지니어링(Reengineering), 벤치마킹(Benchmarking), 총체적 품질관리(Total Quality Control), 재구조화(Restructuring) 등의 다양한 경영 혁신 활동은 궁극적으로 조직의 문제를 다각적으로 진단하고 해결하려는 활동이다. 그런데 이러한 거시적 측면의 경영 혁신 활동과 함께 조직의 구성원들이 스스로 문제를 확인하고, 원인을 파악하며, 그 해결안을 제시할 수 있는 능력을 획득하는 것이 그 어느 때보다도 요구되고 있다. 조직적 차원의 경영 혁신 활동이 각 구성원의 구체적이며 능동적인 문제해결 활동과 연결되는 과정을 거침으로써 실제적인 효과를 거둘 수 있기 때문이다.

이와 같은 배경에서 국내 LG화학의 경우, 지난 1994년 이후 '조직의 문제해결 스킬'[3]의 확보를 위하여 '스킬개발 활동'이라는 이름 아래 경영 혁신 활동을 추진하였다(LG화학, 1996a). '조직의 문제해결 스킬'은 궁극적으로 조직 구성원의 문제해결능력을 의미한다. 조직의 구성원이 자신의 개인적 경험을 바탕으로 과학적이고 체계적인 문제해결전략을 활용할 수 있는 능력을 획득함으로써 조직이 보다

3) '조직의 문제해결 스킬'은 LG화학 내에서 규정하여 사용되는 용어이다. 그것의 일반적 의미는 조직구성원들이 지니고 있는 문제해결기능을 말한다.

효과적으로 문제 상황에 대처할 수 있다고 본다. 여기서 과학적이고 체계적인 문제해결전략은 기존의 일반적인 문제해결전략을 바탕으로 한다. 기업의 상황과 요구를 고려하여 자체의 고유한 문제해결전략을 일반적 문제해결전략으로부터 개발하는 것이다. LG화학의 경우 문제의 확인 단계에 해당하는 테마 선정, 원인 분석 단계에 해당하는 현상 분석, 해결안 도출 단계에 해당하는 변혁 과제 도출, 그리고 실행 단계에 해당하는 실행 및 후속 작업을 설정하며 각 단계별로 세부적인 문제해결전략을 구축하였다. 이러한 문제해결전략을 바탕으로 4-5명이 한 팀으로 구성되어 6개월 정도의 기간 동안에 실제 문제를 해결하는 과정을 거침으로써 문제의 해결안을 도출하는 것은 물론이거니와 그 과정에서 팀 구성원의 문제해결능력이 제고되는 것을 기대하는 것이다.

이러한 스킬개발 활동이 실제적으로 운영되기 위해서는 사전에 문제해결전략에 관한 교육이 필요로 하였으며, PSS 모형을 활용한 교수학습환경 혹은 교육프로그램이 개발되기 전에는 이른바 전통적인 방식의 교육프로그램이 제공되었다(LG화학, 1996b). 즉, 각 단계별로 하위 문제해결전략(예컨대, 문제의 확인 단계에 있어서 가설의 설정과 검증, Logic Tree 분석 등)의 의미와 예가 강사에 의하여 제시되고, 교육 참가자들은 연습 문제를 해결하는 형태로 구성되어 있었다. 그러나 이러한 교육방식은 앞에서 언급한 구성주의적 관점에 비추어서도 이론적으로 문제가 있지만, 실제에 있어서도 다음과 같은 몇 가지 문제가 있는 것으로 드러났다.

첫째, 하나의 문제를 가지고 일관되게 각 단계에 따라서 분석과 해결안 제시가 이루어지지 못하였기 때문에 교육 참가자가 문제해결전략을 총체적으로 체험할 수가 없었다. 문제의 확인, 원인 분석, 해결안 도출의 각 단계에 포함되는 원리에 대한 일반적인 설명에 이어서 제공되는 사례들이 각각 상이하며, 따라서 학습자들은 각 단계가 어떠한 방식으로 연결될 수 있는지를 인식하기 어려웠다. 둘째, 학습자들이 관심과 흥미를 가지고 교육에 참가할 수 있도록 하는 문제가 제시되지 못하였다. 교실에서 제시된 문제들은 일반적으로 가공된 문제이며, 교육 참가자들이 현업에서 직면하여 해결하여야 하는 실제적 성격의 문제가 아니었다(예컨대, 어떠한 집을 구입할 것인가라는 문제에 대한 분석을 하게 되는데 이는 회사에서 다루는 문제가 아닌 일반적인 문제이다). 마지막으로, 교육 종료 후 학습자 스스로 문제해결능력의 획득 정도에 대하여 기대했던 만큼 자신감을 보이지 않았다.

본 교육과정의 참가자는 다른 교육과정과는 달리 교육 종료 후 바로 스킬개발 활동을 실시하여야 하는 사람들로 구성되어 있다. 본 교육과정을 통하여 교육 참가자는 일정한 수준의 문제해결능력을 획득하여야 한다. 그러나 학습자들은 적절한 수준의 문제해결능력을 획득하지 못한 상태로 실제의 문제 상황에 직면하게 되는 어려움을 호소하고 있었다. PSS 모형은 이처럼 스킬개발 활동의 전개와 기존 교육과정의 제한점 극복이라는 상황을 배경으로 제안되었다. 회사의 문제해결과정으로서 스킬개발 활동을 사전에 교육적으로 지원하는 교육프로그램으로서 PSS 모형이 제안된 것이다.

PSS 모형의 이러한 개발 맥락은 앞에서 언급한 PBL과 차이가 있다. PBL은 대학이라는 전문적 교육 기관에서 운영될 수 있는 특성이 있는 반면에, PSS는 교육 자체가 주된 기능이 아닌 기업의 조건에서 운영되는 특성이 있다. 교육 프로그램을 제공하는 기관이나 조직이 교육을 주된 기능으로 하는가 혹은 그렇지 않은가는 교육의 형태와 방법에 많은 영향을 미칠 수 있다. PBL은 여타의 교육과정과의 연계 속에서 다소 장기간(한 학기 4개월 단위) 제공되는 반면에 PSS는 며칠간의 제한된 합숙 교육의 형태로 제공되어야 하였다. 다른 한편, PBL은 문제해결과정에서 논리적 추론 능력뿐 아니라 관련된 기초 지식 베이스의 획득이 또 하나의 중요한 목적으로 되어 있다. 문제를 해결하는 과정에서 기초 지식(예컨대, 생리학, 해부학 등)이 자연스럽게 그리고 의미 있게 개인 학습자에 의하여 획득되는 것을 기대하고 있다. 그러나 PSS는 현업에서 실제 업무를 담당하고 있는 사람들에게 필요한 문제해결능력의 획득을 목표로 하고 있다. 따라서 기초 지식의 획득 자체는 그다지 큰 비중을 차지하지 않고 있다.

PSS 모형은 또한 GBS와 유사하면서도 상이한 개발 맥락을 가지고 있다. PSS 모형은 GBS와 마찬가지로 문제를 해결하는 목적을 지니고 있다는 점에서는 동일한 배경을 지닌다. GBS가 학교교육 이외에도 기업 조직의 교육 장면에도 적용될 수 있다는(Campbell & Monson, 1994) 측면에서 또한 유사하다. 그러나 문제해결능력 자체의 획득을 강조하는 PSS 모형과는 달리 GBS는 문제를 해결하는 과정에서 혹은 목적을 달성하는 과정에서 관련된 영역의 지식과 기능(domain-specific knowledge and skills)을 획득하는 데 보다 강조점을 두고 있다. 예컨대, 학습자의 활동을 언급하는 GBS의 미션 포커스(Mission Focus)로 설명, 통제, 발견, 설계(Schank et al., 1992)가 제시되고 있는데 이는 모두 특정의 문제해결능력보다는 관련 영역의 지식과 기능을 획득한 학습자의 활동으로 볼 수 있다. 결국, PSS 모형은 기업이라는 조직의 특성을 고려하면서 문제해결능력 자체의 획득에 보다 초점을 맞추어서 개발된 구성주의적 교수학습환경 설계 모형의 하나이다.

2) PSS 모형의 설계 원리

PSS 모형은 다음과 같은 세 가지의 주요 원리와 단계별 상세 원리로 구성되어 있다.

(1) 주요 원리

① 실제의 문제 해결을 통한 적용력의 향상

PSS 모형의 문제는 실제로 발생하였던 문제이다. 교육 참가자가 소속한 조직 내에서 실제로 발생하였던 문제였으며 구체적인 해결안이 제안되었고 결과가 발생한 경우이다. 그리고 문제의 발생에서부터 실제 해결안 도출과 실행에 이르기까지 관련된 자료가 충분히 준비되어 있는 문제이다. 실제적인 자료의 확보는 PSS

모형의 가장 큰 특징이자 장점 중의 하나이다.

다른 문제 중심의 교육적 활동과는 달리 PSS 모형에서는 학습자들의 요구에 따라서 혹은 교육의 목적상 교육 진행자에 의하여 제공되는 풍부한 실제적 자료가 준비되어 있다. 가상의 문제에 대한 가상의 대답이 아니라, 실제 발생한 문제에 대한 접근 방식 및 관련 자료가 준비되어 제공되는 것이다. 예컨대, 특정 문제 상황에 대하여 고객들이 어떠한 의견을 가지는가를 실제 자료를 통하여 확인할 수 있다. 문제의 원인에 대한 자신들의 아이디어와 실제로 제안된 아이디어를 비교할 수 있다. 또한 자신들의 해결안과 실제의 해결안을 비교할 수도 있다. 실제의 문제를 중심으로 교육과정이 진행됨으로써 교육생들은 관심과 흥미를 가지고 교육과정에 적극적으로 참여하는 것이다.

실제의 문제를 해결하는 과정에서 학습자들은 적용 가능한 문제해결기능을 획득하게 된다. 문제해결기능은 크게 일반적 '문제해결전략', '영역 관련 지식' 그리고 '의사소통 및 팀워크' 기능으로 구성된다. 학습자들은 문제해결의 각 단계에서 필요한 과제를 수행하는 동안 앞에서 언급한 세 가지 하위 문제해결기능을 획득하게 된다. 이러한 과정은 문제해결과 관련된 지식을 이해하는 차원을 벗어나서 실제 수행이 가능한 차원을 목표로 한다. 학습자들은 제시되거나 혹은 자신들이 확인한 문제해결전략을 응용하면서, 그리고 자신들의 의사소통 방식에 대하여 토의 과정(debriefing)을 거치면서 한 차원 높은 문제해결기능을 획득하게 된다.

② 학습자의 주도적 학습과정을 촉진하는 지원 체제

필요에 따라서 관련된 기초 지식에 대한 강의를 제외하고는 전 과정이 학습자의 주도하에 이루어진다. 학습자는 4-7명의 팀을 구성하여 주어진 문제 상황에 대하여 팀별 토의, 개인 학습, 팀별 발표 내용 정리, 팀별 발표, 전체 발표 및 검토의 과정을 반복적으로 수행한다. 이 과정에서 학습자는 주어진 문제에 대한 자신들의 아이디어를 명료히 하고 다른 팀과의 비교를 할 수 있으며 내용 전문가로부터 자신들의 아이디어에 대하여 질문을 받거나 또는 도움을 받는다.

이때 학습자의 주도적 학습 과정을 구체적으로 안내하는 것으로 다음과 같은 세 가지의 지원 방식이 있다.

첫째, 구체적인 아이디어를 제출할 때 안내하는 워크시트(Worksheet)가 있다. 워크시트는 문제해결전략에 비추어서 학습자들이 반드시 고려하여야 하는 사항들로 이루어져 있으며 학습자들은 각 사항에 대하여 대답을 하여야 한다. 둘째, 자신들의 학습 활동을 정리하여 발표할 때 활용하는 발표 양식(Presentation Format)이 있다. 발표 양식은 각 단계에서 자신들이 확인한 아이디어와 접근 방식(예컨대, 팀 활동)을 정리하는 데 활용된다. 워크시트와 발표 양식을 작성하는 과정을 통하여 학습자들로 하여금 결과보다는 문제해결의 과정에 보다 초점을 맞추도록 한다. 각 단계별로 최종적인 결론 혹은 아이디어가 나오는 과정을 분명히 하도록 요구받고 있다. 워크시트를 중심으로 자신들의 아이디어를 정리함으로써 문제해결의 과정이 보이도록 하며, 다른 분임조의 아이디어와 비교함으로써 자신들의 접근 방법에 대하여 다른 각도에서 생각할 수 있는 기회를 제공한다. 또한 내용 및 과정 진행자는 학습자들의 단계별 결과에 대하여 대안 혹은 정당화에 관한 질문을 제기함으로써 결과 자체보다는 왜 자신들이 그러한 결과에 이르게 되었는지를 검토할 수 있게 한다. 셋째, 학습 과정 촉진자로서의 내용 및 과정 전문가의 지원을 받을 수 있다. 문제를 중심으로 학습자가 주도적으로 학습하는 과정에서 학습 촉진자의 역할은 매우 중요하다. PSS 모형에서 촉진자는 문제해결과정 측면의 진행자(process facilitator)와 문제의 내용 측면의 진행자(content facilitator)로 구분된다. 과정 측면의 진행자는 전체 학습 과정 및 문제해결과정에 대한 지원을 하며 내용 측면의 진행자는 내용 영역에 대한 학습자의 질문에 대답하거나 또는 학습자의 아이디어에 대하여 논평을 한다.

③ 학습 활동을 촉진하는 교실 환경

학습자의 전체 학습 활동은 본 강의실, 분임토의실, 도서관을 통하여 이루어진다. 본 강의실에서는 전체 학습자들을 대상으로 필요한 강의를 하거나 각 분임조별로 자신들의 학습 내용을 발표하며 토의를 한다. 분임토의실은 본 강의실 이외에 별도로 준비되어 있으며, 이곳에서 분임조별로 토의 및 개인 학습이 이루어진다. 마지막으로 도서관은 관련된 자료를 준비하였다가 필요시 학습자에게 제공하며 또한 내용 및 과정 전문가가 그곳에 상주하면서 학습자의 질문에 대답하거나 학습을 안내한다.

(2) 설계 단계별 상세 원리[4)]

PSS 모형에 기반한 교수학습환경은 크게 사례, 학습지원체제 및 교실학습환경으로 구성된다. 이 세 가지의 결과물을 산출하기 위해서는 교수학습환경 설계자와 내용 전문가 사이의 지속적이면서도 협력적인 관계가 필수불가결하다. 설계의 절차는 교수학습환경 설계자와 내용 전문가가 협력하여 이루어지는 집중적인 워크샵 형식으로 진행되며, 크게 다음과 같은 여섯 가지의 단계로 나누어 볼 수 있다. 이러한 단계는 이론적 측면에서 구분된 것이며, 실제 개발에 있어서는 원형 개발 접근(prototype development approach) 방식을 취하여 초기 분석 단계에서 신속하게 최종적인 결과물(예컨대, 자료, 워크시트, 교실 환경 등)을 설계하는 절차를 밟는다(임철일, 연은경, 2006).

사례의 선정 단계 PSS 교수학습환경 설계를 위해서는 우선 문제로서 학습자들에게 제시될 수 있는 사례를 선정하여야 한다. 사례 선정의 준거로서 크게 다음과 같은 두 가지를 고려할 수 있다. 첫째, 사례는 문제해결과정의 주요 단계를 포함하고 있으며 다양한 문제해결 기법들이 활용된 것이어야 한다. 사례를 이용하는 주목적은 학습자로 하여금 문제해결과정의 주요 단계를 현실적으로 경험하게 하는데 있다. 따라서 특정의 사례가 문제해결과정의 주요 단계나 관련된 주요 기법

4) 여기서 상세 설계 원리는 각 단계별 설명에 포함되어 있는 여러 가지 형태의 처방(예컨대, 본문에 준거로 기술되는 것)을 말한다.

을 활용한 것으로 나타나지 않거나 또는 관련된 자료가 준비되어 있지 않을 때는 PSS 교수학습환경의 교육용 사례로서 적절하지 않다. 둘째, 사례를 중심으로 학습자가 학습을 진행할 때 학습 과정을 촉진할 수 있는 내용 전문가를 확보할 수 있는 사례이어야 한다. PSS 교수학습환경 설계에서 내용 전문가의 학습 촉진 활동은 매우 중요하다. 학습자의 구체적인 학습 과정 및 결과(예컨대, 워크시트의 작성)에 대하여 내용 관련 전문가는 실제적인 경험 및 자료를 바탕으로 학습자에게 피드백을 제공하여야 한다. 이 과정을 통하여 학습자는 효과적인 피드백을 받을 수 있으며, 학습의 순간을 경험할 수 있다. 따라서 만약 내용 관련 전문가가 개발 및 실행 과정에서 확보될 수 없다면 적절한 사례가 될 수 없다.

지식, 기능의 분석 단계 선정된 사례를 중심으로 목표 대상의 지식, 기능 영역을 분석한다. PSS 모형이 지향하는 지식, 기능 영역은 크게 두 가지로 나누어진다. 하나는 내용 영역과 상관없이 문제해결과정 혹은 기법과 관련된 지식과 기능이 있으며, 다른 하나는 사례의 내용 영역으로부터 도출될 수 있는 지식과 기능이다. 전자는 특수한 사례가 선정되기 전에 문제해결과정 및 기법으로부터 도출될 수 있으며, 후자는 사례가 선정된 후, 사례에 대한 분석 과정에서 도출될 수 있다. 선정된 지식, 기능은 학습자들이 학습의 시작 전과 후에 자신의 능력을 스스로 평가하는 평가 문항을 구성하게 된다.

문제 상황의 구성 단계 선정된 사례와 분석된 지식, 기능을 바탕으로 문제 상황(scenario)을 구성한다. 문제 상황은 초기에 어떠한 배경과 맥락이 있었는지를 기술하며, 간단한 자료 및 학습자의 역할, 최종 산출물의 형태에 대하여 명시한다. 문제 상황은 기본적으로 학습자들에게 문제의 복잡성을 보여 줄 수 있어야 하며, 학습을 촉진할 수 있는 형태로 구성되어야 한다. 학습자는 주어진 문제 상황으로부터 초기 분석을 실시하게 되며, 간단한 워크시트(초기 문제 상황의 분석과 향후 할 일)를 작성하게 된다.

학습환경의 설계 단계 학습환경의 설계는 학습지원체제의 설계를 의미한다. 학습지원체제는 크게 모듈(Module), 데이터(Data), 워크시트, 발표 양식, 학습과정 촉진자의 역할 등으로 구성된다. 모듈은 크게 문제해결과정 및 기법에 관한 것과 내용 영역에 관한 것으로 나누어진다. 문제해결과정 및 기법에 관한 모듈은 표준화된 교재 형식을 취하여 설명과 실례의 제시로 구성된다. 내용 영역에 관한 모듈은 교수학습환경 설계자가 내용 전문가의 지원을 받아가면서 구성하여 이후 교육시간에 강의 및 자습에 활용할 수 있게 한다. 데이터는 실제의 문제해결과정에서 활용되었던 것으로 학습자의 학습과정이 진전됨에 따라서 제시된다. 문제해결과정에 도움이 될 수 있는 각종 실제적 자료들이 단계별로 현실 세계를 반영하면서 제시된다. 예컨대, 고객의 요구 분석 자료는 고객에게 어떠한 것을 질문할 것인가를 워크시트에 미리 작성하게 한 이후에야 제시된다. 워크시트는 학습자의 학습과정을 안내하기 위하여 제시된다. 학습자가 자신의 사전 지식과 모듈의 내용을 바탕으로 주어진 데이터를 분석하는 것을 안내한다. 예컨대, 문제의 확인 단계에서 고려하여야 하는 필요한 하위 요소(사업부 핵심 과제의 분석, 가설의 설정 등)들을 제시한다. 발표 양식은 일정한 단계의 학습 결과를 정리하게 함과 동시에 다음 단계의 학습을 안내하는 역할을 한다. 대체로 중요한 학습 내용이 무엇이며, 문제해결과정의 핵심적 요소가 어떠한 것인가를 성찰할 수 있게 해주는 형식으로 구성된다. 마지막으로 학습 과정 촉진자의 역할을 규정한다. 전체 문제해결과정을 어떻게 안내하며 학습자가 제출한 각 워크시트에 대하여 어떠한 방식으로 피드백을 제공할 것인지를 사전에 준비한다.

교실환경설계 단계 학습자의 학습을 촉진할 수 있는 교실 환경을 설계한다. 교실 환경은 크게 전체 강의와 발표 및 토의가 이루어지는 대강의실과 분임조별 학습과 토의가 이루어지는 분임토의실 그리고 학습과정 촉진자의 피드백을 받을 수 있는 도서관으로 구성되어 있다. 전체 강의실은 전체 학습자가 강의를 듣거나 발표를 효과적으로 할 수 있어야 하며, 분임토의실과 도서관은 가까이에 근접해 있어서 학습자들이 수시로 학습 과정 촉진자의 피드백을 받을 수 있도록 해야 한다.

평가 단계 평가 문항은 앞에서 분석된 지식, 기능 영역을 바탕으로 구성된다. 완성된 평가 문항은 학습자 스스로 교육 시작 전과 교육 종료 시점에 확인하도록 함으로써 변화 정도를 확인할 수 있게 한다.

3. 문제해결시나리오(PSS) 모형의 적용 사례

PSS 모형의 원칙이 반영된 교육프로그램이 기업 내의 실제 문제를 대상으로 개발되어 실행되었다(LG화학, 1996b). 여기서 실제 문제는 모 공장의 생산 라인에서 문제가 된 사례이며 앞에서 언급한 스킬개발 활동을 통하여 탁월한 결과(문제의 해결 및 사업상 이익의 증가)를 가져온 경우이다. 따라서 방대한 양의 실제 텍스트 자료들이 준비되어 있었으며 이러한 자료들을 교육의 목적상 다소 변형하거나 혹은 원자료 형태로 교육프로그램 개발 및 실행 과정에 활용할 수 있었다.

개발된 교육프로그램은 크게 사례, 지원 체제, 그리고 학습환경으로 구성된다. 사례는 실제 발생하였던 문제의 초기 상황을 기술한 것이며, 최종의 해결안의 형태를 명세화한 것이다. "특정 제품이 높은 시장성에도 불구하고 품질이 불안하여 안정된 시장을 구축하지 못하는 문제 상황"이 학습자들에게 제기된다. 학습자들은 특정 제품의 어떠한 부분이 왜 문제가 되는지를 분석하여야 하며 실현가능한 해결안을 제시하여야 한다. 물론 해결안은 반드시 수익성 제고라는 결과와 연결되어야 한다.

주어진 사례의 문제 상황을 이해하는 과정에서 학습자들은 지원 체제를 활용한다. 지원 체제는 학습자가 주어진 문제를 해결하는 과정에서 필요한 지식 베이스(모듈의 형식)와 자료, 그리고 학습 과정 촉진자로 구성되어 있다. 지식 베이스는 제품의 특성 및 생산 공정에 관한 내용을 정리한 텍스트 형식으로 구성되어 있다. 자료는 실제 문제해결 과정에서 수집하였던 원자료나 혹은 일차 분석된 자료를 의미한다. 예컨대, 사업부 기획팀의 분석 자료 혹은 고객들의 요구 사항 등이 여기에 해당한다.

5명이 한 팀으로 구성된 학습자들은 주어진 상황과 관련된 자료를 개인적으로 학습하며, 팀별로 토의하고, 자신들의 아이디어를 워크시트에 정리한 후 학습 과정 촉진자로부터 피드백을 받는다. 또한 학습자들은 자신들의 학습 과정에서 필요하다고 판단되는 자료를 학습 과정 촉진자에게 요청할 수 있다. 학습자들은 진행자로부터 받은 피드백을 바탕으로 최종 결과를 발표 양식에 작성하여 다른 팀의 참가자들에게 발표하며 진행자 및 동료 학습자들로부터 평가와 질문을 받고 이에 대답하는 과정을 거친다.

[그림 8-4]는 지원 체제가 어떻게 기능하는지를 예시적으로 보여 준다(LG화학, 1996b). 전체 문제해결 과정, 즉 문제의 확인, 원인분석, 해결안 도출 중 원인분석 단계를 보여 주고 있다. 문제의 확인을 위한 학습 및 발표 활동이 종료된 이후 교육 참가자들은 팀별로 초기 원인 분석을 위한 자료(Data III-1)를 검토하기 시작한다. 우선 개별 교육 참가자는 주어진 Data III-1을 개인적으로 연구한 후 자신의 의견을 팀 구성원과 토의하여 그 의미(문제의 구조 파악)를 도출한다. 팀별 아이디어를 해당 워크시트(Worksheet 6)에 작성하여 학습과정 촉진자에게 제출하며, 학습과정 촉진자는 즉각적으로 피드백을 제공한다. 여기에서 피드백은 교육과정 참가자의 아이디어의 근거를 질문하는 과정과 간과한 점에 대한 지적을 포함한다.

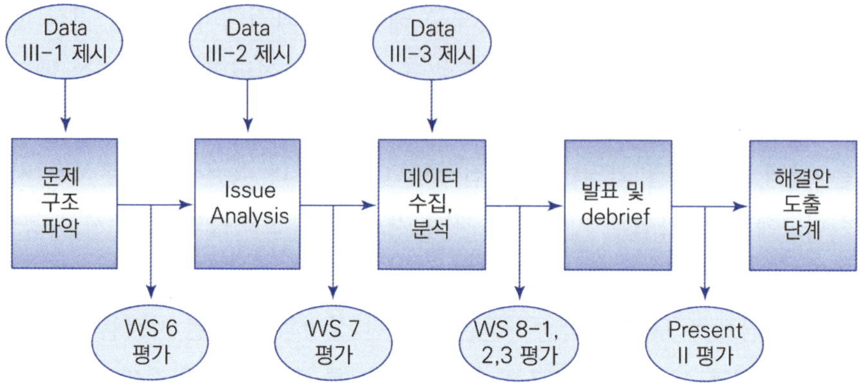

[그림 8-4] PSS 모형의 원인 분석의 절차

문제의 구조 파악을 위한 워크시트에 대한 피드백을 제공하면서 가설을 설정하는 데 관련이 되는 자료(Data III-2)를 제시한다. 교육 참가자들은 주어진 자료를 바탕으로 현재의 문제의 원인을 파악하기 위하여 필요한 이론적 틀과 구체적 가설들을 설정하여 워크시트(Worksheet 7)에 작성한다. 위와 마찬가지로 이때 교육 참가자들은 개별적인 연구와 팀별 토의 그리고 학습과정 촉진자의 피드백(WS 7 평가)을 받게 된다.

다음으로 교육 참가자들은 Data III-3을 받게 된다. Data III-3은 앞에서 설정한 가설들에 대한 실증적인 자료를 포함하고 있다. 교육 참가자들은 자신들이 설정한 가설을 참고하면서 실증적인 자료를 활용하여 문제의 원인에 대한 구체적인 분석을 실시한다. 분석 결과는 워크시트 8-1, 8-2, 8-3에 제시된다. 실제에 있어서는 문제의 개별 원인들에 대한 분석이 여러 차원과 방면에서 이루어졌지만, 본 교육과정에서는 제한된 시간 내에서 보다 집중적인 분석을 기하기 위하여 세 가지의 원인에 대한 분석으로 제한하였다. 작성된 워크시트에 대하여 마찬가지의 피드백이 주어졌다.

마지막으로 교육 참가자들은 원인 분석을 위한 자신들의 학습 활동과 그 결과를 정리하여 발표하는 시간을 갖게 된다. 발표 양식(presentation format)에 맞추어서 각 팀별로 토의 과정을 거친다. 발표 양식은 크게 두 가지로 나누어진다.

하나는 학습 결과에 초점이 맞추어져 있다. 즉, 원인 분석 단계에서 자신들이 규명한 문제의 구조가 무엇이며, 가설은 어떻게 설정하였으며, 자료 수집과 분석 결과는 어떠하였는지를 토의하여 한 장의 발표 양식에 정리한다.

다른 하나는 문제해결 방법론 및 학습의 과정에 초점이 맞추어져 있다. '원인 분석의 핵심적 활동'은 무엇이며, 자신들이 '새롭게 학습한 것'은 무엇이며, '팀 활동에 대한 평가'는 어떻게 내릴 수 있는지를 정리한다. 팀별로 정리된 결과는 전체 교육 참가자가 모인 자리에서 발표 및 사후 토의(debrief)를 갖는다. 이때에도 학습 과정 촉진자는 발표의 내용과 형식에 대한 피드백을 제공한다. 이러한 원인 분석 단계는 이어서 해결안 도출의 단계로 연계되며 유사한 과정이 반복되게 된다.

한편, 학습환경은 개별 학습, 팀별 학습 및 발표와 검토 과정이 원만하게 진행될 수 있도록 조성되어 있다. 본 강의장은 필요한 영역에 대한 강의(예컨대, 사례에서 제시된 특정 제품의 생산 공정에 관한 강의), 전체 학습 과정에 관한 안내, 팀별 발표 및 전체 토의 등이 이루어지며, 팀별 토의실에서는 팀별로 학습이 이루어진다. 특히 각 팀별로 학습은 자율적으로 이루어지며 팀별 학습 속도의 차이는 인정된다. 다만 하루 학습이 종료되는 시점에는 전체가 모두 문제해결 과정상 동일한 시점에 올 수 있도록 조정한다. 마지막으로 의사소통과 팀워크 스킬을 위하여 전체 교육과정 시작 시점과 매일 중간 시점에 문제해결 관련 게임 활동을 실시한다. 이 과정은 게임 활동과 토의 단계를 거침으로써 문제해결 시 필요한 아이디어(예컨대, 리더의 중요성, 독창적 아이디어의 가능성, 다양한 의사소통의 방식)를 간접적으로 체험할 수 있도록 하는 역할을 수행한다.

평가의 측면에 있어서 학습자 스스로 교육 전후의 목표 수준 평가를 실시하는 방식을 취하였다. 즉 학습자는 교육 참여 전에 본 교육과정의 하위 목표들(예컨대, 문제해결 과정의 주요 절차를 효과적으로 응용할 수 있다)에 대하여 스스로 평점을 부여한다(1단계 '거의 스킬이 없다'에서부터 5단계 '고급 스킬 수준'의 확보). 교육 종료 시점에 다시 동일한 평가표에 자신의 수준을 체크함으로써 스스로 변화 정도를 확인하게 한다.

연습 및 탐구 문제

1. 문제해결을 위한 기존의 대표적인 모형으로서 PBL 혹은 GBS가 있다. 이 두 가지 모형과 본 장에서 새롭게 제시되는 PSS 모형과의 공통점과 차이점을 설명하시오.

2. PSS 모형의 사례 선정 단계에서 어떠한 사례가 적절한가를 결정할 때 참고할 수 있는 준거를 설명하시오.

3. 앞 장에서 소개된 원리적용을 위한 교수설계 모형과 같은 전통적인 교수설계 모형과 본 장에서 다루어진 교수학습환경 설계 모형과의 차이점은 무엇인가를 논의하시오.

4. PSS 모형에서 학습자의 학습 활동과 과정을 지원하는 요소들의 특징을 간략하게 논의하시오.

PART

제3부

디지털 기술과 교수설계 모형

제3부에서는 디지털 기술 기반의 교수설계 이론에 포함되는 교수설계 모형을 다룬다. 제9장은 파워포인트와 같은 프레젠테이션 소프트웨어를 활용하는 교수설계 모형을 소개한다. 가장 기본적이며 단순한 형태로 볼 수 있는 파워포인트 및 이와 관련된 도구를 활용하는 수업을 위한 모형이다. 제10장은 개인교수형(tutorial)의 이러닝을 위한 교수설계 모형의 특성을 설명하고 있다. 개인교수형 이러닝은 원격의 학습자가 개인 교수의 기능을 수행하는 컴퓨터와 상호작용하면서 학습을 하는 형태이다. 설명, 연습, 피드백 등 기본적인 교수전략이 이러닝 상황에서 어떻게 전개될 수 있는가를 다룬다. 제11장은 이러닝 상황에서 특별히 상호작용성을 확보하기 위한 교수설계 모형을 다루고 있다. 상호작용성의 중요성을 고려하여, 다양한 유형의 이러닝에서 종합적으로 고려할 수 있는 상호작용 촉진 전략을 교수설계 모형 차원에서 소개한다. 제12장은 시뮬레이션 개발을 위한 교수설계 모형을 소개하고 있다. 학습자가 선택한 결과를 보여 주는 교육용 컴퓨터 기반의 시뮬레이션을 설계하기 위해서는 어떤 교수 전략이 필요한가를 다룬다. 제13장은 피지컬 컴퓨팅, 컴퓨팅 사고력을 반영하는 메이커 교육을 위한 교수설계 모형을 보여준다. 특히 초등학교 맥락에서 학생들의 고차적 사고와 메이커 정신을 위하여 구현 가능한 설계 단계와 원리를 제시하고 있다. 제14장은 인공지능을 활용하여 언어 교육을 실행할 때 참고할 수 있는 교수설계 전략을 소개하고 있다. 인공지능 도구 그 자체가 효과적인 수업을 가져오기 보다는 교사가 어떻게 인공지능 도구를 수업 안에서 통합적으로 활용할 수 있는가를 보여준다. 마지막으로 제15장은 인공지능 도구에 대한 이해를 바탕으로 창의적 문제 해결을 위한 인공지능 융합 수업을 위한 교수설계 모형을 제시한다. 인공지능 융합 수업에 대한 실제적 요구를 반영한 일반적인 설계 과정을 보여주고 있다.

제 9 장

프레젠테이션 도구 활용 수업을 위한 교수설계 모형

제9장은 프레젠테이션 도구 활용 수업을 위한 교수설계 모형을 다룬다.[1] 파워포인트가 프레젠테이션 도구로서 교육 현장에 소개된 이후 다른 어떤 소프트웨어 혹은 매체보다도 넓게 확산되어 활용되고 있다. 그러나 파워포인트를 적절하지 않게 사용하는 경우가 있을 뿐만 아니라, 오히려 교실에서는 사용하지 않아야 한다는 극단적인 입장조차도 나타나고 있다. 이런 상황에서 본 장은 파워포인트와 같은 프레젠테이션 도구들을 효과적으로 활용하기 위한 교수설계 모형을 소개한다. 우선 모형 개발의 배경을 간략하게 살펴본 후, 모형의 특성을 이론적 구성요소와 틀 그리고 상세설계전략 차원에서 다루고, 마지막으로 교육 현장에 적용된 사례를 학습자들의 반응과 함께 제시한다.

1) 본 장은 '임철일(2001). 제시용 소프트웨어의 상호작용적 활용을 위한 교수설계 전략의 형성적 연구. 교육정보방송연구, 7(1), 29-57'을 바탕으로 재구성되었다.

1. 모형 개발의 배경

1) 프레젠테이션을 위한 파워포인트의 교육적 활용

파워포인트(PowerPoint)는 프레젠테이션 전용 소프트웨어로서 1987년 미국 Forethought사에서 애플 컴퓨터 전용으로 최초 개발하였다. 이후 1990년 미국 마이크로소프트사에서 윈도우용으로 출시함에 따라 급격히 보급이 확산되었고, 현재 전 세계적으로 널리 활용되고 있다. 국내에서도 1990년 중반 이후 개인용 컴퓨터(Personal Computer, PC)의 확산과 '교단 선진화 사업' 등 교육정보화의 추진으로 학교교육 현장에 널리 보급되어 지금에 이르고 있다.

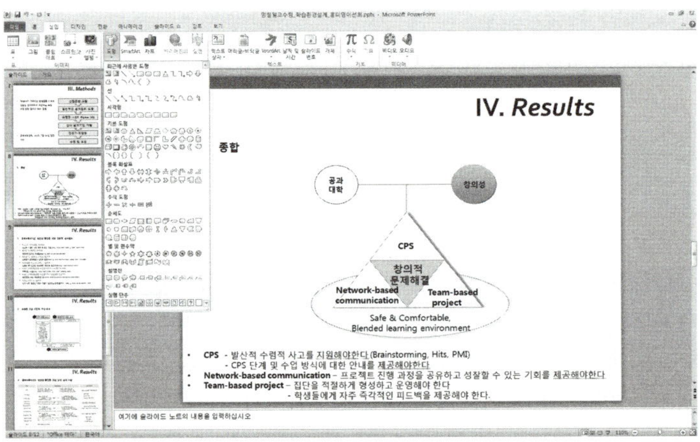

[그림 9-1] 파워포인트의 편집 상태 화면

파워포인트는 칠판이나 교과서와 같은 인쇄물을 통하여 교육내용을 전달하는 전통적 교육 실제에 큰 반향을 일으켰다. 무엇보다도 교실 내에 컴퓨터와 관련된 정보통신기술을 도입하여 교육적 변화를 도모하는 국내의 교육정보화 사업(교육부, 1997; 장영달, 1999)과 맞물리면서 파워포인트의 교육적 활용 가능성에 대한 기대가 높아졌다(전국역사교사모임, 1999; 전국영어교사모임, 1999). 왜냐하면 각종 그래픽, 그림, 사진 자료 등을 활용하여 학습자의 주의와 관심을 끄는 방식으로 손쉽게 개발하고 제시할 수 있을 뿐만 아니라, 소프트웨어와 장비 구입 비용도 저렴한 편이었기 때문이다. 이러한 연유에서 파워포인트는 다른 소프트웨어에 비하여 초·중등학교를 비롯한 대학 및 기업의 교육훈련 현장에 빠르게 확산, 보급되었다. 뿐만 아니라 교육용 매체의 활용을 안내하는 대학 전공 서적에서도 파워포인트의 기능 및 활용 방안을 한 가지 요소로 포함하기 시작하였다(박성익 외, 1999; 주영주, 최성희, 1999).

한편 파워포인트의 사용 편이성 및 교육적 활용에 대한 긍정적 기대 못지않게 교육적 활용의 부작용에 대한 우려도 동시에 나타났다. 많은 텍스트를 단순히 나열하는 방식으로 사용함으로써 오히려 학습자의 주의를 분산시켜 이해를 방해하는 문제점 등이 나타난 것이다. 파워포인트가 지니고 있는 교육적 문제점을 분석한 메이슨과 힐른카의 연구(Mason & Hlynka, 1998)에 따르면 파워포인트는 새로운 매체가 가지는 '신기효과(novelty effect)' 때문에 초기에는 학생들에게 흥미 있는 매체로 인식하지만, 일방적으로 교사가 준비된 슬라이드를 순차적으로 학생들에게 제시하는 것은 교실 내 수업 활동을 효과적으로 이끌지 못한다는 것이다. 교사가 준비한 슬라이드 내용을 일방적으로 설명하고, 학습자들이 슬라이드에서 제시된 내용을 수동적으로 바라보고 있는 상황에서는 파워포인트 활용 효과를 제대로 보일 수 없다고 주장한다. 보통의 강연 상황에서는 준비된 파워포인트 슬라이드를 제시하면서 설명하는 것이 때로는 효과적일 수도 있겠지만, 역동적인 교실 수업장면에서는 오히려 학습자들의 학습 무관심 현상을 초래하는 셈이다. 따라서 파워포인트와 같은 프레젠테이션 전용 소프트웨어를 수업 장면에서 효과적으로 사용하기 위해서는 효과적인 학습을 위한 특정의 교수설계 모형이 요구된다.

이와 관련하여 교육용 매체의 일방적인 활용의 문제점을 지적하면서 학습자와의 상호작용적인 활용을 제시하는 ASSURE 모형(Heinich, et al., 1996)의 논점을 살펴볼 필요가 있다.[2)] 이 모형은 우선 교육용 매체의 활용을 전체 수업 설계 과정의 한 단계로 포함하고 있다. 학습자 분석, 목표의 진술 등 일련의 수업 설계 활동을 진행하는 과정에서 교육용 매체를 선정, 개발하여 사용하며, 형성평가를 실시하여 매체 활용의 개선 방향을 확인하는 체계적인 접근을 취한다. 또한 학습자의 참여를 명시적으로 요구하고 있다. 메시지가 교사에 의하여 일방적으로 전달되는 것을 지양하고, 어떠한 방식으로든지 매체의 활용 과정에 학습자가 참여하게 하는 활동을 포함한다. 이 두 가지 특징은 파워포인트와 같은 프레젠테이션 소프트웨어를 교육에서 어떻게 활용할 것인가에 대한 방향을 원칙적으로 제시하여 주고 있다. 즉, 수업 설계 과정이라는 전체 틀 내에서 프레젠테이션 소프트웨어의 활용 방안을 생각하여야 하며, 학습자의 적극적인 참여를 유도하는 방식으로 사용되어야 한다는 점이다.

학습자의 참여는 교사와 학습자 간의 상호작용성 확보라는 이론적 차원에서 재조명될 수 있다. 일반 수업의 과정에서 교사와 학습자 간의 상호작용성 측면을 전체적으로 보여주는 대표적인 교수설계 모형으로 가네의 수업의 사태(Gagné, 1970)를 들 수 있다. 가네는 정보처리이론 관점에서 학습자의 장기기억 활성화를 성공적인 학습을 이끄는 중요한 요소로 고려하고, 학습자의 인지적 참여를 가져오기 위하여 초기 수업 활동으로 주의집중과 사전지식 재생을 제안하고 있다. 주의집중과 사전지식의 재생 활동을 통하여 학습자는 수업의 과정에 적극적으로 참여하게 되며, 새로운 지식을 받아들일 수 있는 준비를 하게 된다.

한편, 주의집중과 사전지식의 재생을 발생하게 하기 위하여 '도입 질문'의 효과성이 제안되었다(임철일, 1999). '도입 질문'은 새로운 지식에 대하여 직접적으로나 간접적으로 연관되면서도 학습자가 쉽게 자신의 의견이나 지식을 말할 수 있게 한다. 초기에 제시될 경우 주의집중의 효과와 사전지식의 재생 효과를 동시에

2) ASSURE 모형은 설계의 과정, 단계를 보여주고 있다는 점에서 일종의 교수체제설계(Instructional Systems Design) 모형(박성익, 임철일, 이재경, 최정임, 2010)이지만, 매체를 어떻게 교육적으로 활용할 것인가를 구체적으로 자체 모형의 단계에 포함하는 특징을 보여주고 있다. 예컨대, ASSURE의 R은 Require learner's participation, 즉 학습자의 참여를 요구하라와 같은 단계를 의미한다.

가져올 수 있다. 이러한 방법은 이른바 일방적으로 제시되는 주입식 교육의 문제점을 해결할 수 있는 현실적인 방안이 될 수 있다. 주의집중을 위한 보다 체계적인 전략은 켈러(Keller)의 ARCS에 의하여 제시되었다(Keller & 송상호, 1999). 지각적 각성, 탐구적 각성, 변화성이라는 구성 요건에 따라서 주의집중 전략이 제시되었는데, 대체로 그 전략들은 주의를 촉발하는 질문의 제시와 다양한 시청각적 자료의 활용과 관련되어 있다.

학습자의 참여를 유도하기 위한 다양한 전략은 대형 텔레비전 모니터나 빔 프로젝터(beam projector)를 통하여 제시되는 시청각적 메시지 설계에 따라서 효과가 증진되거나 감소될 수도 있다. 학습자의 인지 과정, 특히 학습자의 학습 동기 측면을 촉발하여 유지하는 데 필요한 컴퓨터 화면 메시지 설계 전략에 관한 한 가지 연구는 '확장적(expansive) 전략'과 '제한적(restrictive) 전략'의 종합적인 틀을 제안하고 있다(Lee & Boling, 1999). 이 연구는 비록 일반 모니터를 통하여 학습하는 멀티미디어 교육용 소프트웨어의 화면 설계 시 고려하여야 하는 원칙들을 제공하고는 있지만, 일반 교실 수업의 대형 모니터나 프로젝터를 통하여 제시되는 메시지 설계에도 적용될 수 있다. 아래 표에서 알 수 있듯이 활자 인쇄술(typography), 그래픽 이미지, 색상, 애니메이션과 오디오, 그리고 종합적 측면에 있어서 동기를 향상시키는 전략(확장적 전략)과 동기의 상실을 방지하는 전략(제한적 전략)을 체계적으로 정리하여 제시하고 있다.

〈표 9-1〉 동기 요소를 고려한 화면 설계 전략(Lee & Boling, 1999)

설계 요소	확장적 전략	제한적 전략
활자 인쇄술	• 사용자의 주의를 끌 수 있는 그래픽 폰트 사용	• 학습자에게 문자적 단서나 신호를 제시할 때 일관성 유지 • 가독성을 고려하여 대문자와 소문자를 적절하게 사용 • 가독성을 높이기 위해 글자와 바탕의 명확한 대비

설계 요소	확장적 전략	제한적 전략
		• 왼쪽 정렬: 한 줄당 적당한 글자 수(65자 내외)와 단어 수(8-10 내외) 제한 • 강조기법의 적절한 활용 • 한 화면 혹은 멀티미디어 프로그램에 두 종류 이내의 명료한 폰트 사용
그래픽 이미지	• 학습자 기대를 반영한 이미지(imagery)의 종합적 표준화 고려	• 단순하고 명료한 이미지 사용 • 교수적, 동기적, 주의집중 효과를 위해 그래픽 이미지 사용 • 그래픽 이미지의 제목은 핵심요소로 표시 • 선수지식, 문화차, 성차 고려하여 그래픽 이미지 활용 • 위에서 아래, 좌에서 우 등 일반적 규칙 준수
색상	• 학습목적에 따라 심미적 만족과 논리를 제공하기 위한 색상 부호화 (coding)	• 색상의 종류와 양의 사용 제한 (화면 당 5±2) • 색상 사용의 일관성 • 새로운 정보의 단서는 밝은 색상을 사용하는 등 집중을 위한 선택적 색상사용 • 배경(background)과 전면(foreground) 색상의 조화 • 보색 사용 금지 • 색상의 문화적 의미와 상징 고려
애니메이션과 오디오	• 정보제공을 위해 음성 사용 • 언어적 의사소통을 보조하거나 대체하기 위해 애니메이션 사용	• 애니메이션 사용의 최소화(복잡하고 화려한 것보다는 단순하고 간단한 것 활용) • 학습과제에 적절한 애니메이션 활용 • 불필요한 혹은 분명한 목적 없이 활용 금지 • 분위기에 적절한 오디오 활용
종합적 측면	• 화면 설계에 심미적 원리 사용(일반적인 시각적 요소로 균형, 대칭, 통합, 조화)	• 멀티미디어 화면에 경제적으로 동기적 요소 사용 • 화면 요소의 위치, 기능 등 일관성 유지

2) 모형의 정의와 조건

프레젠테이션 도구 활용 수업을 위한 교수설계 모형은 교실 수업상황에서 프레젠테이션을 가능하게 하는 정보통신기술 기반의 도구를 활용하는 모형을 의미한다. 정보통신기술 기반의 도구는 파워포인트와 같은 프레젠테이션 소프트웨어, 교사의 개인용 컴퓨터, 무선 컨트롤러(예컨대 프레젠테이션 리모콘인 프리젠터 등), 대형 텔레비전 모니터 혹은 빔 프로젝터로 구성된다.

[그림 9-2] 프레젠테이션 도구

이 모형이 적용되는 조건은 크게 다음과 같은 세 가지이다. 첫째, 교수자가 주도적으로 교실 환경에서 수업을 진행하면서 학습자의 인지적 참여와 동기 유발을 가능하게 하는 설명식 수업에 초점을 맞춘다. 대체적으로 40명 이내의 학습자들이 교수자로부터 설명이나 학습 지원을 받게 된다. 교수자와 학습자 혹은 학습자 간의 상호작용이 어느 정도는 가능하며, 수업 시간은 전형적인 한 교시, 즉 40-50

분 정도이다.

둘째, 교수자는 프레젠테이션을 위한 기본적인 정보통신기술 도구를 활용하게 된다. 파워포인트 소프트웨어가 설치된 개인용 컴퓨터 혹은 노트북을 활용하며, 이때 컴퓨터는 케이블을 통해 대형 모니터나 혹은 빔 프로젝터에 연결된다. 상황에 따라서 컴퓨터는 전자 교탁 내부에 위치할 수도 있다. 교수자는 프리젠터를 활용하여 자유로이 움직이면서 파워포인트의 슬라이드 진행 등을 통제할 수 있다.

셋째, 교수자는 전통적인 칠판 혹은 이동식 칠판을 활용하게 되며, 상황이 허락하는 경우 전자칠판 등을 이용하게 된다. 또한 인쇄자료 및 모형물 등 여타 매체를 통합적으로 활용할 수 있는 상황을 전제로 하고 있다.

2. 모형의 특성

교수설계 모형을 개발하기 위한 일반적인 절차는 크게 세 가지 단계로 구분될 수 있다(임철일, 2001; Reigeluth, 1983). 첫째, 개발하고자 하는 교수설계 모형에 포함될 수 있는 이론적 구성 요소 혹은 영역과 이에 포함되는 일반적인 설계 원리들을 확인한다. 어떤 영역의 지식들이 관여하는가와 그 안에 이미 선행 연구 등에서 검토된 기술적, 처방적 원리들을 확인하게 된다. 둘째, 확인된 이론적 구성요소와 그에 포함된 일반적인 설계 원리들을 구조화하여 하나의 모형으로 특정화할 수 있는 틀을 도출하게 된다. 이 틀에 의하여 모형의 골격이 이루어지게 된다. 셋째, 모형의 틀에 입각한 일반적인 원리에 포함되는 상세한 세부 원리들을 확인하게 된다. 넷째, 모형의 최적 상태(optimal status)[3]를 위하여 형성 연구 등을 실

3) 교수설계 모형의 최적 상태 혹은 최적성은 교수설계 지식의 처방적 성격으로부터 도출된다. 교수설계의 처방적 지식은 현상에 대한 일반적인 설명을 하는 서술적 지식과는 다르다. 주어진 조건과 상황에서 목표를 달성하기 위해서는 일반적인 처방적 지식보다는 조건과 상황에 맞는 최적화된 지식이 필요한 것이다(Snelbecker, 1999). 예컨대, 전통적으로 알려진 탐구식 수업이 최적성을 가지기 위해서는 어떤 학생들을 대상으로 어떤 교과에서 어떤 교실 환경인가를 고려한 처방적 지

시하면서 학습자 등의 의견을 확인하고 모형의 개선 방향을 찾는다. 이상의 단계를 고려하면서 본 모형이 어떻게 개발되었는가와 최종 모형의 특성을 다음에 간략하게 소개한다.

1) 이론적 구성 요소와 틀

프레젠테이션 도구 활용 수업을 위한 교수설계 모형에 포함될 수 있는 이론적 구성 요소는 크게 다음과 같은 세 가지로 볼 수 있다.

〈표 9-2〉 프레젠테이션 도구 활용 수업을 위한 교수설계 모형과 관련된 일반적 구성요소

상호작용성	학습자의 인지적 참여를 유도하는 측면
통합	교사의 설명을 포함한 복수매체의 통합적 활용 측면
메시지 디자인	학습자의 인지적 과정을 촉진하는 설계 측면

첫째, 상호작용성 측면이다. 이 요소는 매체가 교사와 학생 간의 상호작용적인 활동을 지원하는 방식으로 활용되어야 한다는 원칙(Johnston, 1987)을 프레젠테이션 소프트웨어의 경우에 반영한 것이다. 프레젠테이션 소프트웨어의 효과적인 활용은 그것이 교사와 학습자 간의 상호작용을 어떠한 방식으로 지원하는가에 달려있다고 볼 수 있다. 교사에 의한 일방적 내용 제시를 강화하는 방식으로 프레젠테이션 소프트웨어를 사용하는 것은 적절하지 못하다. 학습자의 인지적인 참여를 유도하는 방식으로 프레젠테이션 소프트웨어가 활용되어야 한다.

둘째, 통합의 측면이다. 교육에 있어서 매체를 잘 못 사용하는 두 경우는 과사용(over use)과 부적절한 사용이다. 하나는 특정의 매체에만 전적으로 의존하는 과사용의 경우인데, 이것은 신기 효과(novelty effect) 등과 연관된 것으로, 매체의

식이 도출될 필요가 있다는 관점을 보인다.

초기 사용 단계에서 많이 관찰된다. 파워포인트가 처음 나왔을 때 (혹은 심지어 최근에까지도) 파워포인트만을 가지고 전체 수업을 진행하는 경우가 여기에 속한다. 부적절한 사용은 효과적인 방식으로 특정 매체를 사용하지 않은 경우를 의미한다. 예컨대, 파워포인트의 애니메이션 혹은 소리 효과를 적절하지 않게 사용함으로써, 오히려 주의를 감소시키는 경우가 여기에 해당한다. 통합의 구성 요소는 먼저 잘못된 사용, 즉 특정 매체 과사용의 측면을 지적한 것으로써, 하나의 매체가 아무리 좋다고 하더라도 그것만을 사용해서는 안 되며, 다른 여타의 매체와 통합적으로 활용하는 것이 효과적이라는 측면을 강조한다. 예컨대, 파워포인트를 활용하는 경우에도 교사의 언어적인 설명이 학습자의 주의 집중과 인지적 과정을 촉진하는 데 여전히 중요하다. 또한 칠판 등을 활용하면서 교사의 설명 속도 등을 조절할 수 있는 것이 필요하다. 파워포인트와 같은 하나의 매체에만 의존하여 수업을 진행하기보다는 여타의 매체와 함께 통합적으로 활용하는 측면이 통합의 구성 요소이다.

셋째, 메시지 디자인 측면이다. 이 측면은 매체의 특성과 교육 환경을 고려하여 메시지가 설계되어야 한다는 원칙(Fleming & Levie, 1993)을 반영한다. 일반 교실의 상황에서 시청각적 메시지를 대형 텔레비전 모니터 혹은 빔 프로젝터를 통하여 어떻게 제시하는 것이 효과적인가를 다루어야 한다. 예컨대, 한 슬라이드 안에 포함되는 텍스트 자료의 크기와 양을 어떻게 하여야 효과적으로 메시지가 전달되는가를 다룬다. 교실 상황에서 지나치게 많은 텍스트를 화면을 통하여 제시하는 것은 주의 집중도 안 될 뿐만 아니라, 인지적인 처리 과정에 부담을 주는 점을 고려하여야 한다.

다음으로, 앞에서 제시된 세 가지 구성요소를 〈표 9-3〉과 같은 틀에 의하여 전체적으로 종합함으로써 모형화를 한다. 이 틀은 우선 세 가지 구성요소를 하나의 축으로 놓고 있다. 다른 하나의 축은 가네의 수업의 사태 모형(Gagné, 1970)을 단순화한 여섯 사태를 중심으로 '통합'과 '메시지 디자인' 구성 요소가 반영될 수 있도록 하였다. 통합의 구성 요소는 상호작용성 측면이 드러나는 과정에서 프레젠테이션 소프트웨어와 여타의 매체가 유기적으로 활용되는 것을 보여 준다. 메시지 디자인 구성 요소는 위의 두 가지 측면이 구현되는 과정에서 효과적으로 메시지를 설계하는 원칙이 반영되어야 함을 보여 준다.

〈표 9-3〉 프레젠테이션 도구 활용 수업을 위한 교수설계 모형의 종합적 틀

<table>
<tr><td rowspan="2">상호작용성</td><td>선행학습 회상</td><td>도입(질문)</td><td>목표제시</td><td>학습내용 제시</td><td>연습/피드백</td><td>정리/연계</td></tr>
<tr><td colspan="6">교사와 학생 간의 상호작용적 학습 활동을 지원하기 위한 각 수업의 사태에 파워포인트가 활용될 수 있도록 한다.</td></tr>
<tr><td>통합</td><td colspan="6">파워포인트에 의한 자료의 제시가 교사의 언어적 설명, 칠판 판서 등의 여타 매체와 통합되어 활용될 수 있도록 한다.</td></tr>
<tr><td>메시지 디자인</td><td colspan="6">학습 과정을 지원하는 메시지 디자인 원리를 적용하여 파워포인트 자료를 개발한다.</td></tr>
</table>

2) 상세 설계 전략

본 모형에 포함되는 상세 설계 전략들의 특징을 설명하면 다음과 같다. 먼저, 〈표 9-4〉는 첫 번째 상호작용성 구성 요소에 포함되는 개별 교수 전략 및 전체적으로 적용되는 전략을 보여 주고 있다. 학교 수업의 현실을 감안, 가네의 수업의 사태를 단순화하여 변형한 각 단계에 해당하는 교수설계 전략들이 제시되어 있다.

첫 번째 선행 학습 회상은 가네의 수업의 사태에서는 명시적으로 제시되지는 않지만, 학생들의 학습 준비 차원에서 일반적으로 학교 수업에서 활용되고 있다는 점을 반영하여 포함시켰다. 두 번째 도입(질문)은 '주의 집중' 사태에 해당하는 것이다. 주의 집중을 위한 효과적인 방법 중의 하나는 학습자의 사고를 촉발할 수 있는 질문이다(이성호, 1997). 세 번째에서 여섯 번째의 전략들은 가네의 수업의 사태에서 제시된 것으로서 파워포인트를 활용하는 방식으로 변형되었다.

〈표 9-4〉 상호작용성의 개별 교수전략

	선행학습 회상	도입(질문)	목표제시	학습내용 제시	연습/피드백	정리/연계
상호 작용성	• 전 시간 학습 내용을 간략하게 정리한 텍스트 슬라이드를 제시한다. • 필요시 복습용 확인 연습 문제를 슬라이드로 제시하여 학생들로 하여금 대답할 수 있게 한다.	• 교사의 도입 질문을 지원하기 위한 각종 시각, 동영상 자료를 파워포인트를 통해 제시한다.	• 목표를 하나씩 제시하고(예컨대, 왼쪽에서부터 늘이기를 이용), 간단한 설명 후 학생들로 하여금 따라 읽게 한다.	• 난이도를 고려한 사례의 제시를 슬라이드로 제시한다. • 연속적인 내용의 설명이 필요한 경우 '자동제시'를 실시한다. • 학생들이 자신들의 과제를 파워포인트로 준비하여 발표하게 한다.	• 연습문제를 슬라이드로 제시한 후 학생들의 대답에 대한 결과를 제시한다. • 학생들의 대답을 슬라이드에 삽입한다. (편집 상태로 전환)	• 본시 수업의 핵심적 내용을 정리한 슬라이드로 제시하며, 학생들의 이해 정도를 확인한다. • 차시 수업을 안내하는 슬라이드를 제공한다.
	• 한 시간에 사용하는 전체 슬라이드 개수를 제한하라. (회상 1개; 도입 1개; 목표 제시 1개; 내용 제시 3개; 연습 2개; 정리 1개 등) • 슬라이드 간 이동을 도와주는 버튼을 설계하라.					

다음으로, 파워포인트와 여타 매체 간의 통합을 위한 개별적인 교수설계 전략으로는 다음과 같은 12가지를 고려할 수 있다. 이 전략들은 효과적인 의사소통의 관점에서(박성익 외, 1999) 교수 내용을 다양한 방식으로 제시하고 학습자의 반응을 유도하는 차원에서 도출되었다.

① 파워포인트로 선수 학습 내용을 제시하면서 설명한다.

간결하게 정리된 내용을 파워포인트로 제시한다. 필요시 학습자의 참여를 유도할 수 있도록 주요 내용은 빈칸 등으로 처리한 후 학습자의 대답을 들으면서 제시할 수도 있다. 지나치게 많은 내용을 제시하지 않은 것이 좋다. 대략 세 가지 이내로 제한하여 제시한다.

② 학생들의 대답을 칠판에 적는다.

파워포인트는 주로 자료를 보여주는 데 활용된다면, 학습자의 의견이나 대답이 이루어질 때 그 내용을 간결하게 요약하여 교사가 칠판에 적을 수 있다. 학생의 의견을 칠판에 적음으로써 몇 가지 긍정적 효과를 가져올 수 있다. 무엇보다도 대답하는 학생의 의견을 교사가 경청하고 존중한다는 것을 직접적으로 표현하게 된다. 또한 교육의 속도를 학생 수준에 맞추어서 조정할 수 있다. 칠판에 적는 행동이 없을 때는 교사가 빠르게 파워포인트만을 활용하여 설명식으로 진행할 가능성이 높다. 마지막으로 다른 학생들의 인지적 관심을 유도할 수 있다. 학생의 대답을 시각적 글을 통하여 표현하게 될 때 다른 학생들도 보다 관심을 보이게 된다.

③ 파워포인트로 제시된 목표를 요약하여 칠판에 옮겨 적으면서, 학생들로 하여금 필기하게 한다.

학습 목표의 제시는 교수 전략으로 중요하게 다루어진다. 그러나 이 목표를 어떻게 제시하는가에 따라서 학생들의 관심의 정도도 다르며, 효과성 여부도 결정된다. 단순히 파워포인트를 활용하여 일방적으로 제시하고 끝내기보다는, 파워포인트로 제시함과 동시에 칠판을 이용하여 요약하면서 설명하거나, 학생들로 하여금 적게 하는 방법 등을 고려하여 주의를 집중하는 방안을 고려할 수 있다.

④ 칠판에 주요 학습 내용을 적어가면서 설명한 후, 요약 형태의 핵심 내용은 파워포인트로 제시한다.

설명 단계에서 파워포인트를 효과적으로 활용하는 방법이 여러 가지 있는데 그중에 하나는 먼저 교사가 칠판 등을 이용하면서 교육 내용을 설명한 후, 요약을 할 때 파워포인트를 활용하는 것이다. 물론, 칠판을 활용하여 교사의 설명이 이루어질 때는 파워포인트의 내용이 보이지 않은 상태로 만드는 것이 주의 집중을 증가하게 한다.

⑤ 파워포인트로 전체 텍스트의 틀을 간략히 제시한 후 상세 내용을 칠판에 적어가면서 설명한다.

설명 단계에서 사용할 수 있는 또 하나의 전략은 먼저 파워포인트를 활용하여 큰 틀을 제시하고, 상세한 설명을 추가로 하면서 칠판 등을 활용하는 것이다. 이 경우 핵심적인 방법은 파워포인트 슬라이드에 모든 내용을 다 담아서는 안 된다는 것이다. 파워포인트 슬라이드 안에는 간략하게 키워드 중심으로 제시하고 상세한 설명은 교사의 말과 칠판 등을 활용하여 제시되어야 주의 집중을 가져오면서 인지 부하를 줄일 수 있다.

⑥ 파워포인트로 음성 자료, 시각적 자료, 동영상 자료를 제시한다.

파워포인트가 가장 효과적으로 활용되는 경우는 텍스트보다는 음성, 시각, 동영상 자료의 제시이다. 학습자의 인지적 주의를 이끌 수 있는 이런 자료를 적절하게 준비할 필요가 있다. 이런 자료를 보여줄 때는 어디에 초점을 맞추어야 하는지를 미리 설명하거나, 자료를 본 후 간단한 요약 혹은 질문 등을 통하여 자료의 교육적 기능을 학습자들이 나름대로 이해하게 하는 것이 중요하다. 어떤 의미인지도 제대로 모르고 단순한 주의 집중으로 끝난다면 이는 교육적으로 적절하지 못하다.

⑦ 수업 내용을 요약할 때 파워포인트로 텍스트 자료를 제시한다.

파워포인트로 텍스트를 제시하는 경우는 많은 양을 짧은 시간에 간결하게 제시할 수 있는 경우이다. 불필요하게 칠판에 많은 양을 적을 필요는 없다. 수업 내용의 요약 같은 경우에 파워포인트가 매우 효과적으로 사용될 수 있다.

⑧ 파워포인트로 제시된 연습문제에 대한 학생들의 답변을 칠판에 적는다.

전체 수업의 과정 중에서 학습 내용을 적용하여 보는 연습 시간은 매우 중요하다. 이때 학습자들의 대답이 나타나게 되는데, 가능하면 칠판 등을 활용하여 학생의 대답을 적어서 다른 학생들의 인지적 주의 집중을 가져오면서 동시에 학생의 대답에 대한 존중을 표현할 수 있다.

⑨ 학생의 답변에 교사가 언어적 피드백이나 파워포인트로 준비된 슬라이드를 제공한다.

연습 문제 등에 대한 학생의 답변에 대하여 교사의 적절한 피드백이 매우 효과적이다. 이때 교사의 피드백은 언어적일 수도 있지만, 예상되는 대답에 대해서는 파워포인트 슬라이드를 통하여 정보차원의 피드백을 제공할 수 있다.

⑩ 블랙 화면을 이용하여 필요시에만 학생들이 슬라이드를 볼 수 있게 하며 보통 때는 교사의 설명에 집중하게 한다.

파워포인트를 활용하게 될 때 화면이 밝아서 대체로 학습자들의 시선이 그 방향으로 많이 향하게 된다. 따라서 교사의 언어적 설명이 중심이 될 때는 파워포인트 화면을 통제하여서(검은 화면으로 변경) 학습자의 주의를 교사 쪽으로 변경하는 것이 적절하다.

⑪ 정리 단계에서는 본시 수업을 정리한 슬라이드를 보여 주면서 설명한다.

파워포인트의 효과적인 활용이 이루어지는 경우는 마지막 수업의 정리 단계에서 매우 간결하고 강인하게 본시 수업의 핵심적 내용을 제시하는 것이다. 몇 가지 핵심적인 개념이나 용어를 순차적으로 제시하면서 구조적 연관성 등을 제시함으로써 학습자의 장기 기억화 과정을 도와줄 수 있다.

⑫ 칠판의 목표를 환기시키면서 수업의 목표가 달성되었는지를 학생과 함께 확인한다.

앞 단계에서 칠판에 목표를 간략하게 적어 놓았다면, 수업 마지막 단계에서 이 목표가 달성되었는지를 학생들과 같이 확인할 수 있다.

마지막으로 글자, 그래픽 이미지, 색깔, 애니메이션과 오디오, 전체적 디자인 영역에 따른 메시지 디자인 전략이 〈표 9-5〉에 제시되어 있다. 이 전략들은 일반적인 그래픽 자료의 디자인 원칙(주영주, 최성희, 1999; Heinich et al., 1996)과 학습자의 인지 과정, 특히 학습자의 학습 동기 측면을 촉발하여 유지하는 데 필요한 '확장적(expansive) 전략'과 '제한적(restrictive) 전략'(Lee & Boling, 1999)을 바탕으로 재구성되었다.

〈표 9-5〉 메시지 디자인 전략

글자	• 텍스트 내용을 요약하는 헤드 메시지를 사용하라. • 주요 내용은 그래픽 폰트를 사용하라. • 높은 콘트라스트(contrast)를 사용하라. • 글자 크기는 최소 30포인트를 사용하라. • 강조를 위해서는 하나의 변화(색깔, 글자체)만을 적용하라. • 밑줄은 하이퍼텍스트 기능에만 사용하라. • 한 화면에 2가지 이내의 폰트를 사용하라. • 순차적으로 제시하라. • 한 화면에 5-9개의 정보의 단위로 한정하라.
그래픽 이미지	• 사용자의 전체적인 스타일 기대에 어긋나지 않게 설계하라. 발달 수준, 지적 수준, 동기 수준을 고려하라. • 간단한 이미지를 사용하라. • 남성과 여성의 선호도를 반영하라. (남자 기계; 여자 사람 등) • 위에서 아래로, 왼편에서 오른편으로 이미지가 제시되도록 하라. • 화살표나 색깔의 변화를 이용한 단서를 제시하라.

색상	• 수와 양을 제한하라. (멀티미디어의 경우 3-7개이지만, 이 경우는 더욱 제한) • 주의집중을 위한 색은 제한하라. (필요시 밝은 색으로) • 배경색은 차갑고, 어두운 색으로 하라. • 전경은 밝은색으로 하라. • 정보의 특성에 따라서 일정한 색깔을 선택하라. (목표, 설명, 정리, 연습에 따라서) • 상보적 색깔은 사용하지 마라.
애니메이션과 오디오	• 중요한 텍스트와 함께 제시하라. • 제한적으로 사용하라. • 역동적인 것에 대하여 사용하라. • 추상적인 것에 대하여 사용하라.
전체적 디자인	• 일반적 미적 원칙을 준수하라. (균형, 대치, 일관성, 조화) • 제한적으로 사용하라. • 한 화면에 한 가지 아이디어만 제시하라.

위에서 언급된 메시지 디자인 전략에 따라서 설계된 파워포인트 슬라이드 사례 화면이 다음에 제시되어 있다.

글자

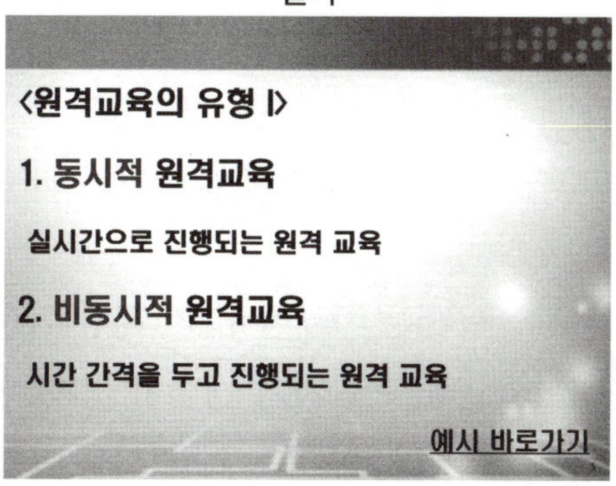

[그림 9-3] 글자 관련 원칙이 반영된 사례

내용을 대표하는 헤드메시지를 사용하였고 적은 내용으로 압축하여 제시하고 있다.

그래픽, 이미지

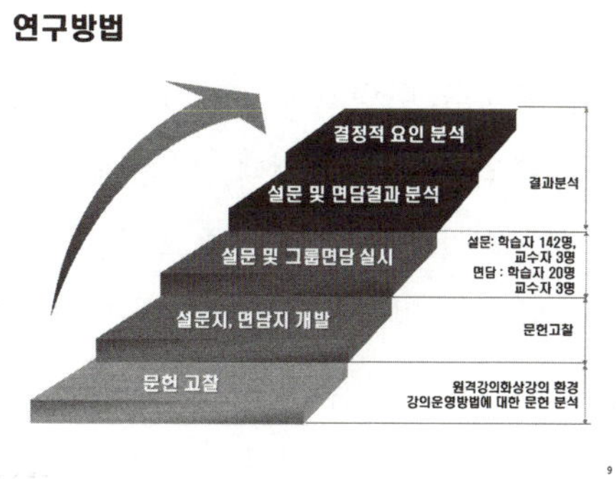

[그림 9-4] 그래픽, 이미지 관련 원칙이 반영된 사례

간단한 이미지를 사용하였고 색깔의 변화를 이용하여 순차성을 강조하였다.

색상

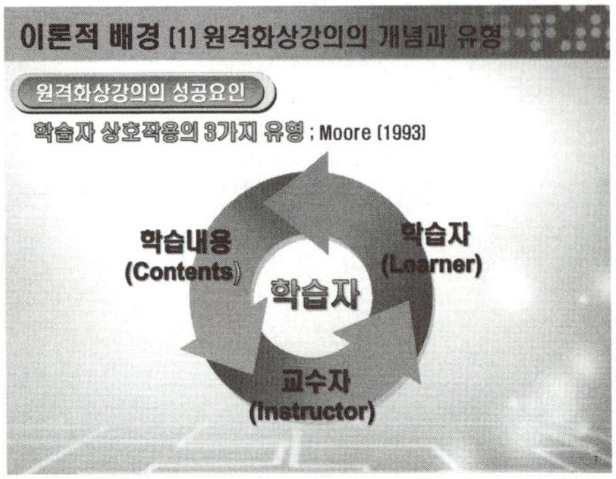

[그림 9-5] 색깔 관련 원칙이 반영된 사례

색상의 수를 최소화하고 정보에 따라 다르게 하였으며 배경색을 차갑게 구성하였다.

애니메이션과 오디오

[그림 9-6] 애니메이션, 오디오 관련 원칙이 반영된 사례

역동적인 애니메이션을 이용하여 추상적인 개념을 쉽게 이해할 수 있도록 하였다.

3. 모형의 적용

1) 파워포인트 슬라이드 개발

본 모형을 바탕으로 중학교의 3학년 과학 교과의 '지구와 우주' 단원 중 '달의 운동' 수업을 설계하였다. 다음에 제시되는 [그림 9-7]은 설계 모형에 따른 파워포인트 슬라이드를 보여주고 있다.

첫 번째 슬라이드는 선행 학습 회상을 위하여 사용되는 자료이다. 전 시간 학습 내용을 정리하기 위하여 문제 형식으로 준비되었으며, 학습자의 대답이 있은 후 애니메이션 형태로 결과가 제시된다. 두 번째 슬라이드는 도입을 위한 질문 활동을 위하여 개발되었다. 학습자들의 일상적인 경험을 바탕으로 대답이 가능한 질문이 준비되어 있으며, 학습자의 대답 후 결과가 제시되고 교사의 설명이 뒤따르

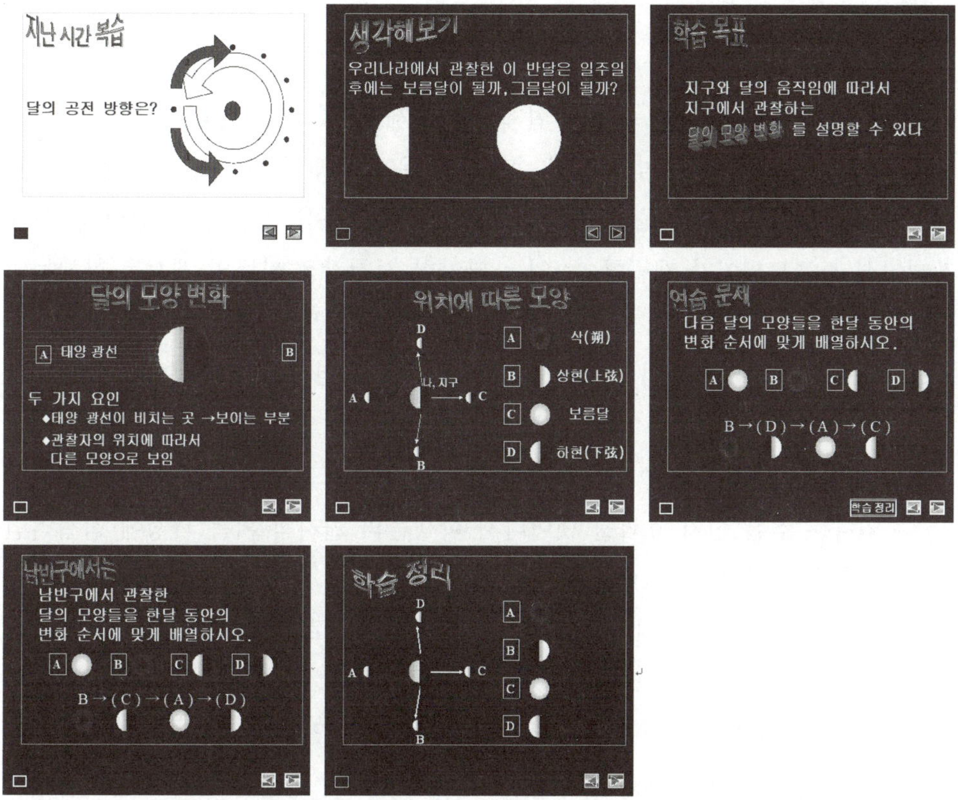

[그림 9-7] 제안된 교수설계 모형에 따른 파워포인트 슬라이드 자료

다. 세 번째 슬라이드는 본시 수업의 목표를 메시지 디자인 원칙에 따라서 주요 용어를 그래픽으로 처리하여 제공하고 있다 네 번째와 다섯 번째 슬라이드는 본시 학습 내용을 제시하고 있다. 학습 내용 설명이 이루어질 때 준비된 애니메이션이 나타나게 되어 학습자의 이해를 시각적으로 돕게 된다. 여섯 번째와 일곱 번째 슬라이드는 학습 내용에 대한 확인 차원의 연습 문제를 보여 주고 있다. 여덟 번째 슬라이드는 본시 학습 내용을 정리하는 활동에 사용된다.

2) 적용의 결과

강점 본 모형에 따라서 수업을 설계하고 실제 수업 상황에 적용하면서 학습자들의 반응을 수집하여 분석한 결과, 학습자들은 프레젠테이션 도구를 통하여 교육 내용이 제시되는 것을 중요한 강점으로 인식하였음을 확인할 수 있었다. 프레젠테이션 소프트웨어가 제공할 수 있는 다양한 시청각적 자료의 제시는 학생들의 이해와 흥미를 증진시켰다. 학습자들은 이미 파워포인트와 같은 프레젠테이션 소프트웨어를 활용하는 수업을 몇 차례에 걸쳐서 경험하였기 때문에 신기 효과(novelty effect)의 영향력은 그다지 크지 않다고 볼 수 있다. 따라서 프레젠테이션 소프트웨어가 기존의 칠판이 보여 줄 수 없는 다양한 그림 및 동영상 자료를 제공할 수 있다는 점은 신기 효과를 벗어나서 학생들의 인지적 획득 과정에 직접적인 영향을 미칠 수 있음을 보여 주었다.

한편, 학습자들은 '매체의 통합적 활용'을 긍정적으로 평가하였는데, 이는 프레젠테이션 소프트웨어 단독으로만 수업 시간에 활용되기보다는 여타의 매체가 함께 사용될 때 학습자들에게 긍정적인 영향을 미칠 수 있다는 것을 나타낸다. 칠판 이외에도 모형, 비디오, 학생 참여 등이 이루어졌으며, 이러한 점이 학습자들에게 강점으로 인식되었다. 하나의 매체만이 수업 중에 사용되기보다는 여러 다양한 매체를 통합적으로 사용될 수 있는 방안을 미리 설계하는 것이 효과적임을 보여준다.

마지막으로 '도입을 위한 교사의 질문'은 상위 수준의 학생들에 의해서만 강점으로 인식되었으며, 중위 및 하위 수준의 학생들에게는 오히려 부담이 된 것으로 드러났다. 교사에 의하여 제시되는 초기의 도입 질문이 중위 혹은 하위 수준의 학생들에게는 일종의 연습 문제로 간주되거나 부정적인 자극으로 인식되는 것을 보여 주고 있다(이성호, 1997). 개별적인 교수설계 전략의 장단점을 묻는 질문에서 이 부분은 보다 명확해지는데, 여기서 학습자들은 교사에 의한 도입 질문의 의의를 다른 방식으로 해석하여 오히려 수업 중간이나 마지막 부분에 질문하는 것이 바람직하다는 의견을 제시하고 있다. 따라서 학습자들에게 던져지는 질문이 보다 긍정적인 형태로 이루어질 수 있도록 하는 것이 필요함을 보여 준다(박성익 외, 1999).

한편, '선수학습의 회상', '연습문제 및 피드백', '정리', '검은 화면의 실행', '글자의 가시성'과 같은 개별적인 교수 전략에 대하여 학습자들 다수가 학습에 도움이 된다고 지적하였다. '애니메이션 작동 시 소리의 제거'에 대해서는 소수의 학습자가 도움이 된다고 지적하여 다른 교수 전략과 대비되었다. 이러한 결과는 소리를 사용하거나 혹은 사용하지 않기보다는, 중학교 수업의 경우에는 중요한 요점이나 새로운 지식의 제공 등의 경우에 소리가 선별적으로 사용될 때 학습자의 주의 집중 효과를 가져올 수 있음을 보여 주고 있다.

개선점 학습자들은 또한 다음과 같은 개선 방향을 제시하였다. 첫째, 본 모형에서 제안된 교수설계 전략이 현재 중등학교 현실에 적용될 때는 학생들의 상이한 선수 학습 수준에 따라서 다르게 인식되며, 따라서 '교수 관리 전략'이 통합되어 활용되어야 한다는 점이다. 적용 과정에 참여하면서 의견을 제시한 총 15명의 학생들은 각 5명씩 상위, 중위, 하위 수준의 해당 교과 학업 성취를 보여 주고 있었다. 제안된 교수설계 전략에 대하여 각 집단별 학생들은 다른 반응을 보였다. 중상위 수준의 학생들은 주로 '수업 관리의 문제'를 지적하였다. 이 학생들은 다양한 수준의 학생들이 한 교실에 있음으로 해서 파생하는 학습 분위기의 혼란을 교사가 제대로 통제하지 못하는 점을 지적하였을 뿐만 아니라, 매체의 복합적 활용, 수업 실행 방식 등에 있어서 문제점을 많이 지적하였다. 한편, 하위 수준의 학생들은 새로운 수업 방식이 자신들에게 그다지 도움을 주지 못하고 있는 것으로 판단하고 있으며. 실제 수업 과정에도 집중하지 못하고 '방해하는' 행동을 많이 보였다.

이러한 현실을 고려하는 '교수 관리 전략'의 방향은 다음과 같다. 하나는 하위 수준의 학습자들이 다른 수준의 학습자들과 함께 학습 과정에 몰입하는 것을 지원하는 원칙이 필요하다. 예컨대, 하위 수준의 학생들이 적극적으로 수업에 참여하게 하기 위하여 상위 수준의 학생들과 협동학습을 하게 하는 방식을 고려할 수 있다.

다른 하나는 프레젠테이션 소프트웨어에 지배되는 수업 전개보다는 학생들에게 많은 권한을 부여하는 원칙을 강조하면서 이 부분에 대한 상세 원칙이 제안될 필요가 있다. 프레젠테이션 소프트웨어는 원래 발표자의 발표 효과성을 도모하기 위하여 제안되었다. 따라서 실제 교육 현장에 적용될 때에는 학습자와 보다 상호작용적으로 사용될 때 교육적인 의미가 있다(Mason & Hlynka, 1999). 즉 교사가 준비한 일련의 슬라이드를 일방적으로 제시하기보다는 학생과 교사의 상호작용적인 수업 과정의 한 가지 요소로서 프레젠테이션 소프트웨어의 기능이 활용되는 것을 고려하여야 한다. 현재와 같은 상이한 수준의 학생들이 혼재해 있는 교실 상황에서 교사에 의한 일방적인 정보의 제시는 특히 하위 수준의 학생들의 무관심, 냉소, 저항 등이 예상되는 만큼 이 부분을 고려하는 방식으로 프레젠테이션 소프트웨어가 활용되는 방안을 고려하여야 한다. 예컨대, 학생들이 프레젠테이션 소프트웨어를 활용하여 과제물을 발표하는 것을 생각할 수 있다.

둘째, 매체의 통합적 활용이 칠판 위주의 수업 과정에 익숙한 학습자들에게 혼돈을 주는 문제를 고려하여 매체 간의 전환 과정이 자연스럽게 이루어질 수 있도록 할 필요가 있다. 학생들은 프레젠테이션 소프트웨어만 의지하는 수업보다는 다양한 매체(전통적인 칠판 활용식 강의 등)를 활용하는 수업에 대하여 원칙적으로 동의하지만, 그 과정이 자연스럽게 그리고 필연적으로 이루어질 수 있도록 하여야 한다. 특히, 갑작스럽게 매체를 전환하거나 서두르는 인상을 주지 않으면서 다양한 매체를 통합적으로 활용할 수 있도록 한다.

셋째, 연습문제 및 피드백 제공이 보다 실제적으로 이루어질 수 있도록 한다. 연습문제와 그에 따른 피드백의 제공은 그 자체가 효과성을 보여 주지 않으며, 그것이 학습자의 현재 학습 활동 혹은 추후의 기대되는 활동, 예컨대 시험 과정에서 제시되는 연습문제와 피드백이 얼마만큼 도움이 되는가에 달려 있다. 따라서 교과서에 나와 있지 않지만, 시험문제로서 나올 수 있는 유용한 문제를 중심으로 연습 활동이 이루어질 수 있도록 하여야 한다.

넷째, 메시지 디자인에 있어서 학생들의 요구를 반영할 수 있는 측면을 확인하여 적용하도록 한다. 하위 수준의 학생들은 메시지 디자인상의 문제점을 많이 지적하였다. 물론, 중상위 수준의 학생들이 그다지 지적하지 않은 점을 고려하여 메시지 디자인상에 있어서 현재의 원칙을 준수할 수 있지만, 하위 수준의 학생들에 의하여 지적된 문제점을 반영하여 개선하려는 노력은 여전히 필요하다. 예를 들면, 글자의 형태를 보다 친밀감 있게 한다거나, 소리의 제시를 적절히 사용한다거나, 그래픽을 보다 전문적인 수준에서 개발할 수 있도록 한다.

이상에서 확인된 학습자들의 개선 방향을 고려하여 원래 제안된 교수설계 모형이 최적화될 수 있다. 즉 학습자의 의견을 고려한 수정된 교수설계 모형이 가능한 것이다. 이렇게 하여 수정된 교수설계 모형을 바탕으로 다시 수업을 재설계하여 수업을 진행하면서 학습자의 반응을 추가적으로 확인하여 필요시 모형을 다시 수정할 수도 있다. 이러한 연구와 실제 적용의 과정은 형성 연구(formative research)(임철일, 1998a; Reigeluth & Frick, 1999a) 혹은 최근에는 설계 기반 연구(강정찬, 이상수, 2011; 김민정, 2008; Design-based Research Collective, 2003; Wang & Hannafin, 2005)에 의하여 수행되고 있다.

연습 및 탐구 문제

1. 파워포인트와 같은 프레젠테이션 소프트웨어가 교육적으로 잘못 활용되고 있는 사례를 들고 본 모형의 특성에 비추어서 개선 방향을 제시하시오.

2. 파워포인트의 어떠한 특징이 교육적인 가능성을 높여주고 있는가를 예를 들면서 논의하시오.

3. 본 장의 모형에서 제시되는 세 가지 이론적 구성 요소가 무엇인지를 설명하고 왜 본 모형의 개발 과정에 이러한 요소가 포함되어 있는가를 논의하시오.

4. 아래에 제시되어 있는 파워포인트 슬라이드의 디자인상의 문제점을 지적하고 개선 방향을 제시하시오.

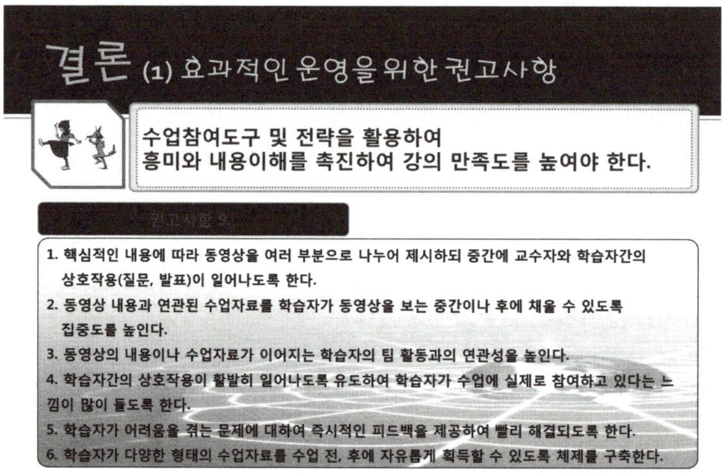

제10장

개인교수형 이러닝을 위한 교수설계 모형

제10장은 전통적인 컴퓨터 보조 수업(Computer-Assisted Instruction)의 한 가지 유형인 개인교수형(tutorial) 프로그램을 인터넷 기반의 이러닝(e-Learning) 상황에서 개발하는 것을 안내하는 교수설계 모형을 다룬다.[1] 1990년대 중반 이후 인터넷의 급속한 확산은 웹과 온라인을 기반으로 하는 이러닝의 발전을 가져왔으며, 특별히 개인교수형 이러닝은 다른 어떠한 유형보다도 익숙한 교육 형태이면서도 개발 비용이 적게 든다는 측면에서 광범위하게 보급되었다. 강의 장면을 촬영하여 저작도구를 활용하여 보여주는 동영상 방식의 개인교수형에서부터 웹이나 플래시를 활용한 문자, 음성, 애니메이션 방식의 개인교수형에 이르기까지 전통적인 면대면 강의의 대안적 형태로 개인교수형 이러닝이 교육 현장에서 널리 적용되고 있다. 본 장은 이러한 개인교수형 이러닝을 설계할 때 고려할 필요가 있는 전략들을 종합한 교수설계 모형을 제시한다.

1) 본 장은 '임철일(2000). 대학의 사이버 강좌 개발을 위한 사태 중심 교수설계 전략의 효과에 관한 연구. 교육공학연구, 16(4), 155-174'와 '임철일(2009). 이러닝 과정개발을 교수설계 가이드라인(오토에버시스템스 연구 개발물)'을 바탕으로 재구성되었음을 밝힌다.

1. 모형 개발의 배경

1) 개인교수형 이러닝의 요구와 개발

개인교수형(tutorial) 이러닝은 국내의 경우 2000년을 전후하여 사이버 대학의 설립과 기업의 이러닝 확산에 발맞추어 주요한 교육의 형태로 자리 잡게 되었다(임철일, 2011). 사이버대학의 초기 설립 단계에 개발된 많은 이러닝 강좌들은 기존의 전통적 교실 강의 형태에서 크게 벗어나지 않았다. 아래 그림에서와 같이 특정의 저작도구(authoring tool)를 활용하여 교수자의 강의 장면을 촬영, 편집하여 제시하거나, 교수자의 교안을 일정한 형태로 편집하여 문자 및 그래픽 형태로 제시하는 방식을 취하였다.

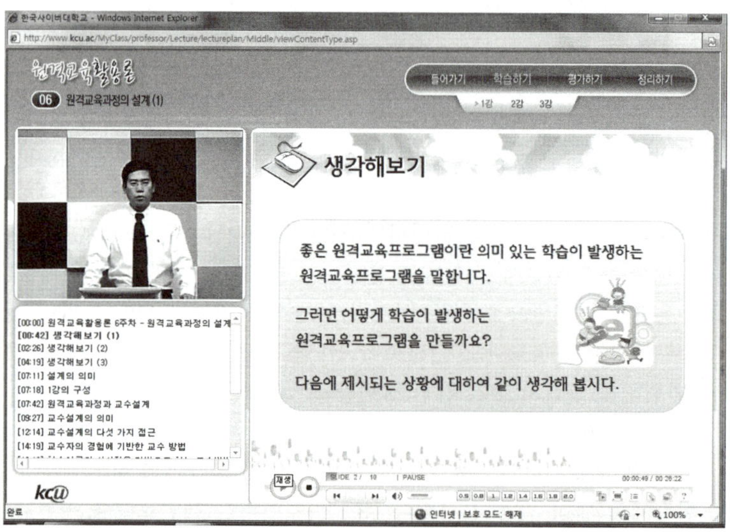

[그림 10-1] 사이버 대학의 이러닝 강좌 사례

저작도구(이 경우, eStream)를 활용하여 교수자가 준비한 파워포인트 슬라이드와 강의 자료를 편집하여 제시하게 되어 있다.

교수자가 설명식 형태의 강의를 실행하는 것을 기초로 하여 동영상 형태의 자료 혹은 텍스트와 그래픽 형태의 자료가 개발되었던 것이다. 이 방식은 교육방법론적 관점에서 볼 때 개인교수형(tutorial) 형태의 컴퓨터 보조 수업(computer-assisted instruction)이 온라인에 구현된 것으로 볼 수 있다. 학습자가 개인교수의 역할을 하는 컴퓨터와 상호작용하면서 학습을 실행하는 형태이다. 이러한 개인교수형 이러닝이 빠르게 보급된 것은 자연스러운 현상으로 볼 수 있다. 이미 이루어지고 있는 교육의 형태를 참조하며 비교적 저렴하게 이러닝 강좌를 개발할 수 있었기 때문이다. 이는 국내 기업에서 개발된 이러닝에서도 동일하게 확인할 수 있는데, 2005년 한 조사에 따르면 전체 기업의 이러닝 중에서 개인교수형이 차지하는 것은 거의 95%에 이르고 있다(Lim, 2007).

그러나 초기 개인교수형 이러닝은 효과적인 교수설계 모형이나 전략에 의존하여 개발되기보다는, 개인 교수자의 교안 등에 의존하여 단순히 책이나 강의 내용을 옮겨서 설명하는 형태를 취하는 문제점을 보여주었다(임철일, 2000). 형태는 개인교수형이었지만, 실제 교수설계 전략은 설명 혹은 제시가 주된 것이었으며, 의미 있는 학습 과정을 촉진할 수 있는 다양한 교수설계 전략이 제대로 반영되지 않았다. 이 점은 이러닝에 대한 학습자들의 동기 저하로 이어졌으며, 중도 탈락을 증가시키는 요인이 되기도 하였다. 개인교수형 이러닝을 위한 효과적인 교수설계 모형의 요구는 이런 상황에서 나타났다.

개인교수형 이러닝을 위한 교수설계 모형은 크게 전통적인 컴퓨터보조수업과 교육용 하이퍼미디어 개발 과정에서 활용된 전략과, 인간과 컴퓨터 인터페이스 증진을 위한 전략을 바탕으로 한다(임철일, 2000). 전통적인 컴퓨터보조수업은 행동주의와 인지주의 등의 학습이론에서 제시하는 교수설계상의 시사점을 반영하여 개발되었다(Hannafin & Peck, 1988; Gibbons & Fairweather, 1998). 자극 자료의 세분화된 제시를 위한 단계별 프레임의 구안, 즉각적인 피드백 등 다양한 형태의 피드백 제공을 강조하는 행동주의적 관점이나, 정보처리이론의 관점을 기반으로 하는 수업의 사태(Gagné, 1970) 모형을 개인교수형 이러닝의 개발에도 적용할 수 있다는 것을 보여 주고 있다(김영수 외, 3인, 1999; 임철일, 1999). 리치와 호프만(Ritchie & Hoffman, 1997)은 학습자의 주의 집중 획득과 사전 지식의 재생을 효과적으로 달성하기 위하여 '도입 질문'을 제시하고 하이퍼텍스트 형식으로 관련된 지식을 제공하여 주는 것을 제안하기도 하였다.

교육용 하이퍼미디어 개발을 위한 전략들은 특히 구성주의적 관점에 기반을 두고 개발되었다(Duffy, Lowyck, & Jonassen, 1993). 목표 설정의 합의 과정에 대한 강조, 실제적 문제를 중심으로 이루어지는 활동, 협동을 중심으로 이루어지는 활동, 학습 과정에 대한 평가 등으로 이루어지는 구성주의적 학습 환경을 하이퍼미디어 형태로 구현하기 위한 노력이 있어 왔다. 교육용 하이퍼미디어 개발을 위한 전략은 웹기반의 이러닝에서도 적용된다. 길라니와 렐란(Gillani & Relan, 1997)은 비고츠키(Vygotsky)의 '지원적 학습 환경 설계'의 아이디어와 오수벨(Ausubel)의 선행조직자 이론을 통합한 상호작용 설계 모형을 프레임 기술을 응용하는 이러닝 교수 자료의 설계에 적용할 수 있음을 보여 주고 있다.

마지막으로 인간과 컴퓨터 간의 인터페이스(Human-Computer Interface, HCI)의 연구 결과를 활용할 수 있다. HCI에서는 화면 설계에 있어서 문자, 그래픽, 애니메이션이 어떤 형태이어야 학습과정을 촉진하는가 이외에도 '학습자 통제'를 어떻게 구현할 것인가와 같은 문제를 다룬다. 학습자 통제에서는 컴퓨터가 일방적으로 교육 정보를 제시하거나 혹은 학습자가 전적으로 교육 내용의 순서와 양을 통제하기보다는 상호적(mutual) 상호작용이 사전 경험이 없는 학습자들에게는 효과적이라는 연구 결과(Carrier & Jonassen, 1988)를 제시하고 있다. 이는 이후 안내 체제나 적응적 체제(Arnone & Grabwsk, 1992)로 발전하였다. 학습 과정을 지원하는 또 하나의 인터페이스로서의 에이전트 이론(Agent theory)은 버튼 이론(Button theory)에 의하여 실제 구현이 가능한 차원으로 발전되었다. 생크(Schank, 1994)는 학습자가 컴퓨터상의 학습 과정에서 표현하고자 하는 세 가지 메시지 그룹을 구분하고 그에 따른 15가지의 버튼을 제안하였다(진위교, 장이철, 1998에서 재인용). 김동식(1998)은 생크(Schank)의 버튼 이론을 이러닝에 적용할 수 있는 방법을 모색하였다. 학습자의 느낌, 질문, 내비게이션, 자기 점검을 표현하는 버튼 중에서 특히 내비게이션과 자기 점검을 표현하는 버튼이 이러닝 형태에서 적절하게 드러날 수 있다는 것을 보여주고 있다(Price & Petre, 1997).

이와 같은 개인교수형 이러닝을 위한 교수설계 전략의 각 측면들은 개별적으로 존재하기보다는 서로 연관되면서 종합적으로 적용될 필요가 있다. 개인교수형 이러닝 설계 모형은 위의 관점들을 종합하여 하나의 처방적 형태로 나타남으로써 효과적인 이러닝 설계 과정을 실제적으로 안내할 수 있다.

2) 모형의 정의와 조건

개인교수형 이러닝을 위한 교수설계 모형은 원격의 학습자가 인터넷으로 연결된 컴퓨터를 통하여 학습하는 과정에서 활용할 수 있는 개인교수 형태의 이러닝 개발을 위한 것이다. 이 모형은 개인교수형(tutorial) 프로그램 개발을 대상으로 한다. 한 명의 교수자가 한 명의 학습자를 대상으로 설명하면서 수업을 하는 형태를 다룬다. 학습자의 참여가 있기는 하지만, 주된 교육 방식은 교수자의 설명이 음성, 문자, 그래픽, 애니메이션과 함께 이루어지는 교수자 중심의 형태이다. 문제해결, 토의식 형태의 이러닝 혹은 시뮬레이션 형태의 이러닝은 다른 교수설계 모형으로 다루어진다.

학습자는 인터넷으로 연결된 컴퓨터를 통해서 학습을 한다. 상황이 허락하는 경우 이러닝 자료를 다운받아서 이동형 매체(노트북, Portable Multimedia Player, Tablet PC)를 활용할 수도 있다. 교육용 자료는 주로 모니터와 스피커를 통하여 학습자에게 전달되며, 학습자는 언제든지 자기가 원하는 장소와 공간에서 주도적인 학습을 실시하게 된다. 실시간으로 이루어지는 설명과 토의를 위한 교수설계 전략은 본 설계 모형의 범위에서 벗어난다.

2. 모형의 특성

개인교수형 이러닝을 위한 교수설계 모형은 교수자의 설명 과정이 중심이 되면서 학습자의 인지적 과정과 참여를 지원하고 촉진하는 형태로 이루어진다. 따라서 앞 장에서 이미 소개한 가네(Gagné)의 수업의 사태가 한 가지 이론적 구성 요소가 되며, 화면을 통한 메시지 전달 전략들이 또 하나의 이론적 구성 요소가 된다.

1) 이론적 구성 요소와 틀

가네의 수업의 사태는 교수자 중심의 설명식 수업을 위하여 아래와 같이 총 아홉 가지의 단계로 구성된다(제2장 참조).

〈표 10-1〉 학습과정과 수업의 사태

학습 과정(정보처리과정)	수업의 사태
1. 학습자가 자극을 수용할 수 있도록 민감화	1단계: 주의력을 환기하기
2. 학습결과에 대한 기대감 형성	2단계: 학습목표를 알려주기
3. 장기기억 항목들을 활동 기억 상태로 회복	3단계: 선수학습요소를 상기하기
4. 학습하게 되는 자극들의 선택적 지각	4단계: 변별적 자극을 제시하기
5. 장기저장 및 회상을 쉽게 할 수 있도록 제시된 자료를 의미 있게 부호화	5단계: 학습 안내를 제공하기
6. 학습 결과를 나타내기 위한 행동적 반응	6단계: 행동을 유도하기
7. 학습 결과에 대한 확신감을 주기 위한 강화	7단계: 피드백 제공하기
8. 재생 시에 사용될 단서 제공	8단계: 성취수준을 사정하기
9. 새로운 상황에 행동을 일반화하기	9단계: 파지 및 전이를 높이기

개인교수형 이러닝을 위한 교수설계 모형은 위의 아홉 가지 단계를 이러닝이 이루어지는 실제적 상황을 고려하고 단순화하여서(임철일, 2000) 총 여섯 단계로 조정하였다. 매 강좌의 안내를 위하여 '장의 안내'가 추가되었으며, 주의력 환기

대신에 보다 구체적으로 '문제 상황의 제시'를 설정하였다. '학습 목표의 제시'는 그대로 두었으며, 변별적 자극 제시와 학습 안내 제공하기는 단순화하여 '본 내용 및 사례의 제시'로 변환하였다. 행동을 유발하기와 피드백 제공하기는 '연습 및 피드백의 제시'로 통합하였고, 성취 수준을 사정하기는 별도의 평가에서 다루기 위하여 삭제하였으며, 파지 및 전이를 높이기는 '요약'으로 변환하였다.

'장의 안내'는 동영상 자료의 형태 혹은 텍스트 형태로 간단하게 각 장의 내용을 설명함으로써 학습자의 학습 준비 과정을 돕게 된다. '문제 상황의 제시'는 일종의 '도입 문제'로서 매 강좌의 주제를 반영하는 질문에 학습자로 하여금 대답을 하게 하여, 주의 집중 효과와 학습자의 사전 지식을 활성화한다. 학습자는 '문제 상황 제시'에서 제시된 문제에 대답하고 간략하게 문제의 의의와 본시 수업과 연관성이 설명된 준비된 피드백을 받게 된다. '학습 목표'는 구체적인 수준으로 명시된 학습 목표가 하나씩 제시됨으로써 학습자의 학습 동기를 유발시키는 기능을 도모한다. '본 내용 및 사례의 제시'는 크게 3-4절로 구성되며, 각 절은 사례가 별도로 제시되어 있다. '사례'는 본 내용에서 이미 언급된 주요 내용(개념이나 원리 등)의 구체적인 예시를 추가적으로 제시함으로써 학습자의 지식 획득 과정을 촉진한다. 각 절 및 장 후반부에 '연습 문제와 피드백의 제시'가 이루어진다. 연습 문제는 선택형 및 단답형 문제를 간단한 피드백과 함께 제시함으로써 학습자의 지식 획득 및 적용 능력을 촉진한다. '요약'은 각 절과 장의 마지막에 나타난다.

한편, 본 모형의 또 하나의 이론적 구성 요소는 화면을 통한 메시지 전달전략들이 된다. 이러닝의 형태이기 때문에 교수자가 설명하고자 하는 것을 화면을 통하여 효과적으로 전달하기 위한 텍스트, 그래픽, 애니메이션, 사운드, 인터페이스 등의 메시지 설계 전략들을 고려하여야 한다.

요컨대, 개인교수형 이러닝을 위한 교수설계 모형은 장의 안내, 문제 상황의 제시, 학습 목표, 본 내용 및 사례의 제시, 연습문제와 피드백, 요약의 6가지 요소와 메시지 설계 전략의 요소로 구성된다.

〈표 10-2〉 개인교수형 이러닝을 위한 교수설계 모형의 틀

이론적 구성 요소	하위 요소					
단순 형태의 수업 사태	장의 안내	문제상황	학습목표	본내용 및 사례 제시	연습 및 피드백의 제시	요약
메시지 설계 전략	텍스트, 그래픽, 애니메이션, 사운드, 인터페이스의 설계 전략					

2) 상세 설계 전략

본 모형의 상세 설계 전략은 앞에서 언급한 두 가지의 이론적 구성 요소에 따른 구체적인 설계 원리들을 의미한다.

(1) 장의 안내

장의 안내는 이러닝의 매 강좌가 시작되는 시점에 학습자들에 강좌의 전반적인 소개를 하는 부분이다. 학습에 대한 기대를 가져올 수 있도록 학습 내용을 단순히 나열하기보다는 어떤 점에서 의의가 있는가를 간결하고 구체적인 수준에서 기술하는 것이 적절하다.

동영상 자료의 형태 혹은 텍스트 형태로 간단하게 각 장의 내용을 설명함으로써 학습자의 학습 준비 과정을 돕게 된다.

(2) 문제 상황의 제시

학습자를 준비시키는 도입 활동은 인지주의 학습 이론에서 매우 중요하게 제안하는 교수 전략 중의 하나이다. 본 모형에서는 문제 상황을 제시함으로써, 본 수업

내용에 바로 들어가기보다는 학습자의 사전 지식과 경험을 활성화시키게 된다.

학습자를 준비하는 도입 활동과 관련된 구체적인 설계 전략은 다음과 같다.

- 학습자들을 동기화하고 인지적으로 준비시키기 위하여 초기 도입 단계에서 본시 수업주제와 연관된 문제 상황을 제시하라.
- 학습자의 의견과 생각을 정리하여 본시 수업과 연관시키는 정리 활동을 실시하라.

위의 상세 설계 원칙이 반영된 사례가 아래에 제시되어 있다.

[그림 10-2] 문제 상황의 제시 사례

화면설명: 도입 부분에 학습과 관련된 사례를 애니메이션 형태로 제시하고, 해당 사례와 관련된 질문을 제시하고 있다.

(3) 학습 목표의 제시

개인 교수형 이러닝에서 학습 목표의 제시는 행동주의적 관점에서 제안하는 원칙을 따른다. 이를 통하여 학습자들은 자신들이 학습 후 어떤 능력을 가지게 되는가를 인지하게 됨으로써 학습 동기가 유발될 수 있다. 구체적인 설계 전략은 다음과 같다.

- 학습 목표는 교육 참가자가 특정 이러닝 과정을 마친 후 보여 주어야 하는 행동으로 나타내라.
- 학습 목표로서 행동은 애매한 형태로 표시되어서는 안 되며 객관적이며 구체적인 형태로 기술하라.

위의 상세 설계 원칙이 반영된 사례가 아래에 제시되어 있다.

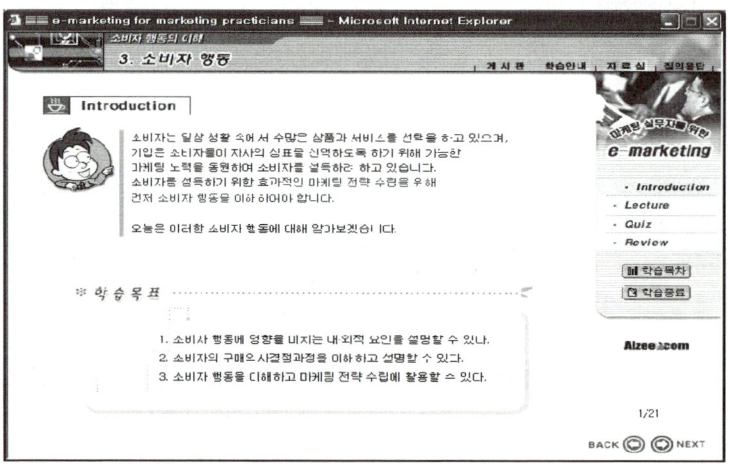

[그림 10-3] 구체적 학습 목표의 제시 사례

화면설명: 위의 사례에서 학습목표는 내용 부분과 행동으로서 "설명할 수 있다"와 "활용할 수 있다"로 잘 구분되어 있다.

(4) 본 내용 및 사례의 제시

본 내용과 사례를 효과적으로 설명하기 위한 상세 원칙은 다음과 같다.

- 대화하듯이 구어체로 설명하라.
- 학습자의 의견, 질문에 대한 답변 등이 포함된 상호작용적 설명을 하라.
- 중요한 내용에 대해서는 적절한 주의집중 방식을 활용하여 설명하라.
- 설명하는 내용이 어떻게 실제의 문제와 연관되는지를 설명하라.
- 다양한 사례를 난이도에 따라서 제시하라(보충 심화학습 자료의 제시).
- 학습자가 학습 내용을 조작할 수 있도록 설계하라.

이하 각 설계 원칙에 대한 간단한 설명과 사례를 제시한다.

■ 대화하듯이 구어체로 설명하라.

구어체 형태가 문어체 형태보다 개인교수형 이러닝에서는 보다 적절하다. 마치 친절한 강사가 앞에서 설명하는 듯한 상황을 연출할 때, 학습자들이 학습 과정에 적극적으로 참여하게 된다. 상황에 따라서 학습 과정을 안내하는 에이전트(agent)를 활용할 수도 있으며, 간단한 텍스트를 중심으로 강의 내용을 녹음하여 제공하는 것을 고려할 수 있다. 물론 이때 강의 내용을 별도로 텍스트화하여 학습자가 원할 때 읽거나 인쇄할 수 있도록 할 수 있다.

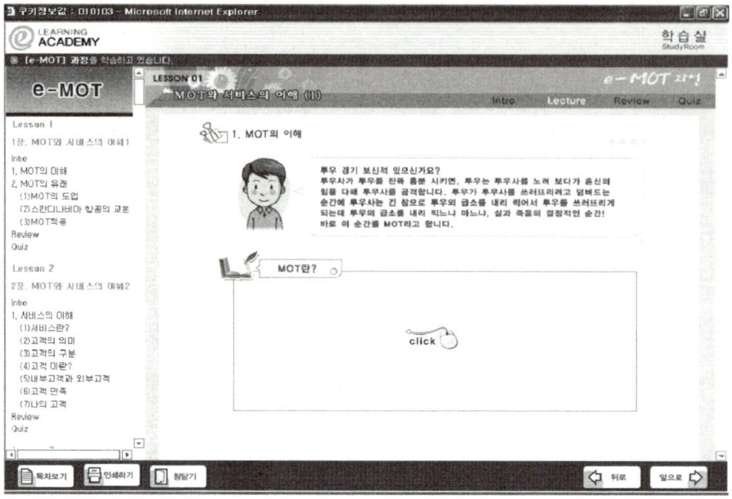

[그림 10-4] 구어체 설명의 사례

화면설명: 위의 사례에서 에이전트가 실제 강사가 앞에서 설명하듯이 학습내용을 전달하고 있다. 또한 강의 내용을 인쇄할 수 있는 기능도 화면 좌측 하단에 제시하고 있다.

- 학습자의 의견, 질문에 대한 답변 등이 포함된 상호작용적 설명을 하라.

잘 설계된 설명은 학습자의 인지적인 참여를 중간에 포함시킨다. 아무리 재미있게 설명을 한다 하더라도 화면을 보고 있는 학습자에게 듣는 것만을 요구하게 되면 학습자는 곧 주의 집중을 잃게 된다. 인지적인 학습이 되기 위해서는 설명 내용에 대한 학습자의 생각이나 적용 등을 확인하는 과정이 필요하다. 이를 위해서는 학습자가 선택할 때 텍스트가 나타나는 기본적인 설계 전략에서부터, 학습자가 간단한 질문에 대답하고 다른 학습자의 의견을 보면서 진행하여 나가는 설계 전략 등을 고려할 수 있다. 학습자의 참여를 위한 전략이 사소한 것이기보다는 전체 학습과정에 중요한 부분을 다루어야 한다.

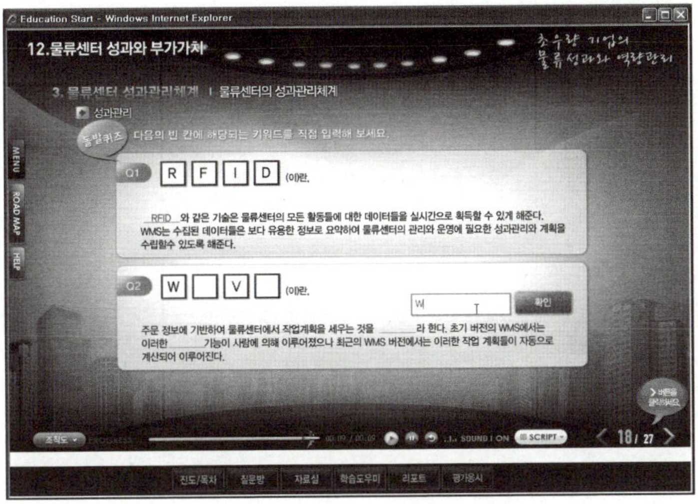

[그림 10-5] 학습자 참여 유도 사례

화면설명: 위의 화면은 학습자가 학습 과정에서 나타나는 질문에 대하여 답을 하고, 이후 확인 과정을 거치게 되어 있다.

■ 중요한 내용에 대해서는 적절한 주의집중 방식을 활용하여 설명하라.

학습자들은 학습과정에서 많은 정보, 지식을 접하게 된다. 따라서 적절한 주의집중 설계 방식이나 대체 방식을 활용하여 텍스트나 음성 제시 방식의 한계를 극복할 수 있어야 한다. 주의집중을 위해서는 폰트, 색깔의 변화, 관련된 그래픽과 애니메이션의 제시를 활용할 수 있다. 그러나 내용과 무관한 기법을 사용하거나 혹은 지나치게 자주 사용하는 것은 오히려 학습을 방해한다는 점을 유의하여야 한다.

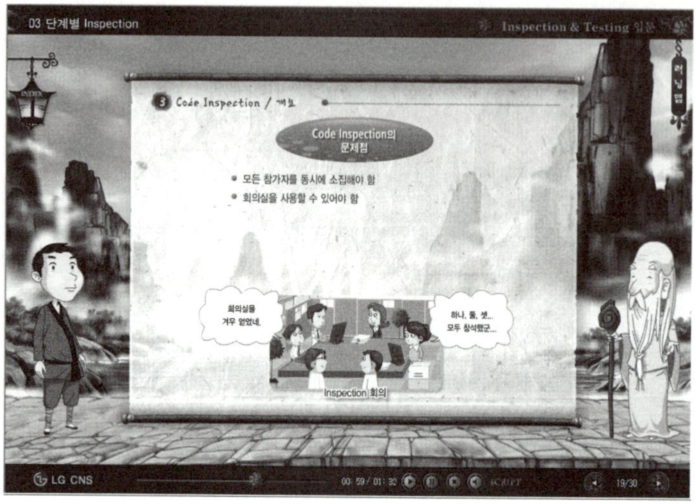

[그림 10-6] 주의집중 사례

화면설명: 주의집중을 위해 애니메이션과 그래픽, 그리고 사운드를 적절히 사용하고 있다.

■ 설명하는 내용이 어떻게 실제의 문제와 연관되는지를 설명하라.

학습자가 학습 과정에 일정한 동기 수준을 가지고 참여하는 데 있어서 주의집중 못지않게 중요한 것이 바로 실제와의 연관성이다. 기업의 이러닝에서는 특별히 이 부분에 대한 강조를 잘 하여야 한다. 이러닝에서 다루는 학습 내용이 실제 현업에서 발생하는 문제를 바라보는 데 어떻게 유용할 수 있는지, 그리고 문제 해결에 어떻게 적용될 수 있는지를 분명히 설명하는 것이 필요하다. 예컨대, '지식의 적용'과 같은 하위 메뉴를 별도로 개발하는 것도 효과적이다.

■ 다양한 사례를 난이도에 따라서 제시하라.

일반적이면서도 추상적인 설명은 적절한 예에 의하여 쉽게 학습자들에게 이해될 수 있다. 설명 과정에서 사례를 적절히 제시하면서도 별도의 '사례' 메뉴를 하위로 개발하는 것을 고려할 수 있다. 자료실의 구성을 보충 자료와 심화 자료로 구분하여 제시할 수 있다. 보충 자료는 해당 설명 내용을 충분히 이해하지 못할 경우에 제시하는 것이며(추가적인 사례 등), 심화 자료는 해당 설명 내용 이외에 추가적으로 제시되어 학습의 깊이를 더할 때 사용하게 된다. 보충 자료와 심화 자료는 설명이 제시될 때 팝업 형태로 나타날 수 있으며, 자료실에 다시 한번 정리되어 제공될 수 있다.

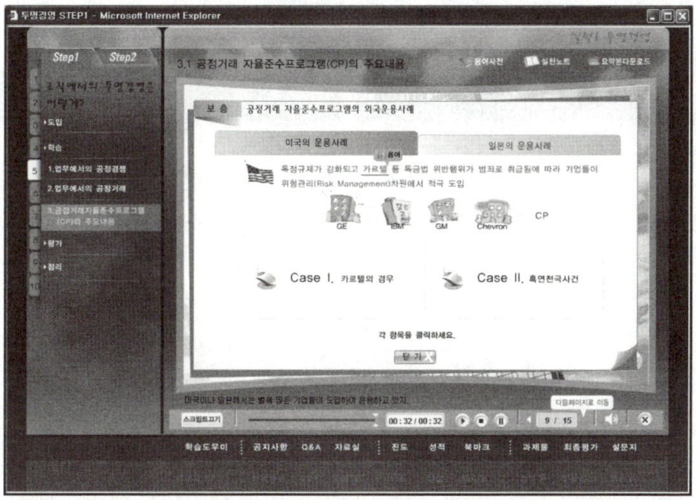

[그림 10-7] 보충, 심화 자료의 사례

화면설명: 이 화면에서 돋보기 형태의 제목을 선택하면 '보충'의 제목 아래 자료가 제시되고 있다. 해당 개념을 이해하는 데 도움이 되는 보충 자료를 제시하는 사례이며, 이 자료는 그대로 자료실에 정리되어 나타날 수 있다. 추가적으로 심도 있는 내용이 제시될 때는 심화학습으로 명명하여 나타내며, 이것도 자료실에 올릴 수 있다.

■ 학습자가 학습 내용을 조작할 수 있도록 설계하라.

학습자가 본 학습에서 제시하는 내용을 단순히 수용하는 것보다는 자신만의 방식으로 조작할 수 있도록 설계하는 경우, 주의집중 및 자기주도학습이 가능하다. 학습자가 조작할 수 있는 내용에는 학습내용에 대한 메모, 중요한 페이지를 기억할 수 있는 북마크, 자신만의 학습 계획을 설정할 수 있는 계획표 등을 들 수 있다.

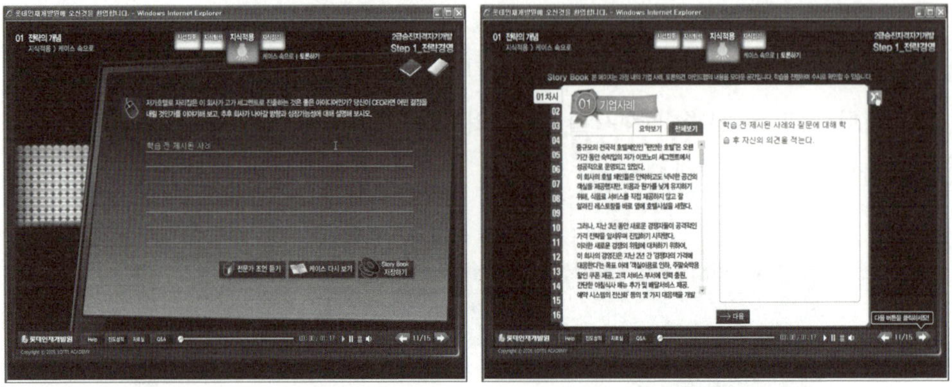

[그림 10-8] 학습자의 참여(조작)을 유도하는 사례

화면설명: 위의 사례는 질문에 대한 의견을 입력하고, 해당 내용을 자신만의 'Storybook'에 저장하는 화면이다.

(5) 연습 및 피드백의 제시

학습자는 새로운 개념, 원리, 절차 등을 획득하는 과정에서 단계적인 연습과 피드백을 통해 자신의 것으로 완벽하게 만드는 경험을 하게 된다. 특히, 자신의 오개념을 파악할 수도 있으며, 숙달의 과정에도 긍정적인 영향을 준다.

연습 및 피드백 제시와 관련된 구체적인 설계 전략은 다음과 같다.

- 실제적인 연습의 기회를 제공하라.
- 사례에서 제시되지 않은 새로운 것을 연습으로 제공하라.
- 다양한 (난이도의) 연습 기회를 제공하라.
- 연습의 결과에 대하여 인지적인 피드백을 제공하라.
- 학습자 간 의견을 교환할 수 있는 연습 기회를 제공하라.
- 피드백을 통해 동기를 유발하라.
- 오답에 대해서는 재시도의 기회를 제공하라.

각 설계 전략의 의미와 사례는 다음과 같다.

■ 실제적인 연습의 기회를 제공하라.

연습은 성적이 반영되는 시험과는 다르며, 학습자가 알고 있는지를 스스로 평가할 수 있는 기회를 제공한다.

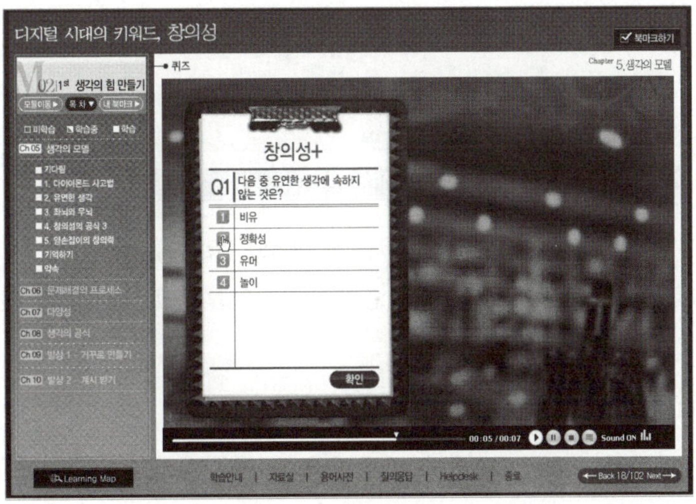

[그림 10-9] 실제적인 연습 문제 제공의 사례

화면설명: 학습한 내용에 대해 스스로 평가할 수 있는 기회를 제공한다.

■ 사례에서 제시되지 않은 새로운 것을 연습으로 제공하라.

연습 상황의 경우 앞에서 제시된 내용을 단순히 기억하는 방식은 피하여야 한다. 중복되지 않는 예를 선정하여 연습으로 제공한다.

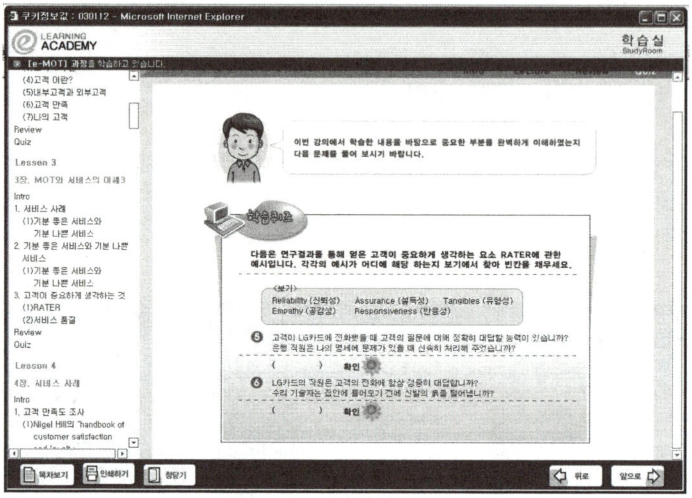

[그림 10-10] 새로운 사례와 관련된 연습 문제 사례

화면설명: 단순한 기억이 아닌 학습내용을 새로운 상황에 적용할 수 있는 문제를 제공한다.

■ 다양한 (난이도의) 연습 기회를 제공하라.

난이도가 다양하면 학습자가 덜 지루해한다. 학습자의 성취 정도에 따라 난이도를 쉬운 것에서 어려운 것으로 또는 어려운 것에서 제대로 답을 못할 경우 중간 정도로 재확인 하는 방법 등으로 조절할 수 있다. 난이도가 비슷한 문항도 다양하게 제시하면 좋다.

■ 연습의 결과에 대하여 인지적인 피드백을 제공하라.

피드백은 어디에서, 어떻게 잘못되었는지 정확한 정보를 주어 학습에 도움을 줄 수 있어야 한다. 맞았는지, 틀렸는지를 단순히 확인하기보다는 이유와 적절한 조언을 함께 제시한다. 연습문제와 피드백은 가능한 한 화면에 제시하여 프린트할 수 있도록 하는 것이 좋다.

[그림 10-11] 연습 결과에 대한 인지적 피드백의 제공 사례

화면설명: 정답과 오답의 확인을 넘어서 한 화면에 정답에 대한 정확한 정보를 제공한다.

■ 학습자 간 의견을 교환할 수 있는 연습 기회를 제공하라.

토론방, 게시판, 자료실, 전자우편 등을 통하여 학습자들끼리 의견을 교환할 수 있도록 하는 것이 좋다.

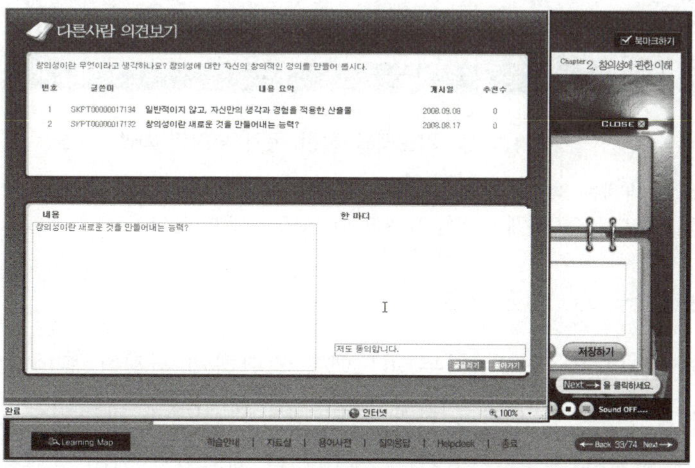

[그림 10-12] 학습자 간 의견 교환이 가능한 연습 문제의 제공 사례

화면설명: 게시판을 사용하여 다른 학습자의 의견을 확인하고, 댓글을 통하여 의견을 공유할 수 있도록 설계하였다.

■ 피드백을 통해 동기를 유발하라.

일반적으로는 즉각적인 피드백이 더 효과적이다. 또한 피드백은 너무 부정적이거나 냉소적 표현은 피하고, 질책 없는 긍정적인 표현을 사용하는 것이 좋다. 정답에는 칭찬, 오답에는 격려를 제시한다. 예컨대, 정답의 경우 화살이 날아가서 풍선이 터지거나, 오답의 경우 배가 침몰하는 등의 그래픽을 사용하여 흥미 있는 동기를 부여할 수 있다.

[그림 10-13] 피드백을 통한 동기 부여의 사례

화면설명: 정답의 경우에는 징검다리를 하나 올라가고, 오답인 경우에는 징검다리에서 떨어지는 그래픽을 제시하여 학습자에게 동기를 부여할 수 있도록 설계하였다.

■ 오답에 대해서는 재시도의 기회를 제공하라.

오답을 하였을 경우, 오답이라는 피드백을 간단하게 제시한 후 한 번의 기회를 더 제공한다. 이후 또 오답을 하게 되면 곧바로 정답과 관련된 정보를 제공한다. 오답을 정정할 수 있는 기회는 한 번으로 제한하는 것이 효과적이다. 중요한 것은 오답을 하였을 때 적절한 정보를 제시하는 피드백이다.

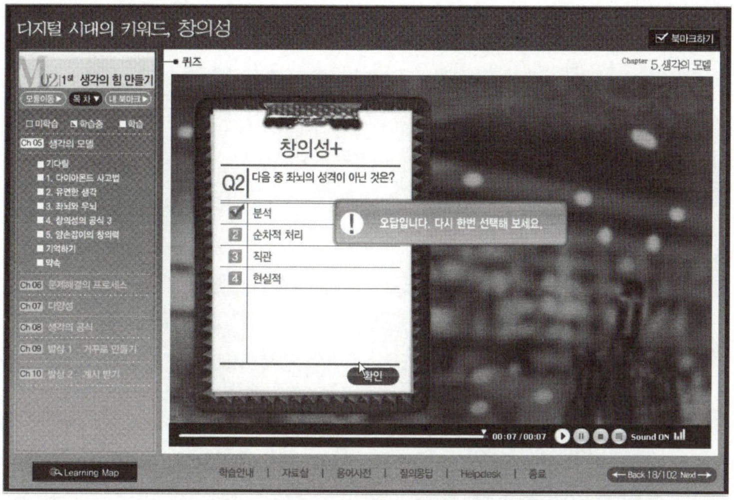

[그림 10-14] 오답에 대한 재시도 제공의 사례

화면설명: 오답의 경우에는 한 번 더 답을 선택할 수 있는 기회를 제공하고 있다.

(6) 요약

본 과정에서 제시한 많은 학습 내용을 마지막 단계에서 간결하게 요약, 정리함으로써 설명의 효과를 확실하게 할 수 있다. 요약 및 정리는 학습자가 참여하는 형태로 제시될 수 있으며, 적절한 주의 집중 기법을 활용하는 것이 필요하다. 마지막으로 요약 이후 다음 차시 학습에서는 어떤 주제를 다루고, 그 주제가 본시 수업과는 어떤 연관이 있는지를 보여 주는 것이 적절하다. 이때, 가능한 경우 개념도나 구조도를 사용할 수 있다.

구체적인 설계 전략은 다음과 같다.

- 설명한 내용을 간결하게 요약·정리하며 다음 학습 내용과의 연관성을 설명하라.

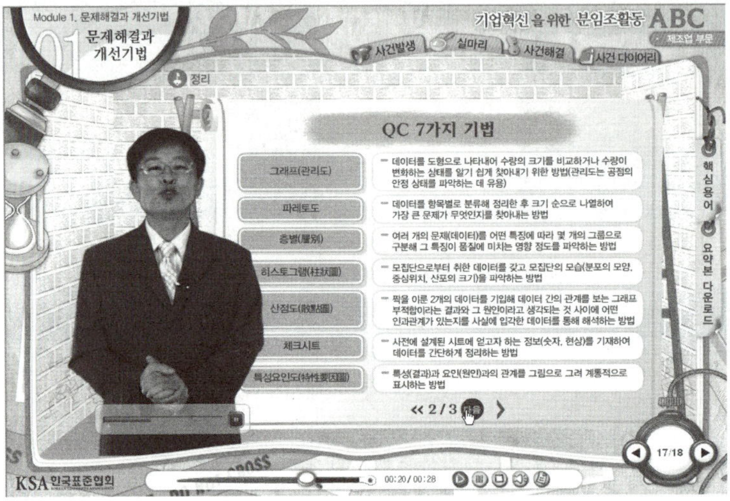

[그림 10-15] 학습 내용 요약의 사례

화면설명: 본 학습에서 제시된 학습내용을 간단한 강사의 동영상 강의를 통하여 정리할 수 있도록 설계하였다.

(7) 텍스트 설계 전략

화면에 제시되는 텍스트는 메시지 전달의 결정적인 역할을 한다. 화면상에서 텍스트를 읽는 것은 지면에서 읽는 것보다 시간이 20~30% 정도 더 소요되므로, 화면에 제시되는 텍스트의 형태에 세심한 주의를 기울여야 한다. 텍스트와 관련된 설계 전략은 다음과 같다.

- 대화체 형태로 텍스트를 기술하라.
- 적절한 정도의 읽을 양과 폰트의 크기, 텍스트 배치 방식의 일관성을 유지하라.
- 강조를 위해서는 한 가지만 변화시켜라.

• 많은 양의 정보는 나누어서 제시하라.
• 텍스트의 색을 일관성 있게 사용하라.

개별 설계 전략의 의미와 사례는 다음과 같다.

■ 대화체 형태로 텍스트를 기술하라.

형식적으로 이루어진 딱딱한 문장보다는 비형식적으로 개인적 친밀감을 느낄 수 있는 문장으로 구성하는 것이 학습내용 회상에 효과적이다. 텍스트 내용은 능동태 문장을 사용하는 것이 좋다. 부정어는 한 문장에 2~3개 이내로 사용하는 것이 적절하다.

[그림 10-16] 대화체 형태의 텍스트 사례

화면설명: 위의 화면은 대화체 형식의 능동태 문장을 사용해 친밀감을 느낄 수 있도록 되어 있다.

■ 적절한 정도의 읽을 양과 폰트의 크기, 텍스트 배치 방식의 일관성을 유지하라.

전체에 걸쳐 문단 정렬을 일치시켜 사용한다. 내용파악과 가독성을 위해서는 왼쪽 정렬을 사용하는 것이 좋다. 일반 텍스트는 왼쪽 정렬, 큰 제목 및 타이틀은 중앙 정렬을 사용한다. 제목과 부제, 본문에 활용할 글자체와 크기, 속성을 구분하되 일관성 있게 제시한다. 대략 45-60활자로 줄 길이를 사용하며, 전체 텍스트에서 3-4개 이내의 폰트를 사용한다. 제목은 24-48포인트 정도의 고딕체나 유사 글자체를 사용한다.

구체적인 학습정보는 6-14포인트의 돋움, 굴림체를 사용하는 것이 좋다. 영어나 유사 알파벳 기반 언어의 경우, 대문자는 제목에만 사용하도록 하고 구체적인 학습 내용은 소문자로 제시한다. 영어에서 합성단어를 제외하고는 단어 끊어짐을 방지하기 위한 하이픈을 사용하지 않는 것이 효과적이다.

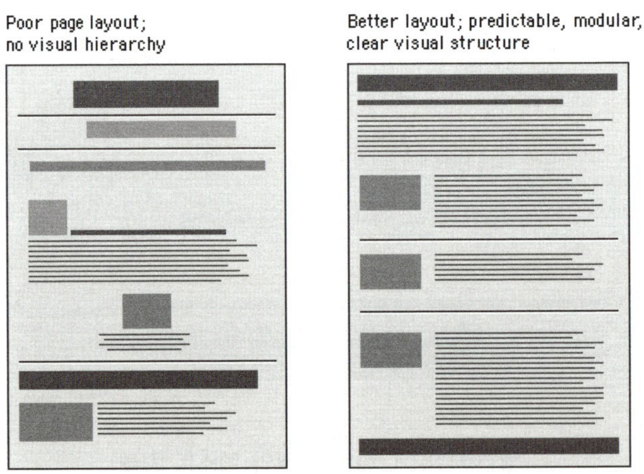

[그림 10-17] 문단 정렬 일관성의 사례

화면설명: 문단 정렬을 일관성 있게 사용한 경우(오른쪽)는 그렇지 않은 경우(왼쪽)보다 화면에 제시되는 내용의 읽기와 이해를 용이하게 도와준다.

■ 강조를 위해서는 한 가지만 변화시켜라.

지나치게 많은 속성을 사용하면 주의를 산만하게 만들기 때문에 한 가지만 변화시키는 것이 좋다. 강조를 위해서는 표제, 이탤릭체, 굵은 글씨, 큰 글자, 화살표, 아이콘, 밑줄, 여백 등을 적절히 활용한다. 강조나 진한 글씨체는 10% 이내로 제한한다. 밑줄은 사용하지 않는 것이 좋다. 제목이나 부제는 본문과 서로 다른 크기나 스타일, 폰트를 사용한다.

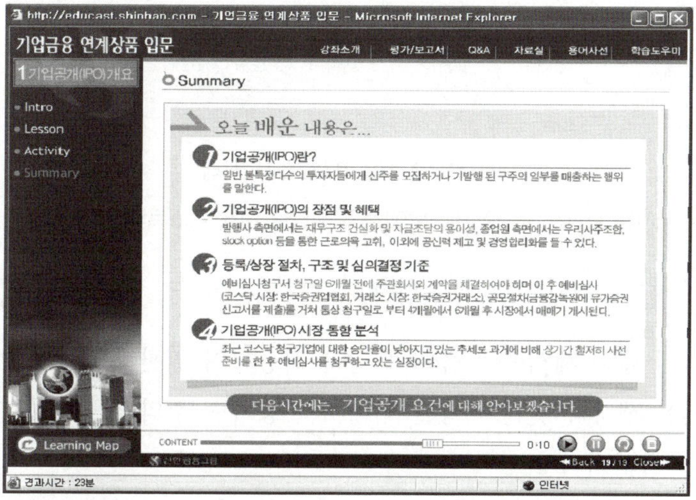

[그림 10-18] 강조를 위한 한 가지 속성 변화의 사례

화면설명: 위의 화면은 한 가지 속성(글자의 색)만을 변화시켜 중요한 내용을 강조하고 있다.

■ 많은 양의 정보는 나누어서 제시하라.

많은 양의 문자정보를 분할(chunking)하여 제시한다. 많은 양의 문자 정보를 제시할 때는 페이지 분할을 사용할 수 있다. 행간 거리는 소문자 글자 높이의 평균보다 작게 사용한다. 순서적인 항목을 포함하는 문장은 리스트로 전환한다. 복잡한 정보들은 학습자가 정보 내용을 통합할 수 있도록 표로 제시한다.

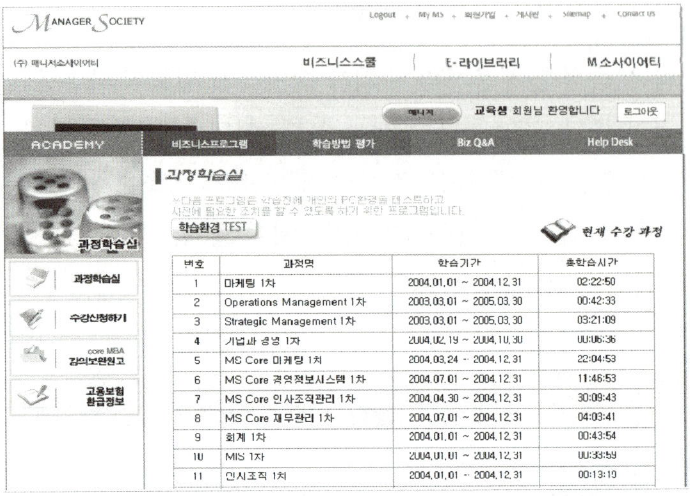

[그림 10-19] 표의 제시 사례

화면설명: 위에 제시된 화면은 순차적인 학습과정의 설명을 위해 리스트와 표를 활용한 사례이다.

■ 텍스트의 색을 일관성 있게 사용하라.

동일 영역의 내용 제시에는 동일 색상을 사용하여 일관성을 유지한다. 명도나 채도가 높은 색상과 낮은 색상을 섞어서 사용하면 주의 집중이나 단조로운 화면 탈피에 효과적이다.

글자의 색은 배경색과 대비되는 색을 사용한다. 학습자들이 색맹일 가능성도 있다는 점을 고려하여 빨강과 녹색, 파랑과 노랑의 대비색을 사용할 경우 명도를 달리하여 제시한다.

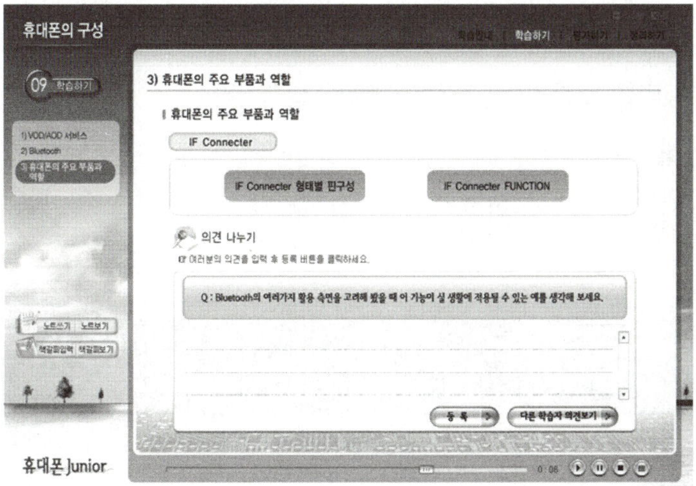

[그림 10-20] 색깔 제시의 사례

화면설명: 위의 화면에서는 파랑색 배경에 강조를 위해 대비색인 노란색을 사용하고 있으며, 메뉴 버튼은 파란색으로 일관성을 유지하며 사용하고 있다.

(8) 그래픽 설계 전략

텍스트를 해당 그래픽과 연결하여 제시함으로써 학습을 촉진할 수 있다. 또한, 적절한 그래픽을 제시하는 것은 학습자가 적극적인 학습 활동을 할 수 있도록 지원하는 전략이 된다. 그래픽과 관련된 설계 전략은 다음과 같다.

- 텍스트의 의미를 보충하는 그래픽 자료를 설계하라.
- 일관성 있게 그래픽을 사용하라.
- 텍스트와 그래픽을 인접하여 제시하라.
- 그래픽을 설명할 때 텍스트보다는 음성으로 제시하라.
- 학습내용과 상관없는 그래픽의 사용을 자제하라.
- 그래픽을 지나치게 세부적으로 표현하지 마라.
- 성별 편견이 개입될 수 있는 그래픽은 제외하라.

개별 설계 전략의 의미와 사례는 다음과 같다.

■ **텍스트의 의미를 보충하는 그래픽 자료를 설계하라.**

관련된 개념들을 소개할 때 그래픽을 이용하여 설명하면 학습효과를 높일 수 있다. 이해를 촉진하기 위한 그림이 삽입되어야 한다.

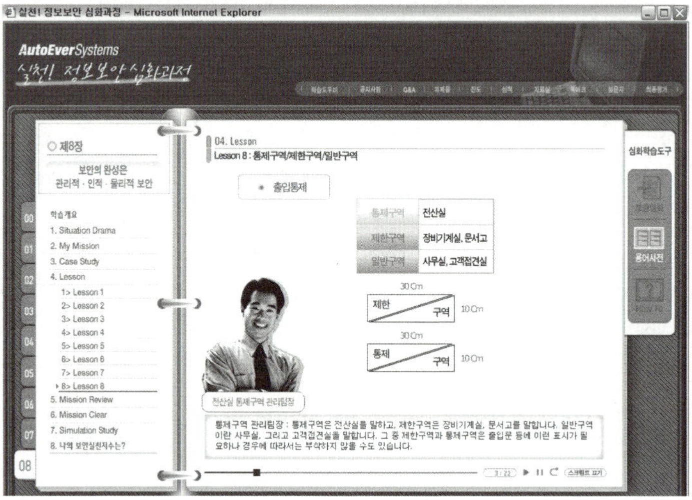

[그림 10-21] 내용과 관련된 그래픽 제시 사례

화면설명: 위의 화면에서는 통제구역을 설명함에 있어 간단한 표와 그림을 통해 스크립트의 내용을 시각적으로 다시 한번 정리해 주고 있다. 특히 전달하고자 하는 내용 중 수치가 포함되어 있을 경우에는 설명과 함께 제공되는 그래픽은 매우 유용하다.

■ **일관성 있게 그래픽을 사용하라.**

서로 다른 형태(색, 모양)의 그래픽의 사용은 학습의 집중도를 떨어뜨리고 혼란을 주므로 같은 형태의 그래픽을 사용해야 한다.

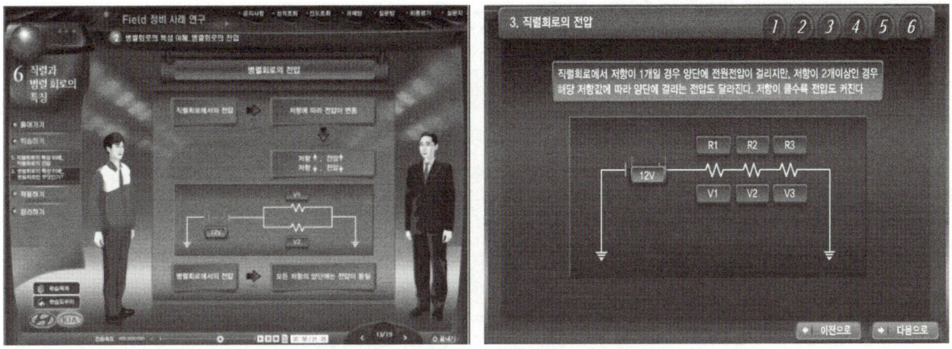

[그림 10-22] 일관된 그래픽 사용 사례

화면설명: 본 학습화면(첫 번째 화면)과 보충학습화면(두 번째 화면) 모두 짙은 파랑색 바탕에 녹색, 주황색을 일관되게 사용하고 있다.

■ 텍스트와 그래픽을 인접하여 제시하라.

텍스트와 그래픽이 분리되어 제시되면 인간의 한정된 작동기억에 부담을 준다. 텍스트와 관련 그래픽이 인접하여 제시될 경우 학습자들은 텍스트와 그래픽의 의미 있는 연결을 시도하게 된다.

■ 그래픽을 설명할 때 텍스트보다는 음성으로 제시하라.

학습자에게 유입되는 새로운 정보를 음성과 그래픽으로 나누어서 제공하는 것이 동일한 감각처리기관(시각)에 집중하는 것보다 효과적이다. 각 정보처리 과정들은 제한된 처리용량을 갖기 때문에 동일한 처리과정을 이용하는 정보들을 제공하면 인지적 과부하를 초래한다.

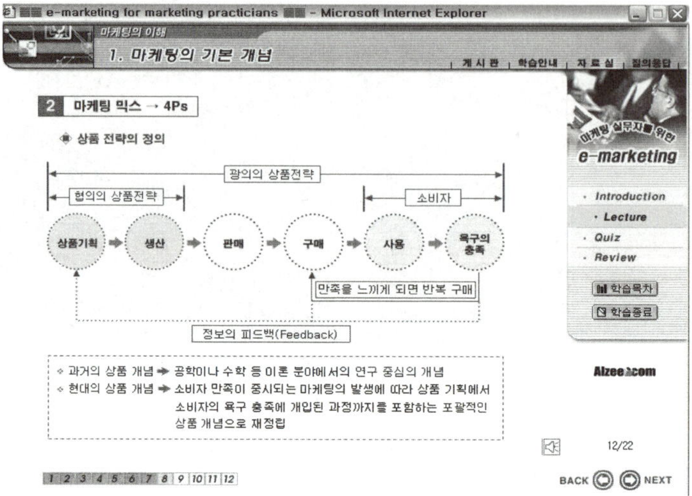

[그림 10-23] 음성에 의한 그래픽의 설명 사례

화면설명: 위의 화면에서는 마케팅의 기본개념에 대한 긴 설명을 전체 텍스트가 아닌 중요 용어 중심으로 구조화하여 제시하고, 음성으로 이에 대한 설명을 제공하여 학습 시 시각과 청각을 두루 사용할 수 있도록 하였다.

■ 학습내용과 상관없는 그래픽의 사용을 자제하라.

유머, 과장이 포함된 그래픽, 예쁘게 꾸민 그래픽의 사용은 흥미를 높일 수는 있으나 학습에 방해가 되므로 주의하여 제시해야 한다. 그래픽 자체로는 매우 유용하고 재미있는 내용들을 담고 있으나 학습내용과 상관없는 그래픽은 배제해야 한다.

■ 그래픽을 지나치게 세부적으로 표현하지 말라.

지나친 세부묘사는 학습자의 주의를 산만하게 하는 경향이 있으므로 제외해야 한다.

■ 성별 편견이 개입될 수 있는 그래픽은 제외하라.

학습자들이 제시되는 그래픽을 통해 편견을 가질 수 있으므로 주의해야 한다.

특히, 성차별적 의미를 담고 있는 그래픽을 제시하지 않도록 해야 한다.

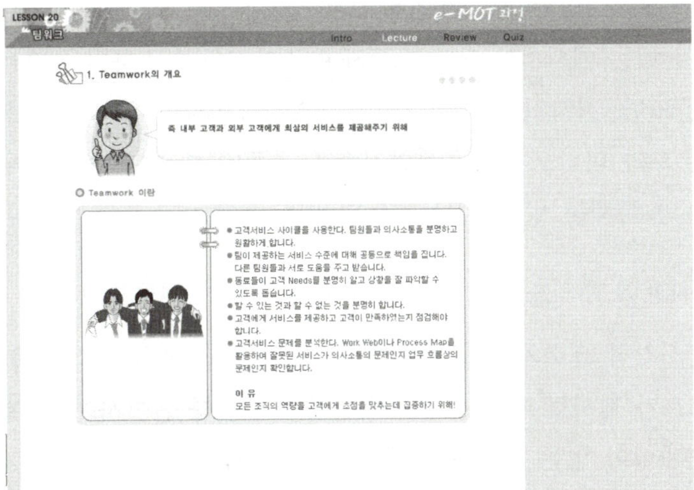

[그림 10-24] 성차별 관련 사례

화면설명: 팀워크의 중요성에 대한 설명 시 제시되는 인물을 모두 남성으로 나타내었다.

(9) 사운드 설계 전략

사운드는 적절히 제공될 때 정보에 대한 이해를 촉진한다. 텍스트와 화면으로는 설명이 어려운 정보의 경우 실제 사운드 제시가 필요하다. 사운드와 관련된 설계 전략은 다음과 같다.

- 메시지의 길이와 비디오적 요소를 고려하라.
- 메시지의 내용에 주의를 기울이고 관련 있는 사항을 언급하라.
- 내레이션 대본 작성의 원칙을 고려하라.
- 적절한 신호 자극의 사운드를 사용하라.

개별 설계 전략의 의미와 사례는 다음과 같다.

■ 메시지의 길이와 비디오적 요소를 고려하라.

전달하고자 하는 메시지가 짧고 단순하며 즉각적인 학습자의 응답이 필요할 때 사용한다. 또한, 시각적인 요소가 너무 많이 사용된 경우 사운드를 사용할 수 있다. 사운드와 비디오가 상호보완적으로 사용될 때 가장 효과적이며, 사운드가 텍스트의 독해를 방해해서는 안 된다.

■ 메시지의 내용에 주의를 기울이고 관련 있는 사항을 언급하라.

사운드는 시각적 요소와 모순이 있거나 간섭을 일으키지 않아야 한다. 중요한 시각적 요소가 제시될 때 사운드가 학습자의 주의를 끌어서는 안 된다. 콘텐츠 내용과 연관성이 없는 사운드의 사용은 배제한다.

■ 내레이션 대본 작성의 원칙을 고려하라.

다음과 같은 세부 원칙을 고려할 필요가 있다.

① 학습내용에 적합한 목소리 톤과 스타일을 사용해야 한다.
② 눈으로 읽기 위한 대본이 아닌 귀로 듣기 위한 대본을 작성한다.
③ 단순하고 능동적이며 직접적인 언어를 사용해야 한다.
④ 약어나 전문적인 용어의 사용 시 사전에 용어를 정의하는 작업을 거쳐야 한다.
⑤ 하나의 개념에서 다른 개념으로 넘어갈 때 전이를 분명히 하여야 한다.
⑥ 개개의 내레이션에는 이에 상응하는 시각적 요소가 필요하다.
⑦ 내레이션과 시각적 요소의 끝나는 시점을 일치시켜야 한다.
⑧ 학습자의 관심 유지와 다양성을 제공하기 위해 남자 및 여자 목소리를 교대로 사용한다.

■ 적절한 신호자극의 사운드를 사용하라.

Beep 혹은 특정의 사운드를 사용하여 학습자가 부정확하게 답한 것을 느끼도록 한다. 잘못된 답에 대한 피드백에 사운드를 사용할 수 있다. 특정 수행결과와 사운드의 연결은 학습수행의 안내 기능을 할 수 있다.

(10) 애니메이션 설계 전략

애니메이션은 프로그램의 학습 효과를 높이기 위한 방법으로 사용된다. 특이하고 역동적인 효과를 창출할 수 있어 학습자의 학습에 대한 집중을 유도할 수 있다. 또한, 실제 장면을 이용할 때 보다 훨씬 적은 자료를 이용해서 비디오 영상과 동일한 효과를 얻을 수 있다. 애니메이션과 관련된 설계 전략은 다음과 같다.

- 필수적인 정보와 관련된 사항을 강조하거나 생략하는 방법으로 학습자의 관심을 집중시켜라.
- 실제 세계와의 연계 및 학습의 전이를 강화하는 조건으로 사용하라.
- 편견과 차별, 그리고 고정관념을 뛰어넘어라.
- 적당한 과장과 유머를 삽입하라.

개별 설계 전략의 의미와 사례는 다음과 같다.

■ 필수적인 정보와 관련된 사항을 강조하거나 생략하는 방법으로 학습자의 관심을 집중시켜라.

비디오와 같은 사실적인 장면이 너무 많아 학습자가 압도당할 때 애니메이션을 사용할 수 있다. 또한, 묘사되는 조건이나 상황이 아주 드물게 발생하여 비디오 제작이 불가능할 때 사용할 수 있다.

[그림 10-25] 애니메이션 사용 사례

화면설명: 장비의 고장상황을 애니메이션으로 간단하면서도 효과적으로 묘사하고 있다.

■ 실제 세계와의 연계 및 학습의 전이를 강화하는 조건으로 사용하라.

실제의 복잡한 단계를 애니메이션을 사용하여 단순하고 알기 쉽게 제시할 수 있다. 세부 내용을 줄이고 핵심 학습정보를 강조할 때 사용할 수 있다. 비디오와 그래픽 효과와 함께 혹은 전·후로 사용하여 학습에 대한 이해를 강화할 수 있다.

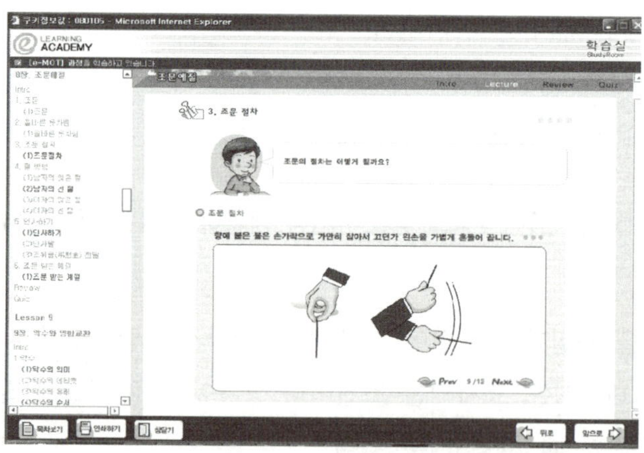

[그림 10-26] 학습 정보의 이해를 위한 애니메이션 사례

화면설명: 학습내용과 관련한 정보를 단순화하고 강조한 애니메이션을 통해 제시하고 있다.

■ 편견과 차별, 그리고 고정관념을 뛰어넘어라.

편견이나 판에 박힌 진부한 애니메이션의 사용은 자제하며, 성별, 민족, 특정한 집단에 대한 편견이나 차별적인 표현은 학습자의 반발을 부를 수 있으므로 주의하여야 한다.

■ 적당한 과장과 유머를 삽입하라.

적절한 과장과 유머가 포함되어 있는 애니메이션은 관심과 기억을 촉진한다. 현실과 똑같은 모습의 표현은 애니메이션 사용 효과를 증대시키기에 부족하다. 또한, 지루해지기 쉬운 학습에 유머가 섞인 애니메이션은 학습에 있어 청량 효과가 있으며, 대체적으로 학습자들은 유머가 있는 정보를 보다 잘 기억한다는 것을 고려할 필요가 있다.

(11) 인터페이스 설계 전략

① 메뉴설계

메뉴는 컴퓨터와 인간이 대화하는 사용자 인터페이스 중의 하나이다. 학습자는 온라인 학습에서 지원되는 메뉴를 통해 학습지원에 관련된 기능과 학습내용 등에 접근할 수 있으므로, 적절한 메뉴를 제공하는 것은 효과적인 온라인 학습을 위해 중요하다. 메뉴설계와 관련된 설계 전략은 다음과 같다.

- 적절한 깊이와 폭을 설정하라.
- 각 메뉴항목들을 논리적으로 구분하라.
- 메뉴 항목의 순서를 의미 있게 구성하라.
- 메뉴 항목의 이름을 명확하게 정하라.
- 메뉴 항목에 사용하는 이름의 문법양식을 통일하라.
- 메뉴의 종류는 항목의 내용에 따라 결정하라.

- 선택에 해당되지 않는 메뉴는 비활성화하라.
- 메뉴 모양의 일관성을 유지하라.
- 메뉴 선택이 틀린 경우에는 이에 대한 피드백을 제공하라.
- 메뉴구조 탐색을 위한 도구를 제공하라.

개별 설계 전략의 의미와 사례를 제시하면 다음과 같다.

■ 적절한 깊이와 폭을 설정하라.

깊이는 위계적 수준, 폭은 각 수준에서 제시되는 항목의 수를 의미한다. 일반적으로 깊이를 줄이고 폭을 확장하는 것이 사용자들에게 편리함을 제공한다. 따라서 하나의 메뉴 구조는 4-8개의 항목을 포함한 3-4개의 수준으로 구성하고, 제시할 항목의 수는 화면의 크기를 고려하여 결정하는 것이 바람직하다.

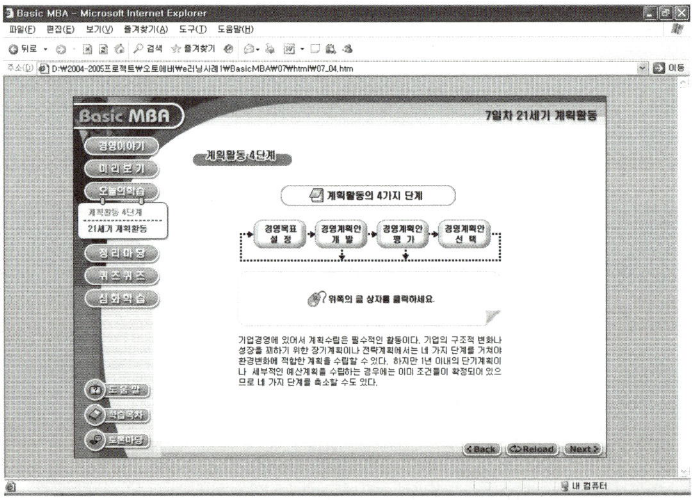

[그림 10-27] 적절한 메뉴 깊이의 사례

화면설명: 위의 화면과 같이 메뉴항목과 각 항목의 폭을 넓히고 깊이를 적절히 제시하는 것이 필요하다.

■ 각 메뉴항목들을 논리적으로 구분하라.

메뉴의 각 항목들은 명백한 의미를 가지고 논리적으로 그룹화되어야 하고, 각 항목은 겹치지 않고 명확히 구분되어야 한다.

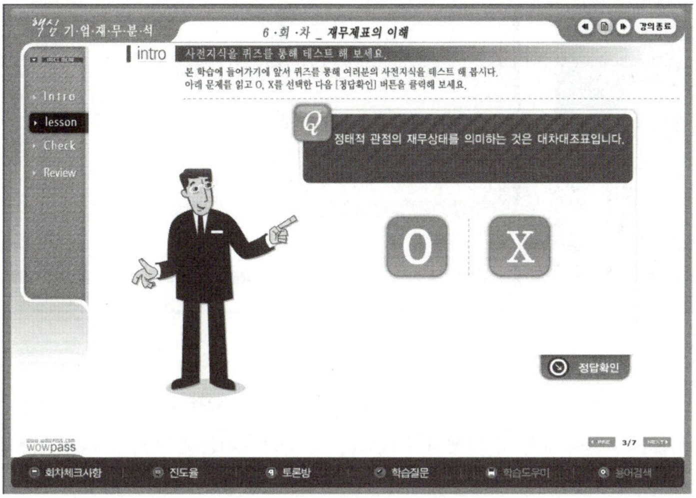

[그림 10-28] 메뉴 구분의 사례

화면설명: 위의 사례는 메뉴그룹이 논리적으로 명확히 나누어진 경우이다. 좌측에는 학습 진행과 관련된 메뉴들이 나열되어 있고, 하단에는 학습 관련 지원 메뉴들이 제시되어 있다. 이러한 메뉴 제시로 학습자는 원하는 기능을 쉽게 찾아서 사용할 수 있다.

■ 메뉴 항목의 순서를 의미 있게 구성하라.

메뉴 항목의 순서에는 의미가 있어야 한다. 일반적으로 관습적인 순서, 사용빈도에 따른 순서, 중요도에 의한 순서, 사용 단계에 따른 순서, 범주나 기능적인 그룹에 의한 순서, 알파벳 순서 등에 의해 결정하는 것이 적절하다.

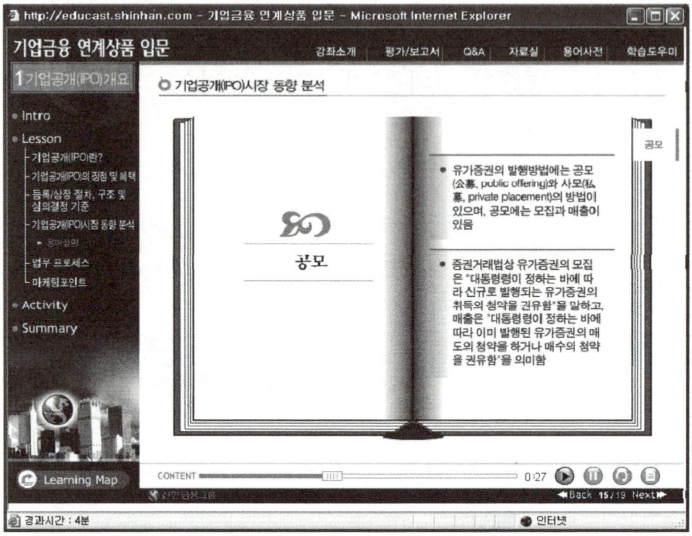

[그림 10-29] 메뉴의 순서 사례

화면설명: 좌측의 메뉴 제시는 학습 진행과 관련된 메뉴로서, 일반적으로 사용 순서에 따라 위에서 아래로 제시된다. 우측 상단의 학습지원 메뉴는 중요도와 사용 빈도에 따라서 제시하고 있음을 볼 수 있다.

■ 메뉴 항목의 이름을 명확하게 정하라.

메뉴 항목의 이름이 무엇을 의미하는지 학습자에게 분명하게 제공되어야 한다. 따라서 내용의 키워드를 이용해 텍스트가 포함된 메뉴를 사용하는 것이 적절하다.

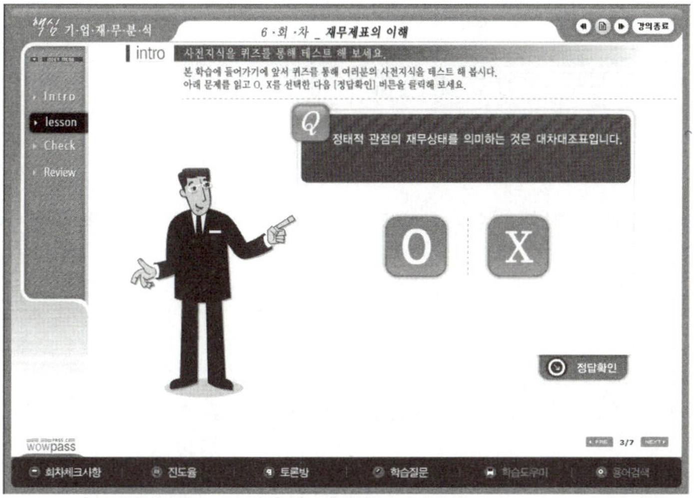

[그림 10-30] 메뉴 항목의 적절한 사례

화면설명: 하단의 학습지원 메뉴 중 '학습질문'의 경우, 일반적으로 Q&A나 질문방으로 제시되는 것에 비해서 '학습질문'이라고 메뉴 이름을 제시함으로써 운영을 위한 기술적 · 행정적인 질문이 아닌 학습과 관련된 질문을 하는 곳임을 명확하게 표현하고 있다. 이러한 명확한 메뉴 항목 이름의 사용은 학습자가 그 기능을 더욱 효과적으로 사용할 수 있게 하는 환경이 된다.

■ 메뉴 항목에 사용하는 이름의 문법양식을 통일하라.

문법양식을 통일해야 한다. 동사를 사용하거나 명사를 사용하거나 혹은 문장을 사용할 경우, 모든 항목에서 일관성이 있어야 한다.

■ 메뉴의 종류는 항목의 내용에 따라 결정하라.

위계적인 구조를 가질 경우는 풀다운(pull-down) 메뉴를 사용하고, 방위 · 시간 · 각도를 나타낼 경우는 파이형 메뉴를 사용하는 등 항목의 내용에 따라 메뉴의 종류를 사용하는 것이 적절하다.

■ 선택에 해당되지 않는 메뉴는 비활성화하라.

선택의 해당이 없는 항목은 흐리게 처리하거나 없애는 것이 바람직하다.

■ 메뉴 모양의 일관성을 유지하라.

모든 메뉴가 일관된 모양을 유지해야 하며, 화면이 어수선하지 않아야 한다.

■ 메뉴선택이 틀린 경우에는 이에 대한 피드백을 제공하라.

사용자들의 선택이 잘못되었을 경우 일정한 위치에서 오류에 대한 피드백이 제공되어야 한다.

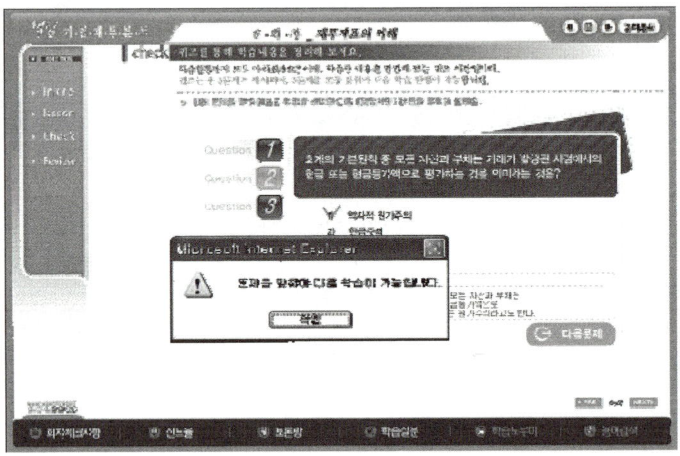

[그림 10-31] 메뉴 선택에 대한 피드백 제시 사례

화면설명: 메뉴 선택이 잘못된 경우 이에 대한 피드백을 바로 제공해 줌으로써 학습의 바른 진행을 도울 수 있어야 한다.

■ 메뉴구조 탐색을 위한 도구를 제공하라.

사용자들이 탐색을 보다 쉽게 하도록 하기 위한 장치를 제공할 필요가 있다. 현재의 위치에 대한 상위 위계의 제목을 함께 제시하거나, 메뉴의 위계구조를 알 수 있는 맵(map)을 제공하거나 또는 사용자가 현재 보고 있는 화면의 번호를 제시하는 것이 적절하다. 위계적인 경우 각 수준별로 메뉴의 크기를 다르게 하는 등의 시각적 요소를 사용하는 것이 적절하다.

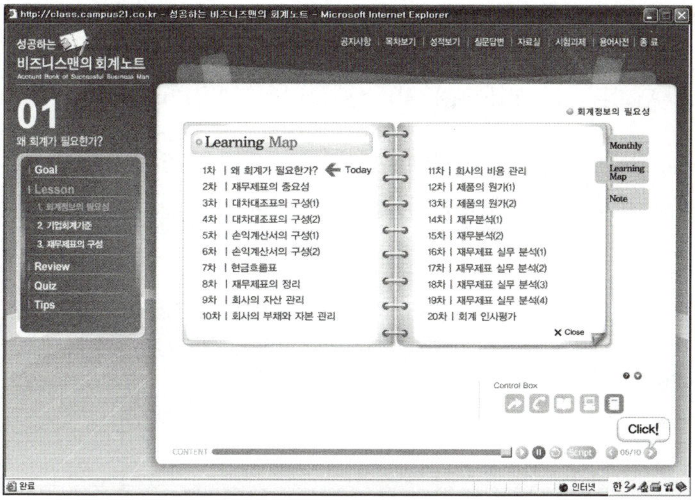

[그림 10-32] 메뉴 탐색 구조의 사례

화면설명: 위의 사례에서 Today라고 적혀있는 화살표와 현재 페이지 번호를 제시한 05/10과 같은 현재의 위치와 학습자가 이동할 수 있는 메뉴를 한눈에 확인할 수 있도록 하는 도구를 제공하는 것은 학습자의 탐색에 큰 도움이 된다.

② 도움말 설계

이러닝에서 학습자는 시공간적으로 교수자와 떨어져 있으므로 학습과 관련된 도움을 적절히 제공하는 것이 중요하다. 도움말은 학습내용을 조직하는 데 도움을 주는 교수 도움말(instructional help)과 온라인 학습을 기술상, 운영상의 문제 없이 진행할 수 있도록 도움을 주는 프로그램 도움말(program help)로 구분할 수 있다. 도움말에 관한 설계 전략은 다음과 같다.

- 학습내용에 포함된(embedded) 교수 도움말을 제공하라.
- 교수자의 피드백이 가능한 교수 도움말을 제공하라.
- 학습의 운영과 관련된 프로그램 도움말을 제공하라.

개별 설계 전략의 의미와 사례는 다음과 같다.

■ 학습내용에 포함된(embedded) 교수 도움말을 제공하라.

학습내용에 교수 도움말을 포함하여 제공할 필요가 있다. 이에 포함된 요소로는 전자사전(용어사전), 보충/심화 학습, 과정 목표와 개요 등이 있다.

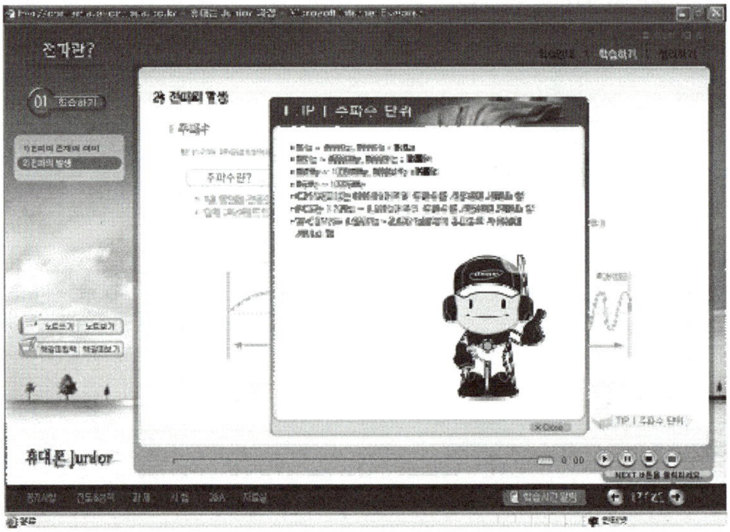

[그림 10-33] 학습 내용 관련 도움말 사례

화면설명: 위의 사례에서와 같이 학습자가 코스 진행 중에 확인할 수 있도록 한다.

■ 교수자의 피드백이 가능한 교수 도움말을 제공하라.

학습자가 학습내용에 관한 질문을 하고 교수자에게 그에 대한 피드백을 받을 수 있는 환경을 설계할 필요가 있다. 이에 포함된 요소로는 학습 관련 질의응답란, 과제의 첨삭지도 등이 있다.

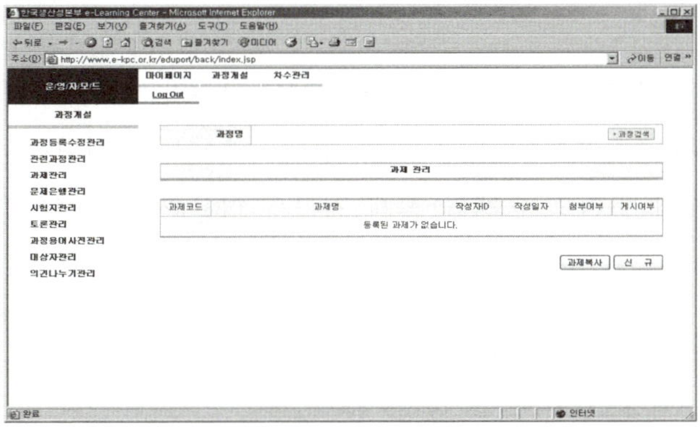

[그림 10-34] 과제에 대한 피드백 제공 환경 사례

화면설명: 학습자가 제출한 과제를 확인하고, 이에 대한 피드백을 줄 수 있는 환경을 제공하고 있다.

■ 학습의 운영과 관련한 프로그램 도움말을 제공하라.

학습자가 기술상·운영상의 불편 없이 학습을 진행하도록 하기 위해서 프로그램 도움말을 제공할 필요가 있다. 이와 관련한 요소로는 FAQ 제공, 운영 관련 질의응답란, 화면구성 안내, 평가 안내, 온라인 학습을 위한 하드웨어 및 소프트웨어 사양 안내, 대화상자의 사용 등이 있다.

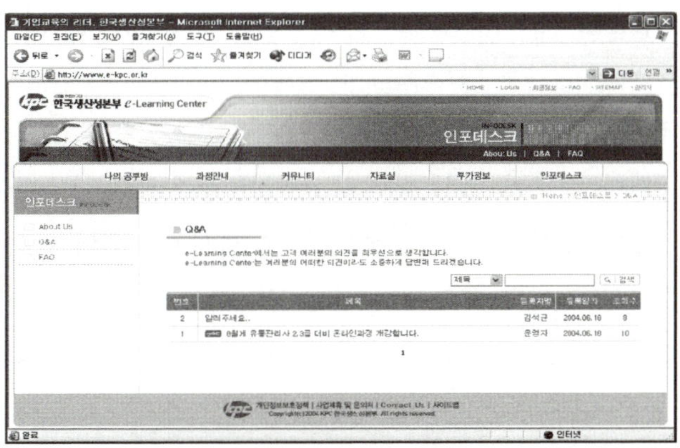

[그림 10-35] 운영 관련 질문 환경의 사례

화면설명: 운영과 관련한 질문을 할 수 있는 공간을 제공하는 것이 필요하다. 여기에는 게시판 이외에 가능한 모든 채널, 예를 들면 이메일이나 전화번호 등을 안내하는 것이 적절하다.

③ 화면 프레임 설계

화면은 온라인 학습에서 학습자가 학습내용, 교수자, 학습자가 서로 상호작용하는 공간으로서 중요한 요소라고 할 수 있다. 텍스트, 그래픽, 애니메이션을 포함하고 있는 전체 화면의 프레임 설계 전략은 다음과 같다.

- 화면의 단순성을 고려하라.
- 화면의 일관성을 고려하라.
- 화면의 공간을 구분하라.
- 내용 제시 영역을 화면의 대부분으로 제시하라.
- 학습자의 시선을 고려하여 공간을 활용하라.
- 화면의 여백을 고려하라.

개별 설계 전략의 의미와 사례는 다음과 같다.

■ 화면의 단순성을 고려하라.

단순하다는 것은 복잡하지 않아야 한다는 것으로, 학습자에게 필요 없는 내용은 생략하고 중요한 내용만을 제공할 수 있도록 설계해야 한다는 의미다.

■ 화면의 일관성을 고려하라.

일관성이란 동일한 정보가 항상 화면의 동일한 장소에서 나타나야 된다는 전략이다. 메뉴나 상태 표시줄 등이 같은 장소에 제시됨으로써 학습자의 인지도를 발달시켜 학습자로 하여금 자료의 형태와 공간적인 위치를 연결하여 원하는 정보를 빨리 찾을 수 있도록 한다.

■ 화면의 공간을 구분하라.

화면에 나타날 학습내용이나 보조내용 등이 각각의 기능에 따라 영역으로 구분되어 학습효과를 최대한 높일 수 있도록 구성하여야 한다.

■ **내용 제시 영역을 화면의 대부분으로 제시하라.**

화면의 대부분을 내용 제시 영역이 차지하는 것이 보통이며, 이런 공간 활용 방법이 적절하다.

■ **학습자의 시선을 고려하여 공간을 활용하라.**

일반적으로 학습자의 시선은 왼쪽에서 오른쪽으로, 위에서 아래로 이루어지므로, 이를 고려하여 중요한 영역이나 내용을 적절히 배치하는 것이 좋다.

■ **화면의 여백을 고려하라.**

화면의 여백은 어느 정도 보장되어 있어야 한다. 화면이 여백 없이 밀집되어 있는 경우, 학습자의 학습시간과 학습상의 오류 정도가 높아지게 된다.

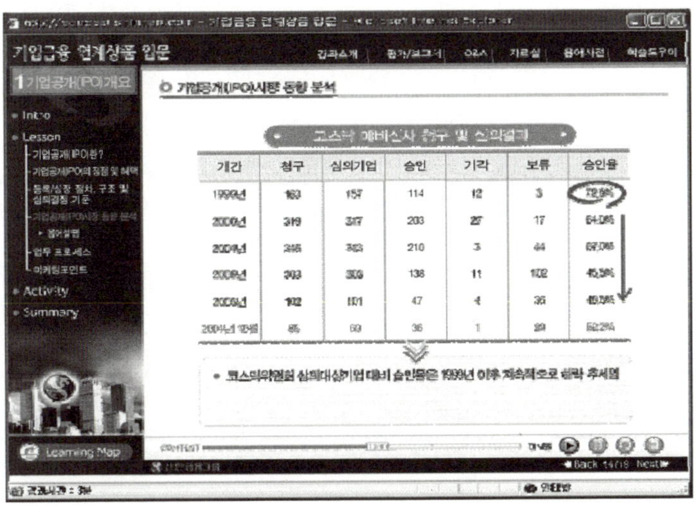

[그림 10-36] 화면 프레임 인터페이스의 사례

화면설명: 위의 화면들은 기본 프레임이 잘 설계된 경우이다. 즉, 학습에 필요한 항목들만을 학습지원 메뉴, 학습 진행순서 메뉴, 내용 제시 부분으로 잘 구분하여 제시하고 있으며, 화면의 여백도 충분하게 제시하고 있다.

연습 및 탐구 문제

1. 개인교수형 이러닝에 포함되어야 하는 주요 특성들이 어떻게 본 장의 교수설계 모형에 구현되고 있는가를 분석하시오.
2. 본인이 경험한 개인교수형 이러닝 프로그램 하나를 선정한 후, 본 장의 교수설계 모형에 비추어 볼 때 제대로 반영되었다고 볼 수 없는 세 가지 측면을 확인하시오.
3. 본 장의 교수설계 모형의 초기 단계에 해당하는 '문제 상황'의 특성과 설계 전략 측면에서의 의의를 논의하시오.
4. 인지부하이론이 어떻게 화면상의 메시지 설계 전략에 영향을 주었는가를 분석하시오.

제 11 장

상호작용적 이러닝을 위한 교수설계 모형

제11장은 정보통신기술의 발전이 가져온 이러닝의 교육적 가능성을 최적화하기 위한 교수설계 모형을 제시한다.[1] 이러닝 방식으로 제공하였다고 이론적으로 가능한 모든 효과가 나타나는 것은 아니다. 전자 책장 넘기기 수준의 초기 이러닝이나 강사의 설명을 동영상 형태로 일방적으로 제시하는 이러닝에 대한 학습자들의 부정적 인식이 이를 말하여 준다. 이러닝의 가능성은 상호작용을 어떻게 구현하는가에 달려있다. 상호작용의 교육적 중요성은 이미 수많은 학습이론, 교수설계 이론, 인간과 컴퓨터 인터페이스, 그리고 원격교육 분야에서 강조 되어왔다. 본 장에서 제시된 상호작용적 이러닝을 위한 교수설계 모형은 상호작용의 요소를 어떻게 이러닝의 설계 과정에 포함할 수 있는가를 종합적으로 제시하고 있다.

---

1) 본 장은 '임철일(1999). 상호작용적 웹 기반 수업 설계를 위한 종합적 모형의 탐색. 교육공학연구, 15(2), 3-24'를 바탕으로 재구성되었다.

1. 모형 개발의 배경

1) 상호작용적 이러닝

2000년을 전후하여, 인터넷의 교육적 활용과 관련하여 두 가지 현상에 주목할 수 있었다. 하나는 웹의 교육적 활용에 초점을 둔 웹 기반 수업(Web-based instruction) 혹은 웹기반 훈련 프로그램을 개발하려는 시도이다(Khan, 1997). 대용량의 통신 인프라가 구축되지 않은 상태에서 인터넷의 교육적 활용은 적은 용량을 처리할 수 있는 텍스트와 간단한 애니메이션 정도로 제한된 웹 기반 수업이 지배적이었다. 다른 하나는 인터넷이 지원할 수 있는 속도와 데이터가 어느 정도 확보되면서 강의 장면을 음성 혹은 동영상 형태로 전달하는 가상 강의(virtual lecture)의 확산이다. 특별한 교수설계 전략을 고려하지 않고, 전통적으로 이루어진 면대면 교육 방식으로서 설명식 강의를 음성이나 영상으로 변환하여서 인터넷에 올리는 형태를 취한 것이다.

위의 두 가지 현상은 의미 있는 학습을 지원할 수 있는 상호작용성이 부족하다는 점에서 한 가지 공통된 문제를 안고 있었다(Gillani & Relan, 1997). 예컨대, 지나치게 많은 양의 텍스트 정보를 한 화면에 제시하거나, 아래 그림에서와 같이 일종의 '전자식 책장 넘기기(electronic page turner)' 수준으로 교육용 웹 사이트들을 설계하는 경우가 많이 나타난 것이다. 또한 음성이나 동영상 형태의 가상 강의 형태도 기존의 텔레비전에 의한 방송교육에서와 같은 일방적 제시 기능에서 크게 벗어나지 못하는 한계를 보여주었다.

웹이 지니고 있는 풍부한 자료 제시 기능이나, 언제 어디서나 학습이 가능한 형태의 이러닝이 의미 있는 학습을 가져오게 하기 위해서는 상호작용 설계가 효과적으로 이루어져야 한다(Santi, 1997). 이러닝 형태에서 웹은 풍부한 그래픽, 동영상, 사운드, 애니메이션 자료를 하이퍼미디어 형식으로 제시하는 기능을 포함하고 있다. 하이퍼미디어 환경을 제공하여 주는 것이다(Siegel & Kirkley, 1997). 또한

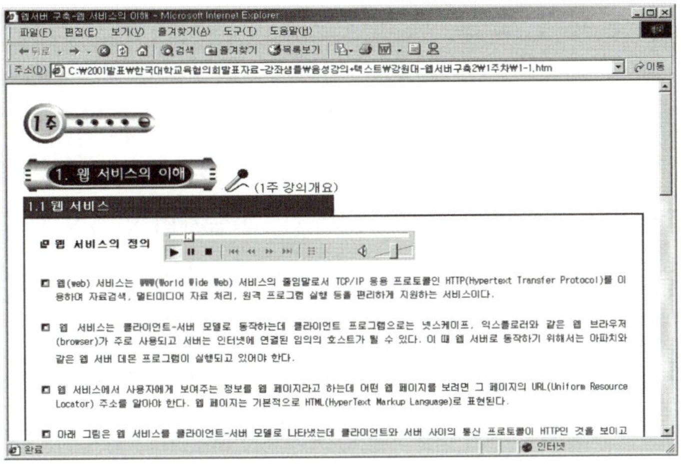

[그림 11-1] 초기 텍스트 및 음성 중심의 이러닝 사례

위의 그림은 초기(1999년 전후) 텍스트 및 음성 중심의 이러닝 사례를 보여 주고 있다. 이 화면이 나타나면 교수자의 강의 음성이 들려지며, 학습자는 상단의 메뉴를 통하여 교수자의 설명을 통제할 수 있다. 이후 학습 내용도 대체로 이러한 방식의 설명 형태가 제시된다. 문자 형태의 학습 내용을 분절하여 제시하고, 간단한 그래픽과 애니메이션이 제시되기는 하지만, 교수자의 일방적 설명 이외에 특별한 교수설계 노력이 포함되었다고 볼 수 없다.

이러닝은 교수자와 학습자 그리고 학습자 상호 간의 동기적, 비동기적 의사소통이 가능하게 하는 네트워크 요소를 지원할 수 있다. 따라서 이러닝의 상호작용성을 증진하기 위한 전략의 탐색은 하이퍼미디어 환경과 관련된 상호작용성(김미량, 1998) 측면과 네트워크 요소를 반영하는 원격교육의 상호작용성(임정훈, 정인성, 1998) 측면을 고려하여야 한다. 이 두 가지 측면은 따로 분리되어 있기보다는 통합됨으로써 최적의 설계 전략을 제공할 수 있다. 한 가지 측면의 상호작용성만을 고려하는 방식으로는 이론상으로 가능한 상호작용성의 최대 효과를 제대로 다루지 못한다고 볼 수 있기 때문이다. 마치 동기 유발을 위한 Keller의 ARCS 이론이 제시되면서 동기 유발에 관한 종합적 전략이 개발되었듯이, 이러닝의 상호작용성을 위한 처방적이면서도 종합적인 전략의 개발이 요구된다.

2) 모형의 정의와 조건

상호작용적 이러닝을 위한 교수설계 모형은 이러닝 설계 과정에서 상호작용의 요소를 종합적으로 적용하고자 할 때 활용할 수 있는 설계 원리들을 의미한다. 이 모형은 효과적인 학습이 가능하기 위해서는 학습자의 인지적 과정을 지원하고 촉진할 수 있는 다양한 형태의 상호작용이 최적의 상태로 제공되어야 한다는 전제에 기반을 두고 있다. 이러닝은 교육 내용을 텍스트와 그래픽, 애니메이션 형태로 제시하거나, 강사의 설명을 음성 혹은 동영상 형태로 보여주는 것을 포함한다. 이 두 가지 형태의 이러닝에 모두 적용될 수 있는 교수설계 모형을 지향한다.

2. 모형의 특성

상호작용적 이러닝을 위한 교수설계 모형을 개발하기 위하여 앞의 제9장에서 밝힌 것처럼 크게 세 가지 단계를 따랐다(임철일, 2001; Reigeluth, 1983). 첫째, 개발하고자 하는 교수설계 모형에 포함될 수 있는 이론적 구성 요소 혹은 영역과 이에 포함되는 일반적인 설계 원리들을 확인한다. 어떤 영역의 지식들이 관여하는가와 그 안의 이미 선행 연구 등에서 검토된 기술적, 처방적 원리들을 확인하게 된다. 둘째, 확인된 이론적 구성요소와 그에 포함된 일반적인 설계 원리들을 구조화하여 하나의 모형으로 특정화할 수 있는 틀을 도출하게 된다. 이 틀에 의하여 모형의 골격이 이루어지게 된다. 셋째, 모형의 틀에 입각한 일반적인 원리에 포함되는 상세한 세부 원리들을 확인하게 된다.

1) 이론적 구성 요소

이러닝의 상호작용성 설계 전략을 종합하기 위해서는 상호작용성의 정의를 우선 규명할 필요가 있다. 이러닝에서 상호작용성을 논의한다는 것은 일차적으로 기존의 독립된 컴퓨터의 학습 내용 혹은 프로그램과 학습자 간에 쌍방향의 의사소통(Giardina, 1992)을 발생하기 위한 전략을 탐색하는 것을 포함한다. 여기서 상호작용성은 학습자의 요구나 관심 혹은 인지적 능력을 컴퓨터가 고려하는 정도를 의미한다. 학습자의 요구, 관심, 인지적 능력을 고려할수록 상호작용적이라고 볼 수 있다. 이 점은 사전에 정해진 내용을 일방적으로 제시하는 것과 대비된다.

또한, 이러닝에 있어서 상호작용성 측면은 네트워크된 컴퓨터를 통한 교수자와 학습자 혹은 학습자 간의 쌍방향 의사소통에 대한 탐색을 의미한다(Moore & Kearsley, 1996; 양영선, 조은순(역), 1998). 이러닝의 상호작용성은 기존의 원격교육에서 추구하였던 쌍방향 의사소통의 이론적 틀 안에서 새롭게 논의되고 있다. 원격교육의 일방성을 극복하려는 이론적, 실제적 노력은 이러닝 출현에 따라서 더욱 많은 주목을 받고 있다. 동기적, 비동기적 의사소통을 가능하게 하는 기술적 가능성들이 다양하게 제안되고 있으며, 문제는 어떻게 이러한 가능성을 상호작용을 촉진하는 방향으로 활용하는가에 있다.

〈표 11-1〉 상호작용적 이러닝 교수설계 모형을 위한 이론적 구성 요소

이론적 구성요소	설계 원리의 하위 측면
컴퓨터와 학습자의 상호작용	학습이론 및 교수이론
	학습자 통제론
	인간과 컴퓨터의 인터페이스
네트워크 환경의 상호작용	학습자-학습내용 간 상호작용
	학습자-교수자 간 상호작용
	학습자-학습자 간 상호작용

(1) 컴퓨터와 학습자 간의 상호작용 설계

독립된 컴퓨터 환경하의 컴퓨터보조수업(Computer-Assisted Instruction, CAI), 교육용 멀티미디어, 하이퍼미디어의 상호작용 설계를 위한 이론적 요소들은 이러닝의 상호작용의 설계에도 대체로 적용될 수 있다(Hedberg et al., 1997). 여기에 포함되는 대표적인 이론적 요소들은 크게 세 가지로 분류될 수 있다.

첫째는, 관련된 주요 학습이론 및 교수이론이 학습자와 컴퓨터 간의 상호작용 설계에 제시하는 원리들과 관련된 요소들이다. 이 요소들은 일종의 개인교사(tutor)로서 컴퓨터가 개별 학생을 대상으로 상호작용적인 수업을 전개하도록 안내한다. 행동주의 및 인지주의 그리고 최근에는 구성주의 관점을 컴퓨터 기반의 교육용 프로그램의 상호작용 측면에 적용하려 한다. 둘째는, '학습자 통제'의 이론적 관점에서 상호작용 설계를 위한 원리들과 관련된 요소들이다. 이것은 앞의 학습이론 및 교수이론 차원의 원리들을 '학습자의 통제권 부여'라는 관점에서 보다 특정화한 것으로 볼 수 있다. 컴퓨터의 일방적인 제시에 따른 학습자의 수동적 반응을 대신하는 대안적 체제, 예컨대 적응적 체제(adaptive system) 혹은 안내 체제(advisement system) 하에서 학습자가 주도적인 통제를 실행할 수 있는 상호작용 설계를 추구한다. 셋째, 인간과 컴퓨터 간의 인터페이스(Human-Computer Interface) 관점에서 상호작용 설계를 위한 원리들과 관련된 요소들이다. 소프트웨어 설계학, 심리학, 인류학, 교육학, 인공지능학 등에서 이루어지는 다양한 연구 결과들을 인터페이스 차원으로 연결하려는 원리들이 여기에 속한다. 스크린 디자인 연구에서부터 학습 과정을 지원하기 위한 에이전트 이론(Agent theory) 등을 포함한다. 이하 세 가지 이론적 요소들과 여기에 포함된 설계원리들을 간략하게 설명한다.

① 학습이론 및 교수이론의 상호작용 설계 원리

학습에 관한 행동주의적 접근의 핵심적 논점은 변별적인 자극의 제시와 강화에 있다(Bell-Gredler, 1986). 변별적인 자극의 제시는 명시적 목표의 제시와 내용의 세분화로 구체화되었으며, 강화는 다양한 형태의 피드백 제시로 구체화되어 오고 있다. 행동주의 관점의 상호작용 설계가 드러나는 초기 형태는 Skinner의 '프로그램 수업'이라고 볼 수 있다. 비록 '프로그램 수업'이 단기적인 관심과 반향을 일으키는 것으로 그치고 말았지만, 현재에 이르기까지 다양한 형태의 CAI, 멀티미디어, 혹은 하이퍼미디어 교육용 프로그램의 상호작용 설계의 원형을 보여준다고 할 수 있다.

'프로그램 수업'이 제안하는 상호작용의 첫 번째 원리는 목표의 명시화에 근거하는 학습내용의 세분화이다. '프로그램 수업'에서 전체 학습내용은 학습의 진전을 예상하여 세분화되어 나타난다. 개별 학습자는 제시된 세부적 질문에 대하여 대답을 하고 그 대답의 결과에 따라서 다음 단계의 질문으로 나아가게 된다. 여기서 상호작용은 학습내용과 학습자 간의 점진적(incremental) 특성을 지니게 되어 있다. 효과적인 상호작용의 설계를 위한 가장 기초적인 원리는 바로 학습내용의 세분화된 제시라고 볼 수 있다. 이 점을 교수설계의 차원에서 보면 적절한 과제분석의 적용이라고 할 수 있다. 한편, 학습내용의 세분화와 아주 밀접하게 연결되는 이론적 논점은 학습내용의 위계라고 볼 수 있다. 세분화 과정은 궁극적으로 학습내용의 적절한 순서의 제시로 연결되며, 의미 있는 상호작용의 기본적 토대는 바로 어느 만큼 학습 내용이 학습자에게 의미 있게 세분화되어 제시되는가에 달려 있다고 볼 수 있다.

'프로그램 수업'이 제안하는 상호작용의 두 번째 원리는 강화 혹은 피드백의 제시라고 할 수 있다. 피드백 제시의 형태와 방법에 관한 연구는 컴퓨터 기반 교육용 프로그램의 개발에 있어서 아주 주요한 위치를 점하고 있다. 학습자가 자신이 학습에 적극적으로 참여하고 있다고 느끼는 순간은 자신의 반응에 대하여 컴퓨터 환경이 적절한 방식으로 피드백을 제공할 때이다. 만약에 피드백이 제공되지 않거나 혹은 부적절한 방법으로 제공될 경우 학습자는 학습에 소극적이게 된다.

컴퓨터 기반 교육용 프로그램에 있어서 피드백은 그 기능에 따라서 크게 확인적 피드백, 교육적 피드백, 동기 부여적 피드백으로 구분될 수 있다(박성익 외, 1997). 확인적 피드백은 가장 기초적인 피드백 방식이다. 질문에 대한 학습자의 응답에 대하여 단순히 맞았는지 혹은 틀렸는지를 제시하는 피드백이다. 피드백이 전무한 상태와 비교하여서는 발전된 형태의 학습 환경임에는 분명하지만, 보다 의미 있는 학습 환경이 되기 위해서는 교육적 피드백이 필요하다고 볼 수 있다. 교육적 피드백은 기본적으로 학습자의 실수에 대하여 교육적인 차원에서 안내를 하는 것을 말한다. 즉 단순히 '틀렸습니다. 다시 한 번 선택하기 바랍니다' 수준에서 벗어나서 학습자에게 적절한 조언을 제시하게 된다. 이러한 교육적 피드백은 이론상으로는 바람직하나 학습내용의 분석과 학습자의 전형적 실수에 대한 분석과 자료의 축적이 전제되어야 한다는 점에서 실제적으로는 구현하기가 어렵다. 현실적으로 교육적 피드백을 위한 가장 단순한 원리는 '일반적인 것부터 시작하여 실수를 되풀이할 때마다 더 구체적인 피드백을 제시하는 것'을 들 수 있다. 동기 부여적 피드백은 학습내용과는 직접적으로 상관이 없지만 학습자가 흥미를 가지고 계속적으로 학습에 참여하는 것을 유도하기 위한 것이다. 학습자의 특성(관심, 학습스타일, 동기요소)에 대한 분석을 통하여 학습자가 선호하는 방식의 언어적 표현 등을 사용하려는 노력이 여기에 속한다.

행동주의 관점의 상호작용 설계를 위한 전통적인 원리들은 이러닝에도 그대로 적용될 수 있다. 비교적 구조화된 교육 내용을 전달함으로써 학습자가 정보를 기억하는 것이 학습목표일 경우에는 행동주의 관점의 상호작용 설계 원리를 활용하는 것이 필요하다. 특히, 최근에 인터넷 사용자의 반응 형태를 온라인으로 데이터베이스화할 수 있는 기술이 발전됨에 따라서 학습자의 학습 반응(응답 시간, 정답 및 오답 반응 형태, 실수의 빈도 등)에 따른 교육적 피드백의 제시를 가능하게 하여 주고 있다. 학습자 반응의 데이터베이스화는 웹 기반 수업만이 지니고 있는 교육적 피드백의 효과적 제시를 가능하게 한다.

다음으로, 학습에 관한 인지주의적 접근의 대표적인 이론으로는 정보처리이론(Information processing theory)을 들 수 있다. 정보처리이론에서는 학습대상이

되는 정보가 감각등록기, 단기기억 혹은 작동기억을 거쳐서 장기기억으로 저장되는 과정을 학습으로 파악한다. 각 단계에서 어떠한 방식으로 정보가 처리되며, 결과적으로 장기기억에 정보가 어떻게 표상되어 이후 필요시 인출되는가에 관한 다양한 이론적 설명이 제시되어 오고 있다(Gagné, 1985). 이러한 정보처리관점의 학습이론은 특히 가네(Gagné, 1970)에 의하여 '수업의 사태'라는 교수설계 이론으로 재정립되었다. 즉 학습의 내적과정에 대응하는 수업의 외적 사태를 제안한 것이다. 수업의 9가지 사태는 학습의 과정을 안내하고 촉진하기 위한 외부적 조건이 되며, 컴퓨터 기반의 교육용 프로그램 설계를 위한 한 가지 원리가 된다.

가네의 수업의 사태 중에서 상호작용 설계를 안내할 수 있는 것으로는 주의집중과 사전지식 재생 등으로 이어지는 초기 사태들이다. 새로운 지식이 학습자의 장기기억에 저장되기 위해서는 무엇보다도 학습자가 사전에 지니고 있는 관련된 지식의 활성화가 절대적으로 필요하다. 사전지식의 재생 및 활성화가 제대로 이루어지지 않은 상태에서 새로운 지식이 제시되는 것은 일종의 주입식 교육의 형태가 되고 만다. 따라서 새로운 지식에 대하여 학습자가 지니고 있는 사전지식을 확인하여 이 사전지식을 활성화하는 전략이 필요하다. 이러한 사전지식의 활성화를 위하여 사용할 수 있는 효과적인 방법이 '도입 질문'이라고 볼 수 있다. '도입 질문'은 새로운 지식에 대하여 직·간접적으로 연관되면서도 동시에 학습자가 쉽게 자신의 의견을 말할 수 있는 것으로서 초기에 제시되며 일종의 주의집중 효과를 가져올 수도 있다.

이러닝에 있어서도 '도입 질문'은 학습자의 주의집중 획득과 사전 지식의 재생이라는 목적을 달성하기 위한 효과적인 상호작용 설계 원리로 볼 수 있다. '도입 질문'과 학습자의 응답에 이어서 관련된 사전지식을 하이퍼텍스트 형식으로 제시하여 개별 학습자별로 다양하게 참조하게 함으로써 사전 지식의 활성화를 보다 개별화할 수도 있을 것이다(Ritchie & Hoffman, 1997).

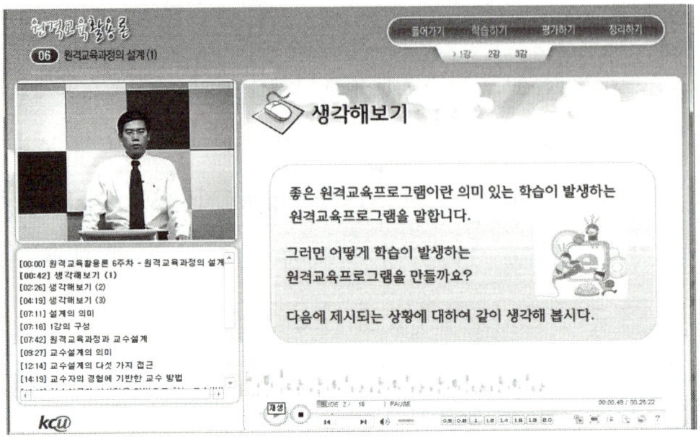

[그림 11-2] 도입 질문 예시 화면

여기에서 강사는 학생들에게 본 강의 주제와 관련된 질문을 제시하고, 학생들의 흥미와 동기를 유발하는 활동을 하게 된다.

출처: 한국사이버대학교(2010). 원격교육활용론 강좌.

한편, 보다 복잡하고 고차적인 상호작용 설계를 위한 원리는 전문가 시스템(expert system)에서 찾을 수 있다(박성익 외, 1997). 전문가 시스템의 초기 형태는 의사의 판단 절차를 대신하여 주는 의료시스템에서 찾아 볼 수 있다. 교육용 전문가 시스템은 인간의 인지 과정에 대한 모형화 연구 결과를 응용하는 분야로서 학습 상황에서의 인공적인 전문 교사를 설계하는 데 초점을 맞춘다. 교육용 전문가 시스템은 학습 상황, 학습 주제, 학습자의 인지구조에 대한 분석을 기반으로 개별 학습자에게 적합한 교수적 판단을 제공하는 데 목적이 있다. 교육용 전문가 시스템의 개발은 보다 복잡한 요소에 대한 규명과 인공 지능의 개발 및 실제적인 데이터베이스의 구축의 어려움 때문에 쉽게 구현될 수는 없다. 향후 인간의 복잡한 인지과정에 대한 규명에 따라서 보다 개별화된 상호작용이 웹기반 수업에서도 실현될 수 있을 것이다.

마지막으로, 학습에 관한 구성주의적 관점은 지난 몇 년 사이에 교육용 하이퍼미디어의 설계 원리에 상당한 영향을 미쳤다(Duffy et al., 1993). 학습자 개인이

환경과의 적극적인 상호작용을 통하여 지식을 구성하는 과정에서 풍부한 학습 환경의 제공은 학습의 실현에 매우 절대적이다. 구성주의적 관점에서는 개별 학습자의 인지적 상호작용을 촉진하기 위한 학습 환경의 구축에 관심이 있다. 목표 설정의 합의 과정 강조, 실제적 문제를 중심으로 하는 활동, 협동을 중심으로 이루어지는 학습 활동, 학습 과정에 대한 평가 등으로 이루어지는 구성주의적 학습 환경을 하이퍼미디어 형태로 구현하기 위한 노력이 계속되어 왔다.

구성주의적 학습환경을 구현하는 이러닝의 설계가 다양한 형태로 시도되고 있다. 그 중 길라니와 렐란(Gillan & Relan, 1997)은 사회적 구성주의의 대표적인 학자로 인정받고 있는 비고츠키(Vygosky)의 근접발달영역 이론과 일반적인 인지 이론가로 볼 수 있는 오수벨(Ausubel)의 선행조직자 이론을 통합한 상호작용 설계 원리를 제시하고 있다. 길라니와 렐란은 모종의 학습이론에 바탕을 두고 상호작용적인 이러닝을 설계하여야만 좋은 프로그램이 될 수 있다는 전제를 하고 있다. 그들은 비고츠키의 사회적 인지발달론의 '지원적 학습 환경 설계' 이론에 의지한다. 비고츠키의 근접발달영역이론(zone of proximal development theory)에 의하면 한 학습자는 인지적인 상위 영역과 하위 영역 사이에 위치하게 된다. 하위 영역은 학습자가 이미 획득한 개념과 절차로 이루어져 있다. 상위 영역은 역동적인 지원을 받아야만 드러날 수 있는 가능성의 인지 영역을 의미한다. 교수설계의 관점에서 볼 때 상위 영역에 속한 과제를 학습자가 해결하는 데 역동적인 지원을 어떻게 제공할 것인가 하는 점이 문제이다. 여기서 역동적인 지원의 대표적인 형태는 관찰할 수 있는 기회의 제공이다. 즉 학습자는 모델링(modeling)의 기회를 가져야 한다. 모델링의 기회가 주어졌다고 학습자가 완벽하게 해당되는 개념과 절차를 획득한 상태가 되는 것은 아니다. 따라서 학습자 스스로 질문하고, 탐색하고, 실험하는 단계로 넘어간다. 타인주도학습에서 자기주도학습으로 변화되는 것이다. 최종적으로 학습자는 자신의 것으로 해당 개념과 절차를 내면화한다.

이러한 학습의 과정을 길라니와 렐란은 모델링(modeling), 탐색(exploring), 생성(generating)의 단계로 개념화하고, 초기 학습 단계의 도입을 위한 원리로 오수벨의 선행 조직자를 채택하여 이 두 가지를 종합하였다. 이와 같은 학습의 4가지 단계는 웹의 프레임(frame) 기술과 통합하여 하나의 상호작용적 교수설계 모형으로 제시된다. 아래의 [그림 11-3]은 상호작용적 교수설계 모형의 기본적 틀을 보여준다.

주제선정	교수모형
내비게이션	제시

[그림 11-3] 프레임에 따른 상호작용 설계

가운데 제시 프레임은 위의 교수모형 프레임과 왼쪽의 내비게이션 프레임에 따라서 다르게 교수 내용이 제시된다. 교수모형 프레임은 학습의 단계를 보여주는 것으로, 예컨대 선행조직자 단계, 모델링 단계, 탐색 단계, 생성 단계가 될 수 있다. 왼쪽의 내비게이션 프레임은 관련된 내용을 볼 수 있는 버튼이 제시된다. 마지막으로 주제 선정(vibrant) 프레임은 학습자가 주제 영역을 선택할 수 있는 곳이다. 위의 상호작용 설계는 이러닝의 상호작용 설계가 지향해야 하는 한 가지 방향을 잘 보여주고 있다. 즉 특정의 학습이론에 근거를 두면서 동시에 이러닝이 바탕으로 하고 있는 웹의 특성(예컨대, 프레임 형식으로 학습 환경을 제공할 수 있는)을 반영하는 상호작용 설계를 보여주고 있는 것이다.

② 학습자 통제론이 제안하는 상호작용 설계의 원리

이러닝은 인터넷을 통하여 학습자들이 다양한 하이퍼미디어 형태의 정보와 자료, 예컨대 웹사이트를 자신들의 요구와 필요에 따라서 검토할 수 있다는 점이 가장 큰 특성이라고 할 수 있다. 정보 접근 차원에서 학습자 자신의 요구와 필요에 따라서 웹사이트를 즉각적으로 검토할 수 있는 것이 일견 학습에 긍정적인 효과를 미칠 수 있을 것이라는 생각을 할 수 있지만, 컴퓨터 기반 교육에 있어서 학습자 통제론에 관한 기존 연구 결과들에 의하면 반드시 그렇지만은 않다는 것을 알 수 있다.

학습자 통제론은 초기 컴퓨터 기반 교육 프로그램의 제한된 의미의 상호작용에 대한 대안적 관점으로 제기되었다. 예컨대, 초기 개인교수 형태의 CAI는 교육시스템이 미리 정해 놓은 교육내용 순서와 양을 모든 학습자들에게 동일하게 제시하며, 학습자들이 선택할 수 있는 것은 학습의 속도 혹은 한정된 내용 선택이었다. 이러한 반응적(reactive) 상호작용(Schwier, 1992: 백영균, 1998에서 재인용)은 실제에 있어서는 거의 일방적 제시 형태로 분류할 수 있을 것이다. 이에 대비하여 순향적(proactive) 상호작용은 학습자의 판단에 의하여 학습의 계열과 양을 통제하는 환경을 제공하게 된다. 마지막으로 상호적(mutual) 상호작용은 학습자와 교육시스템이 서로 상대편의 반응에 따라서 적응적으로 응답하는 환경을 의미한다.

반응적 상호작용에 대한 대안으로 제시된 순향적 상호작용의 난점은 그것이 반드시 효과적인 학습을 가져오지는 않는다는 점에 있다(Santiago & Okey, 1992). 학습자에게 통제를 부여할 경우 적절한 학습 양에 대한 결정을 잘 하지 못하며, 성취 수준이 낮을 수 있다(Ross, 1984). 사전 경험이 없는 학습자들에게는 오히려 최적의 수행을 이끌어낼 수 있는 구조, 상호작용, 피드백을 제공하는 것이 효과적이다(Carrier & Jonassen, 1988). 이러한 연구 결과는 웹기반 교육이 학습자 통제에 관한 어떠한 상호작용 유형을 중심으로 연구와 개발을 계속하여야 하는가를 잘 보여 주고 있다.

학습자 통제는 궁극적으로 개별 학습자의 학습 과정을 촉진하고 안내하는 데 성공적이어야 한다. 이러한 점에서 학습자 통제는 상호적 상호작용 형태를 제공하여야 한다. 상호적 상호작용은 크게 학습자의 특성과 요구 그리고 학습내용 혹은 학습목표의 특성을 종합적으로 고려함으로써 가능하다. 지금까지 상호적 상호작용을 구현하기 위한 노력은 크게 안내 체제(advisement system)나 적응적 체제(adaptive system)를 중심으로 발전되어 왔다. 안내 체제나 적응적 체제의 핵심은 학습자의 성취 수준과 응답에 따라서 컴퓨터 시스템이 최적의 선택 사항을 학습자에게 제시하는 학습환경을 의미한다. 안내 체제나 적응적 체제하의 학습자들의 반응과 성취 수준은 긍정적인 것으로 나타났다(임철일, 1994; Arnone & Grabowski, 1992).

안내 체제나 적응적 체제는 일종의 개별화된 피드백을 제시하기 위한 노력의 발전된 형태라고 볼 수 있다. 이러한 피드백을 제시하기 위해서는 무엇보다도 학습자의 응답과 결과에 대한 선행 자료와 그에 대한 분석이 충분히 있을 때 보다 효과적이다. 이 점에서 이러닝의 가능성은 매우 크다고 볼 수 있다. 초기의 개발 단계에는 교실수업이나 혹은 일대일 수업 상황에서 발생한 제한된 자료를 중심으로 안내 혹은 적응적 환경(예컨대, 최적의 학습 계열 혹은 학습 양의 제시)을 설계하게 된다. 그러나 이후 개발된 환경에 다양한 학습자가 접속하여 학습할 때 나타나는 자료(예컨대, 어떠한 특성의 학습자가 안내 체제에 따라서 학습 계열을 선택하는가 혹은 그렇지 않은가, 전체적인 학습 계열과 학습 양은 어떻게 되는가 등에 관한 자료)를 온라인 방식으로 수집하여 데이터베이스화하고 이것을 분석하여 보다 고급의 안내 체제 혹은 적응적 체제를 설계할 수 있는 것이다. 이러한 가능성은 기존의 독립된 컴퓨터 환경에서는 쉽게 구현될 수 없었던 것이다.

이러닝에 있어서 상호적 상호작용의 이론적, 실제적 가능성은 매우 크고 넓다고 할 수 있다. 원거리에 흩어져 있지만, 개별 학습자의 학습 과정을 온라인으로 데이터베이스화할 수 있는 기술적 지원이 가능해지면서 문제는 실제적인 학습자 반응을 어떠한 방식으로 분석하여 최적의 안내 혹은 적응적 환경을 제공하는가에 달려 있다.

③ 인간과 컴퓨터 간의 인터페이스 관점의 상호작용 설계의 원리

이러닝의 상호작용 설계에 적용할 수 있는 또 하나의 이론적 접근은 인간과 컴퓨터 간의 인터페이스(Human-Computer Interface, HCI)이다. HCI는 Macintosh 컴퓨터가 출현한 이후 활발한 논의의 대상이 되어오고 있다(Kay, 1990). 초기에 HCI는 인간과 컴퓨터가 의사소통을 하는 하드웨어나 소프트웨어를 다루는 것으로 인식되었으나, 이제는 사용자 경험의 인지적, 감성적 측면까지 포함하는 것으로 발전되었다. 웹기반 교육의 효과적 설계와 개발을 위해서는 HCI의 이론적 제안과 연구결과를 응용하거나 발전시킬 필요가 있다.

이러닝에서 다룰 수 있는 수많은 HCI 관련 이론 중에서 에이전트 이론(Agent theory)과 버튼 이론(Button theory)은 교육적 적용 가능성이 높다. 에이전트 이론은 앞에서 다룬 상호적 상호작용의 안내 체제(advisement system)와 유사한 특성을 지니고 있다. 에이전트에 대한 개념화는 1950년대 맥카시(McCarthy)에 의하여 제시되었다. 맥카시와 그의 동료 셀프리지(Selfridge)는 그 당시 MIT(Massachusetts Institute of Technology)에서 같이 일하면서 에이전트 이론을 발전시켰다(Kay, 1990). 그들에 의하면 에이전트는 컴퓨터 세계 안에서 살고 있는 또 하나의 작은 로봇이다. 이 로봇은 주어진 목적에 따라서 안내를 주고받으면서 컴퓨터상의 작업을 끊임없이 수행하게 된다. 가장 전형적인 에이전트로 뉴스에이전트를 들 수 있다. 이 에이전트는 사용자가 정해 놓은 지침에 따라 세계 도처에서 새롭게 제공되는 뉴스를 검토하면서 사용자가 원하는 기사들을 제공하는 역할을 수행한다.

에이전트가 수행할 수 있는 과제는 크게 정보 획득, 학습지원, 작업지원, 오락 제공 등으로 구분될 수 있다(Kay, 1990). 이러닝에서 에이전트는 학습자의 학습과정을 지원하는 기능을 중심으로 나머지 세 가지 기능을 보조적으로 수행할 수 있을 것이다. 예를 들면, 학습자의 학습 과정에 대하여 안내(coaching)를 하면서 학습자가 요구하는 정보를 수집하거나(information retrieval), 전체 학습과정상의 단계를 제시하거나(work scheduling), 학습자가 요청할 때는 간단히 놀아줄 수 있는 (entertainment) 역할을 수행할 수 있는 것이다. 요컨대, 에이전트 이론은 향후 이러닝이 지녀야 하는 종합적인 상호작용성의 한 가지 이론적 틀을 보여주고 있는 것이다.

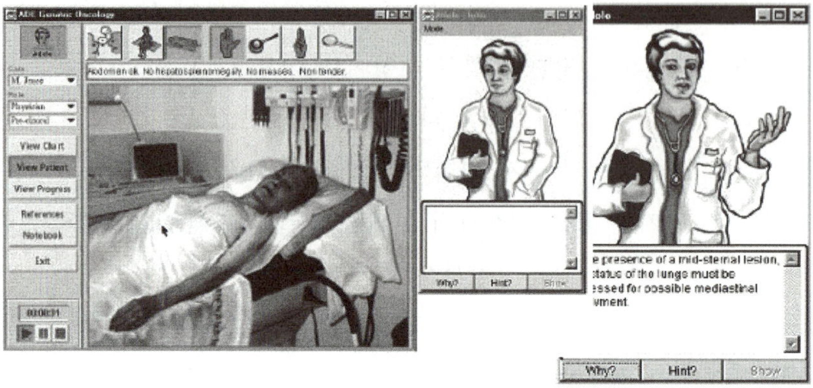

[그림 11-4] 의학교육용 의사 에이전트 Adole

여기서 의사 에이전트가 학생들이 처치할 때 (클릭할때) 제대로 하면 표정과 손모양이 변하면서 웃는 모습을 보여 준다. 학습자는 에이전트가 계속 지켜보고 있다는 느낌을 갖는다.

출처: http://research.csc.ncsu.edu/intellimedia/papers/apa-ijaied-2000.pdf

한편 에이전트 이론이 실제적으로 구현되기 위해서는 앞으로도 많은 연구와 개발 노력이 필요한 반면 상대적으로 적용하기 용이한 실제적인 이론으로 버튼 이론(button theory)을 고려할 수 있다. 버튼 이론은 학습자들이 학습과정에서 가지게 되는 느낌과 의견을 표현하는 통로가 필요하다는 논점을 발전시킨 것이다(진위교, 장이철, 1998; Schank, 1994). 생크(Schank)는 학습자의 세 가지 메시지 그룹(느낌, 질문, 통제)을 구분하고 각 그룹에 5가지씩 모두 15가지의 버튼을 제안하였다. 이 버튼을 이용하여 학습자들은 효과적으로 컴퓨터의 학습 환경과 상호작용을 할 수 있게 된다.

버튼 이론은 이러닝의 상호작용 설계에도 적용될 수 있다. 버튼 이론이 네트워크 상태에서 이루어지는 교육을 염두에 두고 개발된 것이 아니기 때문에 웹상에서 활용할 수 있는 버튼의 개발이 필요하다. 김동식(1998)은 생크의 버튼 이론을 이러닝에 적용할 수 있는 방법을 제시하고 있다. 그는 생크의 버튼 구분을 수정, 보완하여 크게 학습자의 느낌, 질문, 내비게이션, 자기 점검을 표현하는 버튼을 제안하고 있다. 이 중에서 특히 내비게이션과 자기 점검을 표현하는 버튼은 이러닝에서 학습자들이 요구하는 상호작용(Price & Petre, 1997: 김동식, 1998에서 재인용)을 반영하고 있다. 내비게이션에서는 기존의 '전체 개요', '경로', 이외에도 '이 부분의 맵', '복습', '색인보기' 등이 포함된다. 자기 점검을 위한 표현은 '내 수준은?', '학습 요령', '옳게 하고 있나요?', '잘하는 사람은?', '다른 사람은 어떻게 할까?' 등이 포함된다.

버튼 이론은 기본적으로 앞에서 다룬 학습자 통제 혹은 에이전트 이론과 유사한 이론이라고 볼 수 있다. 학습자의 구체적인 통제 요구(느낌, 질문, 내비게이션, 자기 점검 등)를 미루어 짐작하고 버튼 형식으로 제시하였다고 볼 수 있다. 또한 고도의 에이전트 이론이 실현되기 전의 초기 형태의 에이전트 이론이라고도 볼 수 있다. 왜냐하면 각각의 버튼들은 에이전트가 수행하는 일종의 기능을 수행하고 있는 것으로 볼 수 있기 때문이다. 다만, 버튼 형식으로 학습자가 요구할 때마다 제시되는 수준이 한정되어 있다는 차이가 있다. 버튼 이론에 대한 연구와 개발은 향후 이러닝의 효과적인 상호작용 증진을 위한 한 가지 구체적인 방향으로 볼 수 있을 것이다.

(2) 네트워크 환경에서의 상호작용 설계

이러닝은 인터넷을 활용하는 원격교육의 첨단 형태라고 볼 수 있다. 따라서 기존의 독립적인 컴퓨터 기반의 교육용 프로그램의 상호작용 설계에서는 고려하지 않은 측면들이 새롭게 대두된다. 예컨대, 학습자 간의 상호작용의 양적, 질적 수준에 따라서 학습의 성과가 영향을 받을 수 있다. 모든 이러닝에 적용되는 것은 아니더라도 교수자와 학습자 간의 상호작용(예를 들면, 전자우편이나 전자게시판 혹은 전자 컨퍼런스를 통한 교수자와 학생 간의 의사소통)을 어떠한 방식으로 촉진하거나 안내할 것인가에 관한 모형(Santi, 1997)이 필요하다.

네트워크를 활용하는 이러닝의 상호작용 설계를 위한 한 가지 대표적인 이론적 틀은 무어와 키어슬리(Moore & Kearsley, 1996)가 제안한 세 가지 유형의 상호작용을 들 수 있다. 이들에 의하면 원격교육에서는 학습자-내용의 상호작용, 학습자-교수자의 상호작용, 학습자-학습자 상호작용의 유형이 있다.

① 학습자-내용 상호작용

이러닝의 학습자-내용 상호작용은 하이퍼미디어의 상호작용 설계의 연장선에서 살펴볼 수 있다. 기존의 컴퓨터 기반의 교육용 프로그램의 상호작용 설계를 위한 원리들 중에서 하이퍼미디어 형식에 적용될 수 있는 원리들이 여기에 모두 속하는 것으로 볼 수 있다. 이러닝에서 학습자-내용 상호작용을 위한 설계 원리는 이후에 다루게 되는 학습자-교수자의 상호작용과 학습자-학습자 상호작용의 설계 원리와 통합적으로 제시됨으로써 학습의 효과를 증진시킬 수 있다.

② 학습자-교수자 상호작용

이러닝에서 학습자는 교수자와 웹이 제공하는 다양한 의사소통의 통로를 통하여 상호작용할 수 있다. 기존의 컴퓨터 기반의 교육용 프로그램의 상호작용은 기본적으로 예정된 대응을 컴퓨터 시스템이 제공하는 것으로 볼 수 있다. 학습자의 질문이나 응답 등을 예상하고 그에 해당하는 대답을 컴퓨터 시스템이 제시하는 것이다. 이러닝은 이러한 제시 환경을 포함하여 또 하나의 상호작용적 요소를 지니고 있다. 즉, 살아있는 교수자가 개별적으로 혹은 집단적으로 학습자들에게 의사소통을 할 수 있는 환경을 지니고 있는 것이다.

이러닝에서 학습자-교수자의 상호작용은 웹이 제공할 수 있는 네트워크 환경의 요소에 의지한다. 가장 대표적인 환경 요소로 전자우편(email), 게시판(Bulletin Board System), 자료실, 토론방을 들 수 있다(Romiszowski & Mason, 1996). 전자우편은 일대일 혹은 일대다 방식으로 교수자가 개별적으로 혹은 집단적으로 학습과 관련된 의사소통을 할 수 있는 통로이다. 학습자 입장에서 전자우편은 개별적으로 교수자에게 학습과 관련된 질문을 할 수 있는 곳이며, 교수자는 필요한 학생들에게 피드백을 하여 줄 수 있다. 이러한 전자우편은 일반 교실 환경에서는 쉽게 가질 수 없는 상호작용적 의사소통 통로가 된다.

게시판은 교수자에 의하여 교육 프로그램의 운영과 관련되어 공지되는 사항들이 기재되는 곳이다. 게시판의 사용권은 교수자에게만 있지는 않으며, 학습자들에게도 부여될 수 있다. 게시판의 변형된 형태로 개인적인 의견 게시도 가능하다. 즉, 이러닝이 진행됨에 따라서 공개적으로 특정 주제에 대한 자신의 의견을 게시하거나 혹은 타인의 게시된 의견에 대하여 첨가 형식을 통한 논평을 하는 환경이 설정될 수 있다. 자료실은 교수자 혹은 학습자들에 의하여 학습 주제와 관련되어 학습 과정을 촉진하거나 안내하여 줄 수 있는 자료들이 올려지는 곳이다. 수업과 관련하여 교사가 직접적으로 개발된 자료는 물론이고 교사 및 개별 학생들이 브라우징을 통하여 확인된 각종 자료들이 올려져 전체 학생들이 공유하게 됨으로써 개별적인 학습자의 학습 요구에 대응하는 환경을 구축할 수 있다.

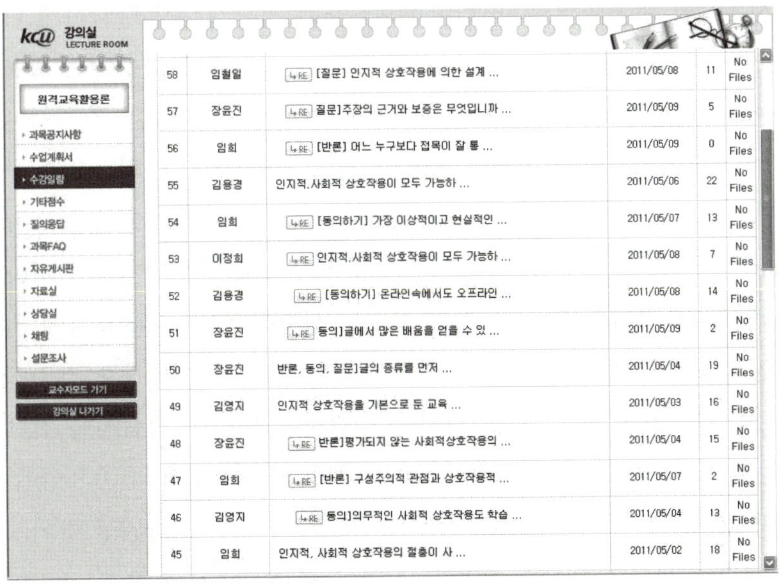

[그림 11-5] 이러닝에서 토론방 구현 예시

출처: 한국사이버대학교(2011). 원격교육활용론 강좌.

마지막으로 토론방은 공개적으로 특정 주제에 대하여 교수와 다수의 학습자들이 토론을 할 수 있는 환경을 제공한다. 동기적으로 혹은 비동기적으로 진행될 수 있는 토론방 환경은 학습자와 교수자 간의 상호작용을 질적으로나 양적으로 확대함으로써 창의적인 사고와 같은 보다 고차원적인 학습목표를 달성하는 데 중요한 역할을 수행한다(Jonassen, 1996).

③ 학습자-학습자 상호작용

원격교육 형식의 이러닝이 새롭게 고려하여야 하는 상호작용의 측면은 학습자와 학습자 간의 상호작용이다(박종선, 1998). 전통적인 원격교육의 논의에서도 비교적 새로운 차원으로 인식되고 있는 학습자와 학습자 간의 상호작용은 이러닝의 도입에 의하여 관심을 받고 있다.

학습자와 학습자 간의 상호작용은 학습과제 해결을 위한 상호 간의 의사소통에서부터 시작하여 비공식적인 형태의 상호작용에 이르기까지 다양하게 나타날 수 있다. 전자는 앞에서 다룬 교수자와 학습자 간의 상호작용 과정에서 활용되는 토론방, 게시판, 자료실, 전자우편 등을 통하여 이루어질 수 있다. 후자를 위해서는 비공식적인 대화를 위한 목적으로 마련한 채팅 방이나 혹은 전자우편 등을 이용하는 것이다. 이러한 두 가지 유형의 상호작용은 교수적 상호작용(instructional interaction)과 사회적 상호작용(social interaction)으로 구분되기도 한다(Gilbert & Moore, 1998). 학습자와 학습자 간의 교수적 상호작용은 주로 교사에 의하여 매개되는 형식을 취하게 된다. 예컨대, 과제물의 해결을 위한 상호 간의 질문이나 협조가 있을 수 있다. 또한, 팀별 과제를 해결하기 위하여 학습자들 간에 상호작용이 가능할 수도 있다. 그러나 학습자간의 사회적 상호작용의 중요성에 대한 지적도 적지 않다. 특히, 사회적 상호작용의 유효성에 대한 학습자들이 가지는 인식이 학습 결과에 상당한 영향을 미친다는 연구 결과(Zhang & Fulford, 1994) 등에 비추어 볼 때 이러닝에서 학습자들 간의 사회적 상호작용을 안내하고, 촉진하고, 관리하는 전략이 요구된다고 볼 수 있다.

한편, 이러닝이 학습자와 학습자 간의 상호작용을 증진시키는 관점에서 활용되어야 한다는 주장은 일반 대학교육의 새로운 방향성을 보여 준다. 이러닝의 한 가지 측면이라고 볼 수 있는 컴퓨터 매개 통신(computer-mediated communication)은 기존의 교육, 특히 학생들의 적극적인 참여가 보다 요구되고 있는 대학교육에서 아주 효과적인 도구로서 사용될 수 있다(박인우, 1996). 즉, 교수의 강의 시간에 다루어지는 주제나 혹은 학생들 자신의 과제물에 대하여 교수와 학생 간 혹은 학생 상호 간의 활발한 의사소통이 가능하도록 웹기반의 컴퓨터 매개 통신이 활용될 수 있는 것이다.

2) 모형의 틀

앞에서 이러닝의 상호작용성 증진에 영향을 미치는 주요 이론적 구성 요소들을 검토하였다. 각각의 요소들은 이러닝이 상호작용적이기 위해서는 어떠한 방식으로 설계를 해야 되는지를 개별적인 수준에서 잘 보여주고 있다. 여기서는 이러한 개별적인 이론적 요소들을 전체적으로 종합하여 한 가지 모형화할 수 있는 틀을 제시한다. 이 모형의 틀은 효과적인 상호작용 설계를 위하여 고려하여야 하는 이론적 요소들을 전체적으로 안내하여 줄 뿐만 아니라 이미 개발된 이러닝을 상호작용 측면에서 평가할 수 있는 기능을 지닌다.

모형의 틀을 개발하기 위해서 크게 세 가지의 단계를 밟았다. 첫째, 앞의 분석 결과를 토대로 상호작용의 다섯 가지의 유형을 확인하였다(〈표 11-1〉 참조).

〈표 11-2〉 상호작용적 이러닝을 위한 교수설계 모형

<table>
<tr><th rowspan="2" colspan="3"></th><th colspan="5">상호작용 주체별 분류</th></tr>
<tr><th colspan="3">학습자-내용 상호 간</th><th>교수자-학습자 상호 간</th><th>학습자-학습자 상호 간</th></tr>
<tr><td rowspan="5">상호작용의 교육적 성격별 분류</td><td rowspan="4">인지적 상호작용</td><td rowspan="2">일반적 상호작용 전략</td><td>제시 전략</td><td>연습 전략</td><td>피드백 전략</td><td rowspan="4">• 상호작용 통로(자료실, 게시판, 전자우편, 토론방)를 활용한다.
–적절한 토론 주제를 제시하거나 선정하게 한다.
–토론 참여를 요구한다.
–FAQ를 활용한다.</td><td rowspan="4">• 상호작용 통로(자료실, 게시판, 전자우편, 토론방)를 활용한다.
–집단별 학습 활동에 참여하게 한다.
–개별과제에 대한 상호검토를 요구한다.</td></tr>
<tr><td>• 명시적 목표와 관련된 내용을 세분화하여 제시하라.
• 사전지식의 활성화를 위하여 적절한 질문을 도입 단계에서 제시하라.</td><td>• 실제적 문제를 제시하라.
• 단순한 문제에서부터 복잡한 문제 순서로 제시하라.</td><td>• 교육적 피드백을 사용하라.
• 동기 유발적 피드백을 사용하라.</td></tr>
<tr><td rowspan="2">컴퓨터 고유의 특성에 따른 상호작용 전략</td><td>학습자 통제 전략</td><td colspan="2">• 상호적 상호작용을 설계하라.
• 안내체제/적응적 체제를 설계하라(선택적).</td></tr>
<tr><td>인터페이스 전략</td><td colspan="2">• Agent를 개발하라.
• 인지적 버튼을 개발하라.
• 메시지 디자인 원리를 적용하라.
• 전문가시스템을 개발하라(선택적).
• 프레임 기술을 활용하여 지원적학습 환경을 설계하라.</td></tr>
<tr><td colspan="2">사회적 상호작용</td><td colspan="3">• '사회적 버튼'을 사용하라.</td><td>• 교수자에게 전자우편이나 채팅을 하게 한다.
• 면대면 수업(선택적)</td><td>• 학습자 상호 간에 전자우편이나 채팅을할수 있다.
• 면대면 모임(선택적)</td></tr>
</table>

① 상호작용 주체별에 따른 구분에 의하여 학습자-내용 간, 교수자-학습자 간, 학습자-학습자 간 상호작용을 확인하였다.

② 상호작용의 교육적 성격 여부에 따른 구분에 의하여 인지적 상호작용과 사회적 상호작용을 확인하였다.

③ 인지적 상호작용은 다시 컴퓨터의 고유한 특성에 근거한 상호작용인지 여부에 따라서 두 가지의 상호작용으로 나누어진다.

④ 컴퓨터 고유의 특성에 근거한 상호작용은 다시 이론적 관심 영역에 따라서 학습자 통제 관련 상호작용과 인간과 컴퓨터 간의 인터페이스 관련 상호작용으로 구분된다.

⑤ 마지막으로 학습자-내용 간 상호작용은 다시 교수전략의 주요 유형에 따라서 제시, 연습, 피드백 관련 상호작용으로 나누어질 수 있다.

둘째, 다양한 상호작용 유형 구분의 틀 중 보다 상위 범주라고 판단되는 두 가지 유형 구분을 먼저 선정하였다. 하나는 상호작용 주체별 분류이고 다른 하나는 상호작용의 교육적 성격 여부별 분류이다.

셋째, 앞에서 선정한 두 가지 대범주 안에 포함될 수 있다고 여겨지는 다른 상호작용 유형 구분을 정리하였다. 상호작용 주체별 분류 중 학습자-내용 상호 간에, 제시, 연습, 피드백 관련 상호작용 분류를 위치시켰다. 상호작용의 교육적 성격 여부별 분류 즉 인지적 상호작용에 일반적 상호작용과 컴퓨터 고유의 특성에 근거한 상호작용을 위치시켰다. 결과적으로 나타난 종합적 모형이 다음 〈표 11-2〉에 제시되어 있다.

3) 모형의 상세 설계 전략

본 모형은 이러닝의 상호작용 설계를 위하여 고려하여야 하는 요소들을 종합하고 있다. 마치 동기 이론으로서 ARCS 이론이 동기의 설계를 고려하는 데 일차적인 준거가 될 수 있듯이 본 모형은 상호작용 설계를 위하여 고려하여야 하는 다섯 가지의 상호작용 측면을 보여 주면서 각각의 측면에서 적용할 수 있는 설계 전략을 제시하고 있다.

본 모형에서 제시하고 있는 각각의 상호작용 설계 전략을 간략히 제시하면 다음과 같다.[2)]

첫째, 상호작용 주체별 분류 중 학습자-내용 상호 간의 인지적 상호작용을 안내하기 위해서 제시, 연습, 피드백 전략에 해당하는 다음과 같은 하위 전략을 사용하라.

① 명시적 목표와 관련된 내용을 세분화하여 제시하라.
② 사전지식의 활성화를 위하여 적절한 질문을 도입단계에서 제시하라.
③ 실제적 문제를 제시하라.
④ 단순한 연습 문제에서부터 복잡한 연습 문제 순서로 제시하라.
⑤ 교육적 피드백을 사용하라.
⑥ 동기 유발적 피드백을 사용하라.

둘째, 인지적 상호 작용 중 컴퓨터 고유의 특성을 근거로 하는 상호작용을 증진하기 위해서 학습자 통제 전략과 인간과 컴퓨터 인터페이스 전략에 해당하는 다음과 같은 하위 전략을 사용하라.

① 상호적 상호작용을 설계하라.
② 안내체제/적응적 체제를 설계하라(선택적).
③ 에이전트(agent)를 개발하라.
④ 인지적 버튼을 사용하라.
⑤ 메시지 디자인 원리를 적용하라.
⑥ 전문가 시스템을 개발하라(선택적).

2) 이하 상세 설계 전략의 예시 자료는 제10장 개인교수형 이러닝 교수설계 모형에서 참고할 수 있다.

⑦ 프레임 기술을 활용하는 지원적 학습 환경을 설계하라.

셋째, 학습자-내용간의 상호작용 측면 중 사회적 상호작용을 증진시키기 위하여 사회적 버튼을 개발하여 사용하라.

넷째, 교수자-학습자 상호 간의 상호작용 중 인지적 상호작용 측면을 촉진하기 위해서는 다양한 상호작용 통로를 활용하여 다음과 같은 전략을 사용하라.

① 적절한 토론 주제를 제시하거나 선정하게 한다.
② 토론에 참여를 요구한다.
③ FAQ(Frequently Asked Questions)를 활용한다.

다섯째, 학습자-학습자 상호 간의 상호작용 중 인지적 측면을 촉진하기 위해서는 다양한 상호작용 통로를 통하여 다음과 같은 전략을 사용하라.

① 집단별 학습 활동에 학습자들이 참여하게 한다.
② 개별 과제 결과에 대하여 상호검토를 요구한다.

여섯째, 앞의 넷째와 다섯째의 상호작용에 사회적 상호작용을 통합하기 위해서는 다음과 같은 전략을 사용하라.

① 학습자가 교수자에게 전자우편을 보내거나 채팅을 하게 한다.
② 면대면 수업을 실시한다(선택적).
③ 학습자 상호 간에 전자우편이나 채팅을 하게 한다.
④ 학습자 상호 간의 면대면 모임을 주선한다(선택적).

연습 및 탐구 문제

1. 효과적인 이러닝 설계에 있어서 상호작용의 구현 여부가 왜 중요한가를 논의하시오.
2. 상호작용적 이러닝 설계 모형의 이론적 구성 요소를 기술한 후, 최근의 연구 결과 등을 고려하여 추가될 필요가 있는 주요한 이론적 구성 요소를 제시하시오.
3. 상호작용 측면에서 버튼 이론이 지니고 있는 의의를 간략히 설명하고, 이러닝에서 구현될 수 있는 가능성을 논의하시오.
4. 이러닝 프로그램 사례 하나를 선정한 후, 본 모형에서 제시한 상호작용의 측면이 잘 구현된 점과 그렇지 못한 점을 분석하시오.

제 12 장

절차적 시뮬레이션을 위한 교수설계 모형

제12장은 절차적 시뮬레이션을 위한 교수설계 모형을 소개한다.[1] 교육용 컴퓨터 소프트웨어의 한 유형으로서 시뮬레이션은 오랜 개발의 전통을 가지고 있음에도 불구하고, 설계 및 개발 상의 어려움으로 아직까지는 널리 보급되고 있지는 못하다. 특별히 문제해결과 같은 인간의 복잡한 행동과 연관된 절차 학습과제를 위한 시뮬레이션 개발 사례는 충분하지 않다. 그러다 보니 어떻게 컴퓨터 기반의 절차적 시뮬레이션을 설계할 것인가에 관한 지식은 일반적이거나 초보적인 수준에 그치고 있다. 본 장을 통하여 절차적 시뮬레이션을 설계하는 데 활용할 수 있는 교수설계 모형이 어떤 과정을 통하여 개발되었고, 모형의 주요한 특징은 무엇이며, 실제로 시뮬레이션 프로그램이 어떻게 개발되었는가를 확인하게 된다.

1) 본 장은 '임철일, 연은경(2007). 절차적 시뮬레이션 설계원리에 관한 형성 연구. 교육정보미디어연구, 13(4), 222-245'와 '임철일, 연은경(2009). 사례기반 시뮬레이션 설계원리에 관한 형성연구, 교육공학연구, 25(2), 117-149'를 바탕으로 재구성되었다.

1. 모형 개발의 배경

1) 절차적 시뮬레이션 개발을 위한 교수설계 모형의 필요

시뮬레이션은 넓게는 현실 세계의 상황에 대한 모방으로 정의될 수 있다(Filipczak et al., 1994). 시뮬레이션은 인구 성장과 같이 오랜 시간이 소요되는 과정이나, 충돌할 때 발생되는 에너지와 같이 빠르게 진행되는 과정, 방사선 물질을 다루는 절차처럼 다루기 힘들거나, 위험하거나 비용이 많이 드는 상황과 같이 주로 관찰하거나 반복하기 힘든 복잡한 과정을 더 잘 이해하기 위한 도구로 사용되었다(Barron & Orwig, 1995; Harper et al., 2000). 최근에는 컴퓨터 기술의 발달로 시뮬레이션을 통해 사용자들이 입력을 통제하고 입력에 따른 결과를 관찰할 수 있게 되었으며, 이에 따라 사전 결과 예측 분석과 실험(de Jong, 1991), 협상 행위와 관련된 그룹 역할 연기와 시나리오(Slack, 1993), 가상의 환자가 보이는 증세의 확인과 검증, 소프트웨어 엔지니어를 위한 가상 컴퓨터 프로그램상에서의 오류 수정(Hillinger, 1998) 등과 같은 다양한 유형의 시뮬레이션이 개발되었다. 특히, 학습자가 주어진 상황을 여러 방식으로 조작하여 특정 목표에 도달할 수 있도록 돕는 시뮬레이션은 현실의 모방이나 재생이라는 수단을 통해 동기 유발이 가능할 뿐만 아니라 실제 상황에 대한 반응과 유사한 방식으로 학습할 수 있다는 측면에서 주목을 받고 있다(Thomas & Hooper, 1991).

시뮬레이션은 현실의 모방이나 재생을 통해 학습자가 실세계의 여러 측면들을 조작하여 스스로 지식을 구성할 수 있도록 도와준다. 시뮬레이션은 학습자들이 학습과정에 적극적이고 능동적으로 참여할 수 있도록 함으로써 학습자들의 학습 동기를 유발할 수 있다. 또한, 실제와 유사한 상황에서 학습하기 때문에 학습한 내용이 보다 잘 전이될 수 있는 장점이 있다(Alessi & Trollip, 1991). 뿐만 아니라 복잡하고 혼돈스러운 내용이나 관찰하거나 측정하기 어려운 내용들을 명확하게 보여 줄 수 있으며, 시간을 가속화하거나 지연시킴으로써 특수한 상황에 대한 통

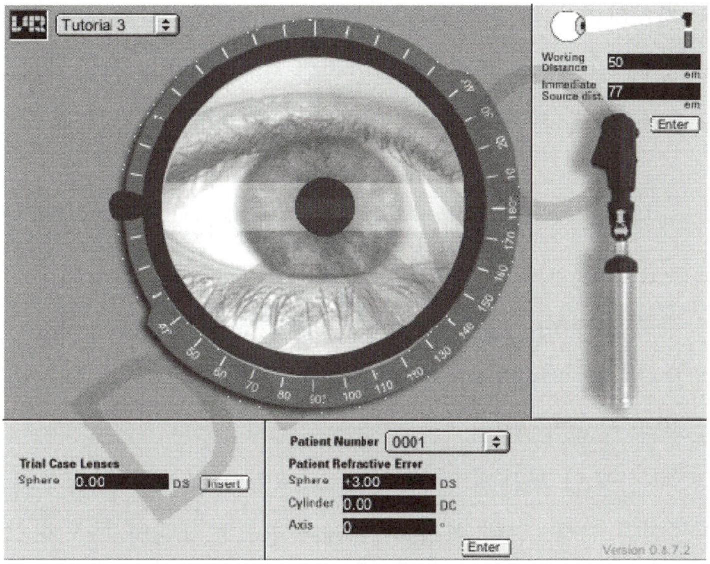

[그림 12-1] 전형적인 시뮬레이션 사례

눈 검사 실습을 지원하는 시뮬레이션으로, 실제 환자를 대상으로 눈 검사를 하기 전에 여기서 제시된 시뮬레이션을 활용하여 실습을 할 수 있다. 이 시뮬레이션을 통해 렌즈를 바꾸거나 왼편의 도구를 활용하여 눈의 반응을 확인할 수 있게 한다.

찰력과 이해력을 높일 수 있다. 시뮬레이션을 통해 실제 위험한 상황을 안전하게 학습할 수 있으며, 필요한 부분만을 선택하여 반복적으로 실험하는 것과 같이 현실에서는 불가능한 통제된 실험을 할 수도 있다.

이와 같은 시뮬레이션의 설계를 위하여 지금까지 다양한 접근이 있어 왔다. 일반적인 시뮬레이션 설계 원리와 관련하여 먼저, 롸이겔루스와 슈워츠(Reigeluth & Schwartz, 1989)는 시나리오(scenario), 기저모델(underlying model), 수업전략(instructional overlay)을 시뮬레이션의 세 가지 구성 요소로 제안하였다. 시나리오란 어떠한 일이 일어나고 있으며, 등장인물과 개별 캐릭터의 성격은 어떠한지, 학습자 역할은 무엇인지 등을 포함하며, 실제 상황을 재창조하는 역할을 담당한다. 기저모델이란 시뮬레이션 상황을 관장하는 인과관계들을 규정하게 되는 수학적인 공식을 지칭하며, 수업전략은 교수학습의 이론들을 효과적으로 적용하는 데 중점을 두고 있다. 이들이 제안하는 일반적인 설계 전략은 복잡성의 선택, 도입, 획득, 적용, 평가, 통제 전략으로 구분되며, 각각의 단계에 따른 지침은 〈표 12-1〉과 같다.

첫 번째 단계는 복잡성의 선택 단계이며, 이 단계에서는 가장 현실성 있는 기저 모델을 선택하고 이에 따라 복잡성의 수준을 결정한다. 복잡성의 수준을 선택할 때는 변인의 수를 고려하여 몇 개의 하위 변인이 있을 경우에는 모든 변인을 포함하는 통합적인 접근을 사용하되, 변인의 수가 많을 때는 몇 개의 하위 단계로 구분하여 단순화할 필요가 있다.

두 번째 단계는 도입 부분에 관한 것으로, 도입 부분에는 학습자의 참여 형태, 주요 등장인물이나 사물, 진행 과정, 시뮬레이션 프로그램의 목적과 목표, 시뮬레이션을 통제할 지시사항과 규칙이 제시되어야 한다. 도입 부분에 목적과 목표를 제시할 때에는 학습자의 이해를 돕고 동기를 유발하기 위한 전략으로 예를 활용하는 것이 좋다.

세 번째는 획득 단계로, 이 단계에서는 학습자가 관련된 상황의 모든 단계에서 지식을 적용하도록 하여야 하며, 절차의 각 단계에 대한 지식이나 원리에 대한 의미 있는 이해를 할 수 있도록 해야 한다. 이 단계는 설명적 혹은 발견적 접근이라는 수단을 통해 획득될 수 있다.

네 번째는 적용의 단계이다. 적용의 단계에서는 획득 단계에서 이미 소개된 원리와 절차를 사용하는 단계이며, '자극 제시-학습자 응답-도움-피드백'으로 구성된 다양한 연습문제가 제시된다. 연습문제나 예는 쉬운 것에서 어려운 것의 순서로 제공되어야 하고, 시간과 비용적인 측면을 고려하여 지나친 복잡성 때문에 단순화시켜야 하는 경우를 제외하고는 가능한 실세계의 상황과 같이 표현되어야 한다. 이 단계에는 효과적인 피드백 설계를 위한 지침이 포함된다.

〈표 12-1〉 시뮬레이션을 위한 일반적인 설계 지침(Reigeluth & Schwartz, 1989)

단계	설계 원리
복잡성의 선택	• 가장 현실성 있는 기저모델의 복잡성 수준을 결정하라. • 몇 개의 변인만이 포함될 때에는 통합적인 접근을 사용하라. • 많은 변인이 포함된 경우에는 몇 개의 단계로 단순화하라.
도입	• 학습자의 참여 형태, 주요 등장인물이나 사물, 진행과정, 상황 설명을 제시하라. • 목적과 목표를 제시하라. • 시뮬레이션을 통제할 지시사항과 규칙을 제시하라.
획득	• 설명적 접근을 사용할 때는 대표적 혹은 전형적인(prototypical) 예를 제시하라. • 발견적 접근을 사용할 때는 주어진 예의 조작과 관찰을 통하여 원리나 지식을 이해할 수 있도록 하라. • 발견적 접근을 사용할 때는 힌트나 도움말의 형태로 발견과정을 돕도록 하며, 도움이 제공되는 빈도는 내용의 난이도, 학습자의 능력이나 경험에 따라 다르게 제공하라.
적용	• 다양한 연습문제를 제공하라. • 쉬운 것에서 어려운 것의 순서로 연습문제와 예를 제시하라. • 난이도가 다양하다면, 한 단계의 기준을 도달한 후 다음 단계로 넘어갈 수 있도록 하라. • 시간과 비용 면에서 지나친 복잡성 때문에 단순화시켜야 할 경우를 제외하고 가능한 실세계의 상황과 같은 표현 형태를 사용하라. • 어려운 과제의 연습문제의 경우에는 힌트나 도움말을 제공하되 점차 그 제시량을 줄여라. • 시뮬레이션의 사실성을 높이기 위해서는 자연적 피드백을 사용하라. • 잦은 피드백이 필요하거나 자연적 피드백보다 더 많은 정보를 전달할 필요가 있는 경우에는 인위적 피드백을 사용하라. • 인위적 피드백을 사용할 경우에는 학습자가 과제에 숙달될수록 피드백 제시 비율을 줄여라.
평가	• 다양성을 최대한 포함하는 새로운 문제 상황을 제시하라. • 숙달을 판단할 수 있는 기준을 정하고, 학습자의 숙달에 관한 지표로 점수를 제공하라. • 평가는 연습의 일부로 제공될 수 있도록 하라. • 틀린 문제에 대한 충분한 피드백과 함께 결과를 검토할 수 있도록 하라.
통제	• 다음의 경우 시스템 통제를 활용하라. – 학습자에게 적절한 학습과제를 선택하도록 하거나 새로운 내용을 처음으로 제시할 때 활용하라. – 새로운 원리나 절차 학습의 초기 제시 과정은 시스템 통제를 하고, 추가적 예의 제시나 연습과정에서 다시 개요나 예를 보고자 할 때는 학습자 통제를 활용하라. – 학습자가 시뮬레이션을 처음 사용할 때는 도입부에서 다음 단계로의 진행은 시스템 통제를 적용하고 반복 선택은 학습자 통제를 활용하라.

다섯 번째 단계는 평가의 단계로, 이 단계에서는 다양성을 최대한 포함하는 새로운 문제 상황을 제시하되 평가가 연습의 일부로 제공될 수 있도록 해야 한다. 또한, 숙달의 정도를 판단할 수 있는 기준을 정하고 학습자의 숙달에 관한 지표로 점수를 제공하며, 틀린 문제에 대해서는 충분한 피드백과 함께 결과를 검토할 수 있는 기회를 제공하여야 한다.

마지막 단계는 통제 전략에 관한 것으로, 통제는 시뮬레이션의 모든 요소에 영향을 미친다. 시스템 통제나 학습자 통제는 교수 목표에 의해 결정되지만 학습자에게 적절한 학습과제를 선택하도록 하거나 새로운 내용을 처음으로 제시하는 경우, 다음 과제 수준으로 진행 여부를 결정할 경우에는 시스템 통제를 사용한다. 그리고 새로운 원리나 절차 학습의 초기 제시 과정은 시스템 통제를 하고, 추가적인 예를 제시하거나 연습의 과정에서 개요나 예를 다시 보고자 할 때는 학습자 통제를 사용한다.

손미(1996)는 롸이겔루스와 슈워츠의 시뮬레이션 설계 원리 중 원리학습 측면을 발전시켰다. 빛과 거리의 역자승 원리를 가르치기 위한 시뮬레이션 프로그램을 개발하는 과정을 통하여, 원리학습을 위한 구체적인 시뮬레이션 설계 원리를 제안하였다. 손미의 연구는 비교적 간단하고 명확한 원리학습을 위한 시뮬레이션 프로그램을 어떻게 개발할 수 있는지에 대한 시사점을 제공하였으나, 복잡한 일련의 단계와 원리를 포함한 과제를 시뮬레이션으로 설계할 때 어떤 지침을 고려해야 하는지에 대해서는 충분히 다루지 못했다.

한편, 일반적인 시뮬레이션 설계 원리와 관련하여 알레시와 트롤립(Alessi & Trollip, 1991)은 시뮬레이션의 요소를 학습이론, 사실성, 전달형태, 교수전략, 기저 모형과 그 구성 요소, 목표제시, 프로그램 사용법, 시작(화면), 교수적 지원, 동기유발자, 순서, 제시, 학습자 행위, 학습자 통제, 시스템 반응과 피드백, 종료로 구분하고, 각각에 대한 설명과 고려 사항을 일반적인 수준에서 제시하였다.

박성익 등(1997)은 시뮬레이션 프로그램 개발을 위한 일반적인 설계 원리로 중요한 정보를 제시할 경우에는 그래픽, 색깔, 음향을 사용할 것, 자세하게 그래픽을 제시할 필요가 있는 경우에만 그래픽을 사용할 것, 프로그램을 설계하고자 하는 현상을 학습자가 정확하고 완벽하게 학습할 수 있도록 할 것을 제안하였다. 또한, 초보자를 위한 시뮬레이션은 실제 세계의 복잡성 및 현실성이 다소 떨어지는 프로그램을 사용하고 즉각적인 피드백을 제시하는 한편, 숙련자를 위해서는 실제 세계와 가장 근접한 프로그램을 사용하고 지연된 피드백을 제시하는 것이 바람직하다고 제안하였다. 그리고 현실감을 높일 수 있는 제시 방식과 학습자 상호작용 방식을 채택하여야 하며, 시뮬레이션의 처음 화면에서는 언제든지 새롭게 조작할 수 있도록 하고, 학습자가 원할 때 일시적인 정지가 가능하도록 설계하여야 한다고 하였다.

밀하임과 하베이(Milheim & Harvey, 2005)는 교수용 시뮬레이션을 설계할 때는 제시되는 내용이 분명하고 쉽게 이해될 수 있어야 하며, 도입 부분에는 전반적인 시나리오에 대한 설명과 목표, 목적, 방향, 법칙들에 대한 설명이 포함되어야 한다고 하였다. 그리고 도입 부분 이후에는 주어진 상황에서 새로운 지식을 적용하는 것과 함께 새로운 기술이 숙달될 수 있도록 해야 하며, 학습자가 행위자 및 반응자의 두 가지 역할을 할 수 있도록 해야 하고, 학습자 활동에 역할 연기 혹은 의사 결정, 가설의 형성과 검증, 사전 학습 내용의 적용과 관련된 활동이 포함되어야 한다고 주장하였다. 이외에도 시뮬레이션의 학습과정에서는 상호작용이 매우 중요하기 때문에 상호작용을 포함하여 교수적 도움, 사실성, 평가에 대한 설계를 어떻게 해야 하는지를 일반적인 수준에서 제안하였다.

이상에서 검토한 것처럼 시뮬레이션 설계 원리와 관련한 연구들은 주로 학습이론, 교수이론, 그리고 시뮬레이션에 관련된 문헌 분석을 통해 포괄적이고 일반적인 수준에서 시뮬레이션 설계에 관한 이론에 대해 다루고 있다. 그러나 각 설계 원리에 대한 효과성에 대한 경험적 검증이 충분히 이루어지지 않았으며, 특별히 절차적 시뮬레이션을 설계하기 위한 구체적인 지침은 미흡함을 알 수 있다.

2) 모형의 정의와 조건

교육용 시뮬레이션의 유형은 시뮬레이션을 개발할 때 활용되는 실제 상황의 표현방식과 학습목표에 따른 학습과제의 구분 방식에 따라 서로 다르게 분류된다. 브론슨(Bronson, 1984)은 표현방식에 따라 시뮬레이션을 영상적, 유추적, 축약적 모형으로 분류하였다. 영상적 모형은 지구본과 같이 어떤 사상이나 상황을 형상적으로 표현한 것을 말하며, 유추적 모형이란 호스에 물이 흐르는 모습으로 전기의 흐름을 표현하는 것과 같이 외양은 다르게 보이지만 어떤 사물이나 상황과 비슷한 방식으로 동작하도록 표현하는 것을 말한다. 마지막으로 축약적 모형은 공식에 의한 변인들 간의 관련성을 표현한 수학적 시뮬레이션을 말한다.

학습목표에 따른 시뮬레이션 유형의 분류는 〈표 12－2〉에서 보는 것과 상이하게 이루어지고 있다. 알레시와 트롤립(Alessi & Trollip, 1991)은 학습목표에 따른 시뮬레이션의 유형을 과정적, 상황적, 절차적, 물리적 유형으로 구분하였다. 여기에서 물리적 시뮬레이션이란 가장 간단한 형태의 시뮬레이션으로 컴퓨터 스크린에 구체적인 물체나 물리적 대상을 제시한 후 학습자가 이를 조작하는 방법을 학습할 수 있도록 하는 것을 일컫는다. 상황적 시뮬레이션은 태도나 행동변화를 학습할 수 있도록 하는 프로그램으로 학습자들은 역할연기 시나리오에 근거하여 다양한 역할을 경험함으로써 상호 간의 사회적 맥락 속에서 주어진 문제를 해결하게 된다. 그리고 과정적 시뮬레이션은 여러 가지 변인을 결정하여 컴퓨터에 입력한 후 어떤 현상이 일어나는지를 관찰하여 그 결과를 해석해 보는 형태의 프로그램으로, 수요 공급의 법칙이나 오랜 세월에 걸친 인구의 변화와 같이 간접적이거나 쉽게 볼 수 없는 과정들을 가르칠 때 주로 사용된다. 마지막으로, 절차적 시뮬레이션은 학습자에게 특정 절차나 의사결정의 순서를 학습하도록 하는 것으로 컴퓨터가 제시하는 문제 상황에서 학습자가 다음 단계에 취해야 할 행동을 선택하면, 컴퓨터는 그 반응에 대해 피드백을 제공해 주는 방식으로 상호작용을 반복함으로써 일련의 절차를 학습할 수 있도록 한다.

〈표 12-2〉 학습목표에 따른 시뮬레이션 유형 분류

<table>
<tr><th>Alessi와 Trollip(1991)</th><th>Reigeluth와 Schwartz(1989)</th><th>de Jong과 Joolingen(1996)</th></tr>
<tr><td>과정적 시뮬레이션
(Process Simulation)</td><td>과정적 시뮬레이션
(Process Simulation)</td><td rowspan="2">개념적 모형
(Conceptual Model)</td></tr>
<tr><td>상황적 시뮬레이션
(Situational Simulation)</td><td>인과적 시뮬레이션
(Causal Simulation)</td></tr>
<tr><td>절차적 시뮬레이션
(Procedural Simulation)</td><td rowspan="2">절차적 시뮬레이션
(Procedural Simulation)</td><td rowspan="2">작동적 모형
(Operational Model)</td></tr>
<tr><td>물리적 시뮬레이션
(Physical Simulation)</td></tr>
</table>

롸이겔루스와 슈워츠(Reigeluth & Schwartz, 1989)는 알레시와 트롤립의 분류와는 다르게 과정적, 인과적, 절차적 시뮬레이션을 구분하였으며, 절차적 시뮬레이션이 알레시와 트롤립의 물리적 시뮬레이션을 포함하고 있는 것으로 파악하였다. 드종과 줄리겐(de Jong & Joolingen, 1996)은 포괄적인 분류기준으로 개념적 모형과 작동적 모형을 제시하였다. 개념적 모형이란 실세계의 원리, 개념, 그리고 사실을 중심으로 하는 모형이며, 작동적 모형은 인지 또는 비인지 절차의 수행을 중심으로 하는 물리적 대상 혹은 기계 장치의 조작에 관한 시뮬레이션을 의미한다. 이 중 알레시와 트롤립의 분류가 실제 수업 사태에 적용하거나 교수목표 달성에 적합한 시뮬레이션의 종류를 결정하기에 용이하기 때문에 가장 일반적으로 받아들여지고 있다.

본 장에서 제시되는 절차적 시뮬레이션을 위한 교수설계 모형은 앞의 다양한 시뮬레이션 유형 중 특별히 인간의 행위로서 절차를 가르치기 위한 원리를 안내한다. 학습자에게 특정 절차나 의사결정의 순서를 학습하도록 하는 것으로서, 컴퓨터가 제시하는 문제 상황에서 학습자가 다음 단계에 취해야 할 행동을 선택하면, 컴퓨터는 그 반응에 대해 피드백을 제공해 주는 방식으로 상호작용을 반복함으로써 일련의 절차를 학습할 수 있도록 하는 것이다.

절차 학습은 앞의 제6장에서 밝힌 것처럼 몇 가지 원리들이 절차의 각 단계에 포함되는 것으로서 매우 복잡한 학습의 유형에 속한다. 특히, 인간의 복잡한 의사결정 행위가 포함되는 절차를 제대로 학습하기 위해서는 실제적인 상황을 포함하는 사례가 설계되어야 한다는 점에서 기존의 모형과는 다른 많은 측면들에 대한 고려가 필요하다. 예컨대, 절차의 각 단계에서 학습자들의 결정에 대한 실제적인 결과 제시를 위해서는 다양한 자료들의 확보와 설계 방식의 고려가 요구된다.

2. 모형의 특성

절차적 시뮬레이션을 위한 설계 모형은 기존의 일반적인 시뮬레이션 설계 원리나 모형이 제시하지 않은 많은 새로운 측면들을 포함하고 있다. 따라서 기존에 존재하는 설계 원리를 대상으로 개선점을 파악하는 형성적 연구가 아니라, 새로운 이론을 개발하여 개선점을 확인하는 형성적 연구(Reigeluth & Frick, 1999b)를 통하여 최적화될 수 있다. 이론을 선정하여 사례를 개발하는 단계를 거치는 대신에 사례를 만들어가면서 잠정적인 설계 이론을 구축하고 그것의 개선을 통하여 최적화하는 것이다. 롸이겔루스와 프릭(Reigeluth & Frick, 1999)은 이런 경우에 활용할 수 있는 세 가지 단계를 다음과 같이 제시하였다. 첫째, 새로운 설계 이론이 적용될 수 있는 특정 상황을 선택한다. 둘째, 경험, 직관, 시행착오, 관련된 서술적 지식 및 교육에 관한 과학적 지식 등을 활용하여 그 상황에 적합한 최고의 사례를 설계한다. 셋째, 사례를 개발하면서 동시에 잠정적인 이론을 개발한다. 위의 단계를 고려하여 이하 절차적 시뮬레이션 교수설계 모형의 개발 단계와 그 결과를 제시한다.

1) 설계 모형을 위한 상황과 사례의 선정

모형 개발을 위하여 첫째, 모형이 적용될 수 있는 특정 상황 혹은 사례를 선정하였다. 사례를 선정할 때 고려한 원칙은 ① 제시될 사례가 복잡한 절차와 원리를 포함하고 있는 내용일 것, ② 복잡한 의사결정 과정을 포함할 것, ③ 다양한 자료를 포함할 것이다.

선정된 사례는 2005년도 서울 소재 S대학 '교수체제설계' 수업에서 실시하였던 프로젝트의 한 부분으로, 'G 가전 신입 현관안내도우미' 교육 프로그램 개발을 위한 요구분석 사례였다. 요구분석을 위한 절차는 실즈와 글래스고우(Seels & Glasgow, 1990)가 제안한 요구분석 모형을 토대로 '정보수집', '차이의 확인', '수행분석', '장애요인과 가용자원 확인', '학습자 특성 파악', '우선순위와 목적 수립', '문제 진술'의 일곱 가지 단계로 구성되어 있으며, 각 하위 단계마다 의사결정 혹은 분석의 과정을 포함하고 있다.

2) 잠정 설계 원리의 개발

둘째, 시뮬레이션 설계 관련 선행 연구에서 제안한 원칙과 위의 사례의 특징을 최대한 반영한 시뮬레이션 프로그램을 개발하였다. 알고리즘 및 스토리보드 설계 단계에서는 시뮬레이션 관련 선행 연구에서 제안한 원리와 위에서 언급한 사례의 특징이 최대한 반영될 수 있도록 하였다. 시뮬레이션과 관련된 선행 연구의 검토 단계를 통해 ① 도입 부분에는 시나리오에 대한 설명을 제시할 것, ② 목적과 목표를 명시할 것, ③ 잦은 피드백이 필요하거나 자연적 피드백보다 더 많은 정보를 전달할 필요가 있는 경우에는 인위적 피드백을 사용할 것과 같은 설계 원리를 도출하였다.

또한, 스토리보드를 설계하고 개발하는 과정에서 적용 가능한 설계 원리를 탐색하였으며, 이러한 과정을 통해 ① 전체 사례에 포함된 주요 상황을 선정할 것,

② 하나의 상황이 끝난 시점에서 전체적인 피드백을 제시할 것, ③ 선택에 대한 최종적인 피드백을 현실적인 피드백과 이론적인 피드백으로 구분하여 제시할 것, ④ 학습자의 판단에 관한 평가는 가능한 실제적으로 할 것, ⑤ 상황이 열 개 이상인 경우에는 상황을 묶어서 피드백을 제시할 것과 같은 설계 원리를 도출하였다.

3) 종합 설계 원리의 개발

셋째, 위의 과정을 통하여 모두 아홉 가지 잠정적인 종합적 설계 원리가 도출되었다.

① 프로그램의 도입 부분에서 앞으로 전개될 상황과 학습자 역할과 같은 안내를 제시하라.
② 프로그램을 통해 학습하기 전에 학습 목적과 목표를 분명하게 제시하라.
③ 즉각적인 정오 피드백이 아니라 특정의 행위나 선택이 가져오는 결과를 제시하는 방식으로 피드백을 제공하라.
④ 전체 사례에 포함된 주요 상황을 선정하라. 이때 상황은 학습자의 주요 판단과 선택이 있는 경우를 의미한다.
⑤ 하나의 상황이 끝난 시점에서 전체적인 피드백을 제시하라.
⑥ 더 많은 정보를 전달할 필요가 있는 경우에는 이론적 차원의 인위적 피드백을 제시하라.
⑦ 학습자의 선택에 대한 최종적 피드백은 현실적인 차원과 이론적인 차원으로 구분하여 제시하라.
⑧ 학습자의 판단에 관한 평가는 가능한 실제적으로 하라.[2)]

2) 이 원리의 적용을 위해 학습자의 판단 결과를 자판을 통해 입력하도록 하였으며, 입력한 내용을 boolean 검색 방식을 활용한 string match 방식을 적용하여 분석한 후 관련 항목을 제시하고 선택하도록 하였다.

⑨ 학습자의 판단 결과가 복잡한 경우에는 자신의 판단에 대한 결과를 항목을 통해 선택하도록 하라.

4) 형성 연구를 통한 원리의 개선과 모형의 개발

앞에서 정의된 설계 원리의 개선점을 파악하기 위하여 두 차례의 형성 연구(임철일, 연은경, 2007; 2009)를 실시함으로써 추가적인 설계 원리들을 도출할 수 있었다. 첫 번째 형성연구(임철일, 연은경, 2007)을 통해서는 아홉 가지 추가 설계 원리를 확인하였다. 추가 설계 원리는 〈표 12-3〉에서 제시한 것과 같이 '상황 설계', '학습자 입력 및 결과 제공', '정리 및 평가'의 세 영역으로 구분될 수 있다.

〈표 12-3〉 1차 형성연구를 통해 도출된 추가적인 시뮬레이션 설계 원리

영역	설계 원리
상황 설계	• 상황별로 제시되는 시나리오의 내용에 차별성이 있도록 하라. • 한 상황 안에서 가능한 다양한 선택과 선택에 따른 결과를 제시하라.
학습자 입력 및 결과의 제공	• 학습자가 입력한 정보를 저장하거나 향후 학습에 참고할 수 있도록 전자 노트를 제공하라. • 학습자가 위치 정보를 확인하거나 원하는 곳으로 이동할 수 있도록 학습 맵을 제시하라. • 학습자가 잘못된 입력을 두 번 이상 하는 경우, 해당 내용에 대한 피드백을 바로 제시하라. • 이론적 피드백은 학습자가 입력한 내용에 따라 구체적이고 상세하게 제시하라. • 학습 진행 속도를 학습자가 통제할 수 있도록 하라. • 학습자가 복잡하고 어렵다고 느낄 수 있는 상황에서는 도움말이나 힌트를 제공하라.
정리 및 평가	• 학습자의 반응 및 반응에 대한 결과를 요약하여 제시하라.

첫째, 상황 설계란 학습해야 할 주요 상황에서 학습자에게 제시되는 시나리오

를 구체적으로 어떻게 설계할 것인지에 관한 것이다. 상황 설계 단계에서 참고할 만한 설계 원리는 '상황별로 제시되는 시나리오의 내용에 차별성이 있도록 할 것'과 '한 상황 안에서 가능한 다양한 선택과 선택에 따른 결과를 제시할 것'이다. 이러한 설계 원리는 가능한 실제적이고 다양한 방식으로 학습하고자 하는 학습자의 의견을 반영한 것이다.

둘째, 학습자 입력 및 결과 제공 단계에서 고려할 수 있는 설계 원리는 '학습자가 입력한 정보를 저장하거나 향후 학습에 참고할 수 있도록 전자노트를 제공할 것'과 '학습자가 위치 정보를 확인하거나 원하는 곳으로 이동할 수 있도록 학습맵을 제시할 것', '학습자가 잘못된 입력을 두 번 이상 하는 경우, 해당 내용에 대한 피드백을 바로 제시할 것', '이론적 피드백은 학습자가 입력한 내용에 따라 구체적이고 상세하게 제시할 것', '학습 진행 속도를 학습자가 통제할 수 있도록 할 것', '학습자가 복잡하고 어렵다고 느낄 수 있는 상황에서는 도움말이나 힌트를 제공할 것'이다. 학습자가 입력한 내용과 학습과정을 저장하여 제공하는 것은 학습 내용의 이해 측면에서 도움이 되기 때문에 시뮬레이션 프로그램을 개발할 때는 이를 반영하는 것이 좋다. 학습자 반응에 대한 피드백을 제시할 때는 가능한 자연적 피드백을 제시하되, 이론적 차원의 피드백을 제시할 때에는 학습자의 반응이나 선택에 대한 구체적인 피드백을 제시하는 것이 바람직하다. 특히, 학습자가 잘못된 입력을 하거나 틀린 반응을 할 때에는 이론적 차원의 구체적인 피드백을 제시하는 것이 좋다.

셋째, 정리 및 평가의 단계에서는 '학습자의 반응 및 반응에 대한 결과를 요약하여 제시할 것'이라는 설계 원리를 고려할 필요가 있다. 학습자들은 학습 내용을 이해하는 측면에서 자신이 학습한 전체적인 내용을 요약의 형태로 제공받기를 원하였다. 따라서 하나의 상황이 끝날 때마다 제공되는 이론적 피드백 이외에 학습을 마친 후 각각의 상황에서 학습들이 반응한 것이나 학습한 내용을 요약하여 제시할 필요가 있다.

두 번째 형성연구(임철일, 연은경, 2009)에서는 앞에서 확인한 18개의 설계 원리를 현실적인 상황 등을 고려하여 한 가지는 제외하고, 다른 하나는 추가하면서 결국 총 18개의 설계 원리를 활용하여 절차적 시뮬레이션을 개발하였다. 이 과정을 통하여 개별 설계 원리의 개선점과 다음 〈표 12-4〉와 같은 추가적인 설계 원리가 확인되면서 하나의 이론적 틀을 갖춘 모형이 개발되었다.

〈표 12-4〉 2차 형성연구를 통해 도출된 추가 설계 원리

영역	설계 원리
피드백 및 정보의 제공	• 학습자 선택의 결과에 대해 정·오답 여부에 대한 피드백과 함께 정답, 오답에 대한 구체적인 피드백을 제시하라. • 학습자가 선택하지 않은 상황에 대한 정보를 제시하라. • 학습 분량에 대한 정보를 제공하라. • 주요 상황과 이론적 모형의 단계 간의 연관성에 대한 정보를 제시하라.
학습자 통제	• 학습 진행 속도를 학습자가 통제할 수 있도록 하라. • 학습자가 입력하거나 선택한 내용을 저장하고 출력할 수 있는 기능을 제공하라.
연습기회 제공	• 연습문제나 다양한 추가 사례를 통해 학습한 내용에 대한 이해 수준을 점검할 수 있는 기회를 제공하라.

5) 최종 모형 및 상세 설계 전략

이상의 형성 연구 과정을 통하여 최종적으로 도출된 절차적 시뮬레이션을 위한 교수설계 모형과 상세 설계 전략(원리)의 특성은 다음과 같다.

〈표 12-5〉 절차적 시뮬레이션을 위한 교수설계 모형의 상세 설계 원리

영역	설계 원리
도입	• 프로그램의 도입 부분에서 앞으로 전개될 상황과 학습자 역할과 같은 안내를 제시하라. • 프로그램을 통해 학습하기 전에 학습 목적과 목표를 분명하게 제시하라.

영역	설계 원리
상황 설계	• 전체 사례에 포함된 주요 상황을 선정하라. 이때 상황은 학습자의 주요 판단과 선택이 있는 경우를 의미한다. • 상황별로 제시되는 시나리오의 내용에 차별성이 있도록 하라. • 한 상황 안에서 다양한 선택과 선택에 따른 결과를 제시하라.
피드백 및 정보제시	• 즉각적인 정오 피드백이 아니라 특정 행위나 선택이 가져오는 결과를 제시하는 방식으로 피드백을 제공하라. • 하나의 상황이 끝난 시점에서 전체적인 피드백을 제시하라. • 더 많은 정보를 전달할 필요가 있는 경우에는 이론적 차원의 인위적 피드백을 제시하라. • 학습자의 선택에 대한 최종적 피드백은 현실적인 차원과 이론적인 차원으로 구분하여 제시하라. • 학습자가 잘못된 입력을 두 번 이상 하는 경우, 해당 내용에 대한 피드백을 바로 제시하라. • 이론적 피드백은 학습자가 입력한 내용에 따라 구체적이고 상세하게 제시하라. • 학습자 선택의 결과에 대해 정·오답 여부에 대한 피드백과 함께 정답, 오답에 대한 구체적인 피드백을 제시하라. • 학습자가 선택하지 않은 상황에 대한 정보를 제시하라. • 학습 분량에 대한 정보를 제공하라. • 주요 상황과 이론적 모형의 단계 간의 연관성에 대한 정보를 제시하라. • 한 상황의 판단이 다음 상황까지 영향을 미치는 경우, 두 상황을 묶어서 피드백을 제시하라.
학습자 판단	• 학습자의 판단에 관한 평가는 가능한 실제적으로 하라. • 학습자의 판단결과가 복잡한 경우에는 항목을 통해서 선택하게 하라.
전자노트	• 학습자가 입력한 정보를 저장하거나 향후 학습에 참고할 수 있도록 전자노트를 제공하라.
학습맵	• 학습자가 위치 정보를 확인하거나 원하는 곳으로 이동할 수 있도록 학습맵을 제시하라.
도움말	• 학습자가 복잡하고 어렵다고 느낄 수 있는 상황에서는 도움말이나 힌트를 제공하라.
요약	• 학습자의 반응 및 반응에 대한 결과를 요약하여 제시하라.
학습자 통제	• 학습 진행 속도를 학습자가 통제할 수 있도록 하라. • 학습자가 입력하거나 선택한 내용을 저장하고 출력할 수 있는 기능을 제공하라.
연습	• 연습문제나 다양한 추가 사례를 통해 학습한 내용에 대한 이해 수준을 점검할 수 있는 기회를 제공하라.

이 모형은 총 11가지의 영역에 해당하는 25가지의 상세 설계 원리로 구성되어 있다.

먼저, 절차가 가지고 있는 단계별 활동을 반영하는 측면으로 상황 설계 영역에 3가지의 하위 설계 전략이 포함되어 있다. 절차적 시뮬레이션은 주요 상황에 따라서 학습자들이 반응하게 된다. 따라서 주요 상황의 선정을 잘 하여야 한다. 또한 각 상황의 시나리오가 내용상에서 적절성을 가지고 있어야 하며, 한 상황 안에서 학습자의 선택이 가능하도록 설계되어야 한다.

둘째, 피드백 및 정보 제시 영역이 전체 시뮬레이션 설계에 있어서 매우 큰 비중을 차지하고 있다. 이는 시뮬레이션의 특성상 자연스러운 결과로 볼 수 있다. 학습자의 선택에 대하여 시스템이 어떠한 피드백을 어떻게 제공하는 것이 교육적 시뮬레이션의 특성과 효과를 결정할 수 있기 때문이다. 피드백 영역에는 총 11개의 상세 설계 전략이 포함된다. 피드백과 관련하여 롸이겔루스와 슈워츠(Reigeluth & Schwartz, 1989)는 시뮬레이션에서 동기 유발과 전이의 촉진을 위해 사실성이 높은 자연적 피드백의 활용을 강조하였지만, 손미(1996)의 지적과 같이 학습자들은 학습결과의 확인과 함께 이해의 촉진을 위해 설명과 구체적인 정보를 포함한 인위적 피드백의 제공에 대한 필요성을 언급하였다. 본 모형에서는 학습자 자신이 선택한 것에 대한 정오 피드백과 함께 자신이 선택하지 않은 것에 대한 구체적인 피드백 제시를 제안하고 있다. 정오 피드백과 같은 인위적 피드백은 자연적 피드백에 비해 사실성은 낮지만 오류를 방지 해주고, 즉각적인 학습을 도와줄 뿐 아니라 그 의미를 해석하기 쉽다(Alessi & Trollip, 1991).

한편, 피드백과 정보의 제시와 관련하여 학습 분량에 대한 정보를 제공하는 설계 원칙을 고려하여야 한다. 시뮬레이션의 특성상 학습자가 판단한 결과를 입력하는 속도와 학습자가 어떤 선택을 하느냐에 따라 학습자에게 제공되는 화면의 프레임 수가 다르기 때문에 분량에 대한 정확한 정보를 제시하는 것은 쉽지 않다. 하지만 인터페이스 설계 관점(정재삼, 1994; Leshin et al., 1992)에서 학습자들이 계획적인 학습을 할 수 있도록 학습할 전체 화면 프레임 수에 대한 정보와 함께 전체 상황 중 어떤 상황을 학습하고 있는지에 대한 정보를 학습화면이나 학습맵을 통해 확인할 수 있도록 제시할 필요가 있다. 또한, '상황을 통해 제시되는 단계와 이론적 모형의 단계 간의 관련성에 대한 정보를 제시할 것'과 관련하여, 학습자들은 자신들이 경험하는 상황이 이론적인 모형의 단계와 프로그램에서 어떠한 관련성이 있는지에 대한 구체적인 정보를 원하였다. 따라서 현재 위치를 제시할 때 이론적인 모형에서의 단계에 대한 정보도 함께 제시하는 것이 필요함을 알 수 있다.

셋째, 학습자의 판단과 관련해서는 두 가지의 상세 설계 전략이 제시되어 있다. 하나는 학습자가 내린 판단에 대한 평가를 실제적으로 하라는 것이고, 다른 하나는 학습자의 판단에 따른 결과 제시를 판단 항목 선택의 방식으로 하는 것이다. 이 부분은 시뮬레이션 과정에서 학습자가 어떻게 자신의 의견을 표현하고 컴퓨터와 상호작용할 것인가를 다루고 있다. 학습자의 언어적 표현을 컴퓨터가 제대로 처리하는 것이 가능해지기 전에 이런 방식으로 학습자의 판단을 지원해 줄 수 있다.

넷째, 학습자 통제와 관련해서는 '학습 진행 속도를 학습자가 통제할 수 있도록 하라'는 설계 원리가 있다. 학습자들은 학습을 하는 과정에서 제시되는 음성의 속도를 빠르거나 느리게 조절하기를 원하였다. VOD 형태로 제시되는 프로그램의 경우에는 속도를 조절할 수 있도록 개발하는 것이 비교적 용이하지만, 플래시 기반의 프로그램은 학습 속도를 조절할 수 있도록 개발하는 것이 비용이나 제작 측면을 고려할 때 쉽지 않다. 그럼에도 불구하고 학습자의 요구를 고려할 때 이 부분의 해결을 위한 기술적 발전이 기대된다.

또한, 학습자들은 학습과정에서 자신이 입력 혹은 선택한 내용을 모두 저장하고 출력할 수 있는 것을 고려한 설계 원리가 필요하다. 학습자의 반응을 저장하고, 학습에 활용할 수 있도록 하는 것은 지식의 재구조화 및 성찰에 영향을 미치는 요인으로 자기조절학습에서도 강조하는 것이다(Corno & Randi, 1999; Ley & Young, 2001). 따라서 이를 위해서는 학습자 반응과 선택의 결과를 저장, 출력할 수 있는 기능을 설계하여야 한다.

다섯째, 연습 기회의 제공이 필요하다. 절차학습에 관한 이전 연구(임철일, 2000)에서도 다양성을 지닌 절차의 경우에는 다양한 예와 연습문제의 제공이 중요함을 언급하였으며, 원리학습을 위한 시뮬레이션의 설계 원리에 대한 형성연구(손미, 1996)에서도 학습자들이 학습결과에 대한 만족을 경험할 수 있도록 하기 위해서는 충분히 많은 연습의 기회를 주는 것이 중요하다고 지적하였다. 절차적 시뮬레이션의 개발에 있어서도 기본 프로그램 이외에도 간단한 형태의 연습 문제가 제시되어야 한다.

이외에도 표에서 제시된 것처럼 전자노트, 학습맵, 도움말, 요약 영역에서의 상세 설계 전략을 활용하여 절차적 시뮬레이션 개발 과정을 안내받을 수 있다.

3. 모형의 적용

1) 프로그램의 개발

절차적 시뮬레이션을 위한 교수설계 모형을 적용하여 두 개의 절차적 시뮬레이션 프로그램이 개발되었다. 교수체제설계의 관점에서 교육 프로그램의 체계적 개발을 위한 실즈와 글래스고우(Seels & Glasgow, 1990)의 '요구분석(needs analysis)' 모형의 절차를 학습하기 위한 시뮬레이션 프로그램이 두 번에 걸쳐서 개발, 수정, 보완되었다.

첫 번째 프로그램은 초기 아홉 가지의 설계 원리를 바탕으로 플래시(Flash)를 사용하여 웹기반의 이러닝 형태로 개발되었다(임철일, 연은경, 2007). [그림 12-2]에서 보는 것과 같이 개발된 프로그램은 1010×680의 해상도로 개발되었으며, 프로그램 왼편에 상황에 따른 절차가 표시되고, 원하는 단계를 누르면 해당 상황으로 이동할 수 있도록 되어있다. 프로그램 진행 단계는 크게 '시작하기', '학습내용', '정리하기'의 세 단계로 구성되었으며, 학습내용은 A 전자 서비스 센터의 도우미를 대상으로 하는 요구분석의 사례의 특성을 반영하여, '사례 제시', '의뢰인과의 면담', '면담 결과 분석', '정보의 수집', '도우미 면담자료 분석', '센터장/교육담당자 면담 자료 분석', '서비스센터 관찰/교육참관 자료 분석', '해결안 도출'의 단계로 구성되었다. 그리고 화면의 맨 마지막에는 제시되는 화면을 통제할 수 있는 '재생', '멈춤', '일시정지', '스크립트' 버튼을 두었으며, 화면 재생 통제 버튼 오른편에는 현재의 학습 단계를 표시하는 버튼과 함께 화면 간 이동을 할 수 있는 버튼을 배치하였다.

[그림 12-2] 요구분석 절차 학습을 위하여 개발된 제1차 절차적 시뮬레이션 프로그램

두 번째 프로그램은 앞에서 제시한 일차 설계 원리와 일차 형성 연구(임철일, 연은경, 2007)를 통하여 추가적으로 확인된 〈표 12-3〉의 설계 원리를 바탕으로 개발되었다(임철일, 연은경, 2009). 개발을 위하여 선정된 사례는 A대학 '교수체제설계' 수업에서 실시하였던 프로젝트의 한 부분으로 'B가전 엔지니어' 교육 프

로그램 개발을 위한 요구분석이었다. 이 사례는 요구분석의 복잡한 절차와 원리, 의사결정의 과정, 그리고 다양한 자료를 포함하고 있다. 요구분석의 절차는 실즈와 글래스고우(Seels & Glasgow, 1990)가 제안한 모형과 실제 요구분석을 하면서 진행되는 절차를 참고하여 '모듈 소개 및 학습자 안내', '학습자 역할 및 업무 지시', '의뢰인 면담', '자료 수집', '수행분석', '가용자원, 제한조건, 학습자 특성 확인과 해결안 도출 및 우선순위 결정, 최종보고서 작성', 그리고 '요약 및 정리'의 일곱 가지 단계 혹은 상황으로 구분하였다. 실즈와 글래스고우의 요구분석 단계와 시뮬레이션에 반영된 단계를 비교하여 제시하면 〈표 12-6〉과 같다.

설계 원리를 바탕으로 스토리보드가 개발되었다. 예를 들어, '한 상황 안에서 다양한 선택과 선택에 따른 결과를 제시하라'는 설계 원리를 구현하기 위해 학습자의 선택 방식을 서술형, 선다형, 분류형 등과 같이 다양한 방식을 반영하여 개발하였다. 최종 시뮬레이션은 웹기반으로 개발되었으며 html과 플래시(Flash)를 기반으로 제작되었다. 웹상에서 로그인 후에 사용할 수 있도록 하였다. [그림 12-3]과 같이 1024×768의 해상도로 프로그램이 개발되었고, 학습자가 화면을 통제

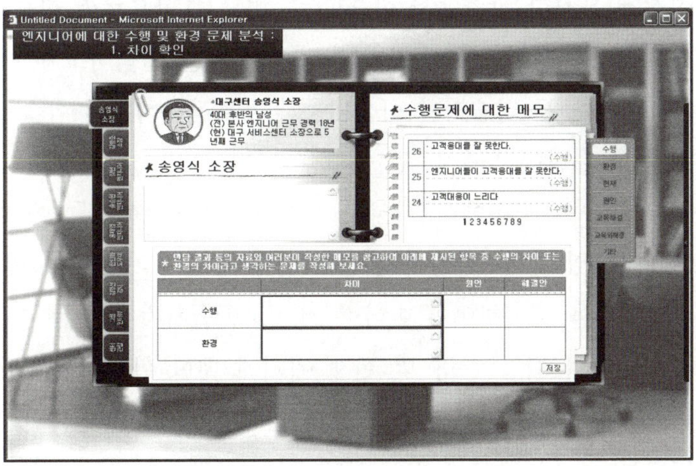

[그림 12-3] 제2차 절차적 시뮬레이션 화면 사례

이 화면에서 학습자는 가상으로 인터뷰를 실행한 후, 데이터를 가지고 요구분석 과정을 경험하게 된다.

할 수 있는 버튼을 포함하는 컨트롤 바는 화면 오른편에 마우스 롤오버 시 나타나도록 하였다. 화면을 통제하는 버튼 중 전자노트와 현재위치를 확인할 수 있도록 하는 버튼, 도움말 버튼, 튜토리얼 프로그램 버튼, 프로그램 안내 버튼은 컨트롤 바 상단에 위치하도록 하였으며, 하단에는 '이전 화면으로 되돌아가기', '재생', '일시정지', '배경음악 켜기/끄기', '스크립트' 버튼을 배치하였다. 프로그램 안내 버튼을 누르면 위에서 언급한 각 버튼의 기능과 함께 화면 통제 버튼의 사용법에 대한 설명이 제시되도록 개발하였다.

2) 학습자 반응

본 교수설계 모형을 통하여 개발된 프로그램을 활용한 결과 학습자들은 ① 사례를 통해 절차 학습을 하도록 한 것, ② 학습자가 분석하거나 판단한 것을 서술형으로 입력하도록 한 것, ③ 학습자들이 판단한 것에 대한 결과로서 자연적 피드백을 제시한 것을 긍정적으로 평가하였다(임철일, 연은경, 2009). 사례를 통한 절차 학습은 실제와 유사한 상황에서 학습할 수 있도록 함으로써 학습자의 동기를 유발하는 데 효과적이었으며, 학습자가 판단의 결과를 입력하고 이에 따라 자연적 피드백을 제시한 것은 학습자가 학습내용과 상호작용하면서 학습할 수 있도록 함과 동시에 동기 유발에 도움이 된 것으로 나타났다.

한편, 학습자들은 본 모형에서 제시된 설계 전략의 개선 방향에 대한 의견을 다음과 같이 제시하였다. ① 학습자가 선택에 대해 정·오답 여부 및 정답, 오답 각각에 대한 피드백을 제시하여야 한다는 것, ② 학습자가 원하는 부분으로 이동하는 것이 불편하거나 학습 분량 및 현재 위치에 대한 확인이 어려웠기 때문에 이후에는 학습자의 현재 위치에 대한 정보와 함께 학습 분량에 대한 정보를 제공할 필요가 있다는 것, ③ 학습 분량에 대한 정보를 제공하는 것, ④ 주요 상황과 이론적 모형의 각 단계 간의 연관성에 대한 정보를 제시하는 것, ⑤ 학습 진행 속도를 학습자가 통제할 수 있게 하는 것, ⑥ 학습자가 학습한 내용 및 반응한 것을 저장하고 출력할 수 있는 기능을 제공하여야 한다는 것, ⑦ 연습문제나 추가 사례의 제시를 제안하였다(임철일, 연은경, 2009).

이상과 같은 절차적 시뮬레이션을 위한 교수설계 모형은 절차 학습을 위한 시뮬레이션을 설계하는 과정을 안내하기 위하여 제안되었다. 복잡한 절차적 과제를 실제 세계와 유사한 상황에서 학습자가 경험하기 위해서는 매우 정교한 설계원리와 개발 기술이 요구된다. 본 장에서 제안된 모형은 이런 노력의 초기 형태로 볼 수 있으며, 다양한 장면에서 여러 유형의 사례들을 적용하는 과정을 통하여 보다 최적의 형태로 교수설계 모형을 발전시킬 수 있을 것이다.

연습 및 탐구 문제

1. 시뮬레이션의 유형을 학습 목표에 따라서 구분하고, 절차적 시뮬레이션의 특징을 간략하게 설명하시오.

2. 절차적 시뮬레이션을 위한 교수설계 모형에 포함되는 피드백 관련 영역의 상세 설계 전략을 나열하고, 이러한 전략들이 절차적 시뮬레이션에서 가지는 의의를 논의하시오.

3. 본 장에서 소개된 요구분석에 관한 절차가 어떤 점에서 절차적 시뮬레이션 개발의 한 가지 예로 적절한가를 논의하시오.

제 13 장

메이커 교육을 위한 교수설계 모형[1)]

제13장은 메이커 교육을 위한 교수설계 모형을 다룬다. 최근 과학·기술·공학·수학(STEM) 융합 교육의 확산과 함께, 피지컬 컴퓨팅 도구 등 컴퓨터 기반 도구와 디지털 제작 기술을 활용한 메이커 교육이 초·중등교육 현장으로 빠르게 확산되어 왔다. 그러나 실제 수업 현장에서 교사들은 메이커 교육을 설계하고 실행하는 과정에서 여러 가지 어려움에 직면하고 있다. 특히 기존의 메이커 교육 모형은 초등학교 맥락과 학습자의 발달 수준을 충분히 고려하지 못하였으며, 수업 운영 시 참고할 수 있는 구체적인 교수 전략과 세부 지침이 부족하다는 한계점이 수업 실행의 주요 장애 요인으로 지적되어 왔다. 이러한 문제점을 해결하기 위해 본 장에서는 피지컬 컴퓨팅 도구를 활용한 디지털 제작 활동 기반의 메이커 교육 수업 모형을 제안한다. 먼저, 메이커 교육의 이론적 배경과 모형 개발의 필요성을 살펴보고, 피지컬 컴퓨팅 도구를 활용한 메이커 교육 교수설계 모형의 개발 과정과 구조를 제시하며, 개발된 모형의 실제 적용 사례와 효과, 그리고 향후 확장 가능성을 논의한다.

1) 본 장은 김근재, 임철일 (2019) 초등학교에서의 피지컬 컴퓨팅 도구를 활용한 메이커 교육 수업 모형 개발 연구논문을 바탕으로 발전된 것임.

1. 모형 개발의 배경

2000년대 중반 이후 메이커 운동(Maker Movement)과 구성주의적 제작주의 학습이론(constructionism)이 사회적으로 크게 주목받으면서, 2010년대 들어 초·중등교육 맥락에서 메이커 교육(maker education)이 본격적으로 확산되기 시작하였다. 메이커 교육은 도구와 재료를 활용한 창의적 제작 활동을 통해 학습자가 자기 주도적 학습자이자 혁신적 문제 해결자로 성장하는 과정을 강조하는 교육적 접근으로 정의할 수 있다(Halverson & Sheridan, 2014; Martin, 2015). 메이커 교육을 통해 학습자는 스스로 문제를 정의하고, 다양한 도구와 자원을 활용하여 제작을 통해 아이디어를 구현하며, 그 결과물을 공유하고 성찰하는 과정을 통해 학습의 주체성을 강화할 수 있다(Dougherty, 2013; Peppler et al., 2016; Schad & Jones, 2020). 특히, 컴퓨터 기반 도구와 디지털 제작 도구들을 활용한 디지털 제작 활동(digital fabrication)은 숙련되지 않은 학습자들도 자기 아이디어를 수준 높은 산출물로 구현할 수 있도록 도와준다는 점에서 주목받고 있다(Blikstein, 2013). 이와 같은 특징은 21세기 핵심 역량과 미래 사회가 요구하는 창의·융합적 사고역량 증진과 맞물려, 전 세계적으로 그 필요성과 중요성이 확대되고 있다. 이러한 흐름에 따라 메이커 교육은 국내 교육 맥락에서도 과학·기술·공학·수학 융합 교육(science, technology, engineering, and mathematics, STEM), 창의·융합 교육, 디지털 기반 교수·학습 혁신과 연결되며 초, 중등교육 맥락으로 점차 확산되어 왔다(강인애, 김홍순, 2017; 김근재, 임철일, 2019; 임철일, 2019).

그러나 현장에서 교사들은 메이커 교육을 적용하는 과정에서 여러 가지 어려움에 직면하고 있다. 기존의 메이커 교육 모형은 초등학교 맥락과 학습자의 발달 수준을 충분히 고려하지 못하였고, 수업 운영 시 참고할 수 있는 구체적인 전략과 세부 지침이 부족하다는 한계점을 보여주었다. 또한 피지컬 컴퓨팅 도구와 같은 컴퓨터 기반 도구를 활용한 디지털 제작 활동, 그리고 컴퓨팅 사고력(computational thinking, CT) 요소가 모형에 체계적으로 반영되지 못한 점이 지적되어 왔다. 더 나아가 메이커 교육의 중요한 특징인 순환성과 반복성을 반영하는 단계별 전략이 명확히 제시되지 않아, 수업 실행의 일관성과 지속성이 확보되지 못하고 있다. 이에 따라 교사들은 컴퓨터 기반 도구 및 디지털 제작 도구를 활용한 메이커 수업을 학교 현장에서 설계하고 실행하는 데 어려움을 겪고 있다.

이러한 한계점으로 인해 초등학생의 발달 단계와 교실 맥락을 반영하고 디지털 제작의 특징을 고려한 새로운 교수설계 모형의 필요성이 제기된다. 새로운 모형은 메이커 교육과 컴퓨팅 사고를 포괄하며, 대표적인 디지털 제작 도구인 피지컬 컴퓨팅을 활용한 알고리즘 설계, 코딩, 산출물 구현, 성찰과 공유의 과정을 포함한다. 이를 통해 교사는 현장에서 적용할 수 있는 구체적 단계를 토대로 디지털 제작에 필요한 교수·학습 활동을 설계하고 실행할 수 있다. 또한 학습자는 컴퓨팅 사고력, 문제 해결력, 창의성, 비판적 사고, 메타인지와 같은 고차적 사고 능력을 기를 수 있으며, 동시에 자기 주도성, 탐구와 실험, 협력과 공유, 성장 지향적 태도 등 메이커 정신 또는 메이커 마음가짐(maker mindset)을 내면화할 수 있다.

이에 본 장에서 제시하는 교수설계 모형은 피지컬 컴퓨팅 도구를 활용하여 초등학생들이 실생활 문제를 창의적으로 해결하고, 그 과정에서 메이커 정신을 내면화하며, 컴퓨팅 사고력과 협업 역량을 함양할 수 있도록 돕는 구조화된 수업 모형이다. 이 모형은 문제 정의, 알고리즘 설계, 코딩 및 산출물 구현, 성찰과 공유의 전 과정을 포괄하며, 학생 중심의 탐구와 협력이 강조되는 순환적 구조를 특징으로 한다.

본 모형은 다음의 조건을 반영하여 개발되었다. 첫째, Micro:bit, 센서, 액추에이터 등 피지컬 컴퓨팅 도구를 중점적으로 활용하여 디지털 제작 과정이 단계별로 구체화되도록 설계하였다. 둘째, 문제 분해, 알고리즘 설계, 디버깅, 패턴 인식 등 컴퓨팅 사고력의 핵심 요소가 학습 과정 전반에 자연스럽게 통합되도록 구성하였다. 셋째, 모형의 각 단계가 일방향적 진행이 아닌 순환적 구조로 설계되어 학습자가 제작 과정에서 반복적으로 산출물을 탐색하고 개선할 수 있도록 하였다. 넷째, 모형의 구성은 초등학생의 인지적·정서적 발달 수준에 적합도록 학생 친화적인 용어와 활동을 포함하도록 설계하였다. 다섯째, 과정 중심의 수업 운영을 통해 학생들이 메이커 정신을 내면화하도록 구성하였으며, 결과물의 완성에 그치지 않고 성찰, 공유, 그리고 협업을 강조하여 자기 주도성, 탐구와 실험, 성장 지향적 사고를 기를 수 있도록 하였다. 여섯째, 교사들이 수업 시간과 학급 특성에 따라 단계를 변형·선택·축소할 수 있도록 하여 유연성과 현장 적용 가능성을 확보하였다. 마지막으로, 교사와 학습자 간의 상호작용을 강조하여, 교사는 안내자이자 동기 부여자의 역할을 수행하고, 학습자는 자기 주도적 문제 해결자로 참여함으로써 학습 경험을 확장할 수 있도록 하였다.

2. 모형의 개발 과정

1) 설계·개발 연구 방법

본 모형의 개발은 Richey와 Klein(2014)이 제시한 설계 및 개발 연구(design and development research) 방법론 절차를 기반으로 이루어졌다. 이 접근법은 교육적 실천 현장에서 제기되는 문제를 해결하기 위한 구체적인 교수설계 모형을 개발하고, 그 유효성을 검토·개선하는 과정을 포함한다. 모형 개발은 요구 분석, 설계, 개발, 타당화, 적용 및 최종 모형 도출의 단계로 이루어졌으며, 각 단계는 단순한 선형적 절차가 아니라 순환적·반복적으로 진행되었다.

2) 초기 모형의 도출

초기 모형은 선행 문헌 분석을 통해 확인된 세 가지 이론적, 실천적 기반을 토대로 도출되었다. 첫째, 메이커 교육의 이론적 논의와 다양한 실천 사례가 분석되었으며, 이를 통해 학습자가 창의적 문제 해결 과정에서 자기 주도성, 협력, 공유, 성찰을 경험하는 것이 핵심적 가치임이 확인되었다. 둘째, 피지컬 컴퓨팅 도구를 활용한 교수·학습 사례가 검토되었는데, 이는 단순한 제작 활동을 넘어 실제 작동할 수 있는 산출물을 통해 문제 해결 과정을 구체화한다는 점에서 중요한 시사점을 제공하였다. 셋째, 컴퓨팅 사고력의 주요 구성 요소가 분석되어, 문제 분해, 알고리즘 설계, 디버깅(debugging), 패턴 인식과 같은 요소가 모형에 통합되어야 할 필요성이 제기되었다.

이러한 기반을 바탕으로 도출된 1차 수업 모형은 총 7단계와 12개 활동으로 구성되었다. 해당 모형은 기본적으로 순차적 구조를 따르되, 제작 이후 디버깅이나 재설계를 거쳐 개선할 수 있도록 반복성을 고려하였다. 교사는 안내자·촉진자·피드백 제공자의 역할을, 학습자는 탐구자·설계자·창작자·발표자의 역할을 수행하는 구조가 마련되었다. 또한 단계별 활동 예시(예: 관찰하기, 흐름도 작성, 프로토타입 제작, 피드백 반영 등)와 필요한 자원이 포함되어 있어 교실 현장에서의 적용 가능성을 높였다. 더 나아가, 디자인 사고(design thinking)의 구조인 공감(emphasize) – 정의(define) – 아이디어 도출(ideate) – 제작(prototype) – 테스트(test)의 과정을 단계화하여 메이커 교육 맥락에 맞게 변용하였다. 이를 통해, 학습자가 문제 인식에서 출발해 산출물을 제작하고 이를 공유·성찰하는 과정을 거칠 수 있도록 설계하였다. 1차 모형의 개요 및 특징은 [그림 13-1]과 같다.

1차 모형에 대한 전문가 타당화(교육공학 박사 4명, 초등 과학/STEM 교사 2명, 총 6명) 결과에서는 몇 가지 한계점이 지적되었다. 초기 모형의 경우 피지컬 컴퓨팅과 코딩 요소가 활동 속에서 충분히 구체화되지 않았으며, 메이커 정신 역시 일회적 경험에 그치고 있어 지속적으로 내면화될 수 있는 구조가 미흡하다는 문제가 드러났다. 또한 재설계-실행-성찰로 이어지는 순환적 과정이 모형 내에서 충분히 강조되지 않아, 메이커 교육의 핵심적인 반복·개선의 특성이 약화되었다는 점이 문제점으로 제기되었다.

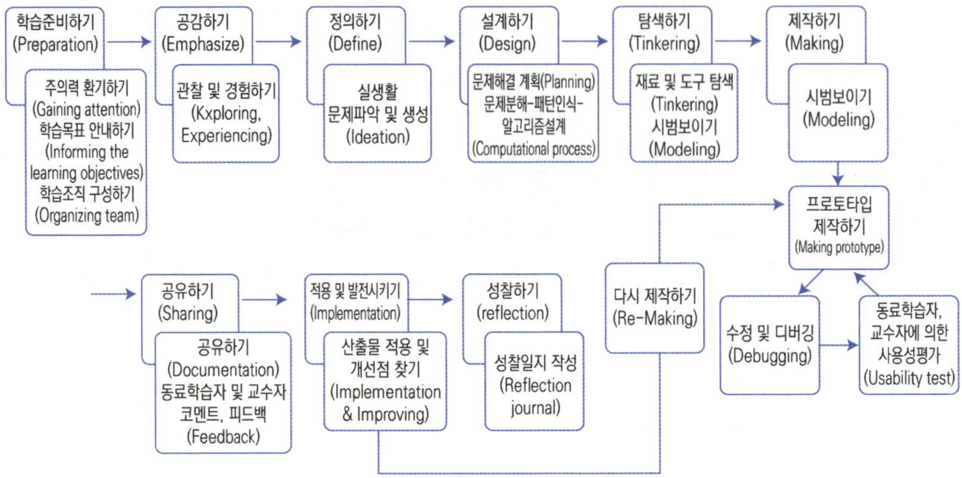

[그림 13-1] 1차 수업 모형

위에서 제시된 피드백을 반영하여 2차 모형은 기존 7단계 구조를 10단계로 확장하였으며, 메이커 교육의 핵심 가치와 실제 수업 적용성을 강화하는 방향으로 재구성되었다. 우선, 메이커 정신이 모형의 중심부에 배치되어, 각 단계가 단순히 절차적으로 연결되는 것이 아니라 학습자의 태도·가치·사고방식이 전 과정에 걸쳐 지속적으로 반영되도록 하였다. 둘째, 단계 간 순환 구조가 강화되어, 학습자가 재설계-실행-성찰을 반복하면서 개선 경험을 자연스럽게 축적할 수 있도록 하였다. 셋째, 피지컬 컴퓨팅과 코딩 요소가 명확히 제시되었다. 예컨대 '알고리즘과 프로그래밍 설계하기', '디버깅 및 코드 개선하기', '컴퓨팅 산출물 제작하기'와 같은 단계별 활동이 구체화하였다. 넷째, 단순 제작을 넘어 융합적 사고와 현실 적용을 유도하기 위해 '창의적으로 조립하기', '적용 및 확장하기' 단계가 포함되었다. 다섯째, 교사와 학습자의 역할이 단계별로 명확히 구분되어, 수업 현장에서의 실행 가능성이 높아졌다. 2차 모형의 개요 및 특징은 [그림 13-2]와 같다.

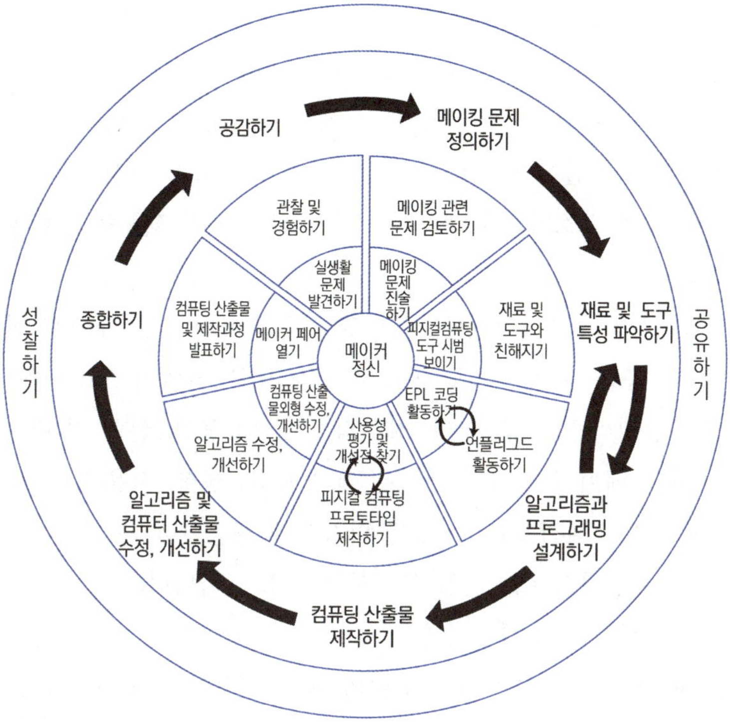

[그림 13-2] 2차 모형

2차 모형 또한 추가적인 보완이 필요하다는 지적이 있었다. 전문가 타당화(교육공학 박사 4명, 박사과정 1명, 초등 교사 2명, 총 7명)의 피드백에 따르면, 단계 간 용어 혼용과 의미 중복이 발생하였으며, 피지컬 컴퓨팅 도구를 탐색하고 익숙해지는 과정이 별도의 단계로 분리될 필요가 있었다. 또한 디버깅과 성찰 활동이 여전히 충분히 드러나지 않았으며, 메이커 정신이 특정 단계에 국한되지 않고 전반적인 과정에 통합적으로 반영될 필요가 있다는 점이 지적되었다. 마지막으로, 산출물 공유 이후 확산·재적용을 고려한 확장적 구조가 보완되어야 한다는 의견이 제시되었다.

최종적으로 도출된 3차 모형은 이전 단계에서 제기된 한계를 보완하고, 메이커 교육의 핵심 정신과 교수·학습 과정을 더욱 정교하게 반영하였다. 우선, 메이커 정신이 모형의 중심에 배치되었다. 이는 단일 단계에서만 다루어지는 것이 아니라 창의성, 도전 정신, 협력, 공유, 성찰, 실패 수용과 같은 핵심 가치가 전 과정에 스며들어 학습의 출발점이자 핵심 지향점으로 작동하도록 설계되었다. 따라서 메이커 정신은 부차적 요소가 아니라, 학습 과정 전반을 이끄는 통합적 원리로 기능하도록 하였다.

둘째, 수업의 흐름이 '메이킹 전·중·후'로 구조화되었다. 메이킹 전 과정에서는 문제 인식과 공감, 문제 정의, 필요 자료와 도구 탐색이 이루어진다. 메이킹 중 과정에서는 알고리즘 설계, 코딩, 창의적 조립 및 구현, 실행 및 디버깅이 진행된다. 마지막으로 메이킹 후 과정에서는 결과 공유, 성찰, 적용 및 확장으로 이어지며, 다른 맥락으로 재적용할 수 있는 확장성을 제공한다. 이 과정은 단순히 왼쪽에서 오른쪽 한 방향으로만 진행되는 선형 구조가 아니라, 각 단계가 상호 피드백을 주고받을 수 있는 순환·통합적 구조로 제시하였다.

셋째, 순환과 반복의 강조가 3차 모형의 핵심 특징이다. 특히 '실행 및 디버깅' 단계 이후에는 알고리즘 수정-재조립-재실행으로 이어지는 순환 및 반복 구조가 시각적으로 표현되어, 학습자가 실패와 개선을 반복적으로 경험하도록 설계되었다. 이를 통해 문제 해결의 반복성, 실패를 통한 학습, 아이디어 개선을 교육적으로 강조하였다.

넷째, 구체적 활동과 역할이 단계별로 제시되었다. 예를 들어 '도구 탐색하기' 단계에서는 피지컬 컴퓨팅 도구 실습 및 기능 탐색이, '알고리즘 설계하기' 단계에서는 흐름도 작성을 하는 연습 활동이, '실행 및 디버깅' 단계에서는 코드 오류 탐색·수정과 성능 개선 활동이 제시되었다. 이러한 구체화를 통해 교사와 학습자가 각 단계에서 수행해야 할 목표와 활동을 명확히 파악할 수 있도록 하였다. 교사는 안내자이자 동기 부여자로서, 학습자는 탐구자·설계자·창작자로서의 역할을 수행하며 상호작용할 수 있도록 하였다.

마지막으로, 현장 적용성과 융통성이 강화되었다. 수업 모형은 상단과 하단의 분기 구조를 통해 수업이 마무리될 수도 있고, 다시 순환할 수도 있음을 시각적으로 제시하였다. 교사는 학습자의 수준과 수업 맥락에 맞추어 특정 단계를 생략하거나 반복하거나 확장할 수 있으며, 이를 통해 학교 현장의 다양한 조건에 맞는 융통성 있는 적용이 가능하게 하였다. 이를 통해 3차 모형은 교육적 활용도를 높이고, 실제 초등학교 수업 맥락에서 실질적으로 활용될 수 있도록 설계되었다. 3차 모형의 개요 및 특징은 [그림 13-3]과 같다.

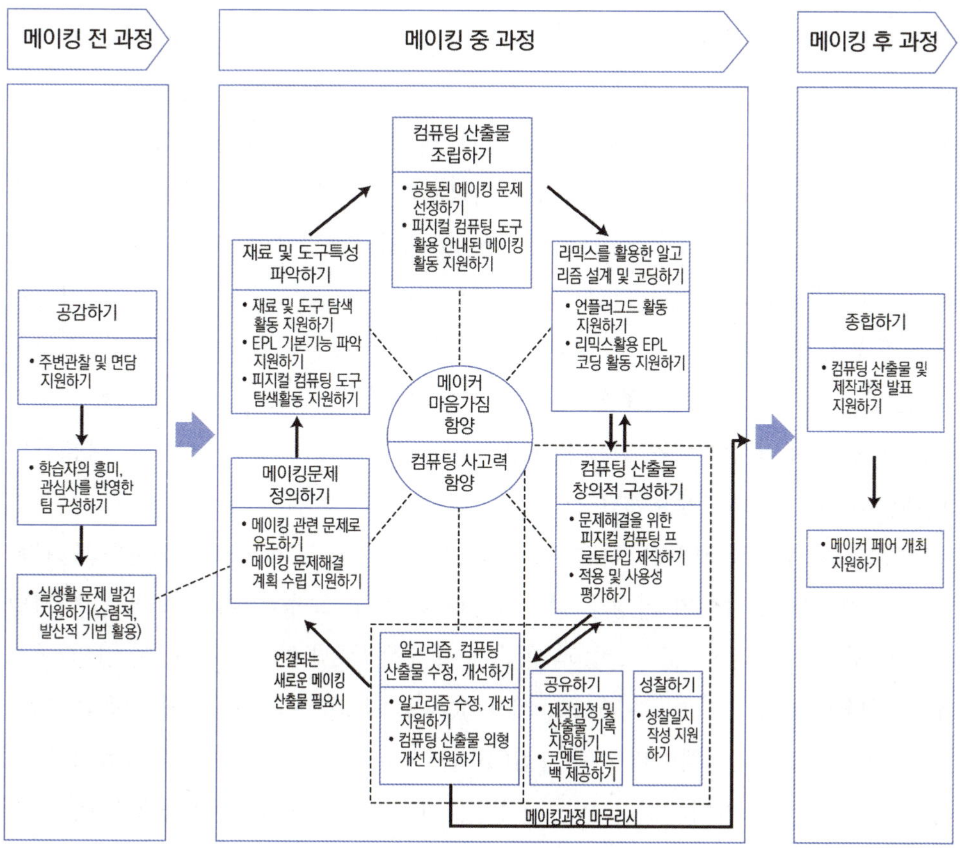

[그림 13-3] 3차 모형

3. 모형의 구성과 특징

1) 이론적 구성요소와 틀

본 모형은 구성주의적 제작주의(constructionism), 메이커 교육(maker education), 컴퓨팅 사고력(computational thinking, CT), 그리고 협력 기반 문제해결을 이론적 기반으로 하여 구성되었다. 먼저, Papert와 Harel(1991)은 학습이 단순히 머릿속에서 지식을 구성하는 데 그치지 않고, 이를 가시적인 산출물(artifact)로 제작하고 표현하는 과정에서 더욱 심화될 수 있다고 주장하였다. 즉, 학습자는 도구를 직접 다루고, 알고리즘을 설계하며, 코딩과 제작 과정을 거치면서 능동적으로 지식을 구성하게 된다. 본 모형은 이러한 제작주의적 관점을 기반으로, 피지컬 컴퓨팅 도구(예: Micro:bit, Raspberry pi, Arduino 등)를 활용한 디지털 제작(digital fabrication)을 학습 활동의 핵심으로 포함하였다. 학습자는 조립, 코딩, 디버깅과 같은 활동을 통해 주도적이고 실천적인 탐구를 수행하며, 창의적 제작을 경험하게 된다. 이는 Papert가 강조한 원칙인 누구나 쉽게 시작할 수 있고(low floor), 높은 수준까지 확장할 수 있으며(high ceiling), 다양한 접근 방식을 허용하는(wide walls) 요소를 반영하였다.

다음으로, 메이커 교육은 학습자가 실생활 문제를 창의적으로 해결하기 위해 탐색, 제작, 공유, 성찰의 과정을 강조하는데 본 수업 모형은 이를 토대로, 디지털 도구를 활용한 창의적 제작 활동과 학습자 주도의 문제 해결 과정을 수업의 중심에 두었다(Peppler et al., 2016; Schad & Jones, 2020). 특히 메이커 교육의 핵심인 메이커 정신 또는 메이커 마음가짐(maker mindset)은 학습 전 과정을 관통하는 중요한 가치로 반영되었다. 여기에는 실패를 긍정적으로 수용하고 반복을 통해 개선하려는 도전적 태도, 자기 아이디어를 구현하고 공유하려는 의지, 협력적 문제 해결과 창의적·융합적 사고가 포함된다(Dougherty, 2013; Peppler et al., 2016). 따라서 본 모형은 수업의 중앙에 메이커 정신을 배치함으로써, 모든 단계에서 학습자가 메이커로서의 태도를 경험하고 내면화할 수 있도록 설계하였다.

또한, 본 모형은 Wing(2006)이 정의한 컴퓨팅 사고력 개념을 기반으로 하여, 문제를 절차적으로 해결하기 위한 분해, 추상화, 알고리즘화, 디버깅 등의 사고 과정을 반영하였다. 구체적으로, 알고리즘 설계-코딩-디버깅-개선-적용으로 이어지는 일련의 활동 흐름이 모형의 단계에 통합적으로 배치되어 있다. 이를 통해 학습자는 논리적 문제 해결 능력과 디지털 표현 역량을 동시에 기를 수 있으며, 나아가 컴퓨팅 기반의 문제 해결 과정을 실제 제작 활동과 연결할 수 있도록 설계하였다.

마지막으로 본 모형은 Vygotsky(1978)의 사회적 구성주의에 근거하여, 학습이 개인 내부에서 독립적으로 일어나는 것이 아니라 타인과의 상호작용과 협력적 공동 구성 활동을 통해 촉진된다는 관점을 반영하였다. 이에 따라 학습자는 팀 기반으로 문제를 정의하고 해결하는 과정에서 협업, 토의, 역할 분담, 피드백 주고받기 등의 활동을 경험한다. 특히 결과물 공유 단계는 동료 학습자와 교사로부터 사회적 피드백을 수용하고, 이를 토대로 개선 방향을 도출하는 과정을 포함함으로써 학습의 질을 높이는 중요한 계기가 된다.

2) 모형의 일반 전략과 상세 지침

최종 모형은 전체 과정을 메이킹 전 과정, 메이킹 중 과정, 메이킹 후 과정으로 구분하며, 각 과정은 총 10단계의 활동으로 구성된다. 메이킹 전 과정에는 공감하기 - 메이킹 문제 정의하기 - 재료 및 도구 특성 파악하기 단계가 포함되며, 학습자는 실생활 문제를 탐색하고 이를 구체적으로 정의하며, 필요한 재료와 도구를 직접 체험하여 특성을 파악한다. 메이킹 중 과정은 컴퓨팅 산출물 조립하기 - 알고리즘 설계 및 코딩하기 - 창의적 구성하기 - 수정 및 개선하기 - 공유하기 - 성찰하기의 활동으로 이어진다. 이 과정에서 학습자는 기본 구조물을 제작하고, 기존 코드 리믹스를 활용하여 알고리즘을 설계·코딩하며, 반복적 디버깅을 통해

결과물을 개선한다. 마지막으로 메이킹 후 과정에서는 종합하기 단계가 포함되며, 학습자는 산출물을 발표 · 전시하는 메이커 페어 활동을 통해 학습을 마무리한다. 이러한 구조는 수준별(초 · 중급, 고급) 적용이 가능하도록 유연하게 설계되었다. 피지컬 컴퓨팅 도구를 활용한 메이커 교육 최종 수업 모형의 특징 및 개요는 [그림 13-4]와 같다.

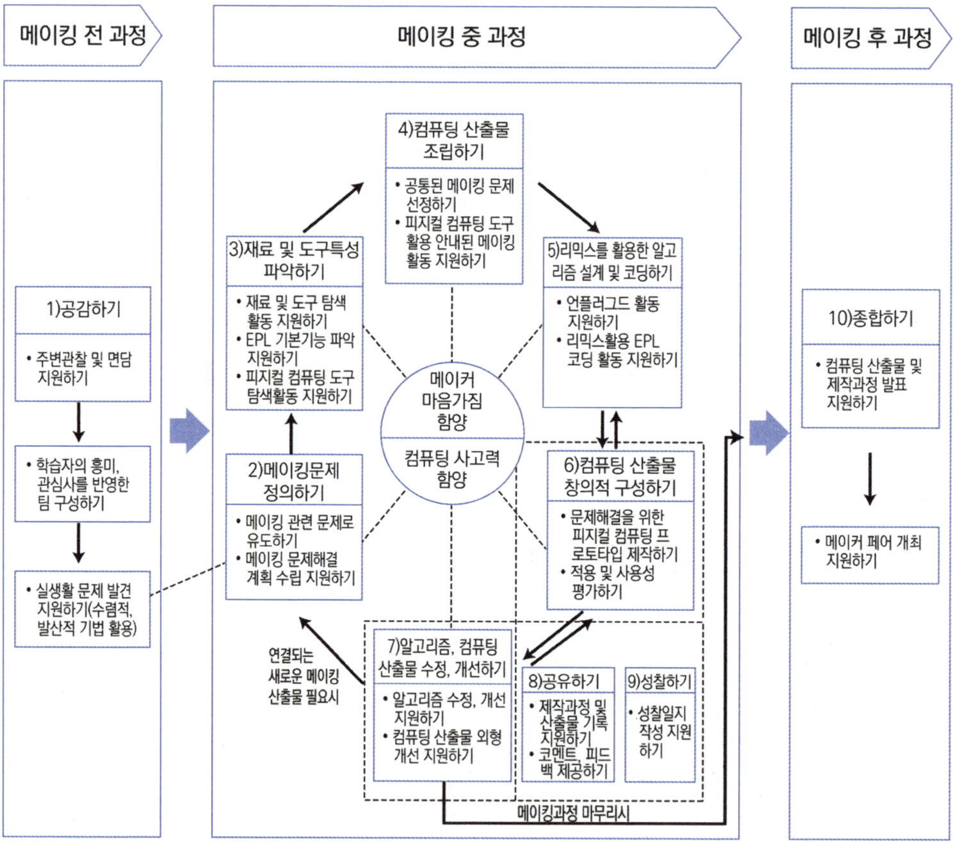

* 초급, 중급과정: 1)-2)-3)-4)-5)-6)-7)-8)-9)-10) 전 단계 수행
고급과정: 3), 4) 생략 가능

[그림 13-4] 피지컬 컴퓨팅 도구를 활용한 메이커 교육 최종 모형

피지컬 컴퓨팅 도구를 활용한 메이커 교육 모형을 효과적으로 운영하기 위해, 본 연구에서는 6개의 일반 전략과 24개의 상세 지침을 도출하였다. 일반 전략은 메이커 교육 수업의 전반적 방향성을 제시하는 상위 원칙으로 1) 실생활 문제 해결 중심 학습 경험 제공, 2) 다양한 방법과 테크놀로지 활용, 3) 재료와 도구 활용 역량 강화, 4) 수준별 난이도 조정, 5) 반복적 제작과 개선 촉진, 6) 공유와 성찰 강화로 구성된다. 각 전략은 수업 전·중·후의 흐름 속에서 구체적인 실행 방법과 사례를 제시하여, 교사가 현장에서 바로 적용할 수 있도록 설계되었다. 초등학교에서 피지컬 컴퓨팅 도구를 활용한 메이커 수업을 위한 일반 전략 개요는 〈표 13-1〉과 같다.

〈표 13-1〉 피지컬 컴퓨팅 도구를 활용한 메이커 수업을 위한 일반 전략 개요

일반 설계 전략	적용 시점
1. 메이킹 활동을 통해 학습자 주변의 실제적 문제를 해결할 수 있는 학습 경험을 제공하라.	수업 전·중
2. 메이킹 활동을 통한 문제 해결을 효과적으로 달성하기 위해 다양한 방법과 테크놀로지를 선택·활용하라.	수업 중
3. 학습자가 메이킹 활동에 활용할 재료 및 도구를 익숙하게 사용할 수 있도록 준비하라.	수업 전·중
4. 학습자의 특성과 수준에 근거하여 메이킹 활동의 학습 내용과 난이도를 재구조화하라.	수업 중
5. 제작 과정에서 실패나 어려움이 있더라도 반복적으로 메이킹 활동을 수행하도록 유도하라.	수업 중
6. 메이킹 활동을 통해 만들어낸 산출물과 과정을 공유하도록 지원하라.	수업 후

이러한 일반 전략을 바탕으로 도출된 상세 지침은 학습자의 발달 수준과 교실 맥락에 따라 유연하게 적용될 수 있도록 설계되었다. 특히 구체적인 예시와 실행 지침을 포함하여 교수자가 실제 수업 장면에서 곧바로 활용할 수 있는 실천적 수

업 운영을 지원할 수 있도록 하였다. 이러한 지침은 단순히 절차를 나열하는 데 그치지 않고, 수업 준비 단계에서부터 산출물 공유와 성찰에 이르기까지 전 과정을 아우르며 초등학교 맥락에서 피지컬 컴퓨팅 도구를 활용한 메이커 교육에 적합하게 구성되어 있다. 상세 지침의 개요는 〈표 13-2〉와 같다.

〈표 13-2〉 피지컬 컴퓨팅 도구를 활용한 메이커 수업을 위한 상세 지침 개요

구분	상세 지침	예시 및 해설 요약	적용 시점
1.1	학습자가 적극적으로 참여할 수 있도록 메이커 정신을 자극하는 자료와 안내를 제공하라.	메이킹 자체의 즐거움, 호기심, 실패 긍정, 협력, 끈기 등을 기르기 위해 실제 생활 속에서 메이킹으로 문제를 해결한 사례나 인물을 제시.	수업 전·중
1.4	학습자가 발견한 문제를 메이킹 활동으로 해결할 수 있는지 탐구 질문을 제시하라.	관찰한 문제가 메이킹으로 해결 가능한지 판단하도록 구체적 탐구 질문 3가지 제시: ① 어떤 상황인가? ② 어떤 불편·어려움이 있는가? ③ 무엇을 만들어 해결할 수 있는가?	수업 전·중
2.1	문제 발견 과정에서 확산적·수렴적 사고 기법을 활용하라.	실생활 문제를 발견할 때 발산·수렴적 사고 기법을 사용. 브레인스토밍, 시네틱스, 형태학적 분석, PMI, SCAMPER, HIT 등을 학습자 수준에 맞게 선택적 활용.	수업 중
3.2	학습자가 다양한 재료·도구를 직접 탐색하며 특성을 파악하고 공유하게 하라.	다양한 재료·도구를 직접 사용해 보고 특징을 협업으로 정리. 예: 레고, 벨크로 테이프, 센서 등 탐색 → 구글 문서 등으로 팀별 정리. 초·중급은 특성 안내, 고급은 적합한 재료 선택까지 유도.	수업 중
4.1	알고리즘 구성 원리를 파악할 수 있도록 게임·놀이 활동을 제공하라.	언플러그드 게임·놀이를 통해 순차, 반복, 조건 개념을 익히게 함. 초·중급은 놀이 활동 적극 제공, 고급은 생략 가능.	수업 중

구분	상세 지침	예시 및 해설 요약	적용 시점
4.4	산출물 기능이 알고리즘으로 구현 가능한지 검토하고 순서도로 표현하게 하라.	산출물 기능을 문장으로 적고, 절차별로 쪼개어 순서도로 표현. 팀 토의를 통해 알고리즘의 적절성 검토. 초·중급은 예시 제공, 고급은 자유롭게 작성.	수업 중
5.2	프로토타입 제작 시 교육용 프로그래밍 언어(educational programming language, EPL) 코딩과 피지컬 컴퓨팅 도구를 통해 반복적으로 수정·개선하도록 하라.	순서도를 EPL로 코딩 → 피지컬 컴퓨팅 도구로 실행·시뮬레이션. 오류 수정(debugging) 및 더 효율적인 알고리즘 탐색. 초·중급은 목표 기능 구현 여부 중심, 고급은 코드 효율성까지 고려.	수업 중
5.4	제작 산출물에 대해 효과성, 효율성, 매력성, 용이성을 기준으로 사용성 평가를 실시하라.	제작 산출물에 대해서 효과성, 효율성, 매력성, 용이성을 기준으로 평가. 동료 평가와 구조화된 평가지 활용 → 개선점 도출.	수업 중
6.1	학습자가 제작 산출물과 과정을 공유할 수 있는 장을 마련하라.	제작물과 과정을 발표, 메이커 페어 등 축제의 장에서 공유. 학습자는 제작 과정·결과·느낀 점을 발표하며 나눔과 개방의 정신 학습.	수업 후
6.3	학습자가 과정 전반을 되돌아볼 수 있도록 구조화된 성찰일지를 제공하라.	구조화된 성찰일지를 통해 제작 전반을 되돌아봄. 요약, 어려움, 배운 점, 팀원 평가 등을 포함. 제작 단계 이후에 활용하여 학습 과정 성찰 촉진.	수업 전·후

특히 상세 지침은 문제 발견과 정의, 그리고 창의적 아이디어 발산을 핵심 의도로 삼아 설계되었다. 예컨대, 학습자가 학교나 교실 맥락에서 발견한 불편한 점을 메이킹 활동으로 해결할 수 있는지 판단하도록 돕기 위해 "이 상황은 어떤 문제를 일으키는가?", "무엇을 만들어 해결할 수 있는가?"와 같은 탐구 질문을 제시할 수 있도록 하였다. 또한 문제 해결 아이디어를 구체화하기 위해 브레인스토밍이나 SCAMPER와 같은 사고 기법을 활용하여 학습자가 다양한 해결책을 창의적으로 모색할 수 있도록 지원하였다. 이를 통해 학습자는 문제를 단순히 인식하

는 수준을 넘어, 직접 산출물을 제작하면서 구체적 해결 방안을 설계하고 구현할 수 있다.

이와 더불어, 상세 지침은 학습자가 재료와 도구의 특징을 탐색하고 선택할 수 있도록 자율성을 제공하며, 공유와 성찰을 통해 산출물을 반복적으로 개선할 수 있도록 의도적으로 설계되었다. 예컨대, 교수자는 다양한 재료와 도구 탐색 활동을 포함하여 학습자가 자신의 프로젝트에 적합한 것을 선택하는 경험을 할 수 있도록 돕는다. 또한 프로토타입 제작 과정에서는 학습자가 알고리즘을 설계하고 코드를 작성하며, 피지컬 컴퓨팅 도구를 활용해 산출물이 제대로 작동하는지를 시뮬레이션하고 오류를 수정할 수 있도록 한다. 이때 동료 학습자와 함께 효과성, 효율성, 매력성, 용이성의 기준으로 프로토타입의 사용성을 평가하고 개선점을 도출할 수 있도록 구성되었다. 마지막으로 학습자는 제작한 산출물과 과정을 발표하거나 메이커 페어와 같은 장을 통해 공유하며, 구조화된 성찰일지를 작성하여 학습 과정에서의 어려움과 성장을 되돌아볼 수 있도록 하였다.

4. 모형의 적용과 효과

1) 모형의 적용

본 모형은 서울 소재 A 초등학교 6학년 1개 학급(학생 28명, 교사 1명)을 대상으로 적용되었다. 수업은 창의적 체험활동 시간을 활용하여 총 10차시(매 차시 80분, 총 800분) 동안 운영되었다. 참여 학생들은 피지컬 컴퓨팅 도구 수업 경험이 없는 상태에서 활동에 참여하였으며, 수업은 메이킹 전·중·후의 세 과정을 바탕으로 단계별 활동으로 설계되었다.' 모형 적용을 통한 메이커 수업 설계 개요는 〈표 13-3〉과 같다.

〈표 13-3〉 모형 적용을 통한 메이커 수업 설계 개요

주요 과정	차시	교수 학습 활동
공감하기, 메이킹 문제 정의하기	1차시	교실 · 가정 · 학교에서의 실생활 문제 및 불편함 관찰 → 문제 및 불편함에 대해서 공감하기 → 팀별 문제 브레인스토밍 → 메이킹 문제 정의
재료 및 도구 특성 파악하기	2차시	간단한 예제 및 실습을 통해 Micro:bit, LED, 센서, 모터 등 피지컬 컴퓨팅 도구 및 메이킹에 필요한 재료 및 도구 체험 → 각 재료 및 도구별 특징, 기능 정리표 작성
리믹스를 활용한 알고리즘 설계 및 코딩하기	2차시	기존에 공유되어 있는 코드 및 프로젝트를 활용하여 → MakeCode/Scratch에서 블록형 코딩 실습 → 문제 해결 절차를 흐름도로 표현 → 기존 코드 리믹스 후 수정 및 응용하여 발전
컴퓨팅 산출물 조립하기	1차시	학급에서 공통으로 찾은 문제 해결을 위한 안내된 산출물 제작 → Micro:bit + 센서 + 외부 재료(종이, 플라스틱 등) 조합을 통해 교사의 시연에 따라 단계별로 컴퓨팅 산출물 제작
컴퓨팅 산출물 창의적 구성하기	2차시	팀별로 자신이 관심 있는 문제 해결을 위해 컴퓨팅 산출물 제작 → 팀별로 알고리즘을 변형 · 확장 후 산출물에 기능 추가(예: 센서 반응, 경고음 출력) → 실제 상황에 적용 테스트
알고리즘 및 컴퓨팅 산출물 수정 · 개선하기	1차시	다른 팀 · 교사 앞에서 산출물 기능 시연 → 피드백 수집 → 오류 수정, 코드 최적화, 구조 보완
종합하기	1차시	메이커 페어 행사 형식 발표 → 전시 부스 운영, 시연, 질의응답 진행
공유하기(전 과정에서 병행)	4, 5, 7, 8차시 중심	차시별로 제작 과정과 산출물 사진 · 영상 온라인 플랫폼 업로드
성찰하기	10차시 중심	성찰일지 작성(무엇이 잘 됐는지, 개선할 점은 무엇인지 기록)

(1) 메이킹 전 과정 (1–2차시)

• 1차시 – 공감하기 및 메이킹 문제 정의하기

학생들은 먼저 교실과 학교, 가정 환경 속에서 문제 상황이나 불편한 점을 관찰하였다. 교사는 학생들이 관찰한 내용을 공유하도록 안내하고, 모둠별 토의를 통해 서로의 의견을 정리하도록 하였다. 이후 팀별 브레인스토밍을 거쳐, 메이킹을 통해 해결 가능한 문제를 구체적으로 정의하였다. 교실 안은 학생들이 학습지와 보드에 아이디어를 적어내고, 교사가 개방형 질문을 던지며 사고를 확장하도록 돕는 방식으로 운영되었다.

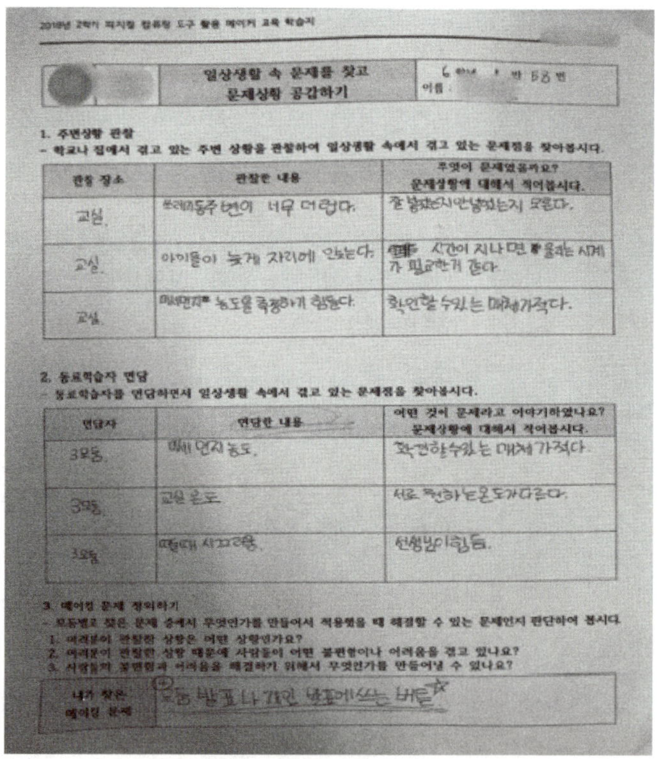

일상생활 속 문제를 찾고 문제상황 공감하기

1. 주변상황 관찰
- 학교나 집에서 겪고 있는 주변 상황을 관찰하여 일상생활 속에서 겪고 있는 문제점을 찾아봅시다.

관찰 장소	관찰한 내용	무엇이 문제였을까요? 문제상황에 대해서 적어봅시다.

2. 동료학습자 면담
- 동료학습자를 면담하면서 일상생활 속에서 겪고 있는 문제점을 찾아봅시다.

면담자	면담한 내용	어떤 것이 문제라고 이야기하였나요? 문제상황에 대해서 적어봅시다.

3. 메이킹 문제 정의하기
- 모둠별로 찾은 문제 중에서 무엇인가를 만들어서 적용했을 때 해결할 수 있는 문제인지 판단하여 봅시다
1. 여러분이 관찰한 상황은 어떤 상황인가요?
2. 여러분이 관찰한 상황 때문에 사람들이 어떤 불편함이나 어려움을 겪고 있나요?
3. 사람들의 불편함과 어려움을 해결하기 위해서 무엇인가를 만들어낼 수 있나요?

내가 찾은 메이킹 문제

[그림 13-5] 공감하기를 통한 메이킹 문제 정의하기 학습지

• 2차시 - 재료 및 도구 특성 파악하기

두 번째 시간에는 피지컬 컴퓨팅 도구(예: Micro:bit, LED, 센서, 모터 등)와 다양한 제작 재료를 직접 다루는 체험활동이 진행되었다. 교사가 간단한 시범을 보인 뒤, 학생들이 소그룹으로 나누어 재료를 직접 연결해 보고 결과를 확인하였다. 학생들은 각 도구의 반응이나 기능을 기록지에 정리하고, 모둠별로 특성을 공유하였다. 이를 통해 향후 제작 활동에서 어떤 재료와 도구를 활용할 수 있을지 탐색하였다.

(2) 메이킹 중 과정 (3-8차시)

• 3-4차시 - 리믹스를 활용한 알고리즘 설계 및 코딩하기

학생들은 교사가 제공한 예제 코드와 프로젝트를 기반으로, 블록형 프로그래밍 환경(예: MakeCode, Scratch 등)을 사용하여 코딩 실습을 진행하였다. 먼저 문제 해결 절차를 흐름도로 표현한 뒤, 기존 코드를 수정·응용하여 새로운 알고리즘을 설계하였다. 교사는 초급 수준 학생에게는 기초 코드 블록을 제공하여 발전시키도록 유도하고, 고급 수준 학생에게는 처음부터 코드를 구성할 수 있도록 자유로운 알고리즘 설계 및 확장을 유도하였다.

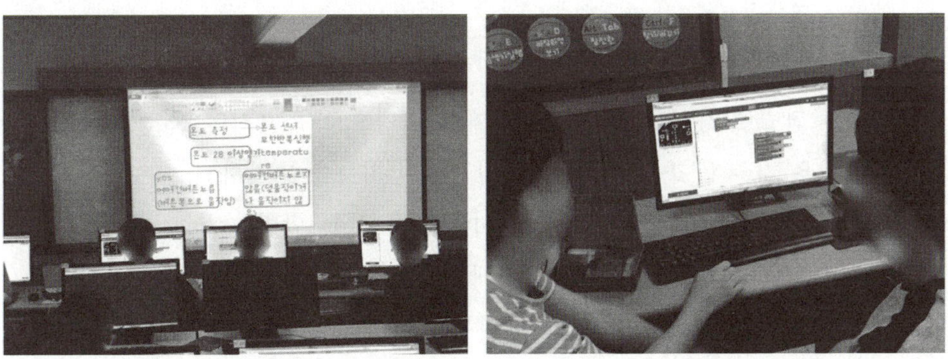

[그림 13-6] 문제 해결 절차 흐름도 표시 및 알고리즘 설계하기 활동

• 5차시 – 컴퓨팅 산출물 조립하기

학생들은 학급 전체가 함께 선정한 공통 문제를 해결하기 위해, 교사의 안내에 따라 단계별 산출물을 제작하였다. Micro:bit와 센서, 간단한 외부 재료를 조립하여 산출물을 완성하는 경험을 통해, 학생들은 기본적인 제작 절차와 도구 활용 방식을 배웠다. 교사는 제작 과정을 시연하며 학생들이 차례대로 따라올 수 있도록 단계별 지침을 제공하였다.

[그림 13-7] 컴퓨팅 산출물 조립하기 활동

• 6-7차시 – 컴퓨팅 산출물 창의적 구성하기

학생들은 팀별로 자신들이 정의한 문제를 바탕으로 독자적인 산출물을 제작하였다. 각 팀은 기존 알고리즘을 변형·확장하여 기능을 추가하고, 도구 및 재료를 재구성하며 결과물을 창의적으로 발전시켰다. 교사는 팀별 순회 지도를 통해 제작 과정을 점검하고, 필요한 경우 피드백과 기술적 지원을 제공하였다. 학생들은 완성한 산출물을 실제 상황에 적용해 작동 여부를 확인하며 제작 과정을 심화하였다.

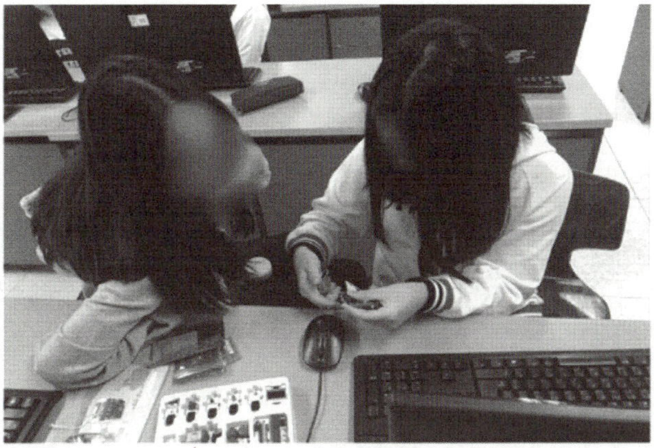

[그림 13-8] 컴퓨팅 산출물 창의적 구성하기 활동

• 8차시 – 알고리즘 및 산출물 수정 · 개선하기

팀별 제작물이 교사와 동료 앞에서 시연되었고, 이후 피드백을 반영하여 오류를 수정하고 코드를 최적화하였다. 학생들은 잘 작동하지 않는 부분을 확인하고, 구조나 배선을 다시 조정하며 개선 활동을 반복하였다. 교사는 학생들이 실패를 학습 기회로 받아들이도록 격려하면서, 디버깅 과정의 중요성을 강조하였다.

[그림 13-9] 알고리즘 및 산출물 수정 · 개선을 통한 최종 메이킹 산출물 도출

(3) 메이킹 후 과정 (9-10차시)

• 9차시 - 종합하기

학생들은 완성한 산출물을 팀별로 전시하고 발표하는 메이커 페어 활동을 진행하였다. 교실은 작은 전시장처럼 구성되었으며, 각 팀은 부스를 운영하며 제작한 산출물을 소개하고 시연하였다. 다른 학생과 교사, 방문자들은 산출물을 체험하고 질문을 던졌으며, 학생들은 질의응답을 통해 자신들의 제작 과정을 설명하였다.

[그림 13-10] 메이커 페어를 통한 종합하기 활동

• 10차시 - 성찰하기

마지막 시간에는 성찰일지 작성을 통해 학습 경험을 되돌아보았다. 학생들은 제작 과정에서 잘된 점과 어려웠던 점, 개선할 점을 구체적으로 적었으며, 팀 협력 과정에서 배운 점도 정리하였다. 교사는 구조화된 성찰일지를 제공하여 학생들이 단순 소감 작성에 그치지 않고 학습 경험을 체계적으로 성찰하도록 유도하였다.

2) 모형의 효과

본 모형을 적용한 결과, 전반적으로 학생들의 컴퓨팅 사고력과 메이커 정신이 향상되었으며, 교수자와 학습자 모두에게 긍정적인 반응이 나타났다. 먼저, 컴퓨팅 사고력의 경우 사전·사후 검사를 통해 학습자들의 컴퓨팅 사고력 증진 효과가 확인되었다. 검사 도구는 분석 능력, 모델링 능력, 구현 능력, 일반화 능력을 포함한 15문항 객관식 검사로 구성되었다. 대응 표본 t검정 결과, 사전 대비 사후 점수에서 통계적으로 유의미한 향상이 나타났다. 학습자들은 문제 분해, 추상화, 알고리즘 설계, 테스트의 전 과정을 경험하면서 컴퓨팅 기반 문제 해결 능력이 뚜렷하게 향상되었다.

또한 메이커 정신 역시 다섯 개 영역(인지, 체험, 감성, 사회, 실천)으로 구분하여 15문항 리커트 5점 척도를 활용해 측정한 결과, 모든 영역에서 평균 점수가 향상되었고, 통계적으로도 유의한 향상이 확인되었다. 특히 성취감, 협업 태도, 실패를 긍정적으로 수용하는 태도, 문제 해결을 지속하려는 끈기와 같은 요소에서 뚜렷한 개선 효과가 나타났다.

교수자와 학습자의 반응 또한 긍정적이었다. 교수자는 수업 모형이 단계별 전략과 지침을 구체적으로 제시하고 있어 수업 준비와 운영에 실질적 도움이 되었다고 평가하였다. 특히 메이킹 전-중-후의 단계가 체계적으로 구조화되어 있어 수업 실천 가능성이 높았고, 실제 운영 과정에서 학습자들의 흥미와 몰입이 두드러졌다고 응답하였다. 학습자들 역시 실생활 문제 해결 활동에 적극적으로 참여하며 높은 몰입과 동기를 보였다. 자신이 제작한 결과물을 동료와 공유하고 피드백을 주고받는 과정에서 성취감을 경험하였고, 어려운 과제에 직면했을 때도 반복·수정·개선을 통해 자신감을 키우는 모습을 보였다.

3) 모형 적용의 유의 사항

한편, 모형을 효과적으로 적용하기 위해서는 몇 가지 유의 사항을 고려해야 한다. 우선 학습자의 수준과 경험에 따라 정합성을 확보하는 것이 중요하다. 본 모형은 메이킹 전·중·후의 3단계와 10개의 세부 단계로 구성되어 있으나, 학생의 메이커 교육 경험, 코딩 역량, 협업 능력에 따라 시작 지점과 난이도를 조정할 필요가 있다. 예컨대 초급 학습자는 교사 안내 중심의 '컴퓨팅 산출물 조립하기' 단계부터 참여하는 것이 적합하며, 경험이 많은 학습자는 '알고리즘 설계 및 코딩하기' 단계부터 실행할 수 있다.

메이킹 전 과정에서는 실생활 문제를 공감하고 정의하는 시간이 충분히 확보되어야 하며, 관찰 활동, 동료 및 교사 면담, 개방형 질문 등을 통해 탐색이 이루어져야 한다. 재료·도구 탐색 활동 또한 단순 체험에 그치지 않고, 실험 후 팀별 정리 활동으로 이어져야 의미가 강화된다. 메이킹 중 과정에서는 교사 안내형 제작을 통해 기본 절차를 익힌 뒤, 팀별 창의적 확장을 유도하는 방식이 효과적이다. 리믹스 기반 코딩 전략은 학습자의 수준에 따라 차별적으로 적용할 수 있으며, 프로토타입 제작-시뮬레이션-사용성 평가-수정으로 이어지는 순환 구조를 강조해 디버깅과 개선 경험을 포함해야 한다.

메이킹 후 과정에서는 산출물 공유를 메이커 페어 형식으로 운영하여 축제 분위기를 조성하는 것이 효과적이며, 공유 대상은 학급을 넘어 같은 학년 학생, 교사, 학부모로 확대하여 확장적 피드백을 제공하는 것이 바람직하다. 성찰 활동은 제작 과정과 느낀 점, 어려움, 팀원 기여도 등을 포함한 구조화된 성찰일지 작성으로 이루어져야 하고, 온라인 플랫폼을 통해 기록과 공유가 지속될 수 있도록 지원해야 한다. 종합 단계에서는 학습자가 자기 경험을 사회적 맥락에서 재해석하고 성찰하도록 안내하는 것이 필요하다.

마지막으로, 전반적인 운영 전략 측면에서는 학습자별 역할 분담과 협업 유도, 도전-실패-수정-성공으로 이어지는 메이커 사고의 강조, 도구 활용법과 코딩 팁,

시범 제공 등을 통한 적절한 스캐폴딩이 포함되어야 한다. 더불어 최소 10차시 이상의 수업 차시 확보, 충분한 도구와 자원 준비, 문제 정의-제작-공유-성찰의 흐름을 유지할 수 있는 학습 자료 설계가 뒷받침되어야 한다.

본 연구에서 제안한 최종 수업 모형은 메이커 교육, 컴퓨팅 사고, 그리고 디지털 제작을 중심으로 설계되어, 초등학교 현장에서 실질적이고 효과적으로 적용할 수 있음을 확인하였다. 향후 연구에서는 디지털 제작과 메이커 교육을 한 단계 더 확장하기 위해 인공지능(artificial intelligence, AI)과의 융합을 모색할 필요가 있다. 최근 생성형 AI, 머신러닝 기반 분석 도구, 지능형 튜터링 시스템(intelligent tutoring system)과 같은 기술은 학습자의 개별적 수준과 요구에 맞춘 맞춤형 학습 경험을 가능하게 한다. 본 모형의 각 단계에 AI 기술을 접목한다면, 학습자에게 더 정교하고 개인화된 지원을 제공할 수 있다.

예컨대, 메이킹 전 과정에서는 AI 기반 데이터 분석을 활용하여 학습자가 주변 문제를 탐색하고 정의할 때 더 폭넓은 사례와 해결 방안을 제시받을 수 있다. 메이킹 중 과정에서는 AI가 학습자의 알고리즘 설계 및 코딩을 실시간으로 분석하고 오류 패턴을 탐지하여 맞춤형 피드백을 제공함으로써, 디버깅 과정의 학습 효과를 강화할 수 있다. 또한 AI 도구를 활용해 디자인 자동 생성, 프로토타입 시뮬레이션, 센서 데이터 분석 등을 지원한다면, 학습자는 더 창의적이고 복잡한 제작 활동을 경험할 수 있다. 마지막으로 메이킹 후 과정에서는 AI 기반 성찰 도구나 학습 분석 시스템을 통해 학습자의 제작 과정을 자동 기록·분석하고, 성찰 일지를 작성할 때 학습자의 사고 흐름을 구조화해 주는 지원이 가능하다. 이를 통해 학생은 메타인지를 활용하여 자신의 학습을 점검하고, 교사는 데이터 기반의 피드백을 제공할 수 있다.

나아가 AI 융합형 메이커 교육 모형은 단순히 도구적 차원을 넘어, 인간과 인공지능 간의 협력(human-AI collaboration) 관점을 포함하여 설계될 수 있다. 학습자가 AI를 단순히 사용하는 수준을 넘어, 문제 해결 과정에서 AI를 파트너로 인식하고 협력하는 경험을 하도록 하는 것이다. 이를 통해 학습자는 창의성, 협업 능력, 비판적 사고력, 문제 해결 능력뿐만 아니라 AI 문해력(AI literacy)과 같은 미래 핵심 역량을 함양할 수 있다. 이러한 접근을 통해 AI 기반 메이커 교육을 설계할 수 있는 구체적 모형, 일반 전략 및 상세 지침을 개발하고, 실제 학교 현장에서 그 효과성을 검증하는 방향으로 나아갈 수 있을 것이다.

제 **14** 장

언어 교육을 위한 인공지능 활용 교수설계 전략[1)]

제14장은 인공지능 활용 수업을 위한 교수설계 모형은 다룬다. 언어 교육 현장에서는 최근 인공지능 기술의 발전과 더불어 새로운 교수·학습 도구들이 빠르게 도입되고 있다. 번역기, 발음 교정 앱, 대화형 챗봇, 글쓰기 보조 도구 등 다양한 인공지능 기반 도구들이 학습자의 언어 습득을 지원하는 매체로 활용되면서, 교사와 학습자 모두에게 새로운 가능성과 도전을 동시에 제공하고 있다. 그러나 이러한 도구들이 무분별하게 사용될 경우 학습자의 자율적 사고와 실제 언어 사용 능력을 저해할 수 있다는 우려 또한 제기되고 있다. 심지어 교실 수업에서 인공지능을 제한하거나 배제해야 한다는 극단적인 주장도 나타나고 있다. 이러한 상황에서 본 장은 인공지능을 언어 교육 맥락에서 효과적으로 활용하기 위한 수업 설계 전략을 제안한다. 우선, 인공지능 도입의 교육적 배경과 필요성을 간략히 검토한 후, 언어 교육에서 AI 도구 활용의 특성을 이론적 구성과 틀 속에서 정리한다. 이어서 실제 교수설계 전략을 제시하고, 마지막으로 이를 적용한 수업 사례와 학습자들의 반응을 함께 제시한다.

1) 본 장은 '홍수민, 임철일 (2021) 인공지능 스피커를 활용한 언어교육에서 교수자의 스캐폴딩 전략 개발 연구. 교육공학연구, 37(2), 309-341.'를 바탕으로 재구성되었다.

1. 전략 개발의 배경

미래 사회는 인공지능과 함께 살아가는 세상이 될 것이며, 교육을 통해 길러야 할 인재상 또한 변화될 것이다. 인공지능 기술의 발전은 교육 목표, 교육 내용, 교수·학습 방법, 교육 평가 등 전반에 걸쳐 변화를 요구하고 있으며 그에 대한 논의도 지속적으로 이루어지고 있다(임철일, 2019). 인공지능 기술은 교수자의 교수 활동, 학습자의 학습 활동며, 그리고 일반 교육업무 수행 등 다양한 측면을 지원할 수 있다. 특히 학습자의 개인 맞춤 교육이 가능해진다는 점에서 주목받고 있다(김홍겸 외, 2018; 부산시교육청, 2019; Luckin et al., 2016; Zimmerman, 2018).

인공지능 음성인식 기술, 자연어 처리 기반 번역 기술 등 일상에서 활용하고 있는 인공지능 기술은 이미 수업에서도 다양한 방식으로 적용되기 시작하였다. 특히, 인공지능 음성인식기술 기반의 에이전트는 언어교육에서 상호작용을 통한 발화 기회를 제공한다는 측면을 고려한 교육적 활용이 이루어지고 있다. 인공지능 음성인식기술은 음성합성 기술의 발전으로 원하는 목소리로 책을 읽어주며, 인공지능과의 상호작용을 통하여 말하기 연습을 가능하게 한다. 또한, 인공지능은 발화 기회가 적은 제2외국어 학습 환경에서 발화 기회를 제공하는 대안적 역할을 제공하며, 학습자의 심리적 부담감을 해소하여 학습 동기를 향상시킬 수 있다(서정은, 2017; 안정은, 전영국, 2018; 현주은, 임희주, 2019). 서정은(2017)은 인공지능 스피커 '구글 홈'을 기반으로 한 유아 영어 학습 사례 연구를 수행하였다. 그 결과 유아 영어 학습자는 인공지능 스피커와의 언어적인 상호작용을 통하여 단어 중심형 말하기에서 문장 구성형 말하기로 개선되었고, 영어 학습자들의 의사소통 의지가 향상되었음을 밝혔다.

반면, 인공지능 에이전트를 활용한 교육적 가능성에 대한 모색이 이루어지고 있는 것과 동시에 이에 대한 문제점 또한 제기되고 있다. 인공지능은 발화 속도가 원어민 수준으로 빠르고, 문장구조, 어휘 등의 난이도가 높기 때문에, 초・중급 학습자가 사용하기에 어려움이 있다. 또한, 인공지능은 학습자가 잘못된 입력을 하면 오류에 대한 피드백을 제공하지 못한다(김혜영 외, 2019; 서정은, 2017; 현주은, 임희주, 2019). 인공지능 활용에 관한 연구 결과들은 대체로 학습자와의 상호작용을 활발하게 해주지만 원활한 소통에는 한계가 있고, 개입자로서 교사의 역할이 중요하며, 인공지능이 교사를 대체할 수 없음을 시사한다. 최민영과 이태욱(2019)은 교사의 역할이 지식 전달자에 그치지 않기 때문에 인공지능이 교사를 완전히 대체할 수 없으며, 교수자를 보조하는 역할을 할 것으로 보았다. 교수・학습 과정에 인공지능 기술의 도입은 교수자의 전통적 역할에 더해 학습 조력자로서의 역할 확대를 요구한다. 인공지능을 활용한 교수・학습 상황에서 교수자는 Long의 상호작용 가설에서 언어 능력 수준에 맞춰 '수정된 입력' 제공 등의 스캐폴딩 지원을 수행해야 한다(서정은, 2017).

스캐폴딩이란 교수자가 아동이나 초보자가 혼자서는 할 수 없는 과제를 완성하도록 도움을 줄 때 사용하는 일시적 지원의 구조이다(Graves et al., 1994). 스캐폴딩은 교수・학습 과정에서 학습 목표 달성을 위한 결정적인 교수 활동 요소이며, 인공지능을 활용하는 교수자는 스캐폴딩 전략을 효과적으로 활용해야 한다. 인공지능을 활용하는 언어교육에서 교수자는 학습자의 수준과 상황에 따라 알맞은 스캐폴딩 전략을 활용하기 위하여 인공지능과의 상호작용을 촉진하거나, 상호작용상 오류를 해결해 주는 역할을 해야 한다.

이에 본 장에서는 인공지능 기술을 활용하는 언어교육에서 교수자가 효과적으로 스캐폴딩할 수 있는 구체적 전략을 소개하고자 한다. 한편, 교수설계 모형 및 원리와 구분되는 교수설계전략이란 학습목표 달성을 위한 교수학습 방법의 구체적인 활동을 의미한다. 전략은 원리보다 다소 구체성을 지닌 수준으로 다양한 맥락에서 활용 가능한 일반성을 지닌다(한형종, 2019; Lee, 2012). 설계・개발연구 방법론을 적용한 전략 개발 연구는 대표적으로 수업설계전략 연구, 시스템 설계 전략 연구, 교수관리 전략 연구가 있다(임철일 외, 2024). 본 장에서 제시하고자 하는 교수자의 전략은 크게 인지적, 정의적, 기술적 스캐폴딩으로 구성된다. 본 전략은 다음과 같은 조건을 전제로 한다. 첫째, 인공지능의 음성 인식 및 응답 기능이 안정적으로 작동하고, 학습 과정에서 기술적 오류가 최소화될 수 있도록 기술적 신뢰성이 확보되어야 한다. 둘째, 교수자는 단순한 보조자가 아니라 학습 촉진자로서 인공지능과의 상호작용을 적극적으로 지원하고, 학습자가 교육 목표를 달성할 수 있도록 안내하는 역할을 수행해야 한다. 셋째, 학생 개개인의 수준과 학습 상황에 맞춘 맞춤형 스캐폴딩을 제공하여 학습자가 적절한 지원을 받을 수 있어야 한다.

2. 전략의 개발 과정

1) 설계 · 개발연구

인공지능 음성인식을 활용한 언어교육에서 교수자의 스캐폴딩 전략을 개발하고 타당성을 검토하기 위하여 설계 · 개발 연구방법론을 적용하였다. 연구 절차는 선행문헌 분석과 전문가 면담을 통해 초기 스캐폴딩 전략을 도출하고, 세 차례의 전문가 검토를 통한 내적 타당성 검토와 현장 평가를 통한 외적 타당성을 검토하는 것이다. 이 과정을 통해 인공지능 음성인식을 활용한 언어 수업에서 교수자의 스캐폴딩 전략을 최종 개발하였다.

2) 초기 전략 도출

테크놀로지의 통합적 관점에서 인공지능 음성인식을 활용한 교수자의 스캐폴딩 전략 개발을 위하여 선행문헌을 세 가지 방향으로 탐색하였다. 인공지능 활용 수업에서 교수자의 역할 관련 문헌, 교수자의 스캐폴딩과 관련 문헌, 인공지능 음성인식의 교육적 활용 관련 문헌을 검토하였다. 전통적으로 언어교육에서는 교수자 주도의 문법·번역식 수업이 이루어져 왔다. 그러나 학습자의 의사소통 능력 향상을 위해서는 교수자 중심의 일방향적 수업으로는 한계가 있으며, 학습자에게 목표 언어를 사용할 기회를 제공해야 한다(Swain, 2001). 인공지능은 학습자에게 목표 언어를 사용할 수 있는 기회를 제공하여, 학습자 주도의 언어 습득을 실현하는 데 도움을 준다. 그러므로 인공지능 음성인식을 활용하는 수업에서는 교수자에게 새로운 역할이 필요하다. 인공지능의 교육적 활용에 관한 선행연구에서는 교수자가 학습 경험 설계자로서 역할 할 것을 제시한다(박찬상, 2014; Law et al., 2017; Luckin & Cukurova, 2019). 이에 따라 인공지능 음성인식을을 활용한 언어 수업에서 교수자는 학습자의 의사소통 능력 향상을 목표로 최적화된 학습 경험을 설계해야 하며, 이와 함께 학습자와 인공지능의 상호작용을 돕는 촉진자의 역할을 해야 한다. [그림 14-1]과 [그림 14-2]는 전통적 언어 수업에서 교수자와 학습자의 상호작용과 인공지능 활용한 언어 수업에서 교수자의 역할을 보여준다.

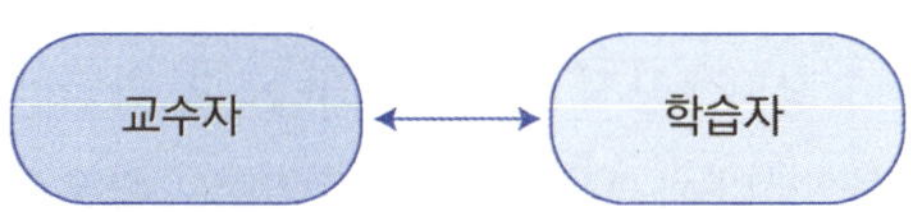

[그림 14-1] 전통적 언어 수업에서 상호작용

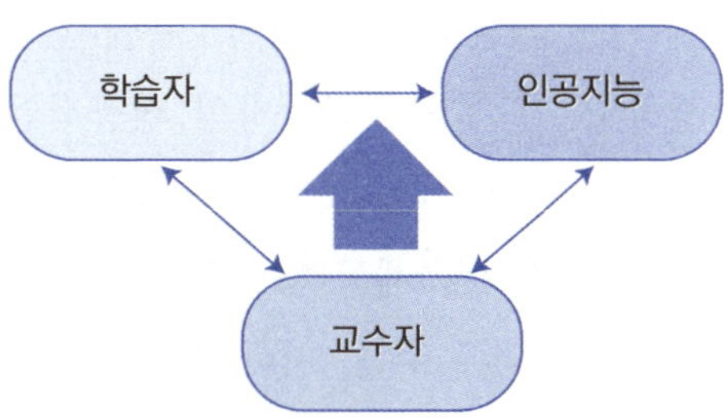

[그림 14-2] 인공지능을 활용한 언어 수업에서의 상호작용

연구에서는 인공지능을 활용한 교수자의 스캐폴딩 전략의 유형으로 기존의 인지적 스캐폴딩과 정의적 스캐폴딩(Schetz & Stremmel, 1994)에 기술적 스캐폴딩을 추가로 제시하였다. 기술적 스캐폴딩이란 학습 내용과 직접적인 관련이 있는

것이 아니며, 학습자의 학습을 촉진하기 위해 테크놀로지를 효과적으로 사용할 수 있도록 하는 도움을 의미한다(이은혜, 2014; 정세웅, 2013; Rasku-Puttonen 외, 2002). 기술적 스캐폴딩의 주체는 컴퓨터와 같은 테크놀로지가 될 수 있지만, 교수자가 제공하는 스캐폴딩을 의미한다. 결론적으로 교수자는 학습자와 인공지능의 상호작용 중 발생하는 어려움을 파악하여, 학습자와 인공지능의 반응에 따라, 즉시 인지적, 정의적, 기술적 스캐폴딩을 제공해야 한다.

이와 함께 인공지능 음성인식의 교육적 활용에 관한 연구를 종합 분석하였으며, 선행문헌 검토를 통한 이론적 탐색과 함께 인공지능 음성인식을 교육적으로 활용한 현장 경험이 있는 교수자와 연구자를 대상으로 면담을 실시하였다. 전문가 면담 결과는 선행문헌 검토를 통해 도출된 교수자의 스캐폴딩 전략에 적용되었고, 현장의 실제적 측면이 보완되었다. 전문가 면담은 실제 인공지능을 활용한 수업의 어려움을 해결하기 위한 교수자의 행동에 초점을 두었으며, 전문가 면담을 통해 교수자와 학습자의 성공적인 상호작용을 위해 사용하고 있는 실제적 교수전략을 확인하였다.

이를 통해 인공지능 음성인식을 활용한 언어교육에서 교수자의 스캐폴딩 전략의 초안을 개발하였다. 언어교육에서 학습자와 인공지능과 상호작용 중에 장애가 발생하면, 교수자는 학습자의 성공적인 발화를 돕기 위한 촉진자로서 학습자의 반응에 따라 발화 유도, 발화 내용의 오류 수정, 성공적 발화의 지속 및 확장을 위한 스캐폴딩을 제공해야 한다. 1차 개발한 전략에서는 교수자의 반응 행동을 발화 유도, 오류 수정, 지속 및 확장으로 구분하였으며, 교수자의 반응 행동 유형에 따른 스캐폴딩 전략을 인지적 스캐폴딩 전략, 정의적 스캐폴딩 전략, 기술적 스캐폴딩 전략으로 제시하였다. [그림 14-3]은 교수자의 반응 행동 유형에 따른 스캐폴딩 전략을 보여준다.

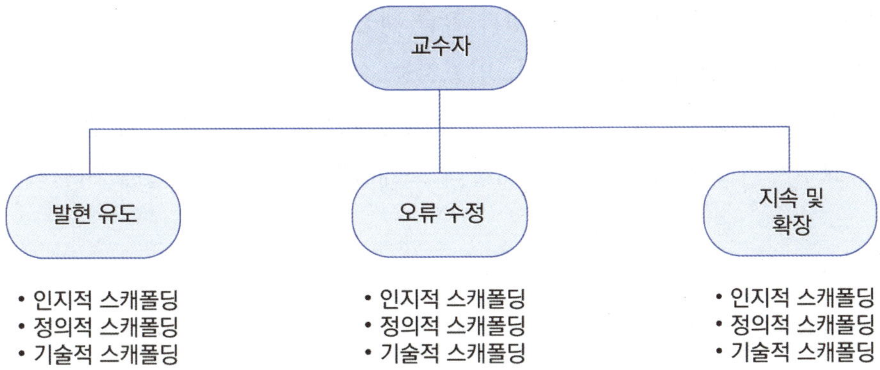

[그림 14-3] 교수자의 스캐폴딩 전략 구분 초안

3) 내적 타당화

내적 타당성 확보를 위해 인공지능 음성인식의 교육적 활용과 관련된 선행연구 검토 및 현장 경험이 있는 전문가와의 면담을 통해 도출된, 언어 교육에서 교수자가 인공지능 음성인식을 활용하여 제공할 수 있는 스캐폴딩 전략에 대해 세 차례의 전문가 타당화를 진행하였다. 이러한 과정을 통해 제시된 전략이 이론적으로 일관성을 지니는지, 그리고 실제 교육 현장에서 적용 가능한지를 검토하였다. 전문가 검토에는 현장 경험과 교육공학적 전문성을 갖춘 연구자 및 언어교육 전문가가 참여하였다.

4) 외적 타당화

전문가 검토를 거쳐 수정된 스캐폴딩 전략의 효과를 현장평가를 통해 검토하였다. 이를 위해 인공지능 스피커 기반 중국어 수업을 설계하고, 교수자와 학습자의 반응을 분석하였다. 현장평가는 C중학교 중국어 교사 1인과 학생 13명을 대상으로 진행되었으며, 사전 회의를 통해 교수자 교육(스캐폴딩 전략, 기기 활용법)을 실시하였다. 수업 전 학습자의 특성과 학습 내용을 고려해 과제를 설계하고, 원활한 환경 조성을 위해 무선 공유기, 인공지능 스피커 및 계정, 보조 배터리 등을 준비하였다. 총 2차시(각 40분) 수업에서 학습자는 스피커를 활용해 활동을 수행하고, 교수자는 인지적·정의적·기술적 스캐폴딩 전략으로 학습을 지원하였다.

3. 전략의 구성과 특징

1) 이론적 구성요소와 틀

본 전략은 테크놀로지 활용의 교육적 의미, 교수자의 지식 통합, 사회적 상호작용과 발달의 관점에서 도출된 세 가지 이론적 기반을 토대로 구성되었다. 첫째, Howland 외(2012)는 학습자들이 의미 있는 과제를 수행하는 과정에서 테크놀로지가 단순한 전달 매체가 아니라 사고와 표현을 확장하는 도구로 작동할 때 유의미 학습이 가능하다고 강조하였다. 이들은 이를 '테크놀로지로부터의 학습(learning from technology)'과 구분하여 '테크놀로지와 함께하는 학습(learning with technology)'이라고 정의하였다. 본 전략은 이러한 관점을 반영하여, 인공지능 음성인식 기술을 학습자의 언어 산출을 지원하고 상호작용을 촉진하는 도구로 활용함으로써 학습자의 자기 주도적 탐구와 의미 구성 과정을 강화하도록 설계되었다.

둘째, Shulman(1986)이 제시한 PCK(Pedagogical Content Knowledge) 개념과 이를 확장한 Mishra와 Koehler(2006)의 TPACK(Technological Pedagogical Content Knowledge) 프레임워크는 본 전략의 중요한 이론적 틀을 제공한다. TPACK은 내용(Content Knowledge), 교수학(Pedagogical Knowledge), 테크놀로지(Technological Knowledge)의 세 요소가 상호작용하여 교사에게 요구되는 복합적 지식 구조를 설명한다. 본 전략은 언어교육 맥락에서 인공지능 음성인식을 효과적으로 통합하

기 위해 교수자가 TPACK을 기반으로 한 설계적 판단과 실행 능력을 발휘할 수 있도록 지원하는 데 초점을 두었다.

셋째, 본 전략은 Vygotsky(1978)의 근접발달영역(ZPD) 이론과 Wood 외(1976)가 제시한 스캐폴딩 개념에 근거한다. 학습은 학습자의 현재 발달 수준(actual development level)과 사회적 상호작용을 통해 도달 가능한 잠재적 발달 수준(potential development level) 사이에서 촉진된다. 스캐폴딩은 학습자가 독자적으로 수행하기 어려운 과제를 교사나 동료, 혹은 기술적 매개체의 지원을 통해 성취하도록 돕는 교수 방법이다. 본 전략은 인공지능 음성인식을 매개로 한 교수자의 언어적·상호작용적 지원을 통해 학습자의 근접발달영역 내 성장을 촉진하도록 설계되었다.

종합적으로, 본 전략은 테크놀로지와 함께하는 학습 관점(Howland 외, 2012), TPACK 기반의 교수 지식 통합(Mishra & Koehler, 2006), ZPD와 스캐폴딩의 사회적 발달 이론(Vygotsky, 1978; Wood 외, 1976)을 핵심 축으로 삼아, 인공지능 음성인식 기술을 언어교육 맥락에서 학습자 맞춤형 지원과 교수자의 전략적 개입을 가능하게 하는 이론적 토대를 마련하였다. 발달수준에서 잠재적 발달수준으로 이동하기 위해 교사나 성인이나 우수한 또래 학습자에 의해 제공되는 상호작용을 스캐폴딩이라는 개념으로 제시하였다.

2) 세부 설계 전략

언어교육에서 학습자와 인공지능 상호작용 중에 장애가 발생하면, 교수자는 학습자의 성공적인 발화를 돕기 위한 촉진자로서 학습자의 반응에 따라 발화 유도, 발화 내용의 오류 수정, 성공적 발화의 지속 및 확장을 위한 스캐폴딩을 제공해야 한다.

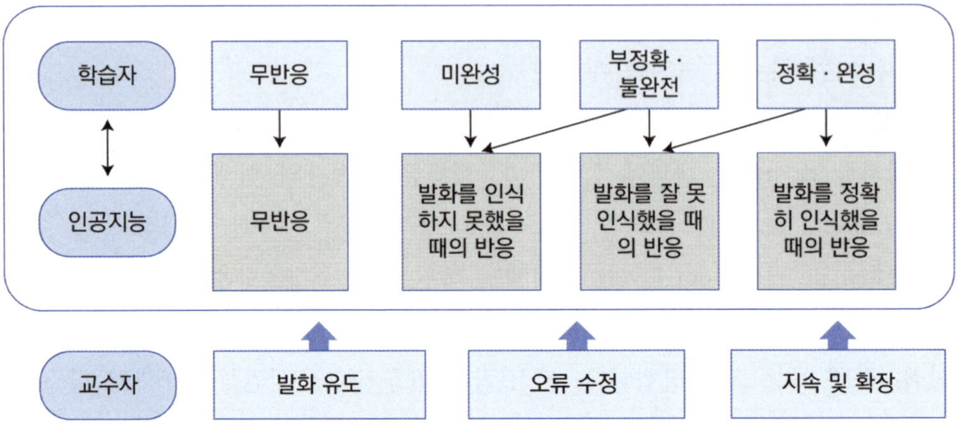

[그림 14-4] 학습자와 인공지능의 상호작용 양상에 따른 교수자의 역할

인공지능 음성인식을 활용한 언어 수업에서 교수자가 제공해야 하는 스캐폴딩 전략의 유형이다. 교수자는 학습자가 인공지능과의 상호작용을 촉진하기 위해서 인지적, 정의적, 기술적 스캐폴딩을 제공해야 한다. 최종적으로 10개의 인지적 스캐폴딩 전략과 24개의 지침, 7개의 정의적 스캐폴딩 전략과 16개의 지침, 4개의

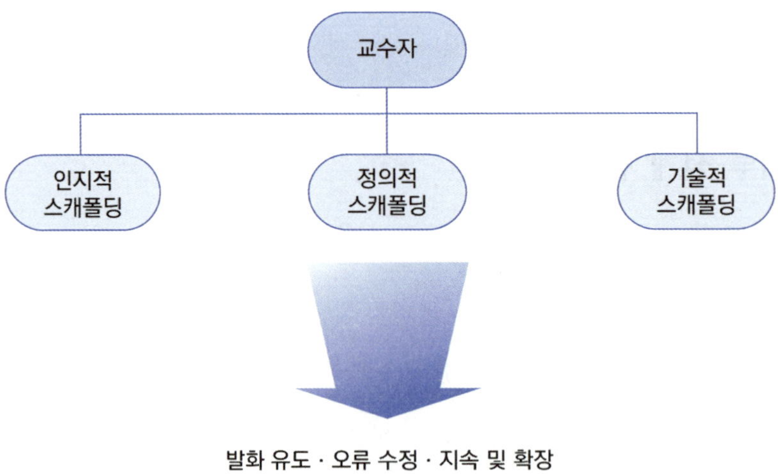

[그림 14-5] 교수자의 스캐폴딩 전략 유형

기술적 스캐폴딩 전략과 11개의 지침을 개발하였다. 교수자는 언어 수업에서 학습자와 인공지능과의 상호작용을 촉진하기 위해 본 연구에서 개발한 스캐폴딩 전략을 사용할 수 있다. 본 장에서 제시한 스캐폴딩 전략은 모든 언어 교육에 적용 가능하다. 아래 표는 인지적, 정의적, 기술적 스캐폴딩 전략 예시이다. 지면상의 한계로 일부 전략만을 제시하였다.

(1) 인지적 스캐폴딩 전략

1) 학습자가 인공지능과 상호작용에서 발화상의 어려움을 겪고 있을 때 발화 시범을 보여라.

① 인공지능과의 상호작용 시범을 보여라.
교수자의 발화 시범은 학습자의 불안감과 부담감을 줄이고 학습 동기를 부여한다.

② 학습자가 교수자의 인공지능과의 상호작용 시범을 따라 하게 하라. 학습자는 교수자의 발화를 모방하여 정확하고 완정된 발화를 할 수 있다.

2) 학습자가 인공지능과 상호작용에서 어려움을 겪고 있을 때 발화 완성을 위한 단서를 제공하라.

① 학습자의 의도에 적합한 어휘, 문법, 표현상의 단서를 제공하여 학습자가 발화를 완성할 수 있도록 하라.
예를 들어, 영어 수업에서 학습자에게 "물고기(Fish)"'라는 반응을 얻기 위해서, 교수자는 학습자에게 "바다에 사는 것"이라는 언어적 단서를 제공할 수 있다.

② 다양한 상황·맥락적인 단서를 제공하여 학습자가 자신의 발화를 완성할 수 있도록 하라.
교수자는 학습자가 직면한 발화 요구 상황의 앞뒤 맥락 짚어주기, 발화를

구성하기 위한 배경지식이나 선행 경험을 떠올려 주기, 요구된 발화가 있을 수 있을 만한 상황을 설명해 주기 등 다양한 상황·맥락적 단서를 제공한다.

3) 인공지능의 발화를 학습자가 이해했는지 점검하고 적절하게 대응하라.

① 학습자가 인공지능의 발화를 이해했는지 질문하라.
예를 들어, 교수자는 "인공지능은 무엇이라고 했습니까?" "이해할 수 있겠나요?" 등의 질문을 통해 학습자의 이해도를 점검한다.

② 인공지능의 발화를 학습자가 이해하지 못한 경우라면 학습자가 이해 가능한 수준으로 재진술하라.
교수자는 학습자가 이해할 수 있는 수준의 동의어나 유의어, 혹은 유사한 의미를 전달할 수 있는 쉬운 구조의 문장을 제공한다.

③ 학습자의 발화가 모호할 경우 학습자의 발화 의도를 확인하라.
예를 들어, "학생 A는 제일 좋아하는 영화가 해리포터라고 말한 건가요?"라고 말할 수 있다.

④ 학습자의 발화를 명료하게 하도록 요구하라.
예를 들어, 교수자는 "인공지능이 현재 학생의 발음을 인식하지 못한 것 같아요. 다시 한 번 발음해 보세요."라고 한다.

4) 학습자가 발화 오류를 범할 경우, 암시적으로 오류 수정을 지원하라.

① 학습자가 스스로 오류를 인식하도록 비언어적 신호를 보내라.
교수자가 직접 학습자의 오류를 수정하지 않고, 행동이나 표정 등의 비언어적 신호로 학습자가 스스로 자신의 발화에 오류가 있다는 것을 인식할 수 있도록 한다.

② 학습자가 발화 오류를 알아차리도록 오류 내용을 반복해서 말하라.
학습자의 발화 문장에서 불완전한 내용을 반복하며 학습자 스스로 수정할 수 있도록 기다린다.

5) 학습자가 발화에서 오류를 범할 경우, 학습자의 발화 오류를 명시적으로 수정하라.

① 학습자의 발화에서 오류 부분을 구체적으로 언급하여 잘못된 점이 있다는 것을 밝히고, 해당 부분을 올바르게 수정하게 하라.

인공지능은 발음이 조금이라도 틀리면 인식하지 못한다. 교수자는 학습자의 발음 중 교정이 필요한 경우 오류 부분을 명시적으로 언급하여, 해당 부분을 올바르게 수정하여 들려준다.

② 학습자가 오류를 수정하는 데 필요한 어휘나 문법을 설명하라.

명시적으로 오류를 수정해 주는 방법 외에도, 상황에 따라 오류를 수정하는 데 필요한 어휘나 문법을 설명할 수 있다.

③ 오류가 포함된 학습자 발화의 일부 또는 전체를 수정하고 반복하게 하라.

교수자가 직접적으로 학습자의 오류를 수정해 줄 때는 학습자가 위축되지 않도록 주의해야 한다.

6) 인공지능을 활용하여 피드백을 제공하라.

① 인공지능이 학습자의 발화를 어떻게 인식했는지 대화 기록을 제시하여 오류를 수정하도록 하라.

인공지능 구글 홈에서 '활동 관리(manage activity)'에 들어가면 학습자 발화를 어떻게 인식했는지 텍스트 형태로 저장되어 있다. 학습자가 이를 확인하여 자신의 발음 또는 발화를 수정하도록 한다.

② 인공지능에게 학습자가 발화한 단어나 문장을 따라 하게 하여, 학습자 발음의 정확도를 실시간으로 평가하고 피드백을 제공하라.

인공지능에게 정해진 문구를 사용하면, 인공지능은 학습자의 발화를 따라 하고 학습자 발음의 정확도를 확인해 준다.

③ 인공지능이 이해하지 못했다고 반응할 때, 새로운 내용으로 발화할 수 있도록 유도하라.

학습자가 인공지능에게 부정적 피드백을 받게 되면, 교수자는 학습자가 긍정적 태도로 다른 표현을 할 수 있도록 유도한다.

7) 학습 과제를 수행할 때 인공지능에게 도움을 요청하도록 하라.

① 인공지능에게 필요한 정보를 요청하도록 하라.

학습 과제를 수행할 때 학습자는 교수자에게 필요한 정보를 요청할 수 있지만, 인공지능에게 필요한 정보를 요청할 수도 있다.

② 어려운 어휘나 표현은 인공지능에게 물어보도록 하라.

예를 들어, 과제 내용 중 학습자가 모르는 단어가 있으면 인공지능에게 질문할 수 있다.

(2) 정의적 스캐폴딩 전략

1) 외국어 학습에 대한 불안감을 낮추기 위해 의인화 수준을 높여라.

① 인공지능이 사람의 모습을 갖추게 하라.

학습자가 유치원, 초등학교 저학년인 경우 인공지능에 눈, 코, 입 스티커를 붙이거나 옷을 입혀 사람의 모습을 갖추게 한다.

② 인공지능을 캐릭터로 형상화하여 학습자가 캐릭터와 상호 작용하는 분위기를 조성하라.

의인화한 인공지능 캐릭터는 학습자들이 외국어 학습에 느끼는 심리적인 불안감을 감소시키고, 의사소통하고자 하는 의지를 높인다.

2) 수업을 시작할 때 인공지능을 활용하여 학습자의 흥미를 유발하라.

① 인공지능에 편안함을 느낄 수 있도록 학습자들이 일상에서 인공지능을 활용한 경험을 말하게 하라.

학습자에게 인공지능을 활용한 경험을 확인하고, 교통정보 요청 등 일상에서 인공지능을 사용하는 친숙한 상황을 제시한다.

② 인공지능을 활용하여 학습자들의 흥미를 유발할 수 있는 게임을 진행하라.
교수자는 숫자 빙고 게임, 동전 던지기 게임, 가위바위보 게임, 수도 이름 맞추기 게임 등을 진행할 수 있다.

3) 학습자가 목표 언어 사용에 대한 부담을 최소화할 수 있도록 사전학습 기회를 제공하라.

① 학습자가 자신감을 가질 수 있도록 사전학습(warm-up)을 진행하라.
예를 들어, 사전학습 활동지를 인사하기, 안부 묻기, 이름 묻기 등 인공지능과 일상적인 대화 또는 인공지능의 기본적인 정보를 탐색할 수 있는 내용으로 구성한다.

② 학습자가 인공지능에게 마음을 열 수 있도록 단어, 문장, 대화 순으로 단계적으로 진행하라.
예를 들어, 사전학습으로 "Okay, Google. Whether?"와 같이 단어를 사용해서 상호작용을 시도하고, 이후 "Okay, Google. How is the weather today?"와 같이 완성된 문장으로 상호작용을 시도한다.

4) 인공지능과 상호작용상에 장애가 발생할 시 당황하지 않도록 학습자를 격려하라.

① 상호작용 결과에 긍정적인 피드백을 제공하라.
예를 들어, 교수자는 학습자에게 "괜찮아요." "할 수 있어요." "다음번에는 더 잘할 수 있을 거예요."라고 긍정적인 피드백을 제공한다.

② 학습자가 좌절하지 않고 재도전하게 하라.
교수자는 인공지능의 한계를 설명하여 학습자가 좌절하지 않도록 해야 한다.

5) 학습자가 스스로 문제를 해결할 수 있도록 지원하라.

① 학습자가 스스로 해결할 수 있도록 충분한 시간을 제공하라.
교수자의 스캐폴딩이 실패한 원인 중에는 교수자의 지나친 개입이 있다. 학

습자의 근접발달영역을 고려하지 못하고 정답을 유도하는 등 교수자가 지나치게 개입하면 학습자가 잠재적 수준으로 발달하도록 돕지 못한다.

② 학습자의 현재 수준으로 문제를 해결할 수 없는 경우, 교수자는 즉각적으로 학습자에게 도움을 제공하라.
교수자는 학습자가 스스로 문제를 해결할 수 있도록 즉각적 도움을 점차 줄인다.

6) 인공지능과의 상호작용을 촉진하기 위한 협력학습을 지원하라.

① 동료 학습자와 인공지능이 상호 작용할 때 각각의 입장에서 대화를 관찰하게 하라. 협력학습 시 동료 학습자와 인공지능의 상호작용을 관찰하게 하여 질문자의 입장과 대답하는 자의 입장을 관찰하여 양쪽의 입장을 동시에 경험하게 한다.

② 모든 학습자가 상호작용에 성공적인 경우, 성공에 대한 성취감을 서로 교감하도록 하라.
학습자들은 상호작용을 통해 언어를 자연스럽게 습득하고, 그 경험이 충분히 이루어지면 다른 학습자와의 의미 있는 상호작용이 가능하다.

③ 성공한 학습자가 어려움을 겪는 학습자를 돕도록 하라.
언어 구사 능력이 또래 학습자보다 더 높은 학습자나 과제를 성공한 학습자가 도움이 필요한 학습자를 도와주도록 하여, 협력과제를 성공적으로 수행할 수 있도록 한다.

④ 동기를 유발하기 위해 학습자 간 경쟁을 유도하라.
교수자는 게임, 보상 등의 게임의 원리를 활용하여 학습자의 동기를 유발하고, 학습자가 상호작용에 성공하기 위하여 재도전하도록 경쟁을 유도한다.

7) 발화를 지속할 수 있도록 성공적 상호작용에 대한 긍정적 강화를 제공하라.

① 인공지능과의 상호작용의 과정에 대해 칭찬하라.

교수자가 기대했던 수준에 부합하거나 그 이상으로 만족스러운 경우에는 학습자의 발화상에서 잘한 점을 구체적으로 언급한다.

② 학습자들이 지속적으로 인공지능을 활용하여 학습할 수 있도록 인공지능과의 상호작용 결과에 대해 칭찬하라.
학습자는 새로운 언어를 배울 때 의사소통에 대한 불안을 보이기에 학습자가 성공적으로 발화를 하였을 때는 적극적으로 칭찬하여 외국어 학습에 대한 안도감을 제공하고 자신감을 얻을 수 있도록 한다.

(3) 기술적 스캐폴딩

1) 인공지능의 기술적 원리를 소개하라.

① 인공지능의 작동 원리를 소개하라.
교수자는 학습자의 선수 지식과 학습 경험에 따라 이해가 가능한 수준으로 인공지능의 작동 원리를 소개한다. 원리를 알면 인공지능을 효과적으로 사용하는 데 도움이 된다.

② 인공지능 사용의 장점을 안내하라.
첫째, 일상 언어로 상호작용이 가능하다. 둘째, 원어민 화자와 유사한 상호작용 상대 역할을 한다. 셋째, 사용할수록 개인화(맞춤형) 기능을 제공한다.

2) 인공지능 사용 방법에 대해 안내하라.

① 인공지능의 사용 절차를 안내하라.
구글 홈 미니(Google Home mini) 사용 절차 예시는 다음과 같다. 1단계, 전원을 연결한다. 2단계, 호출어(Wake up word)를 입력한다. 3단계, 불빛이 모두 들어오면 대화를 시작한다. 4단계, 인공지능이 사용자의 발화를 처리 중일 때 불빛이 깜박인다. 5단계, 인공지능이 대답을 할 때 불빛이 동시에 깜박인다.

② 인공지능의 기능을 안내하라.

인공지능은 일상 대화, 명령 수행(스마트 홈 제어 포함), 정보 등을 제공할 수 있으며, 언어 학습 지원 기능도 다양하다. 내장 기능 외에, 개발자가 만든 음성 애플리케이션(액션/스킬)을 호출하여 사용할 수 있다.

3) 학습자가 인공지능과 상호 작용하기 위한 최적화된 환경을 지원하라.

① 인공지능 사용을 위한 교실 내 필수 기술 요소를 확인하라.

인공지능 사용에는 무선 인터넷이 필요하므로, 환경이 없다면 무선 공유기를 준비한다.

② 언어 사용 기회를 늘리기 위해 학습 목적에 맞는 기기를 준비하라.

구문 연습 시에는 학습자 1명당 기기 1대, 과제 수행 시에는 2인당 1대, 문제해결 시에는 4인당 1대, 교수자 주도 수업에는 기기 1대로 전반적으로 진행한다.

③ 학습자가 최대한 가까이에서 인공지능과 상호 작용하게 하고, 외부 소음을 최소화하라.

인공지능이 발화를 잘 인식하지 못한다면 환경 요인을 점검하라. 인공지능은 외부 소음에 민감하므로, 학습자가 자신의 기기와 가까운 거리에서 발화하도록 하고, 모둠 간 간격을 넓혀 상호 간섭을 줄인다.

4) 인공지능의 기술적 특성에 따른 상호작용 방법을 설명하라.

① 효과적 사용을 위해 제안문/요청문을 집중적으로 연습시켜라.

인공지능은 요청 수행과 정보 제공에 최적화되어 있으므로 기본적인 요청문 정보를 제공한다.

② 인공지능과의 상호작용에 도움이 되는 필수 표현을 안내하라.

인공지능은 호출어 이후 주로 음량 조절, 재생 및 정지, 재요청, 발음 확인 등의 명령을 받는다.

③ 인공지능에게 한 번에 한 가지씩 질문하도록 하라.
예를 들어, "한국의 수도는 어디이고, 공항은 어디에 있습니까?"라고 묻는 2자 말고, "한국의 수도는 어디입니까?" "한국에 공항은 어디에 있습니까?" 라고 묻는다.

④ 구체적 명사 키워드(문어체)를 사용하도록 하라.
예를 들어, "Could you tell me how to cook Lasagna?" 보다는 "Could you tell me the recipe for Lasagna?" 가 더 적합하다.

4. 전략의 적용과 효과

1) 전략의 적용

본 전략은 경기도 소재 C중학교 2학년을 대상으로 한 중국어 수업에서 적용되었다. 총 13명의 학생이 참여하였으며, 수업은 40분씩 2차시로 진행되었다. 수업에서는 Google Home Mini 인공지능 스피커를 주요 학습 도구로 활용하여, 학습자들이 음성인식 기반 상호작용을 경험할 수 있도록 하였다. 이를 통해 학습자들은 중국어 발화 활동에서 인공지능 음성인식과 직접 상호작용하며 발음 교정, 의미 확인, 질의응답 활동 등을 수행하였다.

(1) 1차시 수업

1차시 수업은 인공지능 스피커에 익숙하게 하는 것에 초점을 두었으며, 중학교 생활 중국어 1-5단원에서 학습한 내용을 종합하여 인공지능 스피커와 중국어로 상호작용하는 것을 목표로 하였다. 학습 활동은 중학교 생활 중국어 1-5단원에서 학습한 중국어를 종합하는 활동으로, 중국어 표현을 인공지능 스피커에게 제시하고 인공지능의 대답을 확인하는 것이다. 이때 교수자는 인지적, 정의적, 기술적인 스캐폴딩 전략을 활용하여 수업을 진행하고 상호작용을 지원한다. 교수자는 수업 전에 학습자의 반응을 예측하고, 공통 적용이 가능한 스캐폴딩 전략을 활용하였으며, 수업 상황에서는 개별 학습자에게 또는 팀별로 스캐폴딩을 제공하였다.

[그림 14-6] 인공지능 스피커(구글 홈)

[그림 14-7] 인공지능 스피커를 활용한 중국어 수업 모습

[그림 14-8]은 1차시 수업에서 교수자와 인공지능과의 대화 기록을 제시한 것이다. 교수자가 먼저 인공지능에게 노래를 부르도록 요청하거나 '你好!'와 같은 간단한 발화를 시범으로 제시함으로써, 학습자들이 실제 수업 활동에서 활용할

[그림 14-8] 1차시 수업에서의 교수자의 대화 기록

수 있는 상호작용 방식을 보여주었다. 즉, 교수자가 시범을 통해 학습자가 인공지능 스피커와 상호작용하는 방법을 모델링하고, 이후 학습자가 이를 모방·확장할 수 있도록 지원한 것이다. 이는 학습자의 초기 불안감을 줄이고 자연스러운 참여를 유도하는 인지적·정의적 스캐폴딩 전략의 구체적인 사례라 할 수 있다.

(2) 2차시 수업

2차 수업은 인공지능과의 상호작용을 통하여 세계 각국에서 '你好'를 어떻게 표현하는지와 중국어로 날짜와 요일을 물을 수 있는지 활동을 중심으로 이루어졌다. 수업의 도입 단계에서는 학습자의 흥미를 이끌기 위해 빙고 게임을 진행하였다. 교수자가 인공지능 스피커에게 1부터 10까지의 숫자를 질문("Okay Google, 给我(一个)1到10之间的(随机)数字")하면, 인공지능 스피커는 1부터 10까지의 숫자 중 임의의 숫자를 제시한다. 다음으로 이번 차시의 학습목표를 제시하였고 본격적으로 수업을 시작하였다.

수업 전개에서는 두 가지 활동으로 이루어졌다. 첫째, '세계의 你好' 활동으로, 인공지능에게 각 나라에서 你好(안녕!)를 어떻게 표현하는지에 대해 묻는 활동이다. 먼저, 한국, 미국, 일본, 스페인 등 각 국가와, 해당 국가가 사용하는 언어 한국어, 영어, 일본어, 스페인어 등을 중국어로 복습하고, 교수자는 한국에서는 你好를 어떻게 하는지에 대해 시범을 보였다. 교수자는 인공지능에게 '韩语你好(한국어로 안녕)'라고 물었고, 이에 대해 인공지능 스피커는 '안녕하세요'라고 응답하였다. 이는 단순한 지식 확인이 아니라, 다른 언어(한국어)를 예시로 제시하여 학습자가 익숙한 언어와 목표어(중국어)를 비교·연결할 수 있도록 돕는 인지적 스캐폴딩 전략에 해당한다. 즉, 교수자가 먼저 언어 간 대응 관계를 시범으로 보여줌으로써 학습자가 이후 유사한 방식으로 다른 표현을 탐구하고 확장할 수 있도록 발판을 마련한 것이다. 이외에도 학습자 개인 별로 학습 활동지를 수행할 때 교수자는 도움이 필요한 학습자에게 인지적, 정의적, 기술적인 스캐폴딩을 제공하였다.

둘째, 날짜와 요일 묻기 활동으로, 먼저 관련 표현을 복습하였고 학습 활동을 수행하였다. 학습 활동에는 오늘의 날짜를 묻는 것과 기념일의 날짜를 묻는 것, 인공지능의 생일을 묻는 것, 나의 생일이 몇요일인지 묻는 것을 포함한다. 학습 활동은 이때도 마찬가지로 교수자는 도움이 필요한 학습자에게 인지적, 정의적, 기술적인 스캐폴딩을 제공하였다. 수업 정리 단계에서는 1차시 수업과 동일하게 학습자 중 한 명을 선정하여 해당 학습자의 상호작용 대화 기록을 전체에 공유하였다.

[그림 14-9]는 실제 학습자가 인공지능과 상호작용할 때 장애가 발생할 때, 교수자의 도움으로 학습자가 성공적으로 상호작용한 대화 기록이다. 학습자는 인공지능에게 자신이 태어난 날의 요일에 대해 묻는다. 그러나 인공지능은 20일을 계속적으로 21일로 인식한다. 이때, 교수자가 학습자에게 인지적, 정의적, 기술적인 스캐폴딩을 제공하였고 그 결과 학습자는 성공적으로 대화를 완수한다.

[그림 14-9] 교수자의 스캐폴딩을 통한 학습자의 성공적 상호작용 대화 기록

2) 전략의 효과

본 전략을 실행한 결과, 학습자들은 인공지능 음성인식과의 상호작용에서 더 높은 수용성과 발화 역량을 보였고, 교수자와 학습자 모두 긍정적인 학습 경험을

공유하였다. 학습자 대상 설문조사 결과 인공지능 음성인식의 교육적 활용에 대한 학습자들의 인식은 긍정적으로 나타났다. 기존 수업과 비교할 때, 교수자 중심에서 벗어나 학습자가 인공지능과 직접 상호작용하는 경험을 통해 학습 참여가 더 능동적이고 역동적으로 이루어졌다고 평가하였다. 특히 "날짜 맞추기 활동"과 같은 활동은 학습자들에게 신선하고 인상 깊은 경험으로 남았으며, 인공지능이 개인의 질문에 즉각적으로 반응하는 과정에서 학습자들은 높은 몰입과 흥미를 경험하였다.

둘째, 학습 효과 측면에서 학습자들은 중국어 발음 학습에 있어 인공지능 음성인식이 도움이 되었다고 응답하였다. 발음을 정확히 인식시키기 위해 더 집중적으로 발화하려는 노력이 강화되었고, 그 결과 발음 교정 효과를 체감하였다. 일부 발화 오류나 기술적 제한으로 인해 불편함을 느낀 경우도 있었으나, 학습자들은 이를 도전 과제로 받아들이고 지속적으로 상호작용을 시도하는 모습을 보였다.

셋째, 교수자 반응은 대체로 긍정적이었다. 교수자들은 인공지능 음성인식이 학습자 중심의 수업 전개를 가능하게 했다고 평가하였으며, 스캐폴딩 전략이 학습자 간 상호 논의, 협력적 문제해결 등 학습자들의 상호작용 촉진에 효과적이었다고 언급하였다. 또한 예시와 해설을 통해 전략을 구체화하는 과정에서 교수자 스스로도 학습 지원에 대한 자신감을 얻게 되었다고 응답하였다. 그러나 기술적 문제(예: 인터넷 연결 불안정)에 대한 대비 필요성과, 각 언어에 맞춤화된 구체적 예시가 더 보강되어야 한다는 개선 의견도 제시되었다. 특히 AI가 제공하는 음성인식 데이터를 기반으로 학습자에게 즉각적인 피드백을 제공하는 전략이 추가된다면, 학습 효과를 더욱 강화할 수 있을 것이라고 평가하였다.

마지막으로, 교수자의 역할은 여전히 중요한 요소로 확인되었다. 학습자들은 인공지능이 발화를 인식하지 못할 때 교수자가 직접 오류를 수정하고 올바른 발음을 유도해 준 점을 학습 과정의 핵심적 지원으로 인식하였다. 즉, 인공지능과의 상호작용은 학습 동기를 강화하는 도구로 작동하였지만, 교수자의 정교한 피드백과 정서적 격려가 결합될 때 학습 효과가 극대화됨을 보여주었다.

3) 전략 적용의 유의사항

본 전략의 효과적인 적용을 위해서는 다음과 같은 사항들을 유의할 필요가 있다. 우선 기술적 안정성을 확보하는 것이 중요하다. 인공지능 음성인식은 인터넷 연결에 크게 의존하므로, 수업 중 연결이 불안정하거나 끊길 경우 학습에 방해가 될 수 있다. 따라서 사전 기술 점검을 철저히 수행하고, 필요시 대체 수단을 마련해야 한다. 또한 수업에서 사용하는 기기 간 호환성이 보장되지 않으면 상호작용이 원활히 이루어지지 않을 수 있으므로, 모든 학습자가 동일한 환경에서 학습할 수 있도록 기기 선택과 조정을 신중히 해야 한다.

둘째, 발음 및 언어적 한계를 고려해야 한다. 인공지능 음성인식이 학습자의 발음을 정확히 인식하지 못하면 적절한 피드백 제공이 어려울 수 있다. 특히 한국어 발음 특성으로 인해 오류가 발생할 수 있으므로, 교수자가 발음 교정 과정에서 보조적 역할을 수행하고, 필요시 직접적인 지도를 통해 학습자의 이해와 발화를 지원해야 한다.

셋째, 학생의 정의적 요인 관리가 필요하다. 일부 학생들은 인공지능 음성인식과의 상호작용에서 심리적 불안감을 느낄 수 있으며, 이는 학습 몰입을 저해할 수 있다. 따라서 교수자는 AI를 친근한 학습 파트너로 인식하도록 돕고, 실수를 학습의 자연스러운 일부로 받아들이도록 지속적으로 격려해야 한다. 특히 초보자나 새로운 환경에서 학습하는 학생들에게는 정서적 지지가 학습 동기를 높이는 핵심 요소가 된다.

넷째, 수업 환경의 통제와 역할 분담을 고려해야 한다. 인공지능 음성인식의 도입은 수업의 역동성을 높이지만, 동시에 혼란을 야기할 수 있다. 이에 따라 교수자는 학습자가 자기 주도적으로 참여할 수 있도록 명확한 역할을 부여하고, 팀 기반 혹은 쌍방향 활동을 통해 협력적 학습을 촉진해야 한다.

마지막으로, 피드백 제공의 타이밍과 수준이 중요한 고려 요소이다. 인공지능 음성인식이 발음 오류를 인식하지 못하는 경우, 교수자가 적절한 시점에 보완적 피드백을 제공해야 하며, 학생 수준에 맞추어 피드백의 양과 난이도를 조정해야 한다. 과도한 피드백은 학습자의 부담을 증가시킬 수 있고, 반대로 부족한 피드백은 학습의 진전을 저해할 수 있기 때문이다.

제 15 장

창의적 문제해결을 위한 인공지능 융합 교수설계 모형[1)]

제15장은 창의적 문제해결을 위한 인공지능 융합 수업 모형을 제안한다. 최근 교육 전반에서 AI 도구가 빠르게 확산되고 있으나, 학교 현장에서는 고차적 설계 역량의 부담, 자료 부족, 교사의 심리적 거부감 때문에 융합 수업이 충분히 실천되지 못하고 있다. 이에 본 장은 인공지능 융합 수업의 교육적 배경과 필요성을 간략히 검토한 뒤, AI 도구 사전 학습을 전제로 한 모형의 정의와 조건을 제시하고, 수업을 도구 학습 → 문제 발견 → 문제 분석 → 해결안 도출 → 문제 해결 → 평가로 조직하는 절차를 설명한다. 또한 이 절차에 따라 수업을 설계 및 운영함으로써 현장에서의 모형 활용 가능성을 탐색한다. 효과 검증에서는 학생을 대상으로 한 동일집단 사전·사후 검사와 대응표본 t-검정 결과, 창의적 문제해결력과 AI 리터러시가 유의하게 향상되고 수업 만족도 또한 높게 나타났음을 확인한다. 마지막으로 적용상의 유의점을 포함한 현장 적용 전략을 제시한다.

1) 본 장은 '이다연, 임철일(2025). 초·중등 교사의 인공지능 융합 수업 설계 지원 시스템 개발 원리. 교육공학연구, 41(1), 1-39.'를 바탕으로 재구성되었다.

1. 모형 개발의 배경

1) 모형의 요구

인공지능 융합 수업을 통해 함양해야 할 미래 역량은 특정 교과에 한정된 것이 아니다(김성희 외, 2023; 배영권 외, 2021; 서울특별시교육청, 2023). 인공지능의 원리와 기술을 바탕으로 창의적으로 문제를 해결하고 인공지능 리터러시를 기르는 교육적 목표는 모든 교과에서 강조된다. 그러나 실제 학교 현장에서는 인공지능 융합 수업이 충분히 이루어지고 있지 않다.

그 이유를 살펴보면 다음과 같다. 첫째, 고차적이고 종합적인 수업 설계 역량이 요구된다. 창의적 문제해결을 위한 인공지능 융합 수업을 설계하기 위해서는 (예비)교사의 인공지능 융합 수업 설계 역량과 창의적 문제해결 활동 설계 역량이 모두 필요하다. 먼저 인공지능 융합 수업 설계를 위해서는 학습자 특성을 이해하고 과제에 관한 체계적인 분석을 바탕으로 인공지능 융합 수업을 위한 학습 내용을 구성할 수 있어야 한다(허희옥, 강신천, 2023). 또한 두 개 이상의 교과(목)이나 학문의 지식을 연결하여 융합 수업의 주제를 구성할 수 있는 지식 연결 역량과 선정된 주제를 중심으로 수업을 설계할 수 있는 교육과정 재구성 역량 역시 필요하다(박한별 외, 2021). 뿐만 아니라 기초적인 컴퓨터과학과 데이터 과학의 지식을 기반으로 인공지능 기술 및 도구를 활용할 수 있어야 한다(김태령 외, 2020). 다음으로 창의적 문제해결 활동을 설계하기 위해서는 문제 발견, 문제 분석, 해결안 도출, 해결안 실행 등과 같은 창의적 문제해결의 단계를 이해해야 하며(Amabile, 1996; Puccio et al., 2005; Treffinger et al., 2000), 각 단계에 따른 학습 활동을 조직할 수 있어야 한다. 또한 학습자들의 학습 활동에 적절한 피드백과 스캐폴딩을 제공할 수 있어야 하고(Hathcock et al., 2015), 학습자들이 도출한 결과물을 평가할 수 있어야 한다(McCrum, 2017). 그러나 이러한 역량을 모두 갖춘 교사가 많지 않기 때문에 창의적 문제해결을 위한 인공지능 융합 수업이 이루어지기 어렵다.

둘째, 수업 실천을 위한 충분한 지식과 자료가 제공되지 않았다. 인공지능 융합 수업에 대한 (예비)교사의 교수설계 역량 및 이해도 향상을 위한 교육이나 학생 지도를 위한 학습 자료가 부족한 상황이다(변순용 외, 2022). 특히 시중의 인공지능 교육 관련 단행본은 인공지능의 기술적인 측면에 집중되어 있어 인공지능 융합 및 창의적 문제해결을 위한 수업 활동에 관련한 자료는 제한적이다(장병철 외, 2021). 수업을 위한 지식과 자료가 부족하다 보니 많은 (예비)교사가 인공지능 융합 수업의 개념이나 방법을 몰라서 제대로 된 실천이 이루어지지 못하고 있다(최도연, 전용주, 2023).

셋째, (예비)교사가 심리적 거부감을 갖고 있다. 인공지능 융합 수업은 새로운 형태일 뿐만 아니라 고차적인 수업이다. 상당수의 (예비)교사는 이러한 형태의 수업을 어렵고 복잡하다고 인식하고 있다(최도연, 전용주, 2023). 그러다 보니 새로운 방식의 수업을 실천하는 데 심리적 거부감을 느끼게 되는 것이다(McCrickerd, 2012). 또한 인공지능이라는 새롭고 혁신적인 기술을 수업에 활용하는 것에 대한 거부감 역시 인공지능 융합 수업이 학교 현장에 정착되고 확산하는 것을 저해하는 원인이 될 수 있다(송연옥, 변호승, 2013; Rogers, 1995). 이러한 심리적 거부감을 해소하기 위해서는 (예비)교사가 참고할 수 있는 수업설계 모형 개발이 요구된다.

2) 모형의 정의와 조건

(1) 정의

창의적 문제해결을 위한 인공지능 융합 수업 모형은 학습자가 인공지능 도구에 대한 이해와 경험을 바탕으로, 실제 생활 또는 교육 현장에서 발생하는 문제를 효과적으로 분석하고 해결해 나가는 단계를 포함하는 교수설계 모형이다.

이 모형은 인공지능 도구 학습 → 문제 발견 → 문제 분석 → 해결안 도출 → 문제 해결 → 평가의 과정을 순차적이면서도 반복 가능한 구조의 수업을 설계하기 위한 분석, 설계, 개발, 사용성 평가 단계로 구성된다. 각 단계에서 인공지능 기술의 적용 가능성을 진단하고, 적절한 도구를 선택하여 활용하는 학습 경험을 제공한다. 특히, AI 도구의 사전 학습을 전제로 하며, 문제 해결 과정 전반에 걸쳐 학습자의 탐구력, 협업 역량, 창의적 문제 해결력을 촉진하는 데 목적을 둔다.

(2) 조건

- AI 도구에 대한 사전 학습 필요: 문제 해결 이전에 인공지능 도구(Machine Learning 기반 도구, 자연어 처리 도구 등)에 대한 이해 및 실습이 선행되어야 한다. 단계 간 순환성과 유연성 확보: 문제를 반복 탐색하고 해결안을 수정・보완할 수 있도록 각 단계는 순환 가능한 구조로 설계되어야 한다.
- 문제 중심・학습자 중심 접근: 실제적인 문제 해결 상황을 기반으로 학생이 주도적으로 탐구하고 도구를 선택하며 문제를 해결할 수 있도록 유도해야 한다.
- AI 기술의 적용 가능성 고려: 문제 유형이 인공지능 도구의 분석, 분류, 예측, 자동화 등의 기능으로 해결 가능한 것이어야 한다.
- 협업 및 피드백 구조 포함: 동료와의 아이디어 공유, 공동 설계, 피드백을 통한 문제 해결 과정이 강조되어야 한다.
- 교사의 조력자 역할: 교사는 학습자에게 적절한 도구를 안내하고, 해결 과정에서 방향성을 제시하는 안내자 및 촉진자 역할을 수행해야 한다.
- 결과뿐 아니라 과정 중심의 평가 반영: 해결 결과뿐 아니라 문제 설정, 분석, AI 도구 활용 과정, 공유 및 성찰 등을 포함한 총체적 평가가 필요하다.

2. 모형의 개발 과정

1) 설계개발연구

Richey와 Klein(2007)에 따르면 설계·개발 연구는 설계, 개발, 평가 과정 및 절차를 연구 대상으로 삼으며, 산출물, 도구, 설계모형, 설계원리, 설계전략, 설계 지침 등을 연구 결과로 도출한다(임철일 외, 2024). 본 연구는 설계·개발 연구 방법론의 두 가지 유형 중 모형 연구(유형 2)를 실시하였다.

인공지능 융합 수업 설계를 위한 모형을 새롭게 개발하고 이를 타당화하였으며, 선행문헌 고찰, 전문가 면담, 사례 분석을 통해 모형을 개발하고, 전문가 타당화를 통해 타당화를 실시하였다.

2) 초기 모형 도출

창의적 문제 해결을 위한 인공지능 융합 수업 모형의 단계는 다음과 같다. 인공지능 융합 수업은 크게 다섯 가지 주요 단계로 구성되며, 각 단계는 인공지능 도구의 활용 역량을 기르는 데 중점을 둔다. 이 기본 절차는 인공지능 도구 익히기, 문제 인식, 해결 방안 탐색, 실제 문제 해결, 결과 공유로 이루어진다. 이러한 구조를 바탕으로 창의적 문제해결 능력을 강화하기 위해 몇 가지 단계를 추가하였다.

먼저, 학습자가 주변에서 문제를 자발적으로 발견하고, 해당 문제에 인공지능 기술이나 도구를 적용할 수 있는 가능성을 탐색하는 문제 발견 단계를 도입하였다. 이 단계는 전체적인 문제해결 과정의 방향을 설정하는 데 중요한 역할을 한다. 또한, 문제와 관련된 정보를 폭넓게 수집하고 이를 분석하여 문제의 근본 원인을 파악한 뒤, 문제를 재정의하는 문제 분석 단계의 중요성을 강조하였다. 마지막으로, 결과물 단순 공유에 그치지 않고, 그 과정과 산출물을 되돌아보며 성찰하는 평가 단계가 추가되어 수업을 보다 심화된 학습 경험으로 연결되도록 보완하였다.

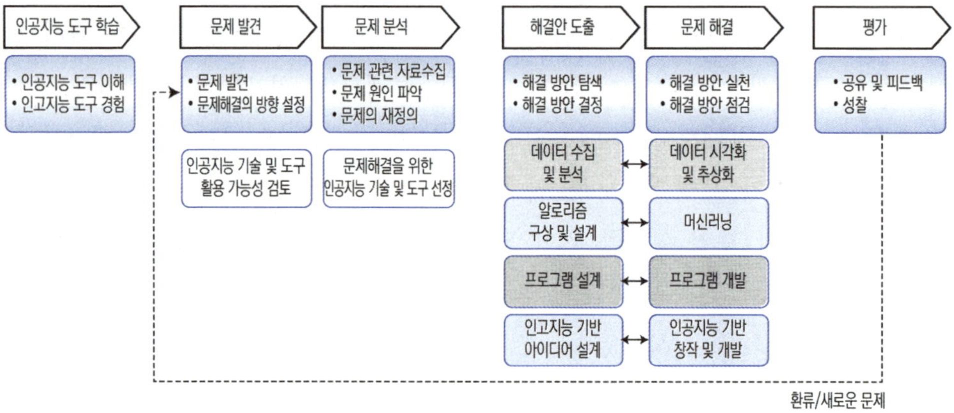

[그림 15-1] 창의적 문제해결을 위한 인공지능 융합 수업 모형

초기 인공지능 융합 수업 설계 모형의 단계는 다음과 같다. 수업 설계는 전반적으로 다섯 단계로 구성되며, 각 단계는 체계적인 교수학습 환경을 구축하는 데 중점을 둔다. 주요 단계는 분석(기본 정보 확인), 교수학습 활동 설계, 과정안 작성, 사용성 평가, 최종 과정안 도출로 이루어진다. 먼저, 분석 단계에서는 수업이 적용될 학년, 교과목, 단원, 차시 등 기본적인 정보를 확인하고, 학습자의 특성과 흥미 요소, 교육과정 내용, 그리고 물리적 및 디지털 학습환경 등을 종합적으로 분석한다. 이와 함께, 해당 수업에서 달성하고자 하는 학습 목표를 설정하고, 목표 도달을 지원할 수 있는 적절한 인공지능 도구를 선정하여 활용 방향을 검토한다. 다음으로, 교수학습 활동 설계 단계에서는 창의적 문제해결력을 기르기 위한 인공지능 융합 수업의 절차에 따라 구체적인 활동을 구성한다. 이 절차는 인공지능 도구 학습, 문제 발견, 문제 분석, 해결안 도출, 문제해결, 평가의 여섯 단계로

나뉘며, 각 단계에서의 교사 및 학습자의 역할과 활동 내용을 세부적으로 설계한다. 이어지는 과정안 작성 단계에서는 수업 목표 및 성취기준에 따라 각 차시별 도입, 전개, 정리의 흐름을 구체적으로 기술한다. 이를 통해 수업 실행의 일관성과 효과성을 확보한다.

그 후, 사용성 평가 단계에서는 작성된 과정안에 대해 동료 교사 및 실제 학습자들로부터 피드백을 수렴한다. 이러한 의견은 수업 과정의 현장 적합성 및 실효성을 검토하는 데 중요한 기초자료로 활용된다. 마지막으로, 수렴된 의견을 바탕으로 수업 내용을 수정·보완한 후, 최종적으로 적용 가능한 완성된 수업 과정안을 도출한다.

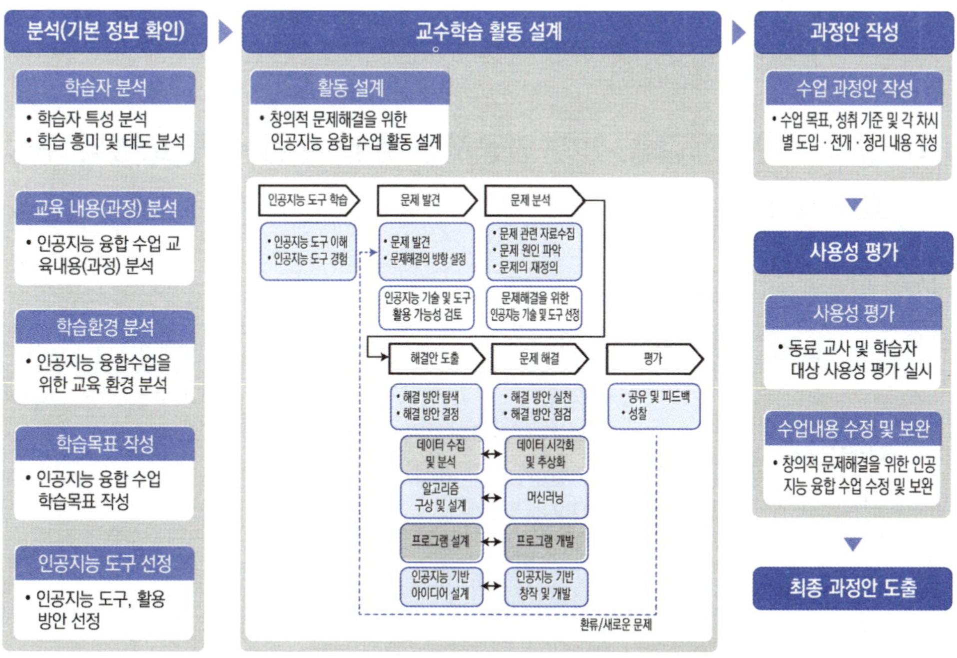

[그림 15-2] 창의적 문제해결을 위한 인공지능 융합 수업 설계 절차

3) 내적 타당화

전문가 타당화는 선행문헌 고찰, 전문가 면담, 사례 분석을 통해 도출한 초기 설계요소, 설계원리 및 개념모형의 내적 타당성을 검증하기 위하여 실시되었다(Johnson & Christensen, 2008). 전문가 타당화는 관련 분야의 전문가가 개발된 설계원리, 설계전략, 설계지침, 설계모형 등을 요소, 구조, 사용성 측면에서 검토하는 과정을 의미한다(Richey, 2005). 이러한 과정을 통해 개발된 결과물을 실제 적용하기에 적합한 방식으로 수정하고 오류를 삭제할 수 있다.

3. 모형의 구성과 특징

1) 창의적 문제해결을 위한 인공지능 융합 수업 설계 모형의 구성 요소와 틀

〈표 15-1〉 창의적 문제해결을 위한 인공지능 융합 수업 설계 모형의 구성 요소

설계요소	하위 요소
체제적 수업 설계 과정	분석 설계(인공지능 기반 창의적 문제해결 활동 설계) 개발(과정안 작성) 사용성 평가
인공지능 기반 창의적 문제해결 활동 설계	도구 학습 문제 발견 문제 분석 해결안 도출 문제해결 평가

창의적 문제해결 역량 함양을 위한 인공지능 융합 수업 설계 모형의 구성 요소는 〈표 15-2〉와 같다. 이 설계 요소는 크게 두 가지 영역으로 분류되며, 첫째는 체제적 수업 설계에 해당하는 요소이며, 둘째는 인공지능 기반 창의적 문제 해결 활동 설계에 관한 요소이다. 우선, 체제적 수업 설계 과정은 분석, 설계, 개발, 사용성 평가로 구성된 폭넓은 교수설계 단계 전반을 체계적으로 수행하는 데 목적이 있다. 창의적 문제해결 중심의 인공지능 융합 수업 설계를 위해서는 분석, 설계, 개발, 사용성 평가의 각 단계가 구조적으로 이루어져야 한다(임다미 외, 2022). 이를 구체화하기 위해 설계 원리로서 수업 분석, 수업 설계, 과정안 개발 및 검토, 사용성 평가 과정이 제안되었다. 이는 수업의 단위 활동을 중심으로 계획하는 좁은 의미의 수업 설계와, 교사의 설계 전 과정을 안내하는 넓은 의미의 수업 설계 중 넓은 의미의 수업 설계에 해당한다(임철일 & 연은경, 2015; 정재삼, 1996).

다음으로, 인공지능 기반 창의적 문제해결 활동 설계는 인공지능 융합 수업 내에서 핵심적으로 수행되는 교수학습 활동을 계획하는 것을 말한다. 이 수업은 인공지능 기술과 도구를 바탕으로 창의적인 방식으로 문제를 해결하는 교육적 접근을 전제로 하며(김태령 외, 2020; 박한별 외, 2021; 임철일, 2022; 정제영 외, 2023; 홍선주 외, 2021), 수업 절차는 인공지능 도구 학습, 문제 발견, 문제 분석, 해결안 도출, 문제해결, 평가의 여섯 단계로 구성된다.

2) 모형의 상세 설계 전략

〈표 15-2〉 창의적 문제해결을 위한 인공지능 융합 수업 설계 모형의 구성 요소

설계요소	설계원리 및 지침
체제적 수업 설계	1. 수업 분석의 원리 : 최적화된 수업의 설계를 위해 사전에 검토해야 할 요소들을 교사가 직접 확인하게 한다.
	1.1 창의적 문제해결을 위한 인공지능 융합 수업을 실시할 학년, 과목, 단원을 선정하게 하라.

설계요소	설계원리 및 지침
	1.2 체크리스트를 제공하여 선정한 과목 및 단원이 창의적 문제해결을 위한 인공지능 융합 수업에 적합한지 검토하게 하라. ex) 본 단원의 학습 내용은 해결해야 할 문제를 포함하고 있다. 본 단원의 주제는 학습자의 발산적인 사고를 가능하게 한다.
	1.3 창의적 문제해결 활동의 유형 및 난이도를 선택하게 하라.
	1.4 학습자의 인공지능 도구 활용 및 창의적 문제해결 역량에 대한 기준을 제시하여 교사 스스로 학습자 수준을 판단하게 하라.
	1.5 창의적 문제해결 활동 수행에 적합한 학습목표를 설정하게 하라.
	1.6 국가 교육과정의 성취기준 및 인공지능 융합 수업 우수사례의 성취기준을 참고 자료로 제시하여 성취기준을 설정하게 하라.
	1.7 인터넷 연결, 인공지능 기술 활용을 위한 전자 기기 구비 여부, 피지컬 컴퓨팅 도구 활용 공간 등의 학습환경이 창의적 문제해결을 위한 인공지능 융합 수업을 실시하기에 적합한지 검토하게 하라.
체제적 수업 설계 · 인공지능 기반 창의적 문제해결 활동 설계	2. 수업 설계의 원리 : 교사가 수업을 설계할 때, 창의적 문제해결을 위한 인공지능 융합 수업의 일반적인 절차인 인공지능 도구 학습, 문제 발견, 문제 분석, 해결안 도출, 문제해결, 평가 단계를 포함하여 수업을 설계할 수 있도록 적절한 안내를 제공한다.
	2.1 인공지능 기반 창의적 문제해결 활동의 개념과 일반적인 절차(인공지능 도구 학습, 문제 발견, 문제 분석, 해결안 도출, 문제해결, 평가)에 관한 내용적 안내를 제공하라.
	2.2 인공지능 기반 창의적 문제해결의 단계에 따른 학습자 활동을 포함하게 하라.
	2.3 수업내용 설계 단계를 앞뒤로 자유롭게 이동하며 설계 과정을 점검하고 수정 및 보완할 수 있게 하라.
인공지능 기반 창의적 문제해결 활동 설계	3. 문제 이해 활동 설계의 원리 : 창의적 문제해결 활동에서의 문제 발견 및 문제 분석 과정을 효과적으로 설계한다.
	3.1 학습자 스스로 해결해야 할 문제를 발견하고 인지하는 활동을 포함하게 하라.

설계요소	설계원리 및 지침
	3.2 교사가 문제를 제시할 경우, 참고할 수 있는 문제의 사례나 관련 정보를 제시하라.
	3.3 학습자가 스스로 문제를 발견하게 할 경우, 문제 발견을 도울 수 있도록 교사가 제공해야 할 정보나 행동을 작성하게 하라.
	3.4 학습자가 문제의 해결에 인공지능 기술이 활용될 수 있는지 검토하는 활동을 포함하게 하라.
	3.5 문제의 선정 이후에는 문제와 관련된 자료를 수집하고 문제의 원인을 종합적으로 파악하게 하라.
	3.6 학습자의 문제 분석 과정에서 교수자가 제공해야 할 자료나 도움을 작성하게 하라.
	3.7 문제 분석을 통해 문제의 원인을 파악한 이후에는 학습자 스스로 문제를 재진술하는 활동을 포함하게 하라.
	4. 창의적 해결안 도출 활동 설계의 원리 : 창의적 문제해결 활동에서의 해결안 도출 과정을 효과적으로 설계한다.
	4.1 학습자들이 논의를 통해서 아이디어를 발산하는 활동을 포함하게 하라.
	4.2 아이디어 발산 활동에서 활용 가능한 사고도구의 사례를 제시하라.
	4.3 아이디어 발산에 있어 교사가 취해야 할 전략과 우수사례에 관한 정보를 제공하라.
	4.4 학습자가 스스로 해결안을 탐색하고 결정하는 활동을 포함하게 하라.
	4.5 도출한 해결안을 실천할 수 있는 구체적인 계획을 작성하는 활동을 포함하게 하라.
	4.6 문제를 해결하기 위한 데이터 수집 및 분석, 인공지능 알고리즘 구상 및 설계, 인공지능 프로그램 설계, 창작 등의 활동을 포함하게 하라.
	4.7 학습자의 새롭고 독창적인 해결안을 도출할 수 있도록 지도하는 전략을 확인하게 하라.
	5. 창의적 문제해결 활동 설계의 원리 : 창의적 문제해결 활동에서 문제해결 과정과 문제해결의 결과를 검토하고 성찰하는 평가 과정을 설계한다.
	5.1 데이터 시각화 및 추상화, 머신러닝, 인공지능 프로그램 개발 등을 통해서 문제를 해결하는 활동을 포함하게 하라.

설계요소	설계원리 및 지침
	5.2 해결안을 실천하고 이러한 해결안이 실제 문제를 해결할 수 있는지를 점검하는 활동을 포함하게 하라.
	5.3 문제해결이 원활히 이루어지지 않을 경우에는 해결안을 수정하는 활동을 포함하게 하라.
	5.4 문제해결 결과를 학습자 간 상호 공유하는 활동을 포함하게 하라.
	6. 과정안 개발 및 검토의 원리 : 수업 설계 내용을 반영하여 교사가 차시별 과정안을 도입, 전개, 정리 단계에 따라 작성하도록 적절한 안내를 제공하고, 전체 과정안을 내려받아 검토할 수 있도록 한다.
	6.1 수업 설계 결과를 요약하여 제시하고 이를 참고하여 각 차시별 과정안 작성이 이루어지도록 하라.
	6.2 도입 단계에서 학습자들의 동기를 부여할 수 있는 활동을 포함하도록 안내를 제공하라.
	6.3 전개 단계에 창의적 문제해결 활동을 중점적으로 포함하도록 안내를 제공하라.
	6.4 정리 단계에서 학습자가 스스로의 활동을 성찰하고, 활동 내용을 동료 학습자와 공유하는 시간을 포함하도록 안내를 제공하라.
	6.5 과정안을 작성할 때 각 활동의 소요 시간을 작성하게 하고, 도입, 전개, 정리 및 각 단계에 포함된 교수학습 활동을 시각화하여 제공하라
	7. 과정안에 대한 사용성 평가의 원리 : 설계하고 있는 수업 과정안에 관한 동료 교사 혹은 학습자의 의견을 확인하고, 과정안을 수정 및 보완하도록 한다.
	7.1 동료 교사 및 학습자를 대상으로 설계 중에 있는 수업에 관한 반응을 확인할 수 있는 질문지를 제공하고, 필요할 경우 수정하여 활용할 수 있게 하라.
	7.2 사용성 평가 결과를 점수표, 그래프 등으로 시각화하여 제시하고, 상세 의견을 확인할 수 있도록 하라.
	7.3 사용성 평가 결과를 반영하여 설계 중인 수업의 과정안을 수정, 보완할 수 있도록 하라.

(1) 수업 분석의 원리

교사가 인공지능 융합 수업을 설계하기 전에 학년, 과목, 단원 등을 선정하고 적합성을 점검하도록 한다. 이를 위해 체크리스트를 활용해 학습 목표, 학습자 수준, 환경 등을 검토하게 한다. 또한 국가 교육과정 성취기준과 우수사례를 참고해 목표를 구체화하도록 유도한다.

(2) 수업 설계의 원리

창의적 문제해결을 위한 인공지능 융합 수업은 도구 학습, 문제 발견, 분석, 해결안 도출, 문제해결, 평가의 절차를 포함해야 한다. 교사가 이 과정을 설계할 때 학습자의 활동이 반영되도록 안내한다. 또한 단계 간 자유로운 이동을 통해 수업안을 점검·수정할 수 있게 한다.

(3) 문제 이해 활동 설계의 원리

학습자가 스스로 문제를 발견·분석할 수 있도록 문제 상황과 관련 정보를 제공한다. 교사는 학습자가 인공지능 활용 가능성을 검토하고 원인을 파악할 수 있도록 자료와 도움을 지원한다. 문제 분석 후 학습자가 문제를 재진술하는 과정까지 포함하도록 한다.

(4) 창의적 해결안 도출 활동 설계의 원리

아이디어 발산과 토론 활동을 중심으로 창의적 해결안을 탐색하도록 한다. 사고 도구와 전략을 제공해 학습자의 독창적 아이디어를 이끌어내고, 실천 계획까지 구체화한다. 또한 데이터 수집·분석, 알고리즘 구상 등 실제적 활동을 포함해 문제 해결력을 강화한다.

(5) 창의적 문제해결 활동 설계의 원리

학습자는 인공지능 도구와 프로그램 개발을 통해 문제 해결 활동을 수행한다. 해결안을 실행하고 결과를 검토하며 필요시 수정하는 과정을 포함한다. 결과 공유와 성찰을 통해 학습 효과를 높이고 협력적 학습을 촉진한다.

(6) 과정안 개발 및 검토의 원리

교사는 수업 설계를 반영해 차시별 과정안을 도입・전개・정리 단계로 작성한다. 각 단계별 학습 활동을 시각화하고 소요 시간을 포함하여 구조화한다.

(7) 과정안에 대한 사용성 평가의 원리

동료 교사와 학습자의 의견을 통해 과정안의 적절성과 효과성을 점검한다. 설문지, 점수표, 그래프 등을 활용해 평가 결과를 시각화한다. 이를 바탕으로 과정안을 수정・보완하여 실제 수업에 적합한 형태로 발전시킨다.

4. 모형의 적용과 효과

1) 모형의 적용

초등학교에서 이루어진 수업은 4차시로 구성되었으며, 저출생 문제해결을 위한 자율주행 유아차 만들기를 중심으로 이루어졌다. 해당 수업은 사회와 실과를 기반으로 하는 융합 수업이었으며, 문제해결을 위한 인공지능 도구로 블록코딩 플랫폼 엔트리와 AI 햄스터 로봇이 활용되었다. 1차시 수업에서는 인공지능 도구인

엔트리와 AI 햄스터 로봇의 기본적인 활용 방안을 이해하고 도구를 경험하였다. 2차시 수업에서는 저출생 문제의 다양한 원인 중 육아에 대한 어려움을 확인하고 편리하고 안전한 육아를 지원할 수 있는 수단으로써 자율주행 유아차를 해결해야 할 문제로 선택하였다. 또한 유아차 사고에 대한 다양한 자료를 수집하고 현재 유아차의 불편함, 개선점을 분석하였으며, 그룹별로 수집한 자료를 바탕으로 자율주행 유아차 설계에 대한 구체적인 해결안을 탐색하였다. 3차시, 4차시 수업에서는 문제 해결안을 검토하고 엔트리와 AI 햄스터 로봇을 활용하여 자율주행 유아차를 구현하였다. 구현이 완료된 이후에는 그룹별로 구현한 자율주행 유아차를 발표하고 시연하면서 상호 피드백을 주고받았다.

〈표 15-3〉 모형 적용 수업 사례

수업명	저출생 문제해결을 위한 자율주행 유아차 만들기				
학년	초5	차시	4	난이도	중
과목	사회, 실과	단원	가정생활과 안전		
주제	실생활	도구	엔트리, AI 햄스터 로봇		
학습 목표	엔트리를 활용하여 AI 햄스터 로봇을 조종할 수 있다. 자율 주행 유아차를 위한 구체적인 아이디어를 생성하고 AI 햄스터 로봇을 통해 아이디어를 구현할 수 있다.				
성취 기준	[6실04-07] 소프트웨어가 적용된 사례를 찾아보고 우리 생활에 미치는 영향을 이해한다. [6실04-08] 절차적 사고에 의한 문제해결의 순서를 생각하고 적용한다. [6실04-09] 프로그래밍 도구를 사용하여 기초적인 프로그래밍 과정을 체험한다.				
수업 설계					
1차시	[도구 학습] 엔트리와 AI 햄스터 로봇의 기본적인 활용 방안 이해 엔트리와 AI 햄스터 로봇 활용				
2차시	[문제 이해] 저출생 문제의 원인 중 안전한 육아 지원 필요성 확인 [문제 분석]				

	유아차 사고에 관한 자료 수집 및 현재 유아차의 불편함 및 개선점 분석 [해결안 도출] 자율주행 유아차 설계 방안 탐색
3차시	[문제해결] 엔트리와 AI 햄스터 로봇을 활용한 자율주행 유아차 구현
4차시	[문제해결] 엔트리와 AI 햄스터 로봇을 활용한 자율주행 유아차 구현 [평가] 그룹별 결과물 발표 상호 피드백 제공

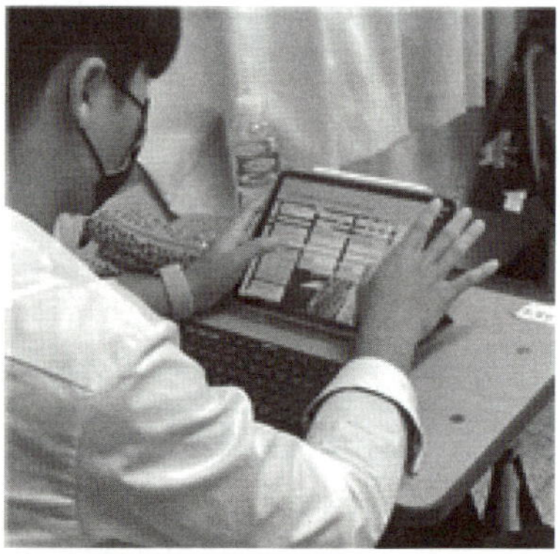

[그림 15-3] 모형 적용 수업 사례

2) 모형의 효과

(1) 성취 결과

인공지능 융합 수업 설계 모형을 기반으로 설계한 수업의 효과를 확인하기 위하여 초등 1개 학급과 중등 1개 학급을 대상으로 수업을 실시하였다. 또한 창의적 문제해결력, 인공지능 리터러시에 대한 동일집단 사전·사후 검사를 실시하였으며, 대응표본 t-검정을 실시하였다. 검사 결과, 초·중등 학습자의 창의적 문제해결력과 인공지능 리터러시가 모두 향상된 것으로 나타났다. 초등학생의 창의적 문제해결력은 사전 검사에서 3.89점이었으나 사후 검사에서는 4.26점으로 향상되었으며, 인공지능 리터러시 역시 사전 검사에서 3.96점이었으나 사후 검사에서 4.39점으로 향상되었다. 중학생의 창의적 문제해결력은 사전 검사에서 3.76점이었으나 사후 검사에서는 4.91점으로 크게 향상되었으며, 인공지능 리터러시 역시 사전 검사에서 3.78점이었으나 사후 검사에서 4.93점으로 크게 향상되었다. 대응표본 t-검정 결과, 초·중등 학생의 창의적 문제해결력과 인공지능 리터러시는 유의수준 .001에서 유의한 차이를 보였다. 초등학생의 창의적 문제해결력과 인공지능 리터러시는 유의수준 .01에서 유의한 차이를 보였다. 중학생의 창의적 문제해결력과 인공지능 리터러시는 유의수준 .001에서 유의한 차이를 보였다.

이상의 결과를 종합하면, 본 연구에서 개발된 모형은 초·중등 학습자의 창의적 문제해결력과 인공지능 리터러시 향상에 긍정적인 영향을 미친 것으로 나타났다. 창의적 문제해결력과 인공지능 리터러시의 평균 점수가 모두 향상되었으며, 사전·사후 검사 결과가 유의한 차이를 갖는 것을 확인하였다. 또한 수업 만족도에 대한 평가를 실시하였다. 검사 결과 초등학생(M=4.47, SD=.72)과 중학생(M=4.99, SD=.11) 모두 수업에 만족한 것으로 나타났다.

(2) 학습자 반응

학습자 대상 면담 결과, 인공지능 융합 수업은 창의적 문제해결력, 인공지능 리터러시, 융합적 사고 역량을 효과적으로 신장시킨 것으로 나타났다. 초등학생들은 블록 코딩을 통해 정답이 정해지지 않은 문제를 스스로 해결하며 인공지능의 활용 가능성을 인식하였고, 중학생들은 지역 문화를 알리는 인공지능 챗봇을 제작하면서 새로운 문제해결 방식을 경험하였다. 학습자들은 얼굴·음성 인식 기술, 챗봇 개발 등을 직접 체험하며 기술의 작동 원리를 이해하고 오류를 수정하는 역량을 키웠다. 더불어 수업 과정에서 교과 간 지식을 통합적으로 활용하고, 계획·점검·협력 활동을 통해 메타인지와 협업 능력도 향상되었다. 궁극적으로 이러한 경험은 학습자의 흥미와 집중도를 높이고 학습 효과를 증진시키는 결과를 가져왔다.

〈표 15-4〉 모형 적용 수업에 대한 학습자 반응

구분	주요 의견	빈도
창의적 문제해결력 향상	정해진 정답 없이 직접 원하는 블록을 활용하여 문제를 창의적으로 해결할 수 있음	3
	인공지능 기술을 다른 일상생활 문제도 적용하여 문제를 해결하고 싶음	3
	기존과 다른 방식으로 문제를 해결	2
인공지능 리터러시 획득	인공지능 기술의 작동 원리 및 활용 방안 이해	3
	얼굴 인식, 음성 인식 기술 이해 및 활용	2
	인공지능 챗봇 개발 역량 획득	2
	코드의 오류를 수정하여 인공지능 기술이 원활히 작동되도록 할 수 있음	1
융합적 사고	다른 교과에서 배운 내용도 문제해결에 활용할 수 있음	2
메타인지 활성화	문제가 발생하였을 때 친구들의 결과물을 참고하여 우리 팀의 문제를 어떻게 해결할 것인지 검토	2
	스스로 문제해결의 과정을 점검하고 시간 내에 결과물을 도출하기 위해 노력함	1
협업 능력 함양	서로의 역할을 분담하여 맡은 바 책임을 다하는 것이 중요	3
	친구의 도움으로 문제를 해결하였음	3
	친구들과 함께 문제를 해결하다 보니 더욱 돈독해짐	2
학습 효과 향상	수업에 더 집중할 수 있었음	4
	지식을 응용하여 문제를 해결하다 보니 이해가 훨씬 잘 되었음	2
흥미 향상	이론만 배우는 수업에 비해 재미있고 유익	5

(3) 교수자 반응

교수자 면담 결과, 인공지능 융합 수업은 학습자의 창의적 문제해결력, 인공지능 도구 활용 능력, 자기주도적 학습 역량을 신장시켰으며, 협업을 통한 상호작용 역시 긍정적으로 평가되었다. 나아가 학습자들의 학업 성취도와 영어 활용 능력이 실제적 문제 해결 경험을 통해 향상되었고, 적극적 참여와 몰입으로 이어지면

〈표 15-5〉 모형 적용 수업에 대한 교수자 반응

구분	주요 의견	빈도
수업 설계 효용성	인공지능 융합 수업을 설계하는 데 소요되는 시간 단축	2
	완성도 있는 수업 설계 가능	1
	인공지능 융합 수업 경험이 부족한 교사도 쉽게 인공지능 융합 수업을 시도할 수 있음	1
	절차에 따른 상세한 안내 제공	1
	인공지능 융합 수업에 활용할 수 있는 다양한 자료와 사례의 제공	1
학습자 역량 향상	창의적 문제해결력 향상	2
	인공지능 도구 이해도 및 활용 역량 향상	2
	자기 주도적 학습 역량 향상	1
학습자 협력 증가	조별 활동을 통한 상호 협력 및 의견 공유	1
	조별 성과물 공유를 통한 사고 확장 및 상호 피드백 교환	1
학업 성취도 향상	학습한 단원의 내용을 실생활 문제와 연결 지어 학습함으로써 보다 실제적인 학습이 이루어짐	1
	인공지능 도구를 활용하여 결과물을 도출하게 함으로써 학습자들의 수행 역량이 향상될 수 있음	1
수업 만족도 향상	융합 수업이 학습자 중심으로 이루어지다 보니 학습자들이 더욱 적극적으로 수업에 참여하며 수업에 높은 만족도를 보임	2
	수업 참여 동기 향상	1
	흥미 향상	1

서 수업 만족도와 흥미 역시 크게 증진되었다. 이러한 결과는 인공지능 융합 수업이 학습자 중심의 참여적 수업을 촉진한다는 점에서 교육적 의의를 갖는다.

3) 적용상의 유의점

(1) 초등학교 적용 시 유의점

① 문제 이해 활동 설계

- 초등학생은 추상적 문제를 이해하는 능력이 제한적이므로, 친근한 생활 맥락(예: 교실, 가정, 놀이터 등)에서 문제를 제시해야 한다.
- 문제 발견 단계에서는 그림, 사진, 동화, 영상과 같은 구체적 매체를 활용하여 학습자가 쉽게 문제를 인식할 수 있도록 돕는다.

② 창의적 해결안 도출 활동

- 아이디어 발산 시 지나치게 복잡한 사고도구보다는 그림 그리기, 말하기, 카드 정렬 등 놀이적 방법을 활용하는 것이 효과적이다.
- 학습자가 틀릴까 봐 주저하지 않도록 교사가 끊임없이 긍정적 피드백을 제공해야 한다.

③ 문제해결 및 평가 활동

- 해결안 검토는 정답 중심이 아닌 다양한 해결 방식을 인정하는 방향으로 진행해야 한다.
- 성취보다는 과정 참여와 시도를 칭찬하는 평가가 중요하다.

④ 과정안 개발 · 검토 및 사용성 평가

- 초등 교사는 인공지능 융합 수업 설계 경험이 부족할 수 있으므로, 사용성 평

가를 통해 동료 교사의 피드백을 받아야 한다.

• 과정안 검토 시, 학부모 피드백도 병행하면 현장 적합성이 높아진다.

⑤ 메타인지와 협력 촉진

• 초등학생은 자기 점검 능력이 미숙하므로, 체크리스트나 단계별 안내를 통해 스스로 과정을 관리하도록 돕는다.

• 협력 활동은 소규모 팀으로 구성하여 협력하는 방식이 효과적이다.

⑥ 수업 몰입 · 흥미 유지

• 게임화 요소(점수, 배지, 보상)를 도입하여 지속적 참여를 유도한다.

• 블록 코딩이나 피지컬 컴퓨팅 활동은 놀이와 학습을 자연스럽게 연결하는 방식으로 운영해야 한다.

(2) 중학교 적용 시 유의점

① 문제 이해 활동 설계

• 중학생은 사회적 맥락과 지역 · 세계적 이슈를 이해할 수 있으므로, 지역사회 문제나 환경 문제를 중심으로 문제 발견 · 분석 활동을 설계하는 것이 효과적이다.

• 단순히 문제를 제시하기보다 학습자가 스스로 문제를 정의 · 재구성할 수 있도록 질문 중심의 수업을 설계해야 한다.

② 창의적 해결안 도출 활동

• 브레인스토밍, 마인드맵, SCAMPER 기법 등 체계적 사고도구를 적극적으로 활용할 수 있다.

- 교사는 다양한 아이디어 중 실행 가능성과 창의성을 균형 있게 평가하는 기준을 제시해야 한다.

③ 문제해결 및 평가 활동

- 중학생은 경쟁심이 강하므로, 협력적 경쟁(예: 팀별 해결안 발표 후 투표)을 활용하여 동기를 높인다.
- 평가에서는 결과물의 실용성·창의성·협업 과정을 모두 반영하는 다면 평가를 적용해야 한다.

④ 지원 수준 차등

- 중학생은 기초 ICT 역량이 있으므로, 시스템 개입은 최소화하고 학습자의 자율적 설계와 실행을 장려한다.
- 다만 학습자가 진도를 놓치지 않도록 중간 점검 기능을 포함해야 한다.

⑤ 과정안 개발·검토 및 사용성 평가

- 교과 내용과 프로젝트형 수업을 연결해야 하므로, 시동료 교사 피드백을 진행하여 교과 간 융합 타당성을 검증해야 한다.

⑥ 융합적 사고 촉진

- 영어, 사회, 과학 등 교과 간 연계를 통해 학습자가 다각도로 문제를 탐색하도록 유도한다.
- 예: 영어 수업에서 지역 문화를 영어 챗봇으로 표현하면서 사회·역사 지식까지 융합.

⑦ 메타인지와 협력 촉진

- 프로젝트 기반 학습에서 학습자가 계획-실행-점검-수정의 메타인지적 단계를 거치도록 루브릭을 제공해야 한다.

- 협력 활동은 역할 분담(기획, 자료조사, 코딩, 발표 등)을 명확히 하고, 팀 내 피드백 절차를 마련하는 것이 중요하다.

⑧ 수업 몰입 · 흥미 유지

- 중학생은 실제적 문제와 결과물에 흥미를 느끼므로, 지역사회 연계 프로젝트나 실생활 문제 해결형 활동을 중심으로 설계해야 한다.
- AI 챗봇, 자율주행 모형, 데이터 기반 분석 프로젝트 등은 성취감을 높여 흥미 지속에 기여한다.

PART

제4부

교수설계 이론 및 모형의 연구

제 16 장

교수설계 이론을 위한 연구방법론

1. 교수설계 이론을 위한 연구방법론의 필요성
2. 형성적 연구방법론의 기원과 구체화
3. 형성적 연구방법론의 발전

교수설계 이론의 개발과 발전에 적합한 연구방법론은 무엇일까? 경험과학적 논리에 기반을 둔 실험 및 통계적 연구방법론을 통하여 교수설계 이론의 발전이 가능할까? 이 질문에 대한 답은 앞에서 다룬 교수설계 이론의 기본적인 특성으로부터 도출될 수 있다. 교수설계 이론의 처방성(prescription)과 최적성(optimality)을 고려한 연구방법론이 필요한 것이다. 본 장에서는 현재의 교수설계 이론과 모형보다 개선된 상태를 확보하기 위한 형성적 연구방법론(Reigeluth, 1989)의 개발 배경과 주요 특성을 살펴보면서, 연관된 연구방법론으로서 설계개발연구(임철일 외, 2024) 및 설계기반연구와의 공통점과 차이점을 설명한다.

1. 교수설계 이론을 위한 연구방법론의 필요성

개별 학문은 여러 가지 경로와 도약의 시기를 거쳐서 발전한다. 교육공학과 그 하위 영역으로서 교수설계 이론은 학습 이론, 의사소통이론, 체제이론 그리고 여타의 관련 이론의 영향을 받으며 자체의 학문적 성격에 있어서 많은 변화를 보여 왔다. 시청각 교육에서 교육공학으로 학문적 영역이 확대되는 과정을 통해 교수설계와 교육공학의 발전이 가능해졌다(박성익 외, 2010). 그러나 학문적 영역의 확대, 변경 과정과 함께 이에 적합한 연구방법론이 그 역할을 하지 못할 경우 학문의 진정한 발전은 제대로 이루어지기 어렵다. 연구 영역의 확대만 있을 뿐 고유한 연구방법론이 개발되지 못하면, 나름의 학문적 가치를 발휘하지 못하고 결국에는 다른 학문 영역에 종속되기 때문이다. 예컨대 교수설계 이론이 '학습 이론의 함의' 혹은 전통적인 '교수학습 이론'과 구분되지 않게 될 때 자체 고유의 가치가 약화될 수 있다.

그렇다면 교수설계 이론의 발전에 적합한 연구방법론으로 어떤 것이 있을 수 있는가? 교수설계 이론의 특성을 드러내며 이론의 발전 및 지식의 체계화에 적합한 방법은 무엇인가? 이에 대한 한 가지 대답은 '최적의 문제해결을 위한 교수설계 이론의 처방적 성격과 절충적 성격'에서 찾을 수 있다(제1장 참조). 롸이겔루스(Reigeluth, 1983, 1999)에 의하면 교수설계 이론은 학습 이론과는 달리 처방성을 그 본질적 성격으로 가지고 있다. 과학적 학습 이론은 현상에 대한 객관적이며 체계적인 기술, 설명 및 예측을 목적으로 한다. 이에 비하여 교수설계 이론은 수업과 같은 상황에서 교육적 문제에 대한 해결책을 과학 및 관련 지식을 바탕으로 해결하려는 공학적 기초를 지니고 있다. 교수설계 이론의 궁극적 실체는 일련의 체계화된 처방적 진술문이다.

교수설계 이론의 처방적 특성은 일찍이 란다(Landa, 1983)의 논문에서 심도 있게 다루어졌다. 학습 이론과 교수설계 이론이 어떠한 방식으로 구분될 수 있는가는 교수설계 이론의 성립에 주요한 관건이 된다. 란다는 기술적 이론과 처방적 이론의 일반적 구분으로부터 자신의 논의를 전개한다. 그에 의하면 기술적 이론의 명제들은 '만약 ……이면, ……이다'는 논리적 구조를 갖는다. 이에 반하여 처방적 이론의 명제들은 '…을 하기 위하여, …한 것을 수행하라'는 구조를 갖는다(박성익, 임정훈, 1993).

이러한 차이를 바탕으로 란다는 매우 중요한 관점을 제시한다. 란다에 의하면 기술적 이론을 곧바로 처방적 이론으로 전환하는 것은 적절하지 않다. '만약에 … (1)이면, … (2)이다'라는 기술적인 원리를 '… (2)를 하기 위해서는, … (1)을 하라'라는 처방적인 형태로 전환할 때, 주어진 성분이 뒤바뀌는 재구조화로서는 충분하지가 않다. 예컨대, "만약에 어떤 문장을 여러 번 반복하여 읽는다면, 그것을 더욱 잘 기억하게 된다"라는 기술적 원리는 타당하다. 그렇지만 이 원리의 앞뒤를 바꾸어서 일종의 처방적 형태로 변화시킨 결과("어떤 문장을 더욱 잘 기억하기 위해서는 진술문을 여러 번 반복하면 된다")를 받아들이기는 어렵다. 왜냐하면 반복 이외에도 다른 요인들이 기억을 잘하는 데에 영향을 미친다고 볼 수 있기 때문이다. 요컨대, 처방적 교수설계 이론은 학습 이론으로부터 바로 도출될 수 있는 성질의 것이 아니다.

그로퍼(Gropper, 1983)는 교수설계 이론의 처방적 특성을 교수설계 이론과 학습 이론 사이의 양립 불가능성을 중심으로 논의한다. 교수설계 이론은 학습 이론에 부분적인 근거를 둘 수는 있지만, 학습 이론으로부터만 도출되는 것은 아니다. 따라서 양자는 양립할 수 있는 성질의 이론들이 아니다. 롸이겔루스(Reigeluth, 1983)는 더 나아가서 귀납적인 방법으로 교수설계 이론을 구성[1]할 때는 반드시 모종의 학습 이론에 바탕을 둘 필요가 없다고 주장한다.

교수설계 이론의 처방적 특성은 롸이겔루스와 메릴의 교수조건 - 교수방법 - 교수결과의 체계(Reigeluth, 1983; Reigeluth & Merrill, 1979)에 의하여 구체화되었

1) 수업 현상으로부터 확인되어 도출될 수 있는 교수방법 혹은 교수전략들을 전체적으로 조직화하여 이론을 성립하는 과정으로 이해할 수 있다.

다. 그들의 체계에 따르면 교수설계 이론은 교수 결과와 교수 조건이 서로 상호작용하는 과정에서 최적의 교수방법이 어떠한 것인가를 규명하고 처방한다. 따라서 완벽한 의미의 교수설계 이론은 기술적 학습 이론에서 바로 도출될 수 없으며, 교수의 조건과 교수의 방법에 포함되는 각종 변인(예컨대 조직전략, 매개전략, 관리전략 등)들의 체계화된 조직으로 파악된다. 학습 이론은 교수설계 이론을 구성하는 데 필요한 조건들 중의 한 가지이다.

교수설계 이론을 구성하는 데 학습 이론이 한 가지 필요조건이라는 점은 교수설계 이론의 절충적 성격과도 일관된다. 교수설계 이론의 바탕에는 대체로 몇 가지의 학습 이론이 있게 마련이다. '교수처방을 위한 행동주의적 접근'(Gropper, 1983), '인지이론에 기초한 탐구식 교수'(Collins & Stevens, 1983), 그리고 '구성주의를 바탕으로 한 교수설계'(Bedner et al., 1992)를 보면 그러하다. 위의 접근들에 따르면 한 가지 특정 학습 이론이 제공하는 함의를 바탕으로 교수설계 이론이 성립할 수 있는 것처럼 보인다. 그러나 교수설계 이론의 본질적 특성을 최적의 처방적 진술문 체계(the optimal system of prescriptive statements)로 파악한다면, 위의 접근들은 그 자체가 완벽한 교수설계 이론의 형태를 지녔다고 볼 수 없다. 최적의 처방적 진술문 체계로서 교수설계 이론은 한 가지의 학습 이론에만 의지하지 않는다. 왜냐하면 특정의 학습 이론만으로는 최적의 교수처방을 할 수 없기 때문이다(Reigeluth, 1989). 예를 들면, 앞의 제7장 관계의 이해를 위한 교수설계 모형의 경우 기본적으로는 인지주의적 학습 이론의 결과에 바탕을 두고 있지만, 여전히 행동주의적 관점에서 제시하는 교수설계 전략을 포함하고 있다.

브루너(Bruner, 1966)가 교수이론의 필요성을 주창한 이후 꾸준히 제기되어 온 교수설계 이론의 독자적 영역 확보 논의는 한두 가지의 학습 이론을 바탕으로 이루어질 수 없다는 점에서 일치를 보이고 있다. 가네(Gagné)의 수업의 사태(events of instruction)는 교수설계 이론의 절충적 성격을 구체화한 것이라고 볼 수 있다. 신행동주의 이론가 혹은 상호작용적 학습 이론가로 평가받고 있는 가네는 행동주의와 정보처리과정 이론, 그리고 오수벨(Ausubel)의 포섭이론(subsumption theory)

등을 자신의 교수설계 이론 구성에 이용하였다(Bell-Gredler, 1986). 메릴(Merrill, 1983)의 구인전시이론(Component Display Theory), 롸이겔루스의 학습과제유형별 교수설계 이론(Leshin et al., 1992) 등도 가네의 전통을 확장, 계승한 것으로 볼 수 있다. 결과적으로 교수설계 이론의 절충적 성격은 교육공학의 공학적 성격과 맞물리면서 교수설계 이론의 학문적 기저가 교수심리학으로부터 교수공학으로 변화하는 데 일조하였다.

앞에서 교수설계 이론의 기본적인 두 가지 특징(처방성과 절충성)을 살펴보았다. 그렇다면 이러한 특징들이 교수설계 이론이라고 표방하는 이론들에 제대로 반영되었는지를 확인하기 위해서는 어떠한 방법을 활용하여야 하는가? 예컨대 제7장에서 소개된 관계의 이해를 위한 교수설계 모형이 실제로 기대하는 결과를 얻는 데 효과적인가를 어떻게 알 수 있는가? 현재 상태의 교수설계 모형이 최적의 상태(optimal)임을 어떻게 알 수 있는가? 보다 효과적이기 위하여 교수설계 모형이 추가적으로 개선될 여지가 있는가? 이와 같은 문제들에 대한 답을 얻기 위하여 전통적인 실험적 연구방법론이 충분한가? 아니면 대안적 연구방법론이 필요한가? 다음 절에서는 교수설계 이론을 위한 대안적 연구방법론으로써 활용되고 있는 형성적 연구방법론의 기원과 특성을 검토한다.

2. 형성적 연구방법론의 기원과 구체화

1) 기원과 초기 형태

형성적 연구방법론의 주창자는 롸이겔루스(Reigeluth, 1989)이다. 그의 논문 'Educational Technology at the Crossroads: New mindsets and directions'에서 교수설계 이론의 대안적 연구방법론으로서 형성적 연구방법론을 제안하였다. 당시 교육공학은 새로운 지적 좌표들을 가질 필요가 있었다. 그 중 연구방법론과 관련하여 변화가 필요한 두 가지 방향은 '분석에서 종합으로'와 '타당성에서 적절성으로'이다. 전통적으로 교수설계 분야의 주된 연구 방식은 교수 방법을 하위 부분으로 나누어, 어떠한 요소가 효과적인 결과를 가져 오는가에 관심이 있었다. 이 경우, 실험적 연구법이 적절한 연구방법론이 될 수 있었다. 켈러(Keller)의 ARCS 동기이론에 대한 효과성 연구(강명희, 1994)는 이런 접근의 한 가지 예이다. 그러나 이러한 연구들은 특정 변인들의 효과성에만 관심을 보이지, 전체 수업을 구성하고 있는 여타 변인들이 어떻게 움직이는가에 대해서는 고려하지 않는다. 예컨대, 수업이 효과적으로 진행되기 위해서는 동기 변인 이외에도 다른 변인들을 전체적으로 다루어야 하며. 동기 변인만을 대상으로 하지는 않는다.

한편, 이론 개선을 위해서는 이론의 타당성보다는 이론의 최적성(optimality)[2]에 대한 연구가 필요하다. 다시 말하면 관심의 대상이 되는 이론이 현재 이용할 수 있는 다른 어떤 이론들보다도 훌륭한가를 검토하여야 한다. 또는 그 이론을 개선할 수 있는 여지가 있는가를 찾아야 한다. 이러한 필요성에 대한 해결안으로 검토된 아이디어가 다음 [그림 16-1]과 같은 '체계적 교수설계'(Dick & Carey, 1985; Dick et al., 2009)의 형성평가 과정이다.

체계적 교수설계의 형성평가는 개발 과정의 최초 산출물(교육 프로그램, 교재, 교수지도안 등)을 개선하기 위한 활동이다. 형성평가 활동은 우선 예상되는 교육 참가자와 일대일 형식으로 교수 프로그램의 장단점을 검토한다. 이후 소집단 교육 참가자들과 실제 수업 상황에서 실행된 교수 프로그램의 장단점을 분석한다.

2) 최적성(optimality)은 교수설계 이론의 특징을 고려할 때 생각할 수 있는 개념이다. 최적성의 개념은 타당성과 비교할 때 분명해진다(Reigeluth, 1999). 타당성은 특정 진술문이나 이론이 참인가 혹은 거짓인가에 관심을 둔다. 자연 혹은 사회 현상을 설명하는 특정의 이론이 타당한가는 그 이론에 의하여 대부분의 현상들이 이해될 수 있는 상태를 의미한다. 이에 비하여 최적성은 교수설계 이론처럼 문제해결을 위한 지식으로서 이론이나 모형이 특정의 문제 해결을 위해 적절한 방법을 어느 정도 제공하는가를 규정한다. 따라서 최적성은 참과 거짓의 판단보다는 특정한 방법이 어느 정도 적절하게 문제해결을 위하여 기능하는가를 따진다. 특정 교수설계 이론과 모형의 발전 과정에서 이런 최적성은 개선될 가능성이 많다. 초기 단계의 이론과 모형은 최적성이 낮으며, 개선의 과정을 거치면서 최적성이 점차 증가할 수 있다.

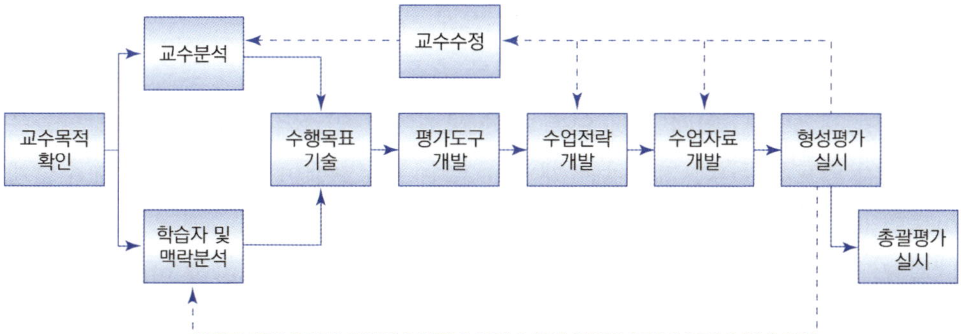

[그림 16-1] 딕과 케리의 체계적 교수설계 모형

이 모형의 마지막 부분에 형성 평가 실시 단계가 있다. 이 과정을 통하여 앞에서 개발된 수업 자료의 개선점을 찾거나 혹은 앞 단계에서 미흡하였던 활동이 무엇인가를 확인하게 된다.

이러한 형성평가의 주요 전제 중의 한 가지는 학습의 성공과 실패를 학습자의 능력 여부보다는 학습자에게 주어진 환경의 특성에서 찾는다. 예를 들면, 학습자가 교재를 제대로 이해하지 못하는 이유를 학습자의 능력이 부족하여서가 아니라, 학습자에게 제공되는 교재가 문제를 지닌 것으로 본다. 형성평가는 교수방법에 대한 학습자의 의견을 분석하여 개발 중인 교수 프로그램을 개선하려는 활동이다. 롸이겔루스는 이러한 형성평가 활동이 교수 프로그램 개발 자체뿐만 아니라, 교수 프로그램의 개발을 안내하는 교수설계 이론의 개선에도 적용될 수 있다고 생각하였다.

초기 형성적 연구방법론[3]이 제안된 이후(Reigeluth, 1989) 지속적인 발전 과정을 거치면서(임철일, 1996; Reigeluth & Frick, 1999; Roma, 1990) 방법론적 정교화가 이루어져 오고 있다. 형성적 연구방법론이 처음 제안될 때는(Reigeluth, 1989)

3) 형성적 연구방법론이 처음 체계화될 때 '형성적 평가 연구방법론'(formative evaluation research methodology)의 명칭을 가졌다. 이후 평가 부분이 제외되고 형성적 연구방법론(formative research methodology)으로 불리워지고 있다. 이것은 평가의 의미가 학습자의 성취 수준과 같은 전통적인 평가 변인들과 연계되어 있어서 교육 프로그램의 개선이라는 본래 목적을 흐리게 하였기 때문이다.

크게 다음과 같은 세 가지 단계를 중심으로 구성되어 있었다.

첫째, 연구 대상이 되는 교수설계 이론 혹은 모형에 따라서 교수 프로그램을 설계하여 개발한다. 이때 대상 이론 혹은 모형에서 언급되지 않은 교수 방법들은 사용하지 않도록 한다. 그래야만 개발된 교수 프로그램이 대상이 되는 교수설계 이론의 한 가지 사례라고 볼 수 있다.

둘째, 개발된 교수 프로그램에 대하여 개별 학습자들과 일련의 일대일 검토를 실시한다. 일대일 검토 시 학습자들의 대표성이 확보되어야 한다. 일대일 검토는 2단계에 걸쳐서 이루어진다. 우선, 연구자는 학습자가 학습을 진행할 때 질문 등을 통하여 교수 프로그램의 장단점 등을 말하게 하고 또한 학습자 스스로 교수 프로그램의 개선 측면을 적극적으로 제안하게 한다. 이 과정의 신뢰도를 확보하기 위해서는 학습자들이 제안한 문제나 개선점을 학습자 상호 간에 비교할 수 있다. 다음으로 앞 단계에서 발견된 결과의 타당성을 확인하기 위하여 보다 자연스러운 상태에서 일대일 검토를 한다. 예컨대, 학습자의 학습 진행 상황과 그 반응을 비디오 카메라로 녹화하였다가, 수업 종료 후 곧바로 연구자와 학습자가 같이 검토하는 과정을 갖는다. 이러한 자연스러운 검토 과정이 상이한 내용, 상이한 학습자 연령층, 그리고 상이한 매체 등을 대상으로 반복될 경우 외적 타당도가 증가하게 된다.

이상의 두 가지 단계에서 수집된 질적 자료를 바탕으로 개발된 교수 프로그램의 장단점을 분석하면서 처방적 이론의 개선점을 확인한다. 최종 교수 프로그램이 특정 이론을 바탕으로 개발되었기 때문에, 개발 교수 프로그램의 약점으로 지적된 것은 곧 이론의 약점으로 해석될 수 있다. 결론적으로 이와 같은 연구를 수행함으로써 대상 교수설계 이론이나 모형의 많은 측면들에 대한 실제적 자료를 수집할 수 있으며, 이러한 자료들은 어떠한 종류의 실험적 연구방법론보다도 처방적 이론의 개선 목적에 적합하다.

2) 형성적 연구방법론의 구체화

형성적 연구방법론은 처음 제안된 이후 계속 구체화되어 왔다. 롸이겔루스(Reigeluth, 1989)가 제안한 두 가지 주요 단계를 중심으로 방법론적 정교화가 시도되어 왔다. 질적 연구의 대표적 연구방법론 중의 하나인 사례 연구의 일반적 원리, 절차 및 분석 기법을 적용하거나, 형성적 연구방법론을 시도한 선행 연구들이 제안하고 있는 방법론적 개선점이 반영되었다.

로마(Roma, 1990)는 이해를 위한 교수설계 이론의 강점과 개선점을 검토하기 위하여 형성적 연구방법론을 적용하면서 이론의 개선점과 함께 연구방법론상의 개선점도 제안하였다. 그는 롸이겔루스(Reigeluth, 1989)가 제안한 기본 연구 원리를 충실히 따르면서도 구체적으로 언급되지 않았던 방법론적 절차를 구안하였다. 그러나 연구 실행 과정에서 예상치 못했던 문제점들이 많이 드러났음을 보고하였고, 다음과 같은 몇 가지 개선점을 제안하였다.

첫째, 연구에 필요한 수업 양의 적절한 수준을 설정할 필요가 있다. 그의 연구에서는 각 학습자가 평균적으로 1시간 30여 분의 수업과정을 포함하여 전체 과정을 마치는 데 3시간 정도의 시간이 소요되었다. 따라서 1시간 30여 분의 수업 과정 후 추후 검토를 시작할 무렵 상당수의 학습자가 피로를 느낀 표정을 보이거나 빨리 추후 검토를 끝내려고 하였다. 그의 연구에서 실제로 개발된 수업 형태는 교수설계 이론을 바탕으로 재구성된 교재를 학습자가 스스로 읽어가며 학습하는 것이었다. 교사를 중심으로 진행되는 전형적인 수업의 형식에 비하여 교사와 학습자 간 상호작용성이 낮았을 것이라고 추측할 수 있으며, 이 점은 학습자가 쉽게 흥미를 잃고 주의집중을 유지하기 어렵게 만들었을 것이다. 수업의 과정에서 학습자가 피로함을 느낀 것도 문제이지만, 중요한 정보를 제공할 수 있는 추후 검토 과정에서 학습자가 집중하지 못한 것은 자료의 신뢰성에 부적인 영향을 미칠 수 있다. 결국, 학습자가 수업과 추후 검토 과정 양자 모두에 적극적으로 참여할 수 있는 수업의 양 설정이 연구방법론에서 명료히 되어야 한다.

한 가지 제안은 전체 수업의 양을 학습자의 적극적 참여가 가능한 몇 가지 단위로(대체로 1시간 정도의 수업 분량) 세분화하여 몇 차례의 시간대에 실시하는 것이다. 또한 추후 검토 과정을 각 단위가 끝날 무렵에 실시함으로써 학습자의 생생한 설명과 의견을 반영하도록 한다. 동일한 형성적 연구방법론을 사용한 임철일(1994)의 연구는 전체 수업의 양을 두 개의 단위로 나누어서 수행하였다. 그 연구에서는 1시간의 수업 과정과 간단한 추후 검토를 2차례에 걸쳐서 별개의 시간대(2일 정도의 간격)에 실시하였으며 마지막에 약 40여 분의 심도 있고 광범위한 수준의 추후 검토를 하였다.

둘째, 자료 수집을 위한 추후 검토의 질문 형태를 달리하여야 한다. 로마(Roma, 1990)의 연구에서 추후 검토는 개방형 질문을 이용함으로써 이론의 개선 부분에 관하여 상당한 양의 정보를 얻을 수 있었다. 그러나 다른 부분, 예컨대 구체적인 교수설계 이론 부분에 대한 학습자들의 언급 빈도가 낮거나 혹은 많은 경우 빈칸으로 있게 되었다. 이 점은 몇몇 학습자들에 의하여 지적된 교수설계 이론의 개선 사항을 일반화하는 데 어려움을 주었다. 로마는 이 문제에 대한 방법론적 제안으로 다음과 같은 두 가지를 제시하였다. 첫째, 보다 직접적인 질문을 하기 위하여 연구 전에 어떠한 종류의 정보를 수집할 것인가를 확인한다. 둘째, 직접적인 질문을 준비하였다고 해서 개방형 질문이 불필요한 것은 아니며 양자를 적절히 이용할 필요가 있다. 예컨대, 개방형 질문으로 우선 시작한 후, 특정 부분에 대해서는 보다 직접적인 질문을 하는 것이다. 임철일(1994)의 연구에서는 추후검토를 위한 질문 문항을 개발할 때 로마의 제안을 따랐다. 임철일의 연구에서 사용된 추후 검토 질문 문항이 〈표 16-1〉에 제시되어 있다.

표에서 볼 수 있듯이 개방형 질문으로 교수 프로그램의 강점과 약점을 질문한 후 구체적이며 직접적인 질문(예컨대, 순서 통제)이 뒤따르는 형식을 취하였다.[4]

4) 실제 추후 검토 과정에서 질문을 제시할 때는 교수 프로그램의 강점보다는 약점에 대한 질문(문항 3)이 먼저 실시되었다. 대상에 대하여 대체로 긍정적인 반응을 보이는 인간의 경향성을 고려하여 먼저 부정적인 측면을 언급한 후 긍정적인 측면에 대하여 언급하도록 하였다.

〈표 16-1〉 추후 검토의 질문 형태 (예시)

1. 교수 프로그램 중 어떠한 부분이 잘되었다고 생각하십니까? 2. 아래의 특징 중 잘된 부분은 어떠한 것이며, 그 이유는 무엇이라고 생각하십니까? 1) 교수 목적, 학습의 이점, 선수 학습에 대한 진술 2) 진단검사 및 형성검사에 입각한 학습 순서 조언 3) 순서의 통제 … 12) 피드백 3. 교수 프로그램 중 잘못된 부분은 어떠한 것이며, 그 이유는 무엇이라고 생각하십니까? 4. 유용한 부분은 어떠한 것이며, 그 이유는 무엇이라고 생각하십니까? … 13. 교수 프로그램을 수정할 수 있다면 어떻게 하시겠습니까?

셋째, 연구자와 학습자 간의 상호작용 방식이 적절하게 이루어져야 한다. 로마의 연구에서 자료 수집 절차는 크게 두 단계로 이루어져 있다. 첫째 단계는 연구자가 학습자의 수업 과정을 직접 관찰하면서 질문을 하거나 반응을 유도한다. 둘째 단계는 학습자의 수업 과정을 비디오카메라로 녹화하는 형식을 취하여 수업 과정에는 연구자와 학습자 간의 상호작용이 제한되어 있다. 로마가 관찰한 것은 첫째 단계보다는 둘째 단계에 학습자가 보다 적극적으로 의견을 표시하거나 자신의 사고 과정을 언어로 표현한(think-aloud) 것이었다. 오히려 첫째 단계에서 학습자는 연구자와의 상호작용에 관심이 적었으며, 단지 수업을 끝마치는데 노력하는 것처럼 보였다. 한편, 연구자의 입장에서도 계속적인 상호작용을 유지하면서 자료를 수집하는 과정이 힘들며, 첫째 단계보다는 둘째 단계의 추후 검토 과정(상호작용이 배제된 국면)에서 보다 효과적으로 자료 수집을 할 수 있었던 것으로 나타났다.

임철일(1994)의 연구는 로마의 문제점을 고려하여 연구자와 학습자 모두의 부담을 줄이는 방법론적 설계를 하였다. 우선 '의견유도를 위한 질문'을 준비하여 학습자가 수업 과정을 시작하기 전에 읽고 어떠한 점에 주목하여 수업 중과 수업 후에 자신의 의견을 제시할 것인가를 도와주었다. 연구자는 단지 진행 상의 문제점이 발생하였을 때 도움을 주는 역할로 제한하였으며, 학습자의 진행을 관찰하거나 개진된 의견을 기록하였다. 연구자와 학습자 간의 적극적 상호작용을 추후 검토 과정으로만 제한하였다.

넷째, 사례연구 방식에 적절한 기술적 지원을 확보하여야 한다. 형성적 연구방법론에서는 학습자의 의견을 신뢰 있게 수집하고, 기록하기 위하여 다양한 기술적 지원을 필요로 한다. 그중 녹화와 녹음 기능은 아주 중요하며 연구자와 학습자 간의 원만한 상호작용을 위해서는 외부의 간섭을 배제할 수 있는 독립 공간이 필요하다. 로마의 연구에서는 기술상의 어려움(비디오카메라 작동상의 문제점 등)뿐 아니라 독립 공간의 미확보로 인하여 신뢰 있는 자료 수집에 어려움을 경험하였다. 가장 자연스러우면서도 외부의 간섭 요인이 배제된 폐쇄 공간의 확보는 형성적 연구방법론의 신뢰 있는 실행에 한 가지 관건이 된다. 임철일(1994)의 연구는 연구자가 관찰할 수 있는 독립된 공간에서 실행됨으로써 신뢰있는 자료를 수집할 수 있었다.

마지막으로 수업 진행 중 학습자의 '언어적 사고표현(think-aloud)' 이용에 신중을 기할 필요가 있다. '언어적 사고표현'은 사례 연구 등에서 연구 대상자의 사고 과정을 언어적으로 표현하게 함으로써 연구 대상자의 내면 의식 세계를 기술하는 방법이다. 로마의 연구에서는 '언어적 사고표현'이 매우 유용한 자료를 제시해 줄 수 있으리라 믿고 사용되었으나 결과적으로는 별로 효과가 없었다. '언어적 사고표현'은 일반적인 지적 능력이 매우 우수한 학습자들에 한하여 부분적으로 사용되었다. 또한 교수설계 이론에 대한 언급보다는 내용에 대한 이해 여부에 관한 의견이 대부분이었다. 전체적으로 '언어적 사고표현'의 사용이 부적절한 것으로 나타났다. 임철일(1994)의 연구에서는 '언어적 사고표현' 방식을 이용하지 않았으며

'의견유도를 위한 질문'을 수업 전에 읽게 함으로써 학습자의 사고 과정을 도와준 후, 수업 도중에는 자연스럽게 학습자가 원할 경우에만 자신의 생각을 표현하게 하였다.

3. 형성적 연구방법론의 발전

형성적 연구방법론을 실행하기 위해서는 대상이 되는 교수설계 이론과 모형을 반영한 사례 혹은 교수 프로그램이 있어야 한다. 초기 형성적 연구방법론은 기존의 이론이나 모형을 바탕으로 사례를 개발하여 이론의 개선 방향을 찾는 것에 초점이 맞추어져 있었다(Reigeluth, 1989). 그러나 교수설계 이론이 다루는 사례 혹은 교수 프로그램이 이미 개발되어 있어서 새롭게 개발할 필요가 없는 경우, 또는 완전히 새로운 교수설계 이론을 개발하는 경우 등을 고려하게 되면서 형성적 연구방법론의 초점이 확대되었다. 다음 표는 이러한 발전 방향을 반영한 형성적 연구방법론의 유형을 보여주고 있다(Reigeluth & Frick, 1999).

〈표 16-2〉 형성적 연구의 유형

	현존하는 이론 대상	새로운 이론 개발
설계된 사례	현존하는 이론이 설계된 사례	새로운 이론이 설계된 사례
동시 자연적 사례	현존하는 이론의 동시 자연적 사례	새로운 이론의 동시 자연적 사례
사후 자연적 사례	현존하는 이론의 사후 자연적 사례	새로운 이론의 사후 자연적 사례

이중에서 가장 전형적인 연구 유형, 즉 기존의 이론을 선정하여 교수 프로그램 사례를 개발한 후 개선점을 찾는 연구의 절차를 중심으로 방법론적 특성을 설명한 후, 새로운 이론을 개발하는 경우 등 다른 유형의 방법론의 특성을 추가적으로 설명한다.

1) 기존 이론을 대상으로 하는 형성적 연구방법론

(1) 교수설계 이론의 선정

현존하는 교수설계 이론 혹은 모형 중 개선이 요구되는 교수설계 이론 혹은 모형을 선정한다. 그러나 실제에 있어서는 기존의 교수설계 이론 혹은 모형만을 대상으로 연구를 실시하는 경우는 드물며, 다른 관점이나 지식 등을 반영하여 기존의 교수설계 이론이나 모형을 수정한 후 연구를 진행하는 경우가 많다.

(2) 교수 프로그램의 설계

연구 대상이 되는 교수설계 이론 혹은 모형만을 활용하여 사례가 되는 교수 프로그램을 개발하여야 한다. 그렇지만 선행 연구들(최홍숙, 1996; Lim, 1994; Roma, 1990; Simmons, 1991)에 따르면, 개발된 교수 프로그램이 반드시 해당 교수설계 이론만을 반영한 것이라고 볼 수 없는 문제점이 발생하였다. 예컨대, 선행 연구의 대상이 되는 교수설계 이론들은 대부분 조직 전략에 관한 것이었으며, 매개 전략, 동기 전략, 그리고 관리 전략 등을 다루지 않았다.[5] 그러나 조직 전략 이외의 다른 전략들이 반영되어 교수 프로그램이 설계, 개발되었으며, 이 측면은 자료 수집 과정에서 학습자들의 반응에도 그대로 나타났다. 형성 연구의 주된 초점이 교수설계 이론 혹은 개별 교수 전략 등에 있지만, 참가자들은 해당 교수설계 이론과 직접적으로 관련이 없는 교수 프로그램의 측면들, 예컨대 매개 전략으로서 '설명이 있는 그림' 등의 긍정적 효과에 대하여 언급하였다(Roma, 1990).

따라서 교수 프로그램을 개발할 때 어떠한 방식으로 해당 교수설계 이론을 적용할 것인가를 분명히 하여야 한다. 한 가지 방법은 교수 프로그램을 개발할 때 사용되는 이론 혹은 처방들을 해당 교수설계 이론과 여타의 교수설계 이론으로

5) 조직 전략은 수업 내용을 조직하기 위한 기본 방법을 다룬다. 다른 전략의 의미에 대해서는 본서의 제2장 내용을 참고할 수 있다.

구분하여 명확히 하는 것이다. 예컨대, 조직 전략에 관한 교수설계 이론이 연구의 검토 대상이라면 여타의 전략(동기 전략, 전달 전략 등)으로는 어떠한 것을 채택하였는지를 확실하게 하는 것이다. 이렇게 함으로써 자료를 수집하거나 분석할 경우에 참가자들의 의견을 '해당 이론과 관련된 부분'과 '여타 이론과 관련된 부분'으로 분류할 수 있다.

한편, 교수 프로그램의 설계 과정의 타당성을 높이기 위해서는 두 부류의 전문가 지원을 받아야 한다. 하나는 교수설계 전문가 집단에 의하여 설계된 교수 프로그램이 해당 교수설계 이론을 적절하게 반영하는가를 검토한다. 다른 하나는 내용 전문가에 의하여 설계된 교수 프로그램의 내용이 적절한가를 검토한다.

(3) 교수 프로그램의 실행 및 자료 수집

교수 프로그램의 실행 및 자료 수집 단계는 개발된 교수 프로그램을 중심으로 이루어진다. 롸이겔루스(Reigeluth, 1989)는 두 가지의 단계를 제안하였다. 첫 번째 단계는 연구자와 참가자 간의 적극적 상호작용을 중심으로 일어난다. 참가자가 학습을 진행하는 도중에 연구자가 질문을 하기도 하고, 또 참가자가 개발된 교수 프로그램의 장단점을 지적하기도 한다. 두 번째 단계는 보다 자연스러운 상태에서 참가자의 학습 진행을 관찰하거나 녹화하였다가 수업이 종료된 후 연구자와 참가자 간의 검토과정을 갖는다. 롸이겔루스의 이러한 제안은 로마(Roma, 1990)와 임철일(1994)의 연구를 통하여 다음과 같은 세부적인 단계로 발전하였다.

첫째, 교수 프로그램의 실시와 추후 검토는 한 번 실시할 때 각각 1시간과 30분 이내에 실시하는 것이 좋으며, 모든 내용을 끝마칠 때까지 반복적으로 실시한다. 이 방법은 참가자뿐 아니라 연구자 모두 피로함을 느끼지 않고 활발하게 의견을 교환함으로써 연구의 신뢰성을 높일 수 있다.

둘째, 실행과 자료수집 시 연구자와 참가자의 상호작용을 추후 검토 과정으로 국한시킨다. 참가자가 교수 프로그램에 참여하는 동안에는 자연스럽게 자신이 원하는 경우에만 교수 프로그램의 설계 원리에 대한 장・단점[6]을 지적하게 한다. 사고의 언어적 표현(think-aloud)은 수업의 자연스러운 과정을 방해할 가능성이 많으므로 배제한다. 다만 교수 프로그램을 실시하기 전에 개방형의 '의견 유도를 위한 질문'을 참가자가 인지하게 함으로써 수업 도중과 이후에 참가자의 의견 개진을 돕는다.

셋째, 추후 검토 과정은 크게 두 가지 단계로 나누어서 실시한다. 첫 번째 단계는 전체 교수 프로그램의 설계 원리에 대하여 강점, 약점, 개선점, 매력성, 그리고 이해도 등에 대한 개방형 질문을 실시하여 참가자의 자유로운 의견을 수집한다. 이때 필요하다면 녹화된 화면을 제공하여 참가자의 설명 과정을 촉진한다. 다음으로, 교수설계 이론의 상세 설계 원리를 반영하는 항목을 중심으로 직접적인 질문을 실시하여 참가자의 의견을 수집한다.

이외에도 자료의 수집 대상 확대를 고려할 수 있다. 롸이겔루스가 제안한 형성적 연구방법론에서는 딕과 케리(Dick & Carey, 1985)의 형성평가 과정을 원용하였음에도 평가 과정에 대한 참여 범위를 학습자로 제안하였다. 형성평가의 다른 주체들인 교과 전문가, 강사, 혹은 교수설계 전문가의 의견을 고려하지 않았다. 그러나 학습자 이외에도 관련된 교과 전문가나 강사 혹은 교수설계 전문가들도 학습자를 대신하여 이론 개선을 위한 주요한 정보를 제시할 수 있다. 특히 학교교육에서 교과 전문가로서 교사들의 교수설계 이론에 대한 전통적인 저항(Reiser, 1994)을 고려할 때, 강사로서 교사들이 교수설계 이론에 대하여 어떠한 의견을 가지고 있는가를 검토하여야 한다. 교사들은 학습자에 관한 정보와 경험을 바탕

6) 형성연구방법론의 궁극적 대상이 교수설계 이론과 모형에 포함되어 있는 교수전략, 설계원리라는 점을 유의하여야 한다. 연구에 참여하는 학습자들이 직접적으로 경험하는 것은 교수 프로그램이지 그 이면에 있는 설계 원리나 교수전략이 아니다. 예컨대, 연구자의 개방형 질문에 대하여 "교수 프로그램이 전반적으로 학생들의 참여를 잘 이끌어 냈다"와 같은 반응을 학습자들이 보일 수 있다. 즉 특정의 설계 원리보다는 교수 프로그램에 대한 일반적인 견해를 밝히는 것이다. 이 점은 특별히 초등학교 학생 등 어린 학습자의 경우에는 더욱 심하다. 따라서 연구자는 학습자들이 이러한 반응을 보일 때 추가 질문 혹은 확인 질문을 통하여 어떤 설계 원리나 교수 전략을 학습자들이 의미하는가를 확인할 필요가 있다. 이런 상세한 상호작용의 요구는 형성연구를 제대로 실행하기 어렵게 만들 수 있다.

으로 강사의 역할뿐 아니라 교과에 대한 전문성도 지니고 있기 때문에 교수설계 이론의 강점과 개선점에 관하여 중요한 정보를 제공해 줄 수 있기 때문이다.

(4) 자료 분석

수집된 자료는 질적 자료의 분석 방식에 의하여 처리된다(Miles & Huberman, 1984). 수집된 모든 종류의 자료(참가자의 의견, 관찰 자료, 메모 등)를 가능한 ① 축소하여, ② 의미 있는 방식으로 범주화한 후, ③ 최종적으로 제시되는 3단계를 거쳐서 분석, 정리한다. 축소 단계는 참가자의 의견을 비슷한 맥락에 해당되는 것으로 묶어서 나열한 후, 주요 용어를 중심으로 한 가지로 줄이는 것을 의미한다. 이때 동일한 자료에 대하여 두 명 이상의 분석가가 동원되어 상호 보완적으로 축소 과정이 이루어질 경우 분석의 타당성이 증가될 수 있다.

범주화 단계는 분석의 핵심적인 과정으로서 의미 있는 결과가 있기까지 반복적인 과정을 필요로 한다. 축소된 자료를 중심으로 유사한 영역의 범주화가 형성되며, 다양한 각도로 재범주화가 실시될 수 있다. 교수설계 이론의 검토와 관련된 범주화는 일차적으로 교수설계 이론의 강점, 약점, 개선점, 매력성, 그리고 이해도 등 다섯 가지로 나누어질 수 있으며, 개선점 영역은 다시 추가될 부분과 변화될 부분으로 구분될 수 있다. 또한 참가자들의 자료를 해당 교수설계 이론의 전략 측면들(예컨대, 제시전략 혹은 연습전략)과 비추어 범주화를 설정할 수 있다. 다음으로 교수 프로그램과 여타의 교수설계 이론 혹은 원리에 해당하는 부분에 대해서 범주화를 한다.

마지막으로, 제시는 범주화된 자료를 나타내는 방식으로서 '표'의 형식을 이용하는 것이 효과적이다. 최종적으로 분석된 자료를 제시하는 표는 참가자들에 의하여 언급된 교수전략 측면(Y축)과 그것의 해당 빈도(X축)를 동시에 제시함으로써 일목요연하게 관련 자료를 제시할 수 있다(〈표 16-3〉 참조).[7]

7) 이 표는 '임철일, 연은경(2009). 사례기반 시뮬레이션 설계원리에 관한 형성연구. 교육공학연구,

〈표 16-3〉 형성적 연구의 자료 제시 방법의 사례

	유형	학습자 반응	빈도
개선 방안	학습자 통제 요소	학습 진행 속도를 학습자가 통제할 수 있어야 한다.	3
		학습 단계 및 분량에 대한 정보가 제시되어야 한다.	3
		학습자가 학습한 내용 및 반응한 것, 기록한 모든 것에 대한 저장 및 출력 기능이 포함되어야 한다.	2
	화면 설명 및 지시	학습에 필요한 컨트롤 버튼에 대한 명확한 설명이 제시되어야 한다.	2
	연습 기회의 제공	학습 종료 후 다양한 사례로 연습할 수 있는 기회를 제공해야 한다.	2
	피드백 제시 방식	구체적인 피드백이 텍스트 형태로 화면에 제시되어야 한다.	1

(5) 사례의 수정

초기 형성적 연구방법론에서는 앞 단계의 자료 분석의 결과를 바탕으로 수정된 교수설계 이론을 제시하는 단계로 끝을 맺었다. 그러나 이후 형성적 연구에서는 개선된 교수설계 이론을 활용하여 사례를 수정하고 반복하는 과정을 제안하고 있다(Reigeluth & Frick, 1999).[8)] 사례의 수정은 자료수집과 분석이 끝나기 전에도 할 수 있다. 수정할 필요가 있는 것을 가능한 빨리 수정하여서 이후 자료 수집 단계에서 활용할 수 있으며, 때로는 비교 평가를 위하여 동일한 학생들에게 두 가지의 설계된 사례를 제시할 수도 있다.

25(2), 117-149'에 있는 것으로서 학습자들에 의하여 개선점으로 제시된 영역을 교수설계 전략과 해당 빈도수를 보여주고 있다.

8) 사례의 수정과 이후 반복은 형성적 연구를 엄격하게 적용할 때 가능하지만, 실제로는 연구 기간 및 연구 비용 등의 문제로 적용하기가 쉽지 않다. 대체로 한 번의 적용과 개선점의 확인 등으로 그칠 수 있으며, 이후 추가적인 연구를 별도로 실행하면서 연구의 완성도를 높일 수 있다.

(6) 자료수집과 수정 반복

앞 단계에서 언급한 것처럼 연구 여건이 된다면 체계적으로 상황을 달리하여 (대상자와 조건) 몇 차례의 추가적인 자료 수집, 분석, 수정을 반복할 수 있다. 이렇게 함으로써 초기에 발견된 것을 확인하게 되며, 외적 타당도(일반화 가능성)를 증가시키게 된다. 이러한 과정을 통하여 특정 상황에서는 매우 잘 적용된 설계 원리가 다른 상황에서는 잘 적용되지 않을 수 있다는 '상황성' 혹은 '특정성(situationalities)'을 확인할 수 있다.[9)]

(7) 잠정 이론의 제시

마지막으로, 확인된 결과를 활용하여 개선된 설계 이론을 가설로 나타낼 수 있다. 물론, 이렇게 제안된 것은 보다 엄격하게 반복되고 타당화가 이루어지기 전까지는 최종적인 지식이라고 볼 수 없다. 이론의 최종적인 타당화를 위해서는 통제 집단과의 비교를 위한 실험 연구 방법을 활용하여야 한다.

2) 새로운 이론을 위한 형성적 연구방법론

새로운 이론을 개발하는 과정에서 활용될 수 있는 형성적 연구방법론에 관하여 롸이겔루스와 프릭(Reigeluth & Frick, 1999)은 맨 먼저 "설계 이론을 개발하는

9) 이러한 자료수집과 수정 반복의 과정은 교육공학 혹은 교수설계 분야의 대안적 연구방법론으로 주목받고 있는 설계기반연구(Design-Based Research, DBR)(강정찬, 이상수, 2011; 김민정, 2008; 임철일, 최소영, 홍미영, 2010; Barab & Squire, 2004; Wang & Hannafin, 2005)와 일맥상통한다. 설계기반연구는 교육문제 해결을 위한 방안이 통제된 실험실 연구를 통한 특정 변인의 조작에 있다는 전제를 거부한다. 설계기반연구는 실제 교육 상황에서 교육 및 학습의 주체들이 어떠한 반응을 보이는가에 주목하면서 반복적인 설계의 과정을 중요한 연구 절차로 상정한다. 이러한 설계기반연구가 특별히 교수설계 분야에 적용될 때 현재의 형성적 연구방법론의 특징을 보인다고 할 수 있다. 요컨대, 형성적 연구는 설계기반연구가 교수설계 분야에 적용되면서 나타날 수 있는 방법론으로 볼 수 있다.

과정을 도와줄 수 있는 사례를 만들어라"와 같은 단계를 제시한다. 기존의 이론이 없는 상황에서 사례를 만들어가면서 잠정적인 이론을 개발할 수 있다는 관점을 취한다. 여기서 사례는 개발자의 경험, 직관, 그리고 과학적 지식 등을 활용하여 개발된다. 그리고 이 과정에서 병렬적으로 잠정적인 이론이 개발된다는 입장을 취한다.

그러나 실제 연구 과정에서는 병렬적인 방식을 취하기가 어렵다. 사례를 개발하는 과정에 선행하여 사례 개발을 안내하여 줄 수 있는 원칙들이 있어야 하며, 이러한 원칙들이 일정한 형태로 구조화되어 있을 때 이를 교수설계 모형이라고 부를 수 있다(제9장의 교수설계 모형 개발 절차 부분 참고). 교수설계 모형을 어떤 형태로든지 잠정적으로 개발한 후, 이 모형에서 제시하는 원칙을 기본적으로 고려하면서 사례를 개발하게 된다. 물론, 사례를 개발하는 과정에서 세부 설계 원칙이 개발되기도 한다(제12장 참조).

따라서 새로운 교수설계 모형을 잠정적으로 개발하는 것이 필요한데, 대체로 다음과 같은 세 가지 단계를 거친다(임철일, 2001; 임철일 외, 2009; Reigeluth, 1983).

첫째, 개발하고자 하는 교수설계 모형에 포함될 수 있는 이론적 구성 요소 혹은 영역과 이에 포함되는 일반적인 설계 원리들을 확인한다(이하 구체적인 사례를 위해서는 제9장을 참고). 관련된 선행 연구를 검토하면서 새로운 교수설계 모형에 포함될 수 있는 기술적, 처방적, 과학적 지식을 확인하게 된다. 이 과정을 통하여 교수설계 모형에 포함될 수 있는 일반적인 설계 원리들을 찾아낸다. 이런 설계 원리들이 일정하게 범주화되면 하나의 이론적 구성 요소(theoretical component)가 된다.

둘째, 확인된 이론적 구성요소와 그에 포함된 일반적인 설계 원리들을 구조화하여 하나의 모형으로 특정화할 수 있는 틀을 도출하게 된다. 교수설계 모형이라고 불리는 것은 대체로 특정의 교육, 수업, 학습 상황을 도와줄 수 있는 많은 설계 원리들이 어떻게 범주화되고, 연결되고, 상호작용하며, 구조화되어 있는가를 나타낸다. 즉 일정한 틀(framework)을 개발하고 이 틀에 따라서 많은 설계 원리들을 포함시키는 것이다.

셋째, 모형의 일반적인 원리에 포함되는 상세한 세부 설계원리들을 확인하게 된다. 상세 설계 원리는 앞의 이론적 구성 요소를 확인하는 과정을 통해서 이미 일부분이 확인되었다. 이후 틀의 개발을 통하여 모형이 정립되는 과정에서 추가적으로 확인하게 되며, 마지막으로 실제 사례를 개발하는 과정에서도 상세 설계 원리가 개발될 수도 있다.[10)]

이상의 과정을 통하여 개발된 교수설계 모형을 대상으로 실제 사례를 개발한 후, 앞에서 이미 밝힌 단계를 동일하게 밟으면서 제안된 교수설계 모형을 개선하고, 최종적으로 실험 연구를 통하여 타당성을 확보하게 된다.

3) 형성연구, 설계개발연구, 설계기반연구의 차이

교육공학 및 교수설계 혹은 최근의 학습환경설계 연구 등에서 자주 활용되는 연구방법으로 형성연구 이외에도 앞서 언급한 설계기반연구(Design-Based Research)와 설계개발연구(Developmental research)(임철일 외, 2024; 임철일, 홍미영, 박태정, 2011; Richey & Klein, 2007; Seels & Richey, 1994)가 있다. 이 세 가지 연구방법은 한 가지 공통된 문제의식으로부터 출발하였다. 특정 변인의 효과성을 통제된 실험 상황에서 확인하려는 전통적인 경험적, 통계적 연구 방법은 교육적인 문제해결과 관련된 지식 생산에는 적합하지 않다는 것이다. 물론, 경험적, 실증적 연구 방법이 필요한 경우도 많이 있다. 특정의 교수 방법이나 교수 모형 혹은 교육프로그램이 실제로 효과가 있는가를 경험적으로 확인할 필요가 있는 것이다. 이

10) 초기의 잠정적 교수설계 모형을 개발하는 과정에서 이론가의 경험, 관점, 관련된 지식을 활용하게 된다. 이 과정에서 잠정적 교수설계 모형이 주어진 문제 상황을 제대로 반영하였는지, 내적인 논리 등에 문제가 없는지에 관한 타당성 검토를 받을 수 있다. 이 과정을 전문가 타당화 과정이라고 부를 수 있다(설계개발 연구방법론에서는 이를 내적 타당화 과정이라고 한다). 전문가 타당화 과정은 이후 실제 사례를 만드는 과정에서 다시 한 번 적용될 수 있다. 즉 개발된 사례가 해당 교수설계 이론을 제대로 반영하고 있는가를 외부 전문가들이 검토하는 것이다. 이러한 전문가 타당화 과정은 특별히 학위 논문 연구에서 많이 이루어지고 있으며, 이를 통하여 연구의 내적 타당화를 높일 수 있다.

런 경우는 대상이 되는 교수방법, 모형, 프로그램이 최적의 상태에 이르렀다는 전제가 되었을 때 적절하다. 그렇지 않으면 제대로 구성된 방법이나 모형 혹은 제대로 개발된 프로그램도 아니면서 효과성에 대한 판단을 하게 되기 때문이다.

교육 현장에서 이러한 문제 제기는 계속되어 왔다. 수많은 경험적 연구 결과들이 쏟아져 나옴에도 불구하고 교육 현장에서 적절하게 사용될 수 있는 방법, 모형, 프로그램들은 여전히 부족하다. 특히, 통제된 실험실 상황에서 진행된 연구 결과를 실제 현장에서 적용할 때 예기치 못했던 많은 문제들이 드러나는 것을 경험하면서, 실제 현장 기반의 연구의 필요성이 제기되어 왔다. 교사, 학습자, 교육 행정가의 의견을 반영하면서 제안되는 교육적 처방이나 해결안이 수정, 보완될 필요가 있는 것이다.

이러한 동일한 문제의식에도 불구하고, 세 가지 연구 방법은 관심의 초점과 구체적인 연구 방법에서 약간의 차이가 있다. 다음 〈표 16-4〉는 이러한 차이를 간략하게 보여준다.

첫째, 연구의 초점과 배경에 있어서 세 가지 연구방법은 미세한 차이를 보여준다. 형성연구는 교수설계 이론의 발전 차원에서 제안된 연구방법론이다(Reigeluth, 1989). 처음 제안된 이후 주로 교수설계 이론 혹은 모형의 개선과 관련된 연구에서 적용되어 왔다. 그에 비하여 설계개발연구는 교육공학의 전반적인 특성, 즉 현상에 대한 설명 혹은 특정 변인의 효과성보다는 새로운 도구, 모형, 프로그램의 개발을 포함한다는 측면에 주목하여 제안된 방법이다. 설계개발과정이 독특하게 포함되는 학문 영역이라면, 이것을 고려한 연구방법론을 정립할 필요가 있다는 문제의식에서 출발하였다. 예컨대, 어떤 설계개발과정 혹은 절차가 보다 효과적이며, 효율적인가를 연구의 대상으로 삼았다. 이에 비하여 설계기반연구는 주로 학습과학의 지적 전통에 기반을 두고 개발 과정의 앞 단계 혹은 개발 과정을 포함하는 상위의 설계 개념에 주목한다. 설계 관점에서 현장의 요구와 기대를 반영하면서 반복적으로 설계 과정이 이루어질 때만이 최적의 해결안이 도출될 수 있다는 문제의식에서 출발한 연구 방법이다.

〈표 16-4〉 형성연구, 설계개발연구, 설계기반연구의 차이

	형성연구	설계개발연구	설계기반연구
초점과 배경	특정의 교수설계 이론 및 모형의 '개선'을 위한 연구	교육 현상에 대한 설명보다는 설계, 개발 과정이 포함된 일반적인 연구	통제된 상황이 아닌 실제 상황에서 효과성을 확보하기 위한 설계 방법에 관한 연구
대상과 범위	기존 및 새로운 교수설계 이론 혹은 모형	교육과 관련된 프로그램, 과정, 산출물, 도구, 모형의 개발(교수설계 이론으로 제한되지 않음)	교육과 관련된 프로그램, 과정, 산출물, 도구, 모형의 개발(교수설계 이론으로 제한되지 않음)
주요 방법과 절차	질적 연구 방법 활용 -설계 이론 선정 -교수 프로그램 설계 -교수 프로그램 실행 및 자료 수집 -자료 분석 -사례 및 이론의 수정	질적 연구 방법 및 양적 연구 방법 활용 Type I: 특정 사례대상 Type II:일반 모형대상	관련된 당사자들의 의견을 반영하면서 반복적으로 설계, 적용, 설계 변경을 하는 방법. 질적, 양적 연구 방법 활용

둘째, 형성연구는 연구의 대상을 교수설계 이론 및 모형으로 제한한다. 처음 제안될 때부터 대상을 한정하였다. 이에 비하여 설계개발연구나 설계기반연구는 교수설계 이론과 모형을 벗어나서 광범위한 교육적 해결안을 대상으로 한다. 설계개발연구와 설계기반연구는 다양한 형태의 교육 모형과 교육적 해결안이 최적의 상태를 이루기 위한 조건과 상황을 규명한다.

셋째, 형성연구는 대체로 학습자 혹은 관련 당사자 (예컨대, 교사 등)의 의견에 대한 분석을 대상으로 한다. 대상자의 의견을 반영하여 교수설계 이론과 모형을 특정화하고 수정하려고 한다. 이에 비하여 설계개발연구와 설계기반연구는 질적 연구만을 활용할 수도 있고, 최종 단계에서는 양적 연구를 수행하여서 대상이 되는 이론, 모형, 혹은 프로그램의 효과성을 보고하게 된다. 특히 설계기반연구는

설계 과정이 관련 당사자의 의견이나 반응을 반영하여 반복적으로 일어나는 것을 강조한다. 설계개발연구와 설계기반연구는 상세화되고 확정된 연구 절차를 포함하고 있지는 않다. 연구의 주제와 대상에 따라서 다양한 하위 연구방법론과 절차가 적용되고 있다.

4) 설계개발 연구방법론의 발전

교수설계 이론과 모형이 국내에 소개된 이후 형성적 연구방법론보다는 설계개발 연구방법론을 적용한 다수의 연구들이 시도되었다(임철일 외, 2024). 형성적 연구는 기본적으로 교수설계 이론의 모형과 원리들의 개선에 초점에 맞춘다. 이러한 성격은 교수설계 모형과 원리들이 적절한지 여부를 확인하기 위하여 학습자들이 수업을 경험한 후 학습자들의 의견 검토에 집중한다. 즉 모형의 어떤 측면이 또는 어떤 원리가 효과적인가 아니면 개선할 필요가 있는가를 학습자의 의견을 중심으로 분석하여 개선 방향을 찾아낸다. 따라서 형성적 연구방법론에 있어서 해당 모형이나 원리가 효과적인가를 검토하는 것은 이차적인 관심 대상이 된다. 형성적 연구방법론의 이러한 특징은 교수설계 원리와 모형이 실제로 효과적인가를 분석하려는 문제의식과 맞지 않으며, 이러한 제한점으로 형성적 연구방법론보다는 설계개발 연구방법론을 적용하는 경우가 증가하게 되었다.

설계개발 연구방법론이 교수설계 관련 연구에서 보다 많이 활용되는 것은 설계개발 연구방법론이 포괄적인 정의를 표방하기 때문이다. 설계개발 연구방법론을 체계적으로 정립한 Richey와 Klein(2007)에 의하면 설계개발 연구방법론은 다음과 같이 정의된다.

> "교수적 또는 비교수적 산출물 및 도구, 그리고 그 개발을 이끄는 새로운(혹은 개선된) 모형의 생성에 관한 실증적 기반 확립을 목표로 하는 설계, 개발, 평가 과정에 대한 체계적인 연구"

"the systematic study of design, development and evaluation processes with the aim of establishing an empirical basis for the creation of instructional and non-instructional products and tools and new or enhanced models that govern their development."

설계개발연구의 이러한 포괄적 정의와 함께, 내적 타당화와 외적 타당화라는 두 가지의 단계를 구분한 것, 그리고 산출물 및 도구에 관한 유형 1 연구와 일반화될 수 있는 모형에 관한 유형 2 연구 등을 구분하여 제시함으로써 교수설계 이론 분야의 주요 방법론으로 자리를 잡아가고 있다.

특히 최근 AI의 발전에 따른 AI 활용 교육과 AI 융합 교육에 대한 관심이 증가되고 있는 것을 반영하여 이와 관련된 교수설계 모형과 원리에 대한 교육 현장 기반 연구를 위한 설계개발 연구방법론의 활용이 이루어지고 있다(임철일 외, 2024). 임은선 외 (2024)는 인공지능과 연관된 데이터 리터러시를 교육의 목표로 설정하여 교과 간 교사가 협업하여 수업을 설계할 때 참고할 수 있는 단계와 절차를 RPISD(Rapid Prototyping to Instructional Systems Design) 모형을 참고하여 설계개발 연구방법론을 활용하여 개발하였다. 고보경 외(2024)는 수학 교과의 지식을 획득하는 과정에서 학생들이 생성형 인공지능 챗봇을 활용하는 AI 융합 수업의 모형을 설계개발 연구방법론을 활용하여 개발하였다. 이 밖에도 학교 현장 교사들이 설계개발 연구방법론을 활용하여 현장 적합성이 높은 교수설계 모형과 원리들을 개발하는 데 참여하는 추세이기도 한다. 또한 AI를 포함한 디지털 기술이 교육에 주는 영향력을 교수설계 모형과 원리 측면에서 발전시키려는 움직임을 설계개발 연구방법론이 지원하여 줄 것으로 보인다.

연습 및 탐구 문제

1. 기존의 교수설계 이론을 형성적 연구방법론을 활용하여 개선하고자 하는 이유를 논의하고, 이때 따르게 되는 연구 절차를 간략히 설명하시오.

2. 새로운 교수설계 이론 혹은 모형을 개발하고자 하는 상황을 설명하고, 이때 따라야 하는 연구 절차를 간략히 설명하시오.

3. 교육공학에서 설계기반연구에 대한 논의가 이루어지고 있다. 설계기반연구의 기본적인 특성과 형성적 연구방법론의 기본 특성을 비교하면서 공통점과 차이점을 논의하시오.

4. 교수설계 분야에서 이루어지는 전형적인 실험 연구 하나를 예로 들면서 이 연구가 형성적 연구방법론과 어떤 차이가 있는가를 논의하시오.

제 17 장

교수설계 이론 및 모형의 전망

1. 교수설계 범위의 확대
2. 교수설계 수준의 심화
3. 교수설계 초점의 조정

교수설계의 이론과 모형도 다른 학문 영역과 마찬가지로 변화와 발전 중에 있다. 특별히, 디지털 전환, AI 전환에 따라서, 교육의 장면이 시공간적으로 제한되어 있는 학교교육에서 개방적이고 네트워크화된 평생교육으로 확대되면서 교수설계가 대상으로 하는 범위, 수준, 초점에 있어 큰 변화가 나타나고 있다. 본 장에서 교수설계의 이론 및 모형의 향후 전망을 교수설계 범위의 확대, 교수설계 수준의 심화, 교수설계 초점의 조정이라는 세 가지 측면에서 살펴본다.

롸이겔루스(Reigeluth, 1983)에 의하여 1980년대 초반 당시까지의 교수설계 이론과 모형의 연구 결과가 종합적으로 정리된 이후, 국내외에서 많은 연구 성과들이(임철일, 2000; 임철일 외, 2024; Reigeluth, 1999; Reigeluth & Carr-Chellman, 2009) 이 분야에 축적되고 발전되어 오고 있다. 이 과정에서 교수설계 이론 및 모형 분야의 연구 초점에 있어서 많은 변화가 있었지만, 본서에서는 크게 다음과 같은 세 가지의 동향에 주목하여 논의하고자 한다.

- 교수설계 범위의 확대: 고차적 사고 학습과제를 위한 설계
- 교수설계 수준의 심화: 학습 환경의 설계
- 교수설계 초점의 조정: 학습 활동의 설계

1. 교수설계 범위의 확대: 고차적 사고를 위한 설계

어떻게 교육을 할 것인가 혹은 구체적으로 어떻게 수업을 설계할 것인가에 관한 교수설계 분야의 기본적인 접근은 교육 목표 혹은 학습과제의 유형에 따라서 교수 전략이 달라진다는 것이다. 블룸(Bloom)의 교육 목표 분류학의 영향을 받은 가네(Gagné, 1977)는 학습 유형을 다섯 가지로 구분한 후, 그에 따른 교수 전략을 제안하였다. 이후 이 접근을 정교화하고, 확대하는 방향으로 교수설계 분야가 발전하였으며(Reigeluth, 1999), 특별히 전통적인 교과교육에서는 제대로 다루지 못하였던 다양한 유형의 고차적 사고, 예컨대 문제해결능력(Jonassen, 1999, 2000), 추론 능력(Barrows, 1984, 1995) 그리고 창의력(임철일, 1999; 임철일, 홍미영, 박태정, 2011; 이다연, 임철일, 2022)에 대한 관심이 점차적으로 증가하고 있다.

학교교육의 수업 활동은 지금까지 대체로 교과를 중심으로 운영되고 있다. 교과는 해당 학문의 지식의 결과를 반영하고 있으며, 이 지식들은 대체로 개념, 원

리, 절차 등으로 표현된다. 예컨대, 과학 교과에서는 광합성 개념, 물의 순환 원리, 그리고 광학 현미경 활용 절차 등을 학습하게 된다. 가네가 밝힌 지적 기능(intellectual skills)의 학습 유형에는 이러한 개념, 원리, 절차가 포함되어 있다. 교과의 개념, 원리, 절차의 지식을 학교교육에서 강조했던 것은 교과중심 교육과정과 학문중심 교육과정(이홍우, 1977; Bruner, 1960)이 교육의 핵심이어야 한다는 관점이 반영되어 있다. 마치 꼬마 학자 혹은 꼬마 대학교수를 기르는 것을 염두에 둔 인문중심 교육과정이 학교교육의 기능과 형태를 지배하였던 것이다.

이 관점은 서구의 산업화 그리고 개발 도상 국가의 근대화 과정의 교육에 있어서 나름대로의 순기능을 보여주었다. 왜냐하면, 산업화 그리고 근대화의 변화에 대한 교육적 대응으로 교과 혹은 학문중심 교육과정에서 제공하는 지식과 기능이 어느 정도 적절하였기 때문이다. 당시에 제공되었던 교육을 마친 학생들이 사회의 기대에 부응하는 지식과 기능을 습득할 수 있었던 것이다.

그러나 이러한 관점은 1990년대 중반 이후 인터넷의 급격한 보급과 함께 지식정보 사회가 대두되면서 실질적인 도전을 받게 된다. 교과 혹은 학문중심 교육과정은 이미 교육과정 측면에서는 전인주의(humanism) 혹은 실용주의(pragmatism)에 의하여, 학습 이론 측면에서는 구성주의적 관점에 의하여 비판을 받고 있었다. 전인주의 교육과정은 교육이 지향하는 바가 학문을 이해하는 것이 아니라, 지식과 태도 그리고 신체의 종합적인 성장을 도모하여야 한다는 주장을 한다, 또한 실용주의 교육과정은 학문중심 교육과정이 지향하는 학자 양성보다는 사회의 다양한 구성원이 되기 위하여 필요한 능력 혹은 역량을 가르쳐야 한다는 관점을 취한다.

한편, 학습이론 차원에서 구성주의는 학습의 본질적 현상을 기존의 행동주의나 인지주의 접근을 벗어나 대안적으로 파악하면서 교과 혹은 학문중심 교육과정의 한계를 지적한다. 구성주의는 의미 있는 학습이 발생하는 실제적인 문제 사태를 중시한다. 문제와 분리된 추상적인 형태로 학교교육의 지식과 교육 방법이 다루어지는 문제점을 드러낸다. 하나의 접근, 관점, 이론으로 볼 수 있는 지식을 지나치게 절대화하고, 표준화하여 교과서화함으로써 지식의 상대성, 다양한 관점의 탐색 등이 제대로 다루어지지 못함을 비판한다.

이와 같은 교과 혹은 학문중심 교육과정에 대한 전인주의 및 실용주의 교육과정의 문제 제기나, 구성주의에 의한 문제 제기는 지식정보사회로의 변환이라는 실제적 힘에 비하면 그 파급 효과가 그다지 크지 않았다. 교과별로 단절되어 있는 개념, 원리, 절차를 주요 학습 내용으로 파악하고 이를 어떻게 가르칠 것인가 하는 관점은, 이론적인 반박에도 불구하고 비교적 상당한 기간 동안 큰 저항 없이 학교교육에서 자리를 잡고 있다. 예컨대, 현재까지도 교과별로 세부적으로 나누어진 교육대학이나 사범대학의 학과 구분이나, 그를 반영하는 교과서의 개발은 이를 반증하고 있다.[1)]

그러나 1990년대 중반을 넘어서면서 지식정보 사회 및 글로벌 환경으로의 변화는 향후 학교교육이 새롭게 변화되어야 한다는 대규모 사회 환경 요인으로 작용하였다. 지식정보사회의 상징인 인터넷과 월드와이드웹은 이후 첨단의 정보통신기술의 급속한 발전과 함께 전 세계를 빠르게 변화시켜 놓았다. 지식정보화 사회는 유례없는 지식의 폭발적 성장과 함께 지식에 대한 접근 가능성이 대폭 증가된 특징을 갖고 있다. 특별히 인터넷과 웹 2.0 기술은 지식에 대한 상시 접근 및 공유 가능성을 실질적으로 현실화시켜 놓았다(임철일, 2011) 예컨대, 스마트폰을 활용하여서 말 그대로 언제 어디서든지 필요한 지식과 정보를 자신의 손안에 바로 확보할 수 있게 된 것이다. 이러한 사회적 변화는 기존의 학교교육의 접근, 즉 정해진 개념, 지식, 절차를 담은 교과 내용을 중심으로 교육이 이루어지는 것에 큰 도전 과제를 던지고 있다. 교과서에 있는 제한된 지식을 획득하는 것만으로 또는 잘 준비된 꼬마 학자를 양성하는 것만으로는 지식정보사회[2)]가 기대하는 교육의

1) 미국의 경우 '교육과정과 수업(Curriculum & Instruction)' 학과 안에 개별 교과들이 모두 들어 있다. 수학교육 혹은 과학교육 등의 학과가 따로 있지 않고, 교육과정과 수업 학과 안에 하위 프로그램으로 되어 있는 경우가 많다. 이러한 형식은 국내의 분리주의적 현실과 비교하여 볼 때 시사하는 바가 많다.

2) 2025년 현재는 지식 정보 사회와는 또 다른 디지털 전환에 이어 인공지능 전환(Artificial Intelligence

역할을 다하는 것으로 볼 수 없게 되었다.

지식정보사회로의 변화가 학교교육 등에 미치는 큰 영향 중의 하나는 바로 기존 교과 중심의 개념, 원리, 절차의 학습 과제 이외에 고차적인 사고에 대한 전례 없는 강조이다(임철일, 2019; Reigeluth, 1999; Reigeluth & Carr-Chellman, 2009). 물론 산업사회 혹은 그 이전의 고대 및 중세 사회에서도 자기주도학습, 논리적 추론, 문제해결력, 창의적 사고와 같은 고차적 사고나 복잡한 사고에 대한 교육적 관심이 있었다. 그러나 이는 대체로 학교교육의 형태라기보다는 삶의 현장 안에서 도제식(apprenticeship)으로 이루어지는 경우가 많았다. 예컨대, 중세의 장인 제도 아래에서 이루어진 교육이 그러한 형태를 보여준다. 장인 아래 들어가서 도제식으로 교육을 받는 과정을 거치면서 실제적인 문제해결 능력 등을 획득하게 된 것이다. 그러나 근대 이후 학교교육이 제도화되면서 현장 혹은 사회와 학교는 분리되기 시작하였으며, 학교는 형식화된 지식을 가르치는 곳으로 성격이 규정되었다. 학문 세계의 지식 결과를 반영하는 교과중심 혹은 학문중심 교육과정의 교육 편제가 지배적인 형태로 된 것이다. 이 과정에서 학문 구분에 상관이 없는 문제해결능력, 창의력, 융합력과 같은 고차적인 사고 기능은 상대적으로 관심의 대상에서 멀어져 갔다.

지식정보 사회로의 변화는 이러한 교과기반의 학교교육의 편제에 문제를 제기한다. 지식정보 사회는 지식의 팽창과 네트워크의 발전으로 요약될 수 있다. 산업사회에 비하여 폭발적으로 증가되는 지식을 네트워크를 활용하여 접근할 수 있는 사회 체제가 나타난 것이다. 따라서 지식정보 사회는 기존 산업 사회에서 기대하였던 학자 양성 기관으로서 학교 혹은 대학의 기능을 벗어나서, 지식정보 사회에서 요구하는 능력 혹은 역량(competencies)을 갖춘 사람들을 양성하는 교육 기능을 요구하게 되었다. 지식정보 사회에서는 전통적인 교과 내용으로서 개념, 원리,

---

Transformation) 시대의 특성을 보여주고 있다. 인공지능이 전체 사회의 모든 부문에 영향을 끼치는 시대적 특성을 반영한 교육적 대응을 모색하고 있다. 인공지능 전환 시대에서도 인공지능에 대한 이해와 함께 문제해결력, 창의력, 융합력과 같은 고차적 사고가 여전히 강조되고 있다. 인공지능을 응용한 서비스, 제품 개발, 생산 방식의 변화가 계속적으로 발생하고 있기 때문이다.

절차 획득 그 이상의 능력을 요구한다. 지식을 기반으로 복잡한 문제를 정보통신 기술과 같은 도구(tools)를 사용하면서 해결하는 것이다(Boyd & Watson, 2006).[3] 정보통신 도구를 활용하여 문제를 창의적으로 해결하고 논리적 추론을 할 수 있는 사람을 기대하는 것이다. 따라서 향후 교수설계 이론과 모형은 이러한 고차적 사고를 어떻게 기를 것인가에 보다 관심을 가지게 될 것이며, 또한 그럴 필요가 있다.

고차적 사고의 학습과제를 대상으로 교수설계 수준을 심화하려는 노력은 문제해결능력을 위한 학습환경 설계(임철일, 1999; Barrows, 1995; Schank, 1992) 차원에서 이미 시작되었다. 제8장 문제해결능력을 위한 교수설계 모형에서 밝혔듯이 문제해결능력에 대한 교수설계 차원의 관심은 의과대학 맥락의 문제중심학습(Problem Based Learning)이나 기업의 교육훈련 맥락의 목적중심시나리오(Goal Based Scenario)나 문제해결시나리오(Problem Solving Scenario)와 같이 초중등의 교과교육과 다른 교육적 맥락에서 활발하게 시도되어 왔다. 이 점은 교육이 사회의 변화된 요구를 반영하여야 한다는 관점에서 비추어 볼 때 자연스러운 현상으로 볼 수 있다. 복잡한 질병의 환자와 맞닥뜨리는 의사, 해결하기 어려운 문제를 다루어야 하는 기업의 직원들에게 높은 수준의 문제해결능력이 절실하게 필요한 것이다.

물론 이전에도 의사나 기업의 직원들에게 문제해결능력이 요구되었다. 그러나 사회가 보다 복잡하면서도 고도화된 지식정보사회로 변화되며, 해결하여야 하는 문제가 어려워지고 또한 관련된 지식과 정보가 기하급수적으로 늘어나면서 새로운 차원과 수준의 문제해결능력을 획득할 필요가 생긴 것이다. 예컨대, 암환자가 급격하게 증가하면서 다양한 암의 진단과 치료 방식을 어떻게 할 것인가는 의사들의 복잡한 문제에 해당하며, 인터넷을 통한 전자상거래가 보편화되면서 고난도

3) 이러한 현상은 2022년 하반기에 나타난 생성형 인공지능 기반 대화형 언어 모델인 ChatGPT 등장과 함께 새로운 국면으로 접어들고 있다. 생성형 인공지능을 포함한 다양한 인공지능 서비스 혹은 도구를 활용하여 효과적으로 문제를 해결하는 현상이 사회 전반에서 나타나고 있으며, 이를 대비한 교육의 목표, 내용, 방법에 있어서도 큰 변화가 이루어지고 있다(임철일, 조영환 외, 2025).

의 고객 정보 보안 문제를 어떻게 다룰 것인가는 기업의 직원들에게 도전 과제로 제시되고 있다. 이런 문제들은 몇 가지의 구분된 지식의 결과나 내용을 가지고는 해결하기 어려우며, 모종의 문제해결과정과 수단을 적절하게 활용할 수 있는 고차적 사고 능력을 요구한다.

이와 같은 새로운 교육적 요구에 민감하게 반응을 보인 쪽은 전통적인 학교교육이 아니라 대학 교육이나 기업의 교육훈련이었다. 왜냐하면 실제 현장과 직접적으로 맞닿아 있었기 때문이다. 의과대학의 학생들은 교육을 받은 후 당장 의사로서 활동을 하여야 하며, 기업에서 현재 발생하는 복잡한 문제를 효과적으로 해결하기 위해서는 직원들이 고차적인 문제해결능력을 갖추어야 했다. 이에 비하여 초중등학교는 비록 문제해결능력과 같은 고차적 사고에 대한 관심이 있었기는 하지만, 여전히 교과중심의 교육의 논리가 지배적이었다. 대부분의 대학이 여전히 학자를 양성하는 방식의 교육과정이 지배적으로 운영되고 있는 상태에서, 초중등학교는 이러한 대학교육을 위한 준비교육기관(국내의 경우, 이른바 입시위주의 교육의 문제점에 대한 지적을 고려하면 이해할 수 있다)의 기능을 수행하고 있었기 때문이다.

그러나 이러한 교육 체제와 방식은 이제 새로운 변화에 직면하고 있다. 지식정보사회로 진입하는 과정에서 교과중심 혹은 학문중심 교육과정의 형태만으로는 초·중등학교 혹은 대학교육이 더 이상 운영되기는 어렵게 되었다. 문제해결능력과 같은 고차적 사고를 어떠한 방식으로든지 교육의 한 가지 중요한 형태로 선택하여 효과적으로 다루는 방법을 연구할 필요가 생겼다. 교수설계 이론과 모형의 연구도 이 부분에 대한 관심을 보다 발전시켜서 구체적이며 실천 가능한 교육방법론적 방안을 제시하여야 되는 것이다.

1) 문제해결능력

문제해결능력에 대한 교수설계 이론과 모형의 관심은 제8장에서 밝힌 것처럼 문제중심학습(PBL), 목적중심시나리오(GBS) 그리고 문제해결시나리오(PSS)와 같은 거시적인 학습환경 모형 형태로 이미 제시되었다. 다만 이런 모형들이 의과대학이나 기업의 맥락을 고려하여 개발되었다는 점에서, 향후 초중등학교에서 문제해결능력을 위한 교수설계 모형의 개발과 적용에 관한 연구가 활발하게 될 것으로 기대된다.

일반 학교교육에서 문제해결능력에 관한 설계 모형이 없었던 것은 아니다. 예컨대, 탐구학습(Inquiry learning)(Schwab, 1962) 혹은 인터넷 자원 기반 탐구학습(Internet Resource Based Inquiry Learning)(손미, 2002) 등은 넓게 봐서 문제해결능력을 위한 모형으로 볼 수 있다. 다만 이런 모형들은 과학 교과 혹은 사회 교과 등 특정 교과의 지식을 적용하는 것에 제한된다는 특징이 있다. 탐구학습은 대체로 과학교과의 교수 모형으로 알려져 있으며, 초점이 반드시 문제해결능력의 획득에 맞추어져 있지는 않다. 여기에서는 과학의 원리들을 교사 중심으로 설명하기보다는 학습자들 스스로가 탐구의 과정을 거쳐서 탐구하고 발견하는 것을 기대한다. 이 과정에서 탐구 능력이 향상되며, 궁극적으로 과학적인 문제해결능력이 획득될 수 있다고 믿는다. 학습자들이 가설을 설정하고, 경험적 자료를 확인하여, 원인을 도출하고 이 활동을 통하여 나타난 결과를 바탕으로 문제해결의 방향을 찾게 되는 것이다.

예를 들어 '증발' 현상에 대해 학습할 때, 학생들은 [그림 17－1]과 같이 빨래가 마르거나 오징어를 건조하는 등의 사진을 통해 사라진 물은 어디로 갔는지에 대해 탐구할 수 있다. 이 문제를 해결하기 위해 두 개의 비커에 같은 양의 물을 넣고 랩을 씌운 것과 그렇지 않은 것을 놓고 관찰하였다. 며칠 간 관찰한 결과, 물의 양이 다르고 랩을 씌운 비커에서는 비커 안쪽에 물방울이 맺힌 것을 확인하였다. 이러한 결과 확인을 통해 학생들은 사라진 물이 공기 중으로 증발하여 날아갔음을 알게 되고 생활 속에서 또 다른 예에 적용할 수 있다.

생활 속에서
증발이 일어나는 장면 확인

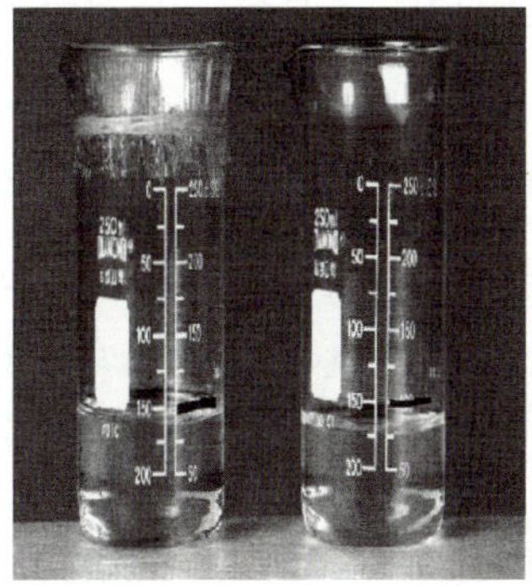

랩으로 덮개를 씌운 비커와
씌우지 않은 비커의 물의 양을 관찰

[그림 17-1] 탐구학습의 예

새롭게 강조되는 문제해결능력은 특정의 교과에 한정되지 않고, 다양한 교과의 지식을 통합적으로 활용하면서, 문제해결과정과 기법을 획득하여야 함은 물론이고 문제해결 과정에서 다른 사람들과 효과적으로 의사소통을 할 수 있는 능력이 요구된다. 따라서 학교교육 맥락에서 활용될 수 있는 문제해결능력을 위한 교수설계 모형은 이상의 세 가지 요소들을 어떻게 고려할 것인가를 포함하여야 한다.

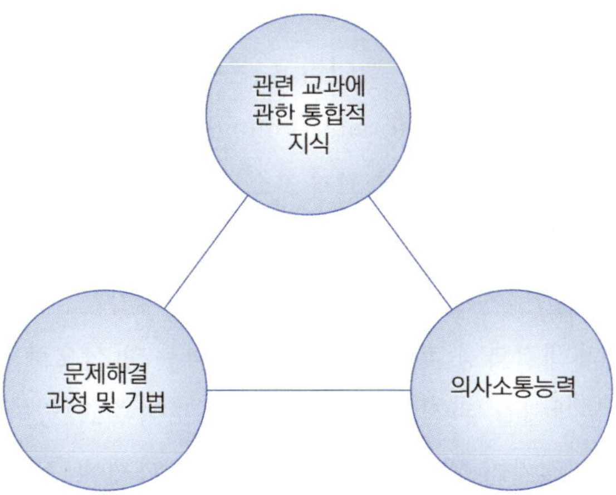

[그림 17-2] 문제해결능력의 구성

국내의 경우 초등학교 과학교과의 미래형 디지털 교과서 개발을 위한 모형 연구에서 이런 문제의식을 반영한 시도가 이루어졌다(임철일 외, 2011). 이 연구에서는 특정 과학 교과의 지식과 내용 전달의 과정에서 벗어나서 학생들이 주도적으로 탐구하고 문제를 해결하는 과정을 디지털 교과서 형식을 빌려 이루어질 수 있는 가능성을 보여주었다. 문제해결활동이 디지털 교과서 기술 환경을 활용하여 과학교과 수업에서 이루어질 수 있다는 것을 제안하였다. 이처럼 고차적 사고로서 문제해결 활동을 초중등학교에서 다룰 수 있도록 디지털 기술 기반의 교수설계 모형에 관한 연구가 기대된다.

2) 창의적 사고

창의적 사고는 교수설계 이론과 모형의 주요한 이론적 관심 영역 중 하나이다. 특히, 창의성의 의미와 구체적인 구성 요소와 단계 등을 실질적으로 밝히고 제안한 창의적 문제해결(Creative Problem Solving)(Isaken & Treffinger, 1985; Treffinger, Isaksen, & Dorval, 2000) 접근을 바탕으로 교육적인 방안을 교수설계 이론과 모형 차원에서 밝힌 연구들이 계속 나타나고 있다(이창권 외, 2024). 창의적 문제해결 관점에서 창의성은 결국 확산적 사고와 수렴적 사고가 특정 문제해결 과정에서 적절하게 활용될 때 나타나는 것이라고 본다. 기존의 틀을 벗어나는 사고의 중요성을 나타내는 브레인스토밍(brainstorming)이 오즈본(Osborn, 1963)에 의해 제안된 이후, 이 접근을 발전시켜서 브레인스토밍에 의한 확산적 사고와 함께 일정한 기준을 가지고 확산된 사고를 수렴하는 사고의 중요성이 추가되었다. 또한, 창의성이란 것이 복잡한 현재 문제 상황을 해결해 나가는 과정이라는 점을 개념화하여, 창의적 문제해결과정 혹은 단계를 도출하는 방식으로 발전하였다. [그림 17-3]은 창의적 문제해결 관점의 최신 모형을 보여주고 있다.

이 모형은 문제 해결자가 자신이 해결해야 하는 과제에 적합하고 도움이 되는 단계와 도구를 선택해서 사용할 수 있는 유연한 과정을 포함한다(Treffinger,

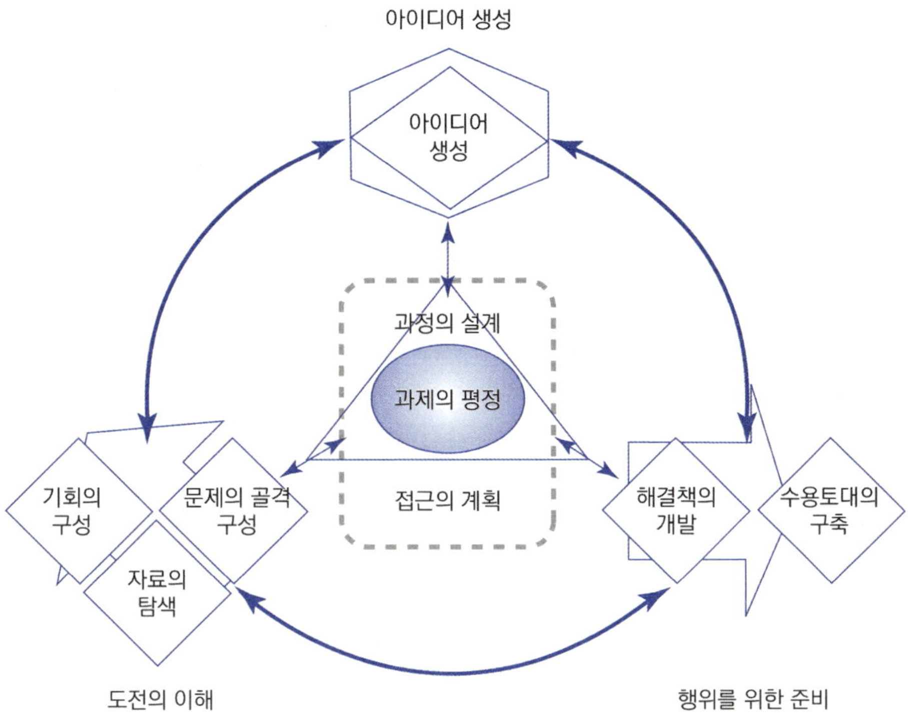

[그림 17-3] 창의적 문제해결 모형(CPS 6.1 버전)

Isaksen, & Dorval, 2000). 이 모형은 크게 '관리 요소'와 '과정 요소'로 구성되어 있다. '관리 요소'는 문제 해결자가 '과정 요소'와 그 단계들을 분석하고 선택하는 것을 안내하는 '접근의 계획' 요소로 구성되어 있으며, '과정 요소'는 '도전의 이해', '아이디어의 생성', '행위를 위한 준비'의 세 개의 요소로 나뉜다. 이 중에서 관리 요소인 '접근의 계획'은 모형의 가운데에 위치하여 세 가지 과정 요소들과 연결되어 있는데, 이것은 CPS를 사용함에 있어 안내자의 역할을 하는 것을 의미한다(김영채, 2008). 또한, 세 가지 과정 요소 안에는 '기회의 구성(constructing opportunities)', '자료의 탐색(exploring data)', '문제의 골격 구성(framing problems)', '아이디어의 생성(generating ideas)', '해결책의 개발(developing solutions)', '수용 토대의 구축(building acceptance)'의 여섯 개의 세부 단계가 있다. 이 모형에서는 '과정 요소'

에 포함되는 여섯 개의 단계마다 확산적 사고와 수렴적 사고를 반복적으로 사용하게 된다.

지식정보사회의 도래에 따른 창의성에 대한 강조는 위에서 언급한 창의적 문제해결(CPS) 접근과 같은 과학적으로 검증된 모형을 교육적으로 활용하는 연구에 대한 관심을 촉발했다. 국내 교수설계 분야에서는 초중등교육 및 대학교육에서 CPS를 기반으로 하는 교수설계 모형에 관한 연구가 시도되었다. 강이철과 신정규(2003)는 CPS를 고등학교 전기 단원 수업 설계에 적용하여 창의적으로 문제를 해결해 나갈 수 있는 방법을 제안하였다. 김민영(2006)은 과학사에서 나타난 과학자들의 문제해결 전략과 CPS의 연관성을 확인하여 수업 모형을 개발하였다. 모형에 따른 수업 프로그램을 개발해 과학 고등학교 1학년 학생들을 대상으로 적용하였다. 이경화(2006)는 CPS를 활용한 미래도시건설 프로젝트 교수·학습 프로그램을 제안하였다.

창의적 문제해결 모형을 교육 실제에 적용하려는 노력은 온라인 학습 환경의 활용 가능성이 확인되면서 더욱 증가되고 있다. Feldhusen과 Goh(1995)는 창의적 문제해결에 효과적인 환경 조건은 변화가 가능하고, 유연하고, 개방된 것으로 본다. 온라인 학습 환경은 정해지지 않은 문제를 찾아 새롭고 적절한 아이디어나 결과물을 생산해 낼 수 있는 능력인 창의적 문제해결력을 증진하는 환경을 제공할 수 있으며, 인터넷을 통해서 학습자들은 의사소통, 발견 및 탐색, 주도적인 지식과 경험을 구성하게 된다(구양미 외, 2006; Grabe & Grabe, 2000). 온라인 환경에서 학습자는 주도적으로 다양한 정보를 찾을 수 있고, 다른 여러 학습자들과 실시간, 비실시간으로 상호작용하며, 학습자 스스로 지식과 표현방법을 재구성할 수 있다(Hedberg, Brown, & Arrighi, 1997; Relan & Gillani, 1997). 구양미 외(2006)는 온라인 학습 환경이 학습자들로 하여금 예상치 못했던 정보에 자유롭게 접근하면서, 자신의 사고를 끊임없이 확장할 수 있는 기회를 가지게 함으로써 발산적 사고를 증진시킬 수 있도록 돕는다고 주장한다. 온라인 학습 환경은 시·공간을 초월하여 접근해 자신의 생각을 올릴 수 있고, 다양한 자료나 정보를 검색,

검토한 후 자신의 생각을 정리하여 전달할 수 있다는 점에서 다양하고 독특한 아이디어 생성에 도움이 되며, 창의적 문제해결에 적합한 학습 환경으로 주목을 받고 있다.

창의적 문제해결 모형을 온라인 학습 환경에서 적용하려는 구체적인 시도도 이루어져 오고 있다. 박성익 외(2006)는 초등학교 6학년 학생들을 대상으로 과학 창의성 신장을 위한 이러닝 교수·학습 모형을 개발하였다. 이상수와 이유나(2007)는 온라인 수업과 면대면 수업을 연계하는 창의적 문제해결을 위한 블렌디드 러닝 수업 모형을 개발하고, 대학생들을 대상으로 형성연구를 실시하였다. 이 연구에서는 창의적 문제해결 과정을 구성하는 두 가지 사고양식 중 확산적 사고는 지연된 의사소통이 가능한 온라인 환경을, 수렴적 사고는 유기적 의사소통 과정에 유용한 면대면 환경을 이용하는 것이 효과적이라 제안하였다.

임철일 외(2009)는 창의성을 위한 '창의적 문제해결 모형(CPS 버전 6.1™)'을 활용하여 캠퍼스 대학의 일반 강좌에서 통합적으로 이루어지는 온라인 지원 시스템 기반의 종합적인 대학 수업 모형을 개발하고 그 가능성을 탐색하였다. [그림 17-4]는 이 연구에서 개발된 CPS 온라인 지원 시스템의 구성을 나타낸다. 이 연구에서는 온라인 학습 환경에서 확산적 및 수렴적 사고 활동을 지원할 수 있는 도구의 포함 가능성에 주목하여, 창의적 문제 해결을 위한 온라인 지원 도구와 함께 전체 수업 운영을 안내하는 수업 모형을 개발하여 개선점을 확인하려 하였다.

이상에서 기술한 바와 같이, 문제해결능력 혹은 창의성과 같은 고차적 사고에 대한 교수설계 이론과 모형에 대한 관심이 크게 증가하고 있다. 이러한 경향은 지식정보사회가 고도화되어 가는 과정에서 자연스럽게 나타나는 것으로 볼 수 있다. 특별히 융합적 사고, 집단 지성의 관점(양미경, 2010; Heylighen, 1999; Lêvy, 1994; Scarlat & Maries, 2009) 등 지식정보사회에서 독특하게 요구되는 고차적 사고에 대한 강조가 더욱 이루어지는 것을 볼 때 이 경향은 가속화될 것으로 보인다. 사회의 변화와 요구에 보다 능동적으로 대처하면서도, 교육적으로 실천 가능

한 고차적 사고를 위한 교수설계 이론과 모형의 발전이 기대된다.[4)]

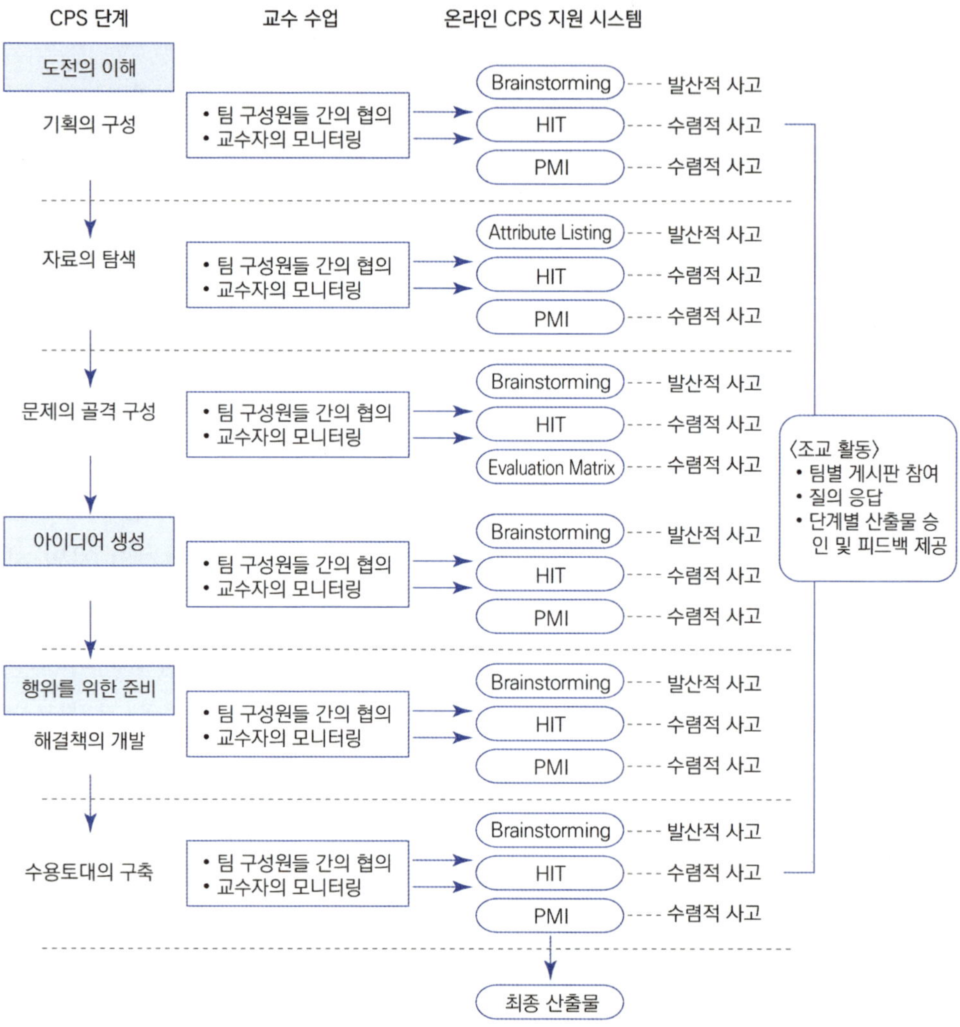

[그림 17-4] CPS 단계별 교실 수업 및 온라인 지원 시스템의 구성

---

4) 2025년 인공지능 전환 시대에 즈음하여 AI 융합 교육에 대한 관심이 높다. AI 융합 교육의 중요한 목표 중의 하나는 AI를 기반으로 하는 문제해결력, 창의력의 증진에 있다. 창의적 사고, 문제해결력을 위한 AI 융합 수업 모형과 원리에 관한 여러 연구가 수행되고 있다(이다연, 임철일, 2025; 이창권, 노하은, 김민정, 2024; 정수진, 임철일, 2024).

2. 교수설계 수준의 심화: 학습 환경의 설계

교수설계의 이론과 모형은 교수(instruction)라는 개념에서 추측할 수 있듯이 교사 혹은 교수자에 의하여 수업의 맥락에서 이루어지는 교육 활동을 대상으로 하였다. 교육이 이루어지는 가장 전형적인 상황은 정해진 공간과 시간에서, 일정한 교육 내용을 대상으로 교사의 주도하에 설명이 이루어지며, 학생의 참여가 부분적으로 이루어지는 모습을 보인다. 근대 학교의 교실에서 이루어지는 수업이 대체로 이러한 형태였으며, 이 상황은 1990년대 중반까지도 큰 변화 없이 교육의 지배적 형태로 남아 있었다. 따라서 교수설계가 대상으로 하는 것도 교실 수업 상황에서 교사의 수업 행위에 초점이 맞추어져 있었다. 교사가 어떻게 도입을 하고, 학생들의 주의를 집중시키고, 설명을 단계적으로 하고, 학생들의 대답에 피드백을 주고, 평가를 체계적으로 실행하는 것과 같은 것에 집중되어 있었다. 교실 내에서 이루어지는 교사 주도의 설명식 수업 혹은 학생의 탐구 학습을 안내하는 교수설계 이론과 모형에 관한 지식이 대부분을 차지하였다(Reigeluth, 1989).

한편, 개인 컴퓨터(personal computer)가 1980년대 중반부터 보급되기 시작하면서, 교실에서 교사에 의하여 이루어진 설명식 수업이 개인교수형(tutorial)의 컴퓨터 보조수업에 의하여 대체되기는 하였으나, 그 영향력과 확산은 미비하였다. 컴퓨터에 의한 수업은 여전히 교사의 설명 방식을 참고로 하여 개발되었기에, 전통적인 교사에 의한 수업과 큰 차이가 없었다. 다만, 순차적으로 피드백을 제시하면서 수업을 진행하는 것에서는 나름대로 긍정적인 측면을 가지고 있었지만, 인간 교사의 역동적인 설명을 기대하기는 어려웠다. 설명도 대부분 문자 언어와 간단한 사진과 그래픽 등으로 제한되어 있었다. 이런 상황은 결국 컴퓨터 보조 수업에 대한 회의로 이어졌으며, 개인교사로서 컴퓨터를 활용하는 방식에 대한 전반적인 재검토로 이어졌다(Jonassen, 1996). 개인교사(tutor)로서 컴퓨터의 가능성을 파악하기보다는 학습자의 인지적 활동을 지원하는 도구(cognitive tool)로서 컴퓨터를 활용하여야 한다는 것이다. 예컨대, 아래 그림에서와 같이 마인드맵(mindmap)의 활동을 지원하는 소프트웨어를 활용하여 학습자들 나름대로 사고와 지식을 표현하도록 지원하는 것이 보다 적절하다는 것이다.

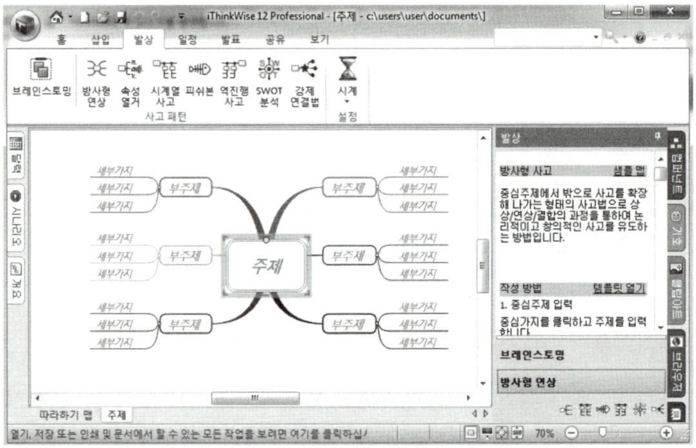

[그림 17-5] 마인드맵 활동을 지원하는 소프트웨어의 예(Thinkwise, 심테크시스템)

교실 내에서 교사의 설명식 교수방법과 개인교수형 컴퓨터 보조 수업에 초점이 맞춰진 교수설계 이론과 모형의 연구는 1990년대 중반 이후 인터넷 및 정보통신 기술의 확산과 함께 학습 환경 설계(learning environment design)로 수준이 심화되는 모습을 보이고 있다. 수업과는 다른 심화된 수준의 학습 환경을 개념화하려는 노력은 학습에 관한 구성주의적 관점에 이론적 기초를 두고 있다. 제1장에서 밝혔듯이 구성주의적 접근은 학습자의 주도적이며 적극적인 지식의 구성 과정을 총체적으로 지원하여 줄 수 있는 학습 환경에 관심을 갖는다(Hannafin et al., 1999; Savery, 2009). 여기서 학습 환경은 기존의 교사에 의한 설명식 수업을 포함하여 학습자들의 의미 있는 학습 경험을 가능하게 하는 통합적인 요소들의 집합체이다. 설명식 수업만으로는 학습의 본질적이고 다양한 측면을 제대로 다루지 못하며, 교사에 의하여 제한된 시간과 공간에서 전달되는 학습이라는 한계를 지니고 있다. 이에 비하여 학습 환경에서는 학습자의 주도적이며 적극적인 학습 활동과 과정을 지원하고 촉진할 수 있는 다양한 형태의 요소들이 포함되어 있다. 여기서 교사 혹은 교수자는 일종의 촉진자(facilitator) 역할을 하며, 다양한 자료와 자원들이 학습 환경을 구성하게 된다(강인애, 1997; 박성익, 임철일, 이재경, 최정임, 2010; Barrows, 1984, 1995; Duffy & Cunningham, 1995).

학습 환경 설계에 관한 전형적인 초기 사례는 조나센(Jonassen, 1999)의 구성주의적 학습환경 설계 모형으로부터 확인할 수 있다. 조나센에 의하여 제시된 구성주의적 학습환경 설계 모형은 다음 그림과 같다.

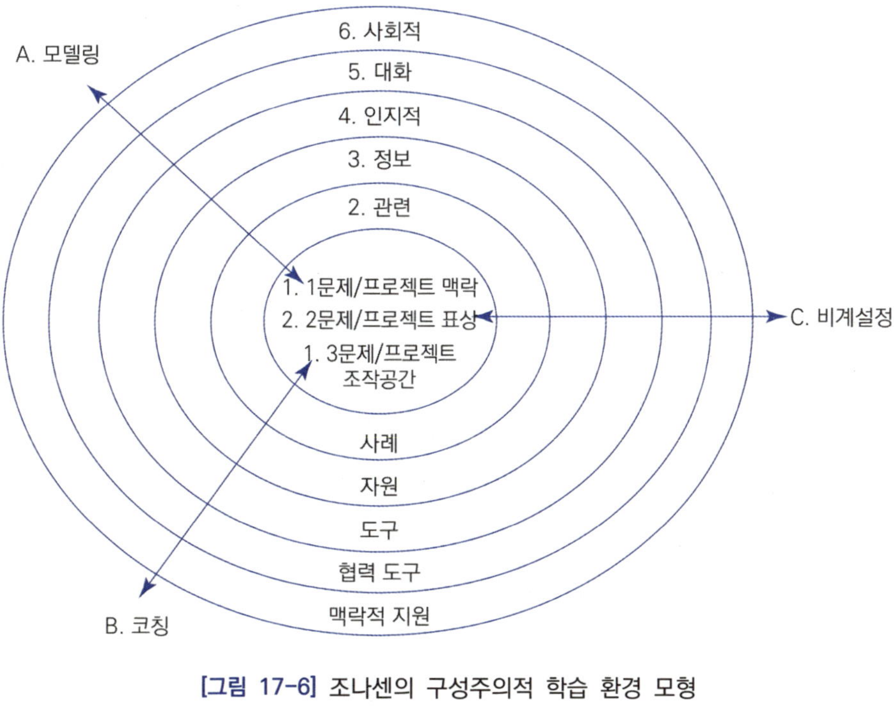

[그림 17-6] 조나센의 구성주의적 학습 환경 모형

이 모형은 '문제/프로젝트 배경'을 중심에 두고, 구성주의 학습 환경을 이루는 핵심 요소들을 동심원으로 표현하고 있다. 학습 환경을 구성하는 요소를 체계화

한 것이다. 이 모형의 구성 요소는 크게 여섯 가지이다. 첫째, 가장 중심부에는 '문제, 프로젝트 배경'이 있다. 문제 혹은 질문은 학습자가 이미 학습한 내용을 확인하는 성격이 아니라, 새로운 학습을 유발하는 성격을 지닌다. 학생들은 문제를 해결하는 과정에서 그 문제와 관련된 영역의 지식을 새로 학습하게 된다. 제시되는 문제는 대체로 쉽게 풀리거나 확인되지 않으며, 다양한 관점을 도출할 수 있는 것이어야 한다. 둘째, '관련 사례'가 포함된다. 관련 사례는 학습자의 지적 모형이나 경험이 부족할 경우에 학습자에게 도움을 줄 수 있다. 학습자는 제공된 관련 사례들을 통하여, 제시된 문제에 포함된 쟁점들을 보다 명확히 파악하게 된다. 셋째, '정보 자원'이 한 가지 구성 요소가 된다. 정보는 학습자가 문제를 규정하고 가설을 설정하기 위해서 매우 중요한 기능을 하기 때문에, 학습자가 어떤 종류의 정보를 필요로 할 것인지를 미리 예상하고, 풍부한 정보를 준비함으로써 학습자가 필요할 때는 언제든지 활용할 수 있도록 한다. 넷째, '인지 도구'가 있다. 인지 도구는 학습자가 실제 문제를 해결해 가는 인지 과정을 지원하고 촉진하는 역할을 수행한다. 가령 컴퓨터 소프트웨어의 경우 사고를 시각화하거나 조직화하거나 자동화하는 기능을 통해 학습자의 인지 활동을 도와줄 수 있다. 문제 제시 도구, 지식 모델링 도구, 정보 수집 도구 등이 여기에 포함된다. 다섯째, '대화와 협동을 위한 도구'가 있다. 이는 컴퓨터 매개 통신과 같이, 학습자 상호 간에 이루어지는 학습 활동을 지원하는 수단이다. 다양한 유형의 컴퓨터 매개 통신 수단을 통해서 학습자들은 각자의 지식과 정보를 서로 교환하고 협동적인 활동을 통해서 지식 구성 과정을 촉진하게 된다. 마지막으로, '사회적 · 맥락적 자원'은 학습 환경을 성공적으로 실행하려고 할 때 고려해야 할 요소로서, 가령 참여 교사들에 대한 지원 체제나 학생들에 대한 안내 체제 등이 해당된다.

교수설계에서 벗어나서 위와 같은 학습 환경 설계로의 수준이 심화되는 중요한 이유 중의 하나는 앞에서 언급한 것과 같이 고차적 사고를 중요한 교육 대상으로 설정하는 변화 때문이다. 학습 환경 설계 접근은 기본적으로 구성주의적 관점의 영향을 받아 출현하였다. 구성주의적 인식론의 주된 관심은 인간의 적극적인 지식 구성 과정과 결과이다. 이는 단순한 사실의 기억이나 개념 수준에서 벗어나서 복잡한 현상에 대한 다면적인 이해와 문제해결력의 획득을 중요시하는 것으로 연결된다. 그러므로 학습 환경 설계 접근에서는 주로 비판적 사고, 창의적 사고, 문제해결, 논리적 추론과 같은 고차적 사고(임철일 외, 2009; Jonassen, 1999)에 관심을 갖는다.

학습 환경 설계 접근이 포함하고 있는 영역은 교수자의 설명 행위를 포함하여 학습 활동의 전체 과정, 필요한 자원과 자료 및 인터넷 기반의 각종 도구의 설계 등 보다 광범위하다. 학습 환경 설계 접근은 문제중심학습 모형 등에서 알 수 있듯이, 학습자의 적극적 참여를 유도할 수 있는 문제의 개발, 문제를 해결하여 가는 과정에서 참고할 수 있는 자료 및 자원의 개발, 문제 해결 활동을 안내하는 단계 및 지침의 개발, 그리고 이 과정을 전체적으로 조정하는 교수자, 촉진자, 조교의 역할 등을 설계한다. 또한 목적 중심 시나리오(Goal Based Scenario)에서와 같이 컴퓨터 혹은 정보통신기술 기반의 도구의 설계를 중요하게 고려한다. 정보통신기술이 지니고 있는 여러 특성 중에서 특별히 학습자의 지식 구성 과정을 다양한 형태로 지원하거나, 학습자 간의 토론과 같은 지식 구성 과정을 촉진하는 기능은 학습환경 설계에서 매우 중요한 위치를 차지하고 있다. 예컨대, 구조화된 토론을 가능하게 하는 벨베데르와 같은 것이나(Suther, 2003), 창의적 문제해결 활동을 위한 수렴적 사고와 확산적 사고를 온라인상에서 효과적으로 경험하게 하여 주는 환경(이상수, 이유나, 2007; 임철일 외, 2009) 등은 모두 네트워크 된 컴퓨터 도구를 바탕으로 한다. [그림 17-7]은 임철일 외(2009)의 연구에서 제안된 학습환경 설계 모형을 전체적으로 보여준다. 이 모형은 교실 수업 이외에도 온라인 학습 활동을 어떻게 하는지를 단계별로 그리고 종합적으로 보여주고 있다. 요컨대, 교수설계 이론과 모형은 더 이상 교실 내 교사에 의한 단위 수업의 설계로 제한을 하지 않고, 다양한 수준의 요소들을 고려한 종합적인 학습 환경 설계로 변화되고 있다.

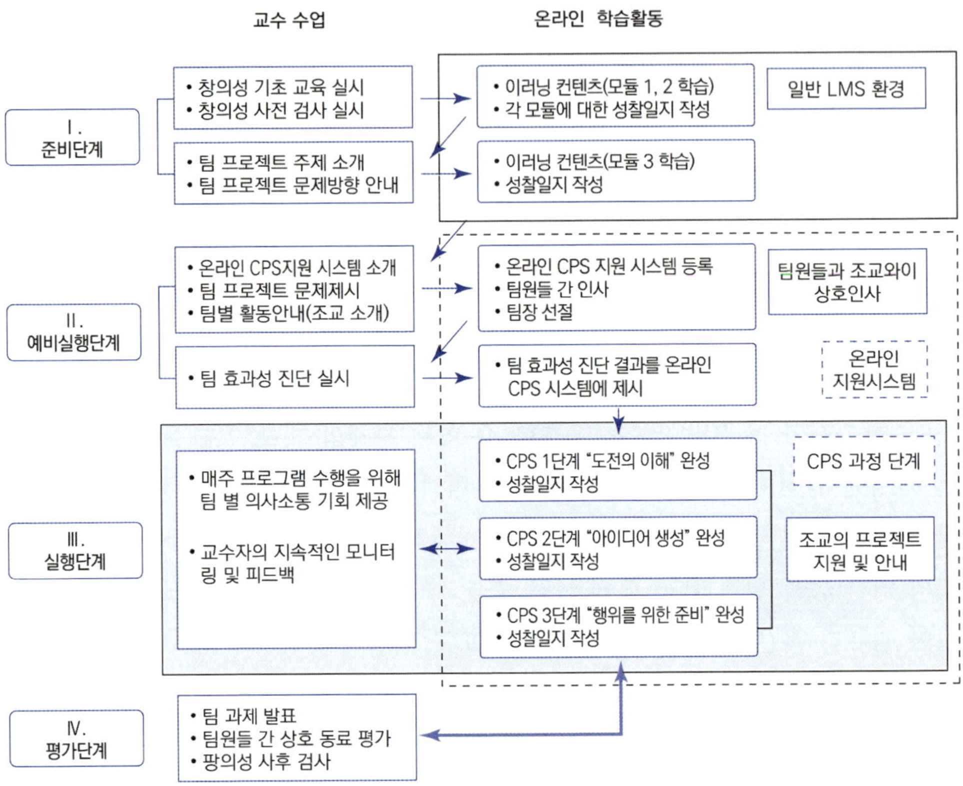

[그림 17-7] 창의적 문제해결력을 위한 온라인 지원 시스템 기반 통합형 대학 수업 모형

3. 교수설계 초점의 조정: 학습 활동의 설계

구성주의 관점의 영향을 받아 학습 환경(learning environment) 설계에 대한 관심이 높아짐과 동시에 주목을 받은 또 하나의 개념으로 학습 활동(learning activities)의 설계를 들 수 있다. 교수설계 차원에서 학습자가 행하는 학습 활동에 초점을 맞추게 된 것은 비고츠키(Vygotsky), 레온티에프(Leontiev)와 같은 러시아 심리학자들이 제안한 활동 이론(activity theory)의 영향 때문이다(Jonassen & Rohrer-

Murphy, 1999). 활동 이론은 인간의 의식 차원에서의 학습은 활동(activities) 혹은 수행(performance)의 결과로써 형성되는 것이며, 반대로 의식 속에 있는 지식에 따라 활동하는 것이 아니라는 관점을 취한다. 예컨대, 교수설계 초보자가 교수설계 활동 혹은 수행을 실제로 하기 전에는 교수설계에 관한 지식을 제대로 학습한 상태라고 말할 수 없다. 활동 없이 이루어진 학습은 단순한 기억 혹은 암기 수준에 머물러 있는 것이며, 의미 있는 학습 상태에 이르지 못한 것이다.

인간의 활동과 사고 혹은 의식의 역동적이고 상호작용적인 관계를 강조한 활동 이론은 이후 핀란드의 엥거스트롬(Engeström, 1987, 1990)이 제안한 활동 체제(activity systems)로 확장되어, 본격적으로 인간의 의식과 활동을 분석, 평가하는 틀로서 다양한 학문 분야에 영향을 미쳤다.

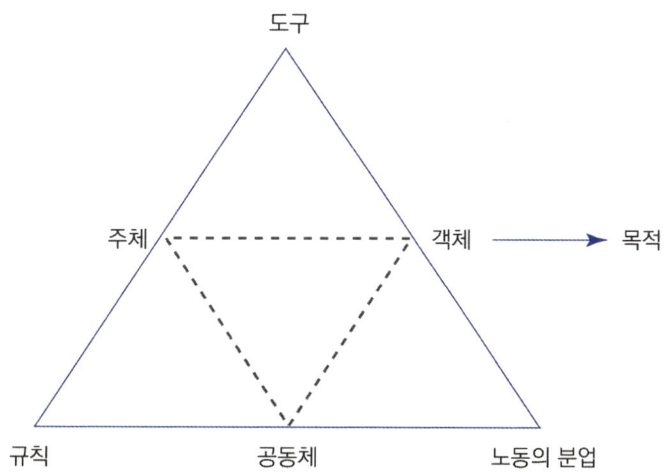

[그림 17-8] 앵거스트롬의 활동 체제 모형

위의 그림에서 나타난 엥거스트롬의 활동 체제 모형은 레온티예프(Leontiev, 1978)의 활동 이론을 바탕으로 한다. 하지만 레온티예프가 사회 안에서 이루어지는 '개인'의 개별적, 집단적인 활동에 초점을 두고 있다면, 엥거스트롬의 모형은

'집단적인 체제'의 형태로 이루어지는 활동에 주목한다(Kaptelinin & Nardi, 2006). 이 활동 체제 모형에 따르면 인간의 모든 활동은 주체, 객체, 매개물(상징이나 도구), 공동체, 그리고 노동의 분업이라는 구성 요소에 의하여 분석, 설명될 수 있다. 예컨대, 교수설계의 한 가지 상황을 활동 체제에 따라 기술하면, 교수설계자(주체)가 문제해결 능력 획득(목적)을 위하여 이러닝 프로그램(객체)을 개발하는 과정에서 탐구 설계 모형(도구)을 활용하면서, 내용 전문가와 프로그래머(공동체의 다른 구성원)와 함께 수용 가능한 원칙(규칙)을 기반으로 일을 분담(노동의 분업)하여 수행하는 것이라 할 수 있다.

이러한 활동 이론과 활동 체제 모형이 학습 현상, 교육 현상, 컴퓨터 상호작용적 설계, 이러닝 등 다양한 분야에서 주목을 받은 이유는 인간의 의식적인 활동을 사회문화적 맥락과 환경 측면에서 볼 뿐만 아니라, 공동체, 도구, 노동의 분업과 같은 독특하면서도 유용한 틀 안에서 파악하기 때문이다. 특히, 학습과 교육에서 활동 이론에 관심을 가지는 것은 구성주의적 학습환경 설계 접근과 마찬가지로 사회문화적인 맥락에서 학습자의 적극적 참여(활동 이론의 경우는 활동)를 강조함과 동시에 학습 활동을 지원할 수 있는 다양한 도구(자원 혹은 환경)의 설계에 주목하기 때문이다.

학습 활동 설계는 기본적으로 교수설계의 주요한 대상이 무엇인가에 대하여 기존의 틀과는 다른 접근을 취한다. 전통적으로 교수설계는 교수자의 입장에서 교육 내용을 어떻게 전달할 것인가에 초점이 맞추어져 있다(Leshin, Pollock, & Reigeluth, 1992). 따라서 교육 목표와 내용은 이미 정해진 것으로 전제된 경우가 많았으며(학교교육에서는 교과서가 이를 상징적으로 대변하고 있다), 설계의 주된 결과물은 강사용 매뉴얼(instructor's manual), 교사의 수업지도안(lesson plan) 혹은 교수학습과정안이었다. 이 경우 정도의 차이는 있지만, 학습자의 전형적인 행동 혹은 활동은 강사나 교사의 강의, 혹은 설명 내용을 수동적으로 보고, 듣는 것에 그치는 경우가 많았다. 교사 질문에 대하여 손을 들고 대답하는 경우나 그룹별로 토의를 하는 경우도 간혹 있지만, 지배적인 학습 활동은 여전히 수동적인 보기와 듣기로 제한되어 있다.

활동 이론은 이러한 교육 및 학습현상에 근본적인 문제를 제기한다. 진정한 학습, 의미 있는 학습이 발생하는 과정에서는 반드시 학습자의 적극적이며 능동적인 참여와 활동이 주된 요소로 자리 잡아야 하며, 따라서 설계의 대상도 학습자의 활동에 초점을 맞추어야 한다. 교수설계 차원에서 학습 활동 설계에 대한 이론적 관심의 촉발은 구성주의적 학습환경 설계를 위한 하나의 틀로서 활동 이론을 적용한 조나센에 의하여 일어났다(Jonassen & Rohrer-Murphy, 1999). 교수설계의 대안적 관점으로 구성주의적 학습환경론을 설명하는 과정에서 조나센은 요구 및 과제 분석을 어떻게 할 것인가의 문제를 제기하였다. 구성주의의 인식론적 특징과 개념적 명료화에 대한 연구와 논의는 많이 있지만(Jonassen, 1999; Land & Hannafin, 1996; Schank & Cleary, 1995), 실제로 구성주의 학습환경을 설계하려고 할 때 무엇을, 어떻게 할 것인가를 구체적으로 안내하는 지식이 부족하였다. 예컨대, 학습환경 설계를 위하여 요구 분석과 과제 분석을 어떤 질문과 절차를 통하여 수행하는가를 제대로 안내하지 못하였던 것이다. 이 상황에서 활동 이론은 의미 있는 학습환경 설계의 토대가 되는 요구분석과 과제분석이 어디에 초점을 맞추어야 하는가를 안내할 수 있는 것으로 보았다. 조나센과 로러머피(Jonassen & Rohrer-Murphy, 1999)는 학습환경에서 학습자들의 학습 활동을 구성하는 활동 체제의 요소들을 확인하기 위하여 여섯 가지의 단계와 하위 질문들을 개발하였다. 예컨대, 첫 번째 단계는 "활동 체제의 목적을 분명히 하라"인데, 여기서는 활동이 발생하는 맥락을 이해하는 것과 함께 활동의 주체가 가지고 있는 동기가 무엇이며, 활동 주체가 활동 체제에 포함되어 있는 모순들을 어떻게 인식하는지를 이해하여야 한다. 만약에 임원들을 대상으로 리더십 교육프로그램을 개발하는 상황이라면, 임원들이 어떤 문제들을 효과적으로 다루어야 하는지를 확인하거나, 대체로 어떤 문제들이 어떤 상황에서 발생하는지, 그리고 임원들이 이 문제와 관련하여 어떠한 동기를 가지고 있는가를 분석하게 된다. 이러한 분석 결과는 향후 학습 상황에서 어떤 활동을 설계할 것인가에 모두 반영된다. 조나센과 로러머피가 제안한 요구 및 과제분석을 위한 여섯 가지 단계는 학습자의 의미 있는 학습 활동을 중심으로 활동 체제를 어떻게 설계할 것인가에 관한 방향성을 제시하여 준다는 점에서 의의가 있다.

한편, 학습 활동 설계 접근은 도구의 활용이 강조된다는 점에서 컴퓨터 활용 교육 혹은 인터넷을 활용한 이러닝의 상황에서 보다 활발하게 논의되었다. 이러닝 설계 측면에서 크게 두 가지의 주목할 만한 접근이 있다. 하나는 기존의 이러닝 틀 내에서 학습자의 다양한 학습 활동을 규명하고, 이를 적용하기 위한 방법을 안내하는 일반적 접근이다. Watkinson(2005)은 이러닝에서 활용할 수 있는 75개의 학습 활동을 포괄적으로 제안하였다. 학습 활동에는 도입을 위한 활동, 이러닝 활용 기술에 대한 활동, 협력과 팀 빌딩 활동, 과정 콘텐츠의 정교화 활동과 상호작용 증진을 위한 활동 등이 포함된다. 그리고 각 학습 활동의 학습목표, 준비사항, 진행과정, 촉진자의 유의사항과 함께 학습 활동을 효과적으로 적용할 수 있는 학습자의 수, 학습자와 촉진자의 이러닝 경험 수준, 활용 자원의 동기/비동기 방식, 소요시간에 대한 정보를 제시하고 있다. 요컨대, 학습 활동의 유형에 초점을 맞추면서 이런 학습 활동을 가능하게 하는 지원 방안을 제시하고 있는 것이다.

Horton(2006)은 보다 체계적으로 이러닝에서의 학습 활동을 규정하고, 학습 활동 중심의 이러닝 설계를 주장하였다. 그에 따르면, 이러닝 설계는 교육과정, 강좌, 수업, 주제, 활동에 이르기까지 모든 수준에서 이루어져야 하며, 구체적인 학습 경험을 얻을 수 있는 가장 기본적인 단위인 학습 활동을 제대로 설계하여야 한다. 이러한 학습 활동은 제시, 듣기, 읽기, 현장학습 등을 통하여 지식을 받아들이는 습득형 활동(absorb-type activities)과 연습, 발견, 게임과 시뮬레이션을 통하여 실제로 적용해 보는 수행형 활동(do-type activities), 그리고 숙고, 말하기, 직무 보조, 연구 등을 통하여 배운 지식을 실생활에 연결시키는 연결형 활동(connect-type activities)으로 분류된다. 이와 같이 다양한 학습 활동을 명료화하여 분류하고, 학습 활동에 초점을 맞추어서 이러닝이 설계될 필요가 있음을 제안하고 있다.

이러닝에 있어서 또 하나의 학습 활동 설계 접근은 표준화의 관점에서 이루어지고 있다. 지난 2000년을 전후하여 이러닝 콘텐츠를 표준화할 수 있는 Sharable Content Object Reference Model(SCORM)을 중심으로 이러닝의 표준화에 대한 논의가 시작되었다. 이후 콘텐츠를 벗어나서 이러닝 설계 측면에서 표준화 논의가 시작되면서, 학습 활동의 설계 차원에서 어떤 교수·학습 방법과 전략들이 이러닝 환경에서 표준적으로 활용될 수 있는가를 탐색하기 시작하였다.

학습 활동 중심의 이러닝 설계는 단순히 콘텐츠를 제공하는 것에서 벗어나서, 다양한 자원과 방법을 활용하여 학습자의 학습 활동을 지원하는 학습환경으로서의 이러닝을 설계한다는 것을 의미한다(임철일, 2003; Naidu, 2002). 즉, 학습환경을 설계하기 위해서는 학습내용뿐만 아니라 학습자의 학습 활동을 뒷받침하는 도구, 자원 및 지원 등을 필요로 한다. Australian Universities Teaching Committee (AUTC) 프로젝트에서는 이러한 학습 환경 설계를 '학습 설계(learning designs)'라고 지칭하였다. 학습 설계는 이러닝 환경에서 다양한 '학습 활동'과 상호작용의 순서를 설계하는 것으로, 학습 활동은 온오프라인의 '학습 자원'과 일정, 절차, 공지 등의 '학습 지원'에 의하여 이루어진다(Agostinho et al., 2002). 이러한 AUTC의 학습 설계는 '학습내용' 중심의 이러닝 설계를 '학습 활동' 중심으로 관점을 전환하게 된 시초라는 점에서 의미가 있다. 기존의 이러닝 설계는 한 화면에 학습내용을 어떻게 표현할 것인가에 초점을 두고 있기 때문에, 해당 콘텐츠에 포함되는 학습 활동, 학습 자원과 학습 지원을 구분하지 않고, 하나의 단위로 설계, 개발하였다. 이에 비하여 AUTC에서 제안한 학습설계는 학습자가 효과적으로 학습하기 위한 학습 활동을 중심으로, 이와 관련된 학습 자원과 학습 지원을 연결시켜 설계하는 것을 기본으로 한다. 즉, 학습 설계는 이러닝 환경을 구성하고 있는 학습환경의 요소를 명확히 제시함으로써 구성주의적 이러닝 설계를 구체화하였다. 또한, 학습 활동을 중심으로 학습 자원과 학습 지원을 구분하여 설계함으로써 학습 객체를 구현할 수 있는 이론적 토대를 마련하였다(임철일 외, 2009).

학습설계 접근은 Instructional Management Systems Global Learning Consortium

(IMS GLC)[5]에 의하여 이러닝의 표준화 차원으로 발전하였다. IMS에서 제안한 학습 설계(Learning Design, LD)는 이러닝 환경에서 학습자가 학습목표를 성취할 수 있도록 학습자의 학습 활동을 중심으로 이러닝 프로그램을 설계, 개발할 수 있도록 안내하는 구조틀이자 언어이다(IMS LD, 2003; Koper, 2005; Koper & Olivier, 2004). IMS LD는 이러닝 콘텐츠를 표준화할 수 있는 SCORM을 확장시킨 언어라는 점을 넘어서, 이러닝 환경에서 학습 활동을 중심으로 다양한 교수·학습 이론과 모형을 적용할 수 있는 구조틀의 역할을 한다(임철일 외, 2010).

IMS LD는 학습 활동이 이러닝 설계의 핵심적인 대상이라는 점을 분명히 하고, 이를 표준화하는 접근을 취한다. 학습 활동을 정의하고, 이러한 학습 활동을 가능하게 하는 다양한 지원도구나 환경 등을 표준화, 상세화한다. 여기서 전통적인 교수자는 지원팀(Staff)의 하나로서 기능하며, 교수자의 역할 중 많은 부분은 이러닝 프로그램과 시스템 내에 표준화되어 포함된다. 예컨대, 지금까지의 이러닝 콘텐츠와 별도로 이루어지던 토론, 공지 등의 학습 지원은 운영 시 적절한 시기에 교수자가 안내해야 한다. 하지만 IMS LD 기반 프로그램은 이러한 학습 지원을 사전에 설계하여, 해당 학습단계에 자동으로 제공되도록 함으로써 전통적으로 수업 운영에 포함되었던 요소를 이러닝 설계의 대상으로 확장시켰다. 일례로, 다음 그림은 PBL 절차에 따라 요구분석을 학습하는 IMS LD 기반 프로그램 중 '팀명, 팀 역할 결정' 학습 활동 화면을 나타낸 것이다.

일반적인 이러닝 환경에서 PBL의 팀명과 팀 역할을 결정하는 학습 활동을 수행할 때에는 별도의 게시판이나 토론방을 이용하여 팀원들 간의 의견을 조율하고, 그 결과를 팀원과 교수자가 숙지하여 다음 학습 활동에 적용하게 된다. 이에 비해,

5) Instructional Management Systems Global Learning Consortium(IMS GLC)은 국제 학습 관련 민간협회로, 1997년 교수관리시스템(IMS) 프로젝트를 시작으로 결성되었다. 협회 명칭인 IMS는 결성의 시발점이 된 IMS 프로젝트에서 명명된 것으로, 이후 학습관리시스템(Learning Management Systems, LMS), 학습서버(learning server) 등의 용어가 일반화됨에 따라 그 의미를 풀어 쓰지 않고, IMS라 호칭한다. 현재 전 세계 140개 이상의 기관이 IMS GLC에 소속되어 있으며, 우리나라에서는 한국교육학술정보원(KERIS) 중심의 'IMS Korea'가 IMS GLC의 회원으로 등록되어 있다(임철일, 홍성연, 김선영, 2009).

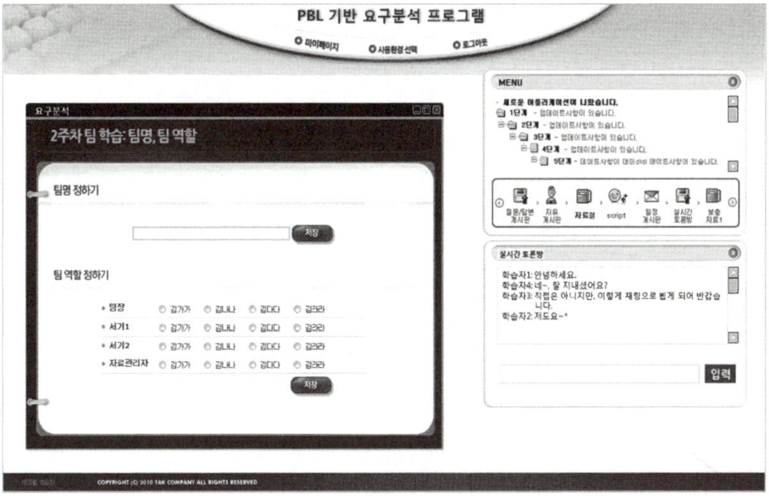

[그림 17-9] IMS LD 기반 PBL 요구분석 프로그램 중 '팀명, 팀 역할 결정' 학습 활동 화면

출처: 임철일, 김선영, 홍성연(2010). 'IMS Learning Design' 기반 이러닝 설계원리에 관한 연구. 교육정보미디어연구, 16(4), 601-629

위의 그림에서는 해당 학습단계에 맞춰 '팀명과 팀 역할을 입력하는 주요 활동'과 주요 활동을 지원하는 '보조활동으로서 토론방'이 프로그램 안에 설계, 개발되었다. 프로그램 내에서 토론방을 활용하여 팀명과 팀 역할을 결정한 후에 이를 입력하면, IMS LD의 속성(property)으로 저장되어 이후 프로그램 내 학습 활동에 적용된다. 예컨대, 팀장으로 입력된 학습자에게는 이후 자동적으로 팀장이 수행해야 할 활동으로 설계된 학습 활동, 자료와 안내 등이 제공된다.

요컨대, 교수설계에 있어서 대안적 관점으로 학습 활동 설계에 대한 연구와 실제 적용이 이러닝 차원에서 활발하게 이루어지고 있으며, 이는 최신의 정보통신 기술이 학습자의 적극적인 학습 활동을 지원하여 줄 수 있다는 가능성에 기반하고 있음을 알 수 있다. 이러한 추세는 향후 교수설계 이론과 실제 적용 분야에서 지속될 것으로 보인다.

참고문헌

간진숙, 이칭찬 (2010). 대학교수자용 웹기반 수업설계 시스템. 정보과학회논문지: 소프트웨어 및 응용, 37(3), 222-232.

강명희 (1994). 교육용 소프트웨어의 적용된 ARCS 동기유발 모델의 효과 측정. 교육공학연구, 10(1), 135-152.

강이철, 신정규 (2003) 창의적 문제해결 모형을 적용한 고등학교 기술과 교수・학습 방안. 중등교육연구, 51(2), 287-314.

강인애 (1997). 왜 구성주의인가? 문음사.

강인애, 김홍순 (2017). 메이커 교육(Maker education)을 통한 메이커 정신(Maker mindset)의 가치 탐색. 한국콘텐츠학회논문지, 17(10), 250-267.

강인애, 김휘경 (1997). 초경쟁시대의 교육적 방법으로서의 PBL: LG-Caltex 정유회사의 신입사원교육프로그램 사례연구, 산업교육(5월, 6월, 7월, 8월, 9월).

강정찬, 이상수 (2011). 수업개선을 위한 현장연구방법으로서 설계기반연구. 교육방법연구, 23(2), 323-354.

고보경, 임철일, 신병철 (2024). 생성형 인공지능 챗봇을 활용한 수학과 인공지능 융합 수업 모형 개발. 교육공학연구, 40(1), 1-40.

교육부 (1997). 초・중등학교 정보화 기반 구축 3개년 계획.

구양미, 김영수, 노선숙, 조성민 (2006). 창의적 문제해결을 위한 웹기반 교수-학습 모형과 학습환경 설계. 교과교육학연구, 10(1), 209-234.

김갑수, 박영기 (2017). 초등학생의 인공지능 교육을 위한 교수 학습 모델 개발 및 적용. 정보교육학회논문지, 21(1), 137-147.

김근재, 임철일 (2019). 초등학교에서의 피지컬 컴퓨팅 도구를 활용한 메이커 교육 수업 모형 개발 연구. 교육공학연구, 35(3), 687-728

김동식 (1995). 교수 설계 자동화 시스템 개발을 위한 개념적 탐색. 교육공학연구, 11(2), 81-112.

김동식 (1998). 사용자 인터페이스 상호작용성 증진을 위한 버튼 이론의 재조명. 교육공학 연구. 14(3), 33-54.

김미량 (1998). 하이퍼텍스트 교수-학습 환경에서 상호작용 증진을 위한 설계전략의 탐색. 교육공학연구, 14(1), 47-70.

김민영 (2006). 과학영재의 창의적 문제해결력 향상을 위한 과학사 CPS수업모형 개발과 유전영역 수업프로그램의 적용효과. 한국교원대학교 대학원 박사학위논문.

김민정 (2008). 웹기반 형성적 동료평가 시스템 개발을 위한 설계기반 연구. 교육정보미디어연구, 14(3), 86-114.

김성희, 김자미, 이원규 (2023). 인공지능(AI) 융합 교육 중심고등학교의 효과적인 운영을 위한 진단 도구 개발. 컴퓨터교육학회 논문지, 26(1), 95-108.

김영수, 최성희, 이인경, 김영희 (1999). 웹기반 가상학습의 효과적인 교재 개발: 대학 인터넷 강의 사례를 중심으로. 교육공학연구, 15(3), 221-242.

김영채 (2008). 창의력의 이론과 개발. 교육과학사.

김종서, 이영덕, 황정규, 이홍우 (1987). 교육과정과 교육평가. 교육과학사.

김종석 (1997). 사고기능과 교수학습 전략: 열린 교육을 위한 대안. 교육과학사.

김태령, 류미영, 한선관 (2020). 초중등 인공지능 교육을 위한 프레임워크 기초 연구. 인공지능 연구 논문지, 1(1), 31-42.

김혜영, 신동광, 이장호, 김영우, 양혜진 (2019). 영어학습을 위한 인공지능 챗봇 활용 및 제작. 교육과학사.

나일주 (1994). 수행문제의 분석. 나일주 (편). 산업교육의 이론과 실제. 서울: 한국능률협회.

나일주, 정인성 (1992). 최신교수설계이론. 교육과학사.

나일주, 정인성 (1997). 교육공학의 이해. 학지사.

노동규, 오혜란, 윤지원, 전보경 (2023). 데이터 리터러시 향상을 위한 인공지능 융합 문제해결 학습 수업 모형 개발. 교육발전, 42(3), 739-769.

문샛별, 이원태, 허희옥 (2022). 인공지능 융합 화학수업에 대한 고등학생의 인식과 만족도 분석. 한국컴퓨터교육학회 학술발표대회논문집, 26(1), 113-116.

박성익 (1988). 컴퓨터교육: 정보화 사회, 리터러시, 프로그래밍. 교육과학사.

박성익 (1997a). 교수-학습방법의 이론과 실제(I). 교육과학사.

박성익 (1997b). 교수-학습 방법의 이론과 실제(II). 교육과학사.

박성익, 나일주, 정인성, 강명희, 김동식 (1997). 소프트웨어 설계이론. 한국방송대학교 출판부.

박성익, 여혜진, 이규민 (2006). 과학창의성 신장을 위한 e-learning기반 교수-학습모형 개발 및 적용효과: 초등 6학년 학생을 중심으로. 열린교육연구, 14(3), 27-56.

박성익, 임철일, 이재경, 최정임 (1999). 교육방법의 교육공학적 이해. 교육과학사.

박성익, 임철일, 이재경, 최정임 (2012). 교육방법의 교육공학적 이해. 교육과학사.

박성익, 최영수 (1992). 제1세대 교수설계이론에서 제2세대 교수설계이론으로의 패러다임 전환에 관한 소고. 교육학연구, 30(2).

박인우 (1996). 학교교육에 있어서 구성주의 교수원리와 실현 매체로서 인터넷 고찰. 교육공학연구, 12(2), 81-104.

박종선 (1998). 네트웍기반의 교수-학습을 위한 가상학습지원시스템 플렛폼 설계, 교육공학연구, 14(1), 71-96.

박한별, 김자미, 이원규 (2021). 인공지능 융합교육을 위한 교원의 역량 도출. 컴퓨터교육학회 논문지, 24(5), 17-25.

백영균 (1994). 컴퓨터를 매체로 하는 교수 - 학습 방법의 탐구. 교육과학사.

백영균 (1995). 학습용 소프트웨어의 설계. 교육과학사.

백영균 (1998). 멀티미디어 설계, 개발, 활용. 양서원.

백윤수, 박현주, 김영민, 노석구, 이주연, 정진수, 최유현, 한혜숙 (2011). 우리나라 STEAM 교육의 방향. 학습자중심교과교육연구, 11, 149-171.

변순용, 유정수, 최숙영, 김홍기, 김봉제, 신승기 (2022). 미래 세대 AI 소양 함양을 위한 교원의 AI 교육 역량 강화 방안 연구 (D20600001) [연구보고서]. 한국과학창의재단.

변영계 (1999). 교수, 학습이론의 이해. 학지사.

부산시교육청 (2019). 인공지능 기반 교육 가이드북. 부산시교육청.

서울특별시교육청 (2023). 교원을 위한 인공지능 첫걸음. 서울특별시교육청.

서정은 (2017). 인공지능 음성인식 시스템 기반 유아 영어학습 사례연구. 중앙대학교 석사학위논문.

손미 (1996). 원리학습용 컴퓨터 시뮬레이션 설계이론에 관한 형성적 연구. 교육공학연구, 12(2), 171-188.

손미 (2002). 초등학교에서의 인터넷 자원기반 탐구학습설계모형의 개발에 관한 연구. 교육정보미디어연구, 8(2), 57-91.

송연옥, 변호승 (2013). 교사들의 디지털교과서 수용 방해요인에 관한 질적 탐색. 교육공학연구, 29(1), 27-53.

안정은, 전영국 (2018). 인공지능 스피커의 교육적 활용 방안 고찰. 한국컴퓨터교육학회 학술발표대회논문집, 22(1), 93-95.

양미경 (2010). 집단지성의 특성 및 기제와 교육적 시사점의 탐색. 열린교육연구, 18(4), 1-30.

양영선, 조은순 역 (1998). 원격교육의 이해와 적용. 예지각.

왕경수 편역 (2000). 교수설계 이론. 원미사.

이경화 (2006) 한국 4, 5세 유아의 창의적 능력, 창의적 성격, 영역 창의성의 발달적 특성 연구. 유아교육연구, 26(5), 191-207.

이상수, 이유나 (2007). 창의적 문제해결을 위한 블렌디드 수업 모형 개발. 교육공학연구, 23(2), 135-159.

이성은 (1997). 국어과 열린교육. 교육과학사.

이성호 (1997). 교수방법의 탐구. 양서원.

이성호 (1999). 교수방법론. 학지사.

이옥화, 천세영 (1996). 정보화 사회의 도래와 교육의 변화 전망. 교육학연구, 34(1), 189-208.

이은혜 (2014). 디지털 기기 기반 교실 수업에서의 효과적인 교사-학습자 상호작용에 관한 연구. 고려대학교 석사학위논문.

이재경 (1996). 기업교육에서의 Goal-Based Scenario, 그 이론과 실제: Andersen Consulting 컨설턴트 교육방법론 사례 연구. 교육공학연구, 12(1), 231-248.

이혜정, 최명숙 (2010). 중등학교 교사를 위한 웹기반 수업설계지원시스템(WIDSS)의 개발 및 적용. 교육정보미디어연구, 16(2), 223-248.

이홍우 (1977). 교육과정탐구. 박영사.

이화여자대학교 교육공학과 (1996). 교육방법 및 교육공학. 교육과학사.

임다미, 강신천, 이은상, 남희영, 김소연, 조서연, 김각미, 송고은, 조효준 (2022). 초중등 AI 교육 학교 적용 방안 연구보고서 (D20500001) [연구보고서]. 한국과학창의재단.

임은선, 임민희, 전민선, 임철일 (2024). 데이터 리터러시 향상을 위한 교과 간 AI 융합 수업 설계 모형 개발. 교육정보미디어연구, 30(1), 155-179.

임정훈 (1998). 인터넷을 활용한 가상수업에서의 교수 · 학습 활동 및 교육효과 연구 · 한국 방송대학교 인터넷 가상수업 교과목 "고전시가강독" 사례를 중심으로. 교육공학연구, 14(2), 103-136.

임정훈, 임병노, 김세리 (2008). '활동' 중심의 디지털교과서 활용 교수-학습 방법 탐색. 교육정보미디어연구, 14(4), 27-52.

임정훈, 정인성 (1998). 웹 기반 가상수업의 상호작용 과정에서 발생하는 학습자의 인지적. 심리적 변화: 사례 연구. 교육공학연구, 14(3), 331-358.

임철일 (1994). 개념적 이해를 위한 수업설계이론의 형성적 연구. 교육공학연구, 10(1), 45-64.

임철일 (1995). 교수설계이론을 위한 대안적 연구방법론의 탐색. 교육학연구, 33(3), 207-222.

임철일 (1996). 교수공학적 교수설계이론의 특성과 가능성. 교육공학연구, 12(1), 95-111.

임철일 (1997). 구성주의 기업교육 환경설계의 가능성과 난점: 사례를 중심으로. 김영수, 강명희, 정재삼(편). 21세기를 향한 교육공학의 이론과 실제. 교육과학사.

임철일 (1998a). 교수설계이론 개선을 위한 형성적 연구방법론의 탐색. 박성익, 강명희, 김동식(편). 교육공학의 이론, 적용, 논쟁. 교육과학사.

임철일 (1998b). 문제해결 시나리오 교수학습환경 설계 모형에 관한 형성적 연구. 교육공학연구, 14(2), 137-165.

임철일 (1999a). 상호작용적 웹 기반 수업 설계를 위한 종합적 모형의 탐색. 교육공학연구, 15(1), 3-24.

임철일 (1999b). 창의적 사고의 향상을 위하여 컴퓨터 매개 통신을 활용하는 교수학습환경 설계 모형에 관한 연구. 교육학연구, 37(2), 272-301.

임철일 (2000a). 교수설계이론. 교육과학사.

임철일 (2000b). 대학의 사이버 강좌 개발을 위한 사태 중심 교수설계 전략의 효과에 관한 연구. 교육공학연구, 16(4), 155-174.

임철일 (2001). 제시용 소프트웨어의 상호작용적 활용을 위한 교수설계 전략의 형성적 연구.교육정보방송연구, 7(1), 29-57.

임철일 (2005). 자기조절학습을 지원하는 기업의 이러닝 학습관리체제의 개발과 효과에 관한 연구. 교육공학연구, 21(4), 77-99.

임철일 (2009). 이러닝 과정개발을 교수설계 가이드라인 (오토에버시스템스 연구개발물).

임철일 (2011). 원격교육과 사이버 교육 활용의 이해 (2판). 교육과학사.

임철일 (2019). 미래 사회와 교육을 위한 교육공학 연구 및 실천 영역의 재조명. 교육공학연구, 35(2), 253-287.

임철일, 김동호, 한형종 (2022). 원격교육과 사이버 교육 활용의 이해 (3판). 교육과학사.

임철일 (2022). 인공지능과 교사 그리고 수업 설계. 한정주(편). 인공지능 시대 교사가 만드는 미래학교 (pp. 49-76). 교육과학사.

임철일 (2024). AI 융합 교육을 위한 설계 개발 연구 방법론의 활용 가능성. 김동일 외. 혁신과 공존의 교육학: 개념과 실천. 교육과학사.

임철일, 김선영, 홍성연 (2010). 'IMS Learning Design' 기반 이러닝 설계원리에 관한 연구. 교육정보미디어연구, 16(4), 601-629.

임철일, 노경희, 송해덕, 장신호, 최소영, 남영수, 이규상, 김규식, 변재윤, 박태정, 곽호숙, 임고은 (2011). 디지털교과서 2.0 모형 및 개발 방법(과학과) 연구. 연구보고 CR 2011-2, 한국교육학술정보원. http://www.keris.or.kr/upload/board01/1310688408938_798709009.pdf

임철일, 연은경 (2006). 기업교육 프로그램 개발을 위한 사용자 중심의 래피드 프로토타입 방법론에 관한 연구. 기업교육연구, 8(2), 27-50.

임철일, 연은경 (2007). 절차적 시뮬레이션 설계원리에 관한 형성 연구. 교육정보미디어연구, 13(4), 222-245.

임철일, 연은경 (2009). 사례기반 시뮬레이션 설계원리에 관한 형성연구. 교육공학연구, 25(2), 117-150.

임철일, 윤순경, 박경선, 홍미영 (2009). 온라인 지원 시스템 기반의 '창의적 문제해결 모형'을 활용하는 통합형 대학 수업 모형의 개발. 교육공학연구, 25(1), 171-203.

임철일, 윤형식 (1996). 구성주의 원리를 적용한 교육과정의 개발과 효과. 한국인재개발대회 발표자료.

임철일, 이다연, 이진연, 한옥결, 고보경, 홍수민, 임은선, 채지윤 (2024). 교수설계 연구를 위한 설계 · 개발연구 방법론. 교육과학사.

임철일, 이다연, 정혜진, 이은서 (2023). 블록 코딩을 활용한 융합형 국어 수업 설계원리 및 모형 개발. 교육공학연구, 39(2), 345-377.

임철일, 이동주, 임정훈 (2011). 교육공학. 한국방송통신대학교 출판부.

임철일, 조영환, 허선영, 김원유, 손효상, 송석리. 김갑수, 정대홍, 손미현, 박철규, 조정원 (2025). 디지털 교육. 교육과학사.

임철일, 최소영, 홍미영 (2010). 초등학교 초임 교사를 위한 교수 체제 설계 모형의 개발 연구. 교육공학연구, 26(4), 121-147.

임철일, 홍미영, 박태정 (2011). 창의적 문제해결(CPS) 모형을 활용한 온라인 기반의 대학 수업 모형 개발 및 효과에 관한 연구. 교육정보미디어연구, 17(3). 399-422.

임철일, 홍성연, 김선영 (2009). 이러닝 설계에서 'IMS Learning Design'의 의의와 가능성에 관한 탐색적 연구. 교육정보미디어연구, 15(4), 177-202.

장영달 (1999). 1999년 교육정보화 총람. 사단법인 범국민 교육정보화 추진위원회.

전국교육대학 컴퓨터교육연구회(편) (1993). 컴퓨터교육과 코스웨어. 교육과학사.

전국역사교사모임 (1999). 살아있는 국사수업 시리즈 1: 파워포인트 뚝딱(CD-ROM).

전국영어교사모임 (1999). 영어교사를 위한 파워포인트 활용 자료집.

정범모 (1968). 교육과 교육학. 배영사.

정세웅 (2013). 첨단학습환경 기반 초등 사회과 프로젝트 프로젝트 수업설계 및 실행단계에서 나타난 교사의 스캐폴딩 유형분석-스마트교육 사례를 중심으로. 한국교육교원대학교. 석사학위논문.

정원식, 이영덕, 김종서 (1993). 최신 교육학개론. 교육과학사

정인성, 최성우 (1998). 열린원격교육과 정보통신공학. 교육공학연구. 14(2), 163-186.

정재삼 (1994). 학습과정 자율관리 촉진을 위한 교수이론의 개발. 교육공학연구, 10(1), 65-81.

정재삼 (1997). 결정지향적인 교육공학 연구방법론: 개발연구를 중심으로. 교육공학연구, 13(2), 339-359.

정혜선 (1991). 학교교실망(Local Area Network: LAN)의 활용 및 나아갈 길. 효율적인 교실망의 구축과 전망. 한국교육개발원 세미나 발표원고.

정혜선, 최성희 (1998). 메시지 내용분석을 통한 전자우편의 교육적 활용 연구. 교육공학연구, 14(2). 167-180.

조미헌 (1999). 인터넷을 활용한 프로젝트중심학습 방법(NetPBL)의 활용 유형과 절차. 교육공학연구, 3-28.

조영환 (2022). 교육적 관점에서 본 인공지능. 한정주(편), 인공지능 시대 교사가 만드는 미래학교 (pp. 19-47). 교육과학사.

주영주, 최성희 (1999). 교수매체의 제작과 활용. 남두도서.

지현경, 임철일 (2022). 창의적 문제해결을 위한 교과-소프트웨어 융합 수업설계 원리 개발 연구. 교육공학연구, 38(2), 369-407.

진위교 (1995). 학교교육의 내용과 방법: 정보화 사회의 요구, 그에 적합한가? 교육학연구, 33(4), 103-124.

진위교, 장이철 (1998). 학교, 기업교육을 위한 멀티미디어 설계의 원리와 기법. 문음사.

최민영, 이태욱 (2019). 인공지능 교육의 현황과 학교 및 교사의 역할 변화 예측. 한국컴퓨터교육학회 학술발표대회논문집, 23(2), 85-88.

최성희 (1996). 컴퓨터 통신 협동학습과 관련된 요인분석: 대학원에서의 전자우편을 중심으로. 교육공학연구, 12(2), 3-25.

최정임 (1996). 상황의 맥락성과 복잡성이 학업성취와 태도, 지식의 전이에 미치는 효과: 수학적 문제 해결 능력을 중심으로. 교육공학연구, 12(1), 213-230.

최홍숙 (1996). 클럽활동 프로그램 개발 모형에 관한 형성적 연구. 서울대학교 대학원 박사학위논문.

허희옥, 강신천 (2023). 인공지능융합교육 설계를 위한 교사 역량. 컴퓨터교육학회 논문지, 26(2), 89-100.

현주은, 임희주 (2019). 영어학습도구로서 인공지능 스피커의 분석 및 시사점. 영어영문학, 24(1), 201-219.

홍선주, 조보경, 최인선, 박경진 (2020). 학교 교육에서 인공지능(AI)의 개념 및 활용 (ORM 2020-21-3). 한국교육과정평가원.

홍선주, 조보경, 최인선, 박경진, 김현진, 박연정, 박정호, 이영신 (2021). 학교 교육에서의 인공지능(AI) 활용 방안 탐색 (RRI 2020-2) [연구보고서]. 한국교육과정평가원.

홍수민, 임철일 (2021). 인공지능 스피커를 활용한 언어교육에서 교수자의 스캐폴딩 전략 개발. 교육공학연구, 37(2), 309-341.

Agostinho, S., Oliver, R., Harper, B., Hedberg, H., & Wills, S. (2002). A tool to evaluate the potential for an ICT-based learning design to foster "high-quality learning". In A. Williamson, C. Gunn, A. Young, & T. Clear (Eds.), Winds of change in the sea of learning. *Proceedings of the 19th Annual Conference of the Australian Society for Computers in Learning in Tertiary Education* (pp. 29-38). UNITEC Institute of Technology.

Alessi, S. M., & Trollip, S. R. (1991). *Multimedia for learning: Methods and Development.* Prentice Hall.

Amabile, T. M. (1996). *Creativity in context*. Westview Press.

Anderson, L. W., & Krathwohl. (2001). A Taxonomy for learning, teaching, and assessing: A revision of Bloom's Taxonomy of educational objectives. Longman.

Arnone, M. P., & Grabowski, B. L. (1992). Effects on children's achievement and curiosity of variations in learner control over an interactive video lesson. *Educational Technology Research and Development, 40(1),* 15-27.

Ausubel, D. P. (1963). *The Psychology of Meaningful Verbal Learning.* Gruen & Stratton.

Barab, S., & Squire, K. (2004). Design-based research: putting a stake in the ground. *The Journal of the Learning Sciences, 13*(1), 1-14.

Barron, A. E., & Orwig, G. W. (1995). *Multimedia technologies for training: An introduction.* Libraries Unlimited.

Barrows, H. S., & Myers, A. C. (1993). *Problem-Based Learning in Secondary Schools.* Unpublished monograph. Problem-Based Learning Institute, Lanphier High School and Southern Illinois University Medical School.

Barrows, H. S. (1985). *How to design a problem-based curriculum for the preclinical years.* Springer Publishing Co.

Barrows, H. S. (1995). *Practice-Based Learning: Problem-Based Learning Applied to Medical Education.* Southern Illinois University Medical School.

Bedner, A. K., Cunnigham, D., Duffy, T. M., & Perry, J. D. (1992). Theory into Practice: How Do We Link? *Constructivism and the Technology of Instruction.* LEA.

Bell-Gredler, M. E. (1986). *Learning and Instruction: Theory into Practice.* Macmillan Publishing Company.

Blikstein, P. (2013). Digital fabrication and & making & in education: The democratization of invention. In J. Walter-Herrmann & C. Buching (Eds.), *FabLabs: Of machines, makers and inventors* (pp. 203-222). Transcript Verlag.

Bloom, B. S., Englehart, M. D., Furst, E. J., Hill, W.H., & Krathwohl. D. R. (1956). *Taxonomy of educational objectives: The classification of educational goals: Handbook 1; The cognitive domain*. Longman.

Boyd, S. & Watson, V. (2006). *Shifting the frame: Exploring integration of the key competencies at six normal schools.* New Zealand Council for Educational Research.

Bronson, R. (1984). Computer simulation: What was it and how it is done. *BYTE, 9(3),* 95-102.

Bruner, J. S. (1960). *The process of education*. Vintage.

Bruner, J. S. (1966). *Toward a Theory of Instruction*. W. W. Norton.

Campbell, R., & Monson, D. (1994). Building a goal-based scenario learning environment. *Educational Technology*. Nov. - Dec.

Carrier, C. A., & Jonassen, D. H. (1988). Adapting courseware to accomodate individual differences. In D. H. Jonassen (Ed.), *Instructional designs for microcomputer courseware.* Lawrence Erlbaum Associates. 박성익, 최정임 역(1992). CAI 코스웨어, 교수자료 개발을 위한 교수설계의 원리와 적용. 교육과학사.

Cognition and Technology Group at Vanderbilt. (1993). Designing Learning Environments that Supports Thinking: The Jasper Series as a Case Study. In T. Duffy, J. Lowyck, & D. H. Jonassen. (Eds.). *Designing environments for constructive learning.* (NATO/ASI Series, Vol. F105). Springer-Verlag.

Collins, A. & Stevens, A. L. (1983). A Cognitive Theory of Inquiry Teaching. In Reigeluth, C. M. (Ed.) (1983). *Instructional-Design Theories and Models: An Overview of their Current Status*. LEA.

Collins, A. (1990). Cognitive apprenticeship and instructional technology. In L. Idol & B. F. Jones (Eds.), *Educational values and cognitive instruction: Implications for reform*. Lawrence Erlbaum.

Corno, L., & Randi, J. (1999). A design theory for classroom instruction in self-regulated learning. In C. M. Reigeluth (Ed.), *Instructional-design theories and models: A new paradigm of instructional theory (pp. 293-318).* Lawrence Erlbaum Associates.

Cowan, N. (2000) The magical number 4 in short-term memory: a reconsideration of storage capacity. *Behavioral and Brain Sciences, 24*, 87-185.

CTGV. (1993). Anchored instruction and situated cognition revisited. *Educational Technology, 33*(3), 52-70.

Cunningham, D. J., Duffy, T., & Knuth, R. (1993). The textbook of the future. In McKnight, C., Dillon, A., & Richardson, J. (Eds.) *Hypertext: A Psychological perspective*. Chichester: Ellis Horwood, 19-50.

de Jong, T. (1991). Learning and instruction with computer simulations. *Education & Computing, 6(3-4),* 217-229.

de Jong, T., & Joolingen, W. R. (1996). Scientific discovery learning with computer simulations of conceptual domains. *Review of Educational Research, 68(2),* 179-201.

Design-based Research Collective (2003). Design-based research: an emerging paradigm for educational inquiry. *Educational Researcher, 32(1),* 5-8.

Dick, W. & Carey, L. (1985). *The systematic design of instruction*(2nd ed.). Scott, Foreman.

Dick, W., Carey, L., & Carey, O, J. (2005). *The Systematic Design of Instruction* (6th ed.). Addison-Wesley.

Dick, W., Carey, L., & Carey, O. J. (2009). *The systematic design of instruction(7th ed.).* Pearson Education, Inc.

Dougherty, D. (2013). The maker mindset. *In Design, Make, Play* (pp. 7-11). Routledge.

Driscoll, M. P. (2004). Psychology of learning for instruction (3rd ed.). Allyn & Bacon. 양용칠 역 (2007). 수업설계를 위한 학습심리한 제3판. 교육과학사.

Duffy, T. M. & Cunningham, D. J. (1995). Constructivism: Implications for the Design and Delivery of Instruction. In D. H. Jonassen (Ed.), *Handbook of Research on Educational Communications and Technology*. McMillan.

Duffy, T. M., Lowyck, J., & Jonassen, D. H. (1993). *Designing Environments for Constructive Learning*. Springer-Verlag Berlin Heidelberg.

Eastmon, D., & Ziegahn, L. (1994). Instructional design for the online classroom. In Z. L. Berge & M. Collins(Eds.), *Computer-mediated communication and the online classroom in distance education*. Hampton Press.

Engerström, Y. (1987). *Learning by Expanding: An Activity-Theoretical Approach to Developmental Research.* Orienta-Konsultit Oy.

Engerström, Y. (1990). *Learning, Working, and Imagining: Twelve Studies in Activity Theory.* Orienta-Konsultit Oy.

Feldhusen, J. F., & B. E. Goh (1995). Assessing and accessing creativity: An integrative review of theory, research, and development. *Creativity Research Journal, 8*(3), 231-248.

Filipczak, B., Gordon, J., Hequet, M., Lee, C., & Picard, M. (1994). Can computer simulation stoke competitive fires? *Training, 31(6),* 12-13.

Fleming, M. & Levie, W. H. (1993). *Instructional message design.* Educational Technology Publications.

Gagné R. M. (1977). *The Conditions of Learning* (3rd ed.). Holt, Rienhart and Winston.

Gagné, E. (1985). *The cognitive psychology of school learning*. Boston: Little, Brown and Company. 이용남 외 역. (1993). 인지심리와 교수학습. 교육과학사.

Gagné, R. M. & Briggs, L. J. (1979). *Principles of instructional design* (3rd ed.). Holt, Rinehart, & Winston.

Gagné, R. M. (1970). *The Conditions of Learning(2nd ed).* Holt, Rienhart and Winston. 전성연, 김수동 역(1998). 교수-학습 이론. 학지사.

Giardina, M. (1992). Interactive and intelligent advisory strategies in a multimedia learning environment: Human factors, design issues and technical considerations. In M. Giardina (Ed.), *Interactive multimedia learning environments (pp. 48-66).* NATO ASI Series. Springer-Verlag.

Gibbons, A. S., & Fairweather, P. G. (1998). *Computer-Based Instruction.* Educational Technology Publications.

Gilbert, L., & Moore, D. R. (1998 May-June). Building interactivity into web courses: Tools for social and instructional interaction. *Educational Technology, 38(3),* 29-35.

Gillani, B. B., & Relan, A. (1997). Incorporating interactivity and multimedia into web-based instruction. In Khan, B. D. (Ed.), *Web-Based Instruction*. Educational Technology Publications.

Grabe, M., & Grabe, C. (2000). *Integrating the Internet for Meaningful Learning*. Houghton Mifflin.

Graham, W. (1994). Goal-Based Scenario and Business Training: A Conversation with Roger C. Shank. *Educational Technology, 34(9),* 27-29.

Graves, M. F., Watts, S., & Graves, B. B. (1994). *Essentials of classroom teaching: Elementary reading*. Allyn & Bacon.

Gredler, M. E. (2004). *Learning and instruction*. Prentice Hall. 이경화 역. (2006). 교수학습 이론과 실제(제5판). 아카데미프레스.

Gropper, G. L. A Metatheory of Instruction: A Framework for Analyzing and Evaluating Instructional Theories and Models. In Reigeluth, C. M. (Ed.) (1983), *Instructional-Design Theories and Models: An Overview of their Current Status*. LEA.

Halverson, E. R., & Sheridan, K. (2014). The maker movement in education. *Harvard educational review, 84*(4), 495-504.

Hannafin, M., Land, S., & Oliver, K. (1999). Open learning environments: Foundations, methods, and models. In C. Reigeluth (Ed.), *Instructional Design Theories and Models (pp.115-140)*. Lawrence Erlbaum Associates.

Hannfin, M. J., & Peck, K. L. (1988). *The design, development, and evaluation of instructional software*. Macmillan Publishing Company.

Harper, B., Squires, D., & McDougall, A. (2000). Constructivist simulations: A new design paradigm. *Journal of Educational Multimedia and Hypermedia, 9(2),* 115-130.

Hathcock, S. J., Dickerson, D. L., Eckhoff, A., & Katsioloudis, P. (2015). Scaffolding for creative product possibilities in a design-based STEM activity. *Research in Science Education, 45*(5), 727–748.

Hedberg, J., Brown, C., & Arrighi, M. (1997). Interactive multimedia and web-based learning: Similarities and Differences. In Khan, B. D. (Ed.), *Web-Based Instruction*. Educational Technology Publications.

Heinich, R., Molenda, M., Russell, J. D., & Smaldino, S. E. (1996). *Instructional media and the new technologies of instruction*. Prentice-Hall Inc.

Heylighen, F. (1999). Collective Intelligence and its Implementation on the Web: algorithms to develop a collective mental map. *Computational and Mathematical Organization Theory, 5(3),* 253-280.

Hillinger, M. L. (1998). How to create a virtual toaster (and other simulations). *Training & Development, 52(8),* 53-54.

Honebein, P. C., Duffy, T. M., & Fishman, B. J. (1993). Constructivism and the Design of Learning Environments: Context and Authentic Activities for Learning. In T. Duffy, J. Lowyck, & D. H. Jonassen(Eds.), *Designing environments for constructive learning.* (NATO/ASI Series, Vol. F105). Springer-Verlag.

Horton, W. K. (2006). *E-learning by designing.* John Wiley & Sons.

Howland, J. N., Jonassen, D., & Marra, R. M. (2012). *Meaningful learning with technology* (4th ed). Pearson.

IMS LD (2003). *IMS Learning Design Best Practice and Implementation Guide: Version 1.0 Final Specification.* IMS Global Learning Consortium, Inc.

Iowa Department of Education (1989). *A guide to developing higher order thinking across the curriculum.* Des Moines. Department of Education. (ERIC Document Reproduction Service No. ED 306550).

Isaken, S. G. & Treffinger, D. J. (1985). *Creative Problem Solving: the basic course.* Bearly Ltd.

Johnson, B., & Christensen, L. (2008). *Educational research: Quantitative, qualitative, and mixed approaches* (3rd ed.). Sage.

Johnston, J. (1987). *Electronic Learning: From Audiotape to Videotape.* Larwrene Erlbaum.

Jonanssen, D. H. (1999). Designing constructivist learning environments. In C. M. Reigeluth (Ed.), *Instructional-design theories and models, 2nd ed,* Lawrence Erlbaum Associates.

Jonassen, D, H. (2000). Toward a design theory of problem solving. *Educational Technology Research and Development, 48(4),* 63-85.

Jonassen, D. H. & Roher-Murphy, L. (1999). Activity theory as a framework for designing constructivist learning environment. *Educational Technology Research amd Development, 47(1),* 61-79.

Jonassen, D. H. (1989). *Hypertext/hypermedia.* Educational Technology Pubications.

Jonassen, D. H. (1991). Objectivism versus Constructivism: Do we need a new philosophical paradigm? *Educational Technology Research and Development, 39(3),* 5-14.

Jonassen, D. H. (1994). Thinking Technology: Toward a constructivist design model. *Educational Technology*, 34(4), 34-37.

Jonassen, D. H. (1995). An instructional design model for designing constructivist learning environments. In H. Maurer (Ed.), *Proceedings of the World Conference on Educational Media.* Association for the Advancement of Computers in Education.

Jonassen, D. H. (1996). *Computers in the classroom: mindtools for critical thinking.* Prentice Hall, Inc.

Jonassen, D. H. (1997). Instructional design models for well-structured and ill-structured problem-solving learning outcomes. *Educational Technology Research and Development, 45(1)*, 65-94.

Kamradt, T. & Kamradt, E. (1999). Structural design for attitudinal instruction. In C. M. Reigeluth (Ed.), *Instructional-design theories and models: A new paradigm of instructional theory.* Lawrence Erlbaum Associates.

Kaptelinin, V. & Nardi, B. A. (2006). *Acting with Technology: Activity Theory and Interaction Design.* MIT Press.

Kay, A. (1990). User Interface: A personal view. In Laurel, B. (Ed.), *The art of human-computer interface design.* Addison-Wesley Publishing Company, Inc.

Keller, J. M. (1983). Motivational design of instruction. In C. M. Reigeluth (Ed.), *Instructional-design theories and models: An overview of their current status.* Lawrence Erlbaum Associates.

Keller, J. M., 송상호. (1999). 매력적인 수업 설계. 교육과학사.

Khan, B. D. (Ed.). (1997). *Web-Based Instruction.* Educational Technology Publications.

Knuth, R. A., & Cunningham, D. (1993). Tools for constructivism. In T. Duffy, J. Lowyck, & D. H. Jonassen (Eds.), *Designing environments for constructive learning.* (NATO/ASI Series, Vol. F105). Springer-Verlag.

Koper, R. (2005). An introduction to learning design. In R. Koper, & C. Tattersall (Eds.), *Learning Design: A Handbook on Modelling and Delivering Networked Education and Training (pp. 3-20).* Springer-Verlag.

Koper, R., & Olivier, B. (2004). Representing the learning design of units of learning. *Educational Technology & Society, 7(3),* 97-111.

Lajoie, S. P. & Derry, S. J. (Eds.). (1993). *Computers as cognitive tools*. Lawrence Erlbaum Associates, Inc.

Land, S. M., & Hannafin, M. (1996). A conceptual framework for the development of theories-in-action with open-ended learning environments. *Educational Technology Research and Development, 44(3),* 37-53.

Landa, L. (1976). *Instructional Regulation and Control: Cybernetics, Algorithmization and Heuristics in Education.* Educational Technology Publications.

Landa, L. N. (1983). Descriptive and prescriptive theories of learning and instruction: An analysis of their relationships and interactions. In C. M. Reigeluth (Ed.), *Instructional-Design Theories and Models: An Overview of their Current Status*. Lawrence Erlbaum Associates, Inc.

Law, N. W. Y., Li, L., Herrera, L. F., Chan, A., & Pong, T. C. (2017). A pattern language based learning design studio for an analytics informed inter-professional design community. *Interaction Design and Architectures, 33*, 92-112.

Lee, S. H., & Boling, E. (1999). Screen design guidelines for motivation in interactive multimedia instruction: A survey and framework for designers. *Educational Technology, May-June.*

Leontieve. A. (1978). *Activity, Consciousness, and Personality*. Prentice-Hall. (Original work published in Russian in 1975).

Leshin, C. B., Pollock, J., & Reigeluth, C. M. (1992). *Instructional design strategies and tactics*. Educational Technology Publications.

Lêvy, P. (1994). *L'intelligence collective: Pour une anthropologie du cyberspace*. LaDécouverte. 권수경 옮김. (2002). 집단지성: 사이버 공간의 인류학을 위하여. 문학과지성사.

Ley, K., & Young D. B. (2001). Instructional principles for self-regulation. *Educational Technology Research and Development, 49(2),* 93-105.

LG화학. (1996a). *Skill Academy*. (교육과정 교재).

LG화학. (1996b). *Problem Solving Scenario I*. (교육과정 교재).

Lim, C., & Yeon, E. (2009). Review of current studies in instructional design theory in Korea: major trends and future directions. *Asia Pacific Educa. Rev. 10,* 357-364.

Lim, C. (2007). The Current Status and Future Prospects of Corporate e-Learning in Korea. *The International Review of Research in Open and Distance Learning, 8(1).*

Lim, C. (1994). *Formative research on an instructional theory for conceptual understanding.* Unpublished doctoral dissertation, Indiana University, Indiana.

Luckin, R., & Cukurova, M. (2019). Designing educational technologies in the age of AI: A learning sciences-driven approach. *British Journal of Educational Technology, 50*(6), 2824-2838.

Luckin, R., Holmes, W., Griffiths, M., & Forcier, L. B. (2016). *Intelligence Unleashed: An argument for AI in education*. Pearson.

Markle, S. M., & Tiemann, P. W. (1970). Problems of conceptual learning. *Journal of Educational Technology, 1(1).*

Martin, L. (2015). The promise of the maker movement for education. *Journal of Pre-College Engineering Education Research (J-PEER), 5*(1), 30-39.

Mason, R. & Hlynka, D. (1998). 'Powerpoint' in the classroom: Where is the power? *Educational Technology (September-October),* 42-45.

Mayer, R. E. (1979). Twenty years of research on advance organizers: Assimilation theory is still the best predictor of results. *Instructional Science, 8,* 133-167.

McCrickerd, J. (2012). Understanding and reducing faculty reluctance to improve teaching. *College Teaching, 60*(2), 56–64.

McCrum, D. P. (2017). Evaluation of creative problem-solving abilities in undergraduate structural engineers through interdisciplinary problem-based learning. *European Journal of Engineering Education, 42*(6), 684–700.

Merrill, M. D. (2002). First principles of instruction. *Educ. Technol. Res. Dev., 50(3),* 43–59.

Merrill, M. D. (1983). Component Display Theory. In C. M. Reigeluth(Ed.), *Instructional-design theories and models: An overview of their current status.* Lawrence Erlbaum Associates, Inc.

Merrill, M. D. (1994). *Instructional design theory.* Educational Technology Publications.

Miles, M. B. & Huberman, A. M. (1994). *Qualitative Data Analysis (2nd ed).* Sage publications.

Miles, M. B., & Huberman, A. M. (1984). *Analyzing Qualitative Data: A Source Book for New Methods.* Sage Publications.

Milheim, W. D., & Harvey, D. M. (2005). Appropriate design and utilization of computer-based instructional simulations. *Educational Technology, 45(1),* 58-60.

Miller, George A. (1956). The magical number seven, plus or minus two: some limits on our capacity for processing information. *Psychological Review, 63*(2), 81-97.

Mishra, P., & Koehler, M. J. (2006). Technological pedagogical content knowledge: A framework for teacher knowledge. *Teachers College Record, 108*(6), 1017-1054.

Moore, M. G. & Kearsley, G. (1996). *Distance Education.* Belmont: Wadworth Publishing Company. 양영선, 조은순 역. (1998). 원격교육의 이해와 적용. 예지각.

Moreno, R., & Mayer, R. E. (1999). Cognitive principles of multimedia learning: The role of modality and contiguity. *Journal of Educational Psychology, 91,* 358-368.

Naidu, S. (2002). Designing instruction for e-learning environment. In M. Moore & W. Anderson (Eds.), *Handbook of distance education (pp. 349-365).* Lawrence Erlbaum Associates, Inc.

Newell, A., & Simon, H. A. (1972). *Human problem solving*. Prentice Hall.

Norman, D. A. (1970). I. Introduction: Models of human memory. In D. A. Norman. (Ed.). *Models of human memory.* Academic Press.

Osborn, A. F. (1963). *Applied imagination: principles and procedures of creative thinking (3rd ed.).* Charles Scribner's Sons.

Papert, S., & Harel, I. (1991). Situating constructionism. In S. Papert, & I. Harel (Eds.), *Constructionism* (pp. 1-11). Ablex Publishing.

Park, Y., & Jo, I. H. (2015). Development of the learning analytics dashboard to support students' learning performance. *Journal of Universal Computer Science, 21*(1), 110-133.

Peppler, K., Halverson, E. R., & Kafai, Y. B. (Eds.). (2016). *Makeology: Makers as Learners* (Vol. 2). Routledge.

Perkins, D. N. (1993). An apple for education: teaching and learning for understanding. *American Educator, 17*(3), 28-35.

Piaget, J. (1980). *Adaptation and intelligence: organic selection and phenocopy.* (S. Eames, Trams.). University of Chicago Press.

Price, B. A., & Petre, M. (1997). Large-scale interactive teaching via the Internet: experiences with experience sessions and practical work in university courses. In T. Muldner & Reeves (Eds.), *Educational multimedia/hypermedia and telecommunications (Vol. II, pp. 869-874).* World conference on multimedia/hypermedia, and educational communications, proceedings. Univ. of Calgary, Calgary, Canada, June 14-19, 1997.

Puccio, G. J., Murdock, M. C., & Mance, M. (2005). *Creative leadership: Skills that drive change*. Sage.

Rasku-Puttonen, H., Eteläpelto, A., Häkkinen, P., & Arvaja, M. (2002). Teachers' Instructional Scaffolding in an Innovative Information and Communication Technology-based History Learning Environment. *Teacher Development, 6*(2), 269-288.

Reigeluth, C. M. & Carr-Chellman, A. A. (Eds.). (2009). *Instructional-design theories and models: Building a common knowledge base: vol. 3*. Routledge.

Reigeluth, C. M., & Frick, T. W. (1999). Formative research: A Methodology for creating and improving design theories. In C. M. Reigeluth (Ed.). *Instructional-design theories and models: A new paradigm of instructional theory.* Lawrence Erlbaum Associates.

Reigeluth, C. M. & Merrill, M. D. (1979). Classes of Instructional Variables. *Educational Technology,* 5-24.

Reigeluth, C. M. (Ed.). (1983). *Instructional design theories and models: An overview of their current status.* Hillsdale, New Jersey: Lawrence Erlbaum Associates, Inc. 박성익, 임정훈 역 (1993). 교수설계의 이론과 모형. 교육과학사.

Reigeluth, C. M. (Ed.). (1999). *Instructional design theories and models: A New Paradigm of Instructional Theory.* Mahwah, NJ: Lawrence Erlbaum Pub. 최욱, 박인우, 변호승, 양영선, 왕경수, 이상수, 이인숙, 임철일, 정현미 역. (2005). 교수설계 이론과 모형. 아카데미프레스.

Reigeluth, C. M. (Ed.). (1987). Instructional theories in action: lessons illustrating selected theories and models. Lawrence Erlbaum Associates.

Reigeluth, C. M. (1989). Educational technology at the crossroads: New mindsets and directions. *Educational Technology Research & Development, 37*(1), 67-80.

Reigeluth, C. M. (1991). *Instructional strategies course modules.* Indiana University.

Reigeluth, C. M., & Beatty, B. J. (2017). *Instructional-Design Theories and Models* (RD Myers.

Reigeluth, C. M., & Schwartz, E. (1989). An instructional theory for the design of computer-based simulations. *Journal of Computer-Based Instruction, 16(1),* 1-10.

Reiser, R. A. (1994). Examining the planning of teachers: Reflections on three years of research. *Educational Technology,* March, 11-16.

Relan, A & Gillani, B. B. (1997). Web-based instruction(WBI): What is it and why is it? In B. H. Khan (Ed.), *Web-based instruction,* 41-46. Englewood Educational Technology

Publications.

Resnick, L., & Glaser, R. (1976). Problem solving and intelligence. In L. Resnick & R. Glaser (Eds.), *The Nature of Intelligence* (pp. 205-230). Lawrence Erlbaum.

Richey, R. & Klein, J. (2007). *Design and development research: methods, strategies, and issues.* Routhledge.

Richey, R. C. (2005). Validating instructional design and development models. *British Journal of Educational Technology, 36*(5), 749-758.

Richey, R. C., & Klein, J. D. (2007). *Design and development research: Methods, strategies, and issues*. Lawrence Erlbaum.

Richey, R. C., & Klein, J. D. (2014). *Design and development research: Methods, strategies, and issues*. Routledge.

Ritchie, D. D., & Hoffman, B. (1997). Incorporating instructional design principles with the World Wide Web. In Khan, B. D. (Ed.) *Web-Based Instruction.* Educational Technology Publications.

Rogers, E. M. (1995). *Diffusion of innovations* (4th ed.). Free Press.

Roma, C. M. (1990). *Formative evaluation research on an instructional theory for understanding.* Unpublished doctoral dissertation, Indiana University, Indiana.

Romiszovski, A. J. (1981). *Designing instructional systems: Decision making in course planning and curriculum design.* Kogan Page.

Romiszowski. A. J. & Mason, R. (1996). Computer-mediated communication. In D. H. Jonassen(Ed.), *Handbook of research for Educational Communications and Technology*. Prentice Hall International, 438-456.

Ross, S. M. (1984). Matching the lesson to the student: Alternative adaptive designs for individualized learning systems. *Journal of Computer-Based Instruction. 11(2),* 42-48.

Santi, P. A. (1997). Interactive world wide web-based courseware. In Khan, B. D. (Ed.), *Web-Based Instruction.* Englewood Cliffs, NJ: Educational Technology Publications.

Santiago, R. S., & Okey, J. R. (1992). The effects of advisement and locus of control on achievement in learner-controlled. *Journal of Computer-Based Instruction. 19(2),* 47-53.

Savery, J. R. (2009). Problem-based approach to instruction. In C. M. Reigeluth & A. Carr-Chellman (Eds.), *Instructional-Design theories and models*. Routledge.

Savery, J. R., & Duffy, T. M. (1996). Problem Based Learning: An instructional model and its constructivist framework. In Wilson, B. G., *Constructivist Learning Environment*. Educational Technology Publications.

Scandura, J. M. (1983). Instructional strategies based on the structural learning theory. In C. M. Reigeluth (Ed.), *Instructional-Design Theories and Models: An Overview of their Current Status*. Lawrence Erlbaum Associates, Inc.

Scardamalia, M. & Bereiter, C. (1991). Higher levels of agency for children in knowledge building: A challenge for the design of new knowledge media. *The Journal of the Learning Science, 1,* 37-68.

Scarlat, E., Maries, I. (2009). Towards an Increase of Collective Intelligence within Organizations Using Trust and Reputation Models. In: Nguyen, N.T., Kowalczyk, R., Chen, S. M. (Eds.), *ICCCI 2009. LNCS(LNAI), vol. 5796, 140-151.* Springer: Heidelberg.

Schad, M., & Jones, W. M. (2020). The maker movement and education: A systematic review of the literature. *Journal of Research on Technology in Education, 52*(1), 65-78.

Schank, R. C., & Cleary, R. (1995). *Engines for education.* Lawrence Erlbaum Associates.

Schank, R. C. (1994). *Active learning through multimedia. IEEE multimedia, 1*(1), 69-78.

Schank, R. S. (1992). *Goal-Based Scenarios.* Technical report. The Institute for the Learning Sciences. Northwestern University.

Schank, R. S., Fano, A., Jona, M., & Bell, B. (1992). *The Design of Goal-Based Scenarios.* The Institute for the Learning Sciences. Northwestern University.

Scheiman, M., Whittaker, S., & Dell, W. (1989). Problem-based learning as a potential teaching approach: a literature review. *Journal of Optometric Education, 15(*1), 8-15.

Schetz, K. F., & Stremmel, A. J. (1994). Teacher-assisted computer implementation: A Vygotskian perspective. *Early Education and Development, 5*(1), 18-26.

Schon, D. A. (1987). *Educating the Reflective Practitioner*. Jossey-Bass Limited.

Schon, D. A. (1987). *Mind in Society: The development of higher psychological processes.* Harvard University Press.

Schulz, R. E. (1975). *Lesson moniform: an authoring aid for the PLATO CAI system.* Human Resources Research Organization.

Schwab, J. J. (1962). *The teaching of science as inquiry.* Harvard University Press.

Schwier, R. A. (1992). *A taxonomy of interaction of instructional multimedia.* Paper presented at the Annual Conference of the Association for Media and Technology in Education in Canada. Vancouver, British Columbia, Canada June 13-17.

Seels, B., & Glasgow, Z. (1990). *Exercises in instructional design.* Merrill Publishing Company.

Seels, B., & Richey, R. C. (1994). *Instructional technology: The definition and domains of the field.* Association for Educational Communications and Technology.

Shulman, L. S. (1986). Those who understand: Knowledge growth in teaching. *Educational Research, 15*(2), 4-14.

Siegel, M. A., & Kirkley, S. (1997). Moving toward the digital learning environment: The future of Web-based instruction. In B. H. Khan (Ed.), *Web-Based Instruction.* Educational Technology Publications.

Simmons, J. L. (1991). *Formative evaluation on an instructional theory for teaching causal principles.* Unpublished doctoral dissertation, Indiana University, Indiana.

Slack, K. (1993). Training for the real thing. *Training & Development, 47(5),* 79-89.

Smith, P. L., & Ragan, T. J. (1993). *Instructional design.* Prentice Hall.

Smith, P. L., & Ragan, T. J. (1999). *Instructional design (2nd ed).* John Wiley & Sons.

Smith, P. L., & Ragan, T. J. (2004). *Instructional design (3rd ed).* John Wiley & Sons.

Snelbecker, G. E. (1999). Current progress, historical perspective, and some tasks for the future of instructional theory. In C. Reigeluth (Ed.), *Instructional-design theories and models.* Lawrence Erlbaum Associates, Inc.

Snow, R. E. (1977). The place of individual differences in instructional theory. *Educational Researcher,* November, 11-15.

Suther, D. (2003). Representational guidance for collaborative inquiry. In J. Andrieseen, M. Baker, D. Suthers (Eds.), *Arguing to learn: Confronting cognition in computer-supported collaborative learning environments* (pp. 27-46). Kluwer Academic.

Swain, M. (2001). Integrating language and content teaching through collaborative tasks. *Canadian Modern Language Review, 58*(1), 44-63.

Tennyson, R. D. (1980). Instructional control strategies and content structure as design variables in concept acquisition using computer-based instruction. *Journal of Educational Psychology, 72*(4), 525- 532.

Tennyson, R. D., Christensen, D. L., & Park, S. I. (1984). The Minnesota adaptive instructional system: an intelligent CBI system. *Journal of Computer-Based Instruction, 11,* 2-14.

Thomas, R., & Hooper, E. (1991). Simulations: An opportunity we are missing. *Journal of Research on Computing in Education, 23(4),* 497-513.

Treffinger, D. J., Isaksen, S. G., & Dorval, K. B. (2000). *Creative problem solving: An introduction* (3rd ed.). Prufrock Press.

Treffinger, D. J., Isaksen, S. G., & Dorval, K. B. (2000). *Creative Problem Solving: an introduction (3rd ed.).* Prufrock Press.

Urger, C. (1994). What teaching for understanding look like. *Educational Leadership, 51(5),* 8-10.

Vygotsky, L. S. (1977). The development of higher psychological functions. *Soviet Psychology, 16,* 60-73. (Original work published 1929).

Vygotsky, L. S. (1978). *Mind in society: The development of higher psychological processes.* In M. Cole, V. John-Steiner, S. Scribner, & E. Souberman (Eds.), Harvard University Press.

Wang, F., & Hannafin, M. J. (2005). Design-based research and technology-enhanced learning environments. *Educational Technology research and development, 54(4),* 5-23.

Watkinson, R. (2005). *75 e-Learning Activities: Making Online Learning Interactive.* Pfeiffer.

Wing, J. M. (2006). Computational thinking. *Communications of the ACM, 49*(3), 33-35.

Wood, D. J., Bruner, J., & Ross, G. (1976). The role of tutoring in problem solving. *Journal of Child Psychology and Psychiatry, 17*(2), 89-199.

Zhang, S., & Fulford, C. P. (1994, July-August). Are interaction time and psychological interactivity the same thing in the distance learning television classroom? *Educational Technology, 34(6),* 58-64.

Zimmerman, M. (2018). *Teaching AI: Exploring new frontiers for learning*. International Society for Technology in Education.

찾아보기

인명

내용

『 ㄱ 』

『 ㅇ 』

『 ㅈ 』

『 ㅍ 』

『 ㅎ 』

『 기타 』

저자약력

임철일

林哲一 / Cheolil Lim

[학력] 서울대학교 사범대학 교육학과(학사)
서울대학교 대학원 교육학과(교육사회학전공 석사)
미국 인디애나 대학교 대학원 교수체제공학과(교육공학전공 박사)

[현재] 서울대학교 사범대학 교육학과 교수
교육부 AIEDAP 교원 AI·디지털 역량 강화 사업단장
서울대학교 사범대학 학습과학연구소 미래교육혁신센터장
서울대학교 대학연대 지역인재양성 사업단장

김근재

金勤宰 / Keunjae Kim

[학력] 서울교육대학교 영어교육과(학사)
서울대학교 대학원 교육학과(교육공학전공 석사)
미국 인디애나 대학교 대학원 교수체제공학과(교육공학전공 박사)

[현재] 미국 오클라호마 주립대학교(Oklahoma State University) 교육 · 인간과학대학(College of Education and Human Sciences) 교육기초 · 리더십 · 항공학부(School of Educational Foundation, Leadership and Aviation) 조교수

이다연

李夛挻 / Dayeon Lee

[학력] 경북대학교 사범대학 영어교육과(학사)
서울대학교 대학원 교육학과(교육공학전공 석사)
서울대학교 대학원 교육학과(교육공학전공 박사)
[현재] 서울대학교 대학연대 지역인재양성 사업단 객원교수

홍수민

洪秀旼 / Sumin Hong

[학력] 서울여자대학교 중어중문학과(학사)
서울대학교 대학원 교육학과(교육공학전공 석사)
서울대학교 대학원 교육학과(교육공학전공 박사)
[현재] 서울대학교 학습과학연구소 객원연구원
서울대학교 사범대학 학습과학연구소 미래교육혁신센터 연구원

〈3판〉 교수설계 이론과 모형

2000년 8월 20일 1판 1쇄 발행
2007년 2월 28일 1판 4쇄 발행
2012년 3월 15일 2판 1쇄 발행
2021년 3월 15일 2판 3쇄 발행
2026년 2월 20일 3판 1쇄 인쇄
2026년 2월 25일 3판 1쇄 발행

저 자 : 임철일, 김근재
이다연, 홍수민
발행자 : 한 정 주
발행처 : 교육과학사

저자와의
협의하에
인지생략

경기도 파주시 광인사길 71
전화(031)955-6956~8/팩스(031)955-6037
Home-page : www.kyoyookbook.co.kr
E-mail : kyoyookbook@daum.net
등록: 1970년 5월 18일 제2-73호

낙장・파본은 교환해 드립니다.
Printed in Korea.

정가 32,000원
ISBN 978-89-254-1963-3